Legal History Studies

法律史译评

主编 周东平 朱腾

编委（按姓氏拼音排列）

〔美〕步德茂 陈惠馨 〔日〕宫宅洁
黄源盛 〔日〕铃木秀光 〔美〕欧中坦
邱澎生 〔日〕辻正博 周东平 朱腾

北京大学出版社
PEKING UNIVERSITY PRESS

序 一

杨一凡[*]

厦门大学法学院周东平君、朱腾君主编的《法律史译评》即将推出，这是一部有益于推动国内外法律史学交流的学术成果。二君嘱我作序，我欣然领命。这里结合当代中国法律史研究的基本状况，以及编辑出版《法律史译评》的现实意义，谈一点粗浅的想法。

中华民族在漫长的历史发展过程中，创造了博大精深的法律文化，形成了相当完善的法律制度。中国法律史学是研究中国历史上法律制度和法律文化的产生、发展、功能、特色及其演变规律的一门古老而年轻的学科，从先秦至明清，不少古人已在研究它，但是用现代法学观点研究中国法律史还只有一百多年的历史。中国大陆学界在这一领域取得丰硕成果则是20世纪80年代初才开始的，从那时到现在，经过三十多年的探讨，中国法律史学出现了前所未有的繁荣，出版了上千部著作和教材，发表了两万余篇论文。但从总体上看，这门学科的研究仍处于开拓阶段，大量的基本法律文献还未来得及整理和研究，法史研究的不少领域也只是初步

---

[*] 中国社会科学院法学研究所研究员、学部委员，中国法律史学会会长。

的探讨。因此,不断开拓法律史研究,推动学科走向科学,是当代和今后学者肩负的责任。

　　回顾多年来法史研究走过的路程,法史研究中还存在一些有待克服的缺陷:一是混淆古今法制的概念、内容及产生的历史条件的差别,不加分析地用现代法律术语和法律体系套用古代法制,得出了一些与历史实际不相符合的、似是而非的结论;或是以现代西方法治理念为坐标评析古代法制,贬低中国传统法制及法律文化在世界文明发展史中的地位和作用。二是忽视了中华法系"多种法律形式并存,中央立法与地方立法并存"的史实,局限于国家立法研究而不及于地方法制研究,按照"以刑为主"的模式描绘古代法制,在许多方面用刑律编纂史代替法律史。三是过于注重法在政治方面的功能,忽视其经济和社会功能,将丰富多彩的、复杂纷繁的法律运作与演进史,简化成统治阶级的工具史。四是法律思想与法律制度、立法与司法割裂研究,用静态的法律史代替动态的法律史,未能全面揭示中国古代法制实施、运作和演变的真相,对于一些多代相承的基本法律制度和被君主奉为立法、司法指导原则的法律思想在不同历史时期发生的变化,尚未予以更深入的剖析。

　　当前,法律史学研究正处在一个重要的发展和转折时期。为了推动这门学科持续繁荣和走向科学,我们在充分肯定学界多年来取得的重要进展的同时,必须针对法史研究的缺陷和薄弱环节,拓宽研究领域,探讨尚未涉及或存有疑义的新问题,注重提高学术水平;必须坚持实事求是的认识论,改进研究方法;必须进一步加强与国内外法学界、历史学界、考古学界特别是法史学界的学术交流,吸收他们的学术创见,以开阔学术视野,更加全面、科学地认识和阐述中国法律发展史。因此,《法律史译评》的推出,可谓适当其时。古人说"不识庐山真面目,只缘身在此山中",学术研究有时也难免陷入类似的困境。只熟悉自己从事的某一狭小研究领域,只占有一部分资料,而不了解和掌握国内外与本人研究领域相关的学术成果,就很难突破"一孔之见",或者在研究中失之琐细,不易见其宏大,无法从全局视野进行准确地把握。多年科研工作的经验表明,只有那些全面掌握国内外相关研究成果并在此基础上勇于创新的学者,才有可能取得学术突破。所以,加强国外学术成果的翻译,是推动我国科学事业发展的一项极其重要的工作。新中国成立以来,在人文科学领域,学界已在翻译国外学术论著方面做了许多卓有成效的工作,举其要者,如商务印书馆出版的《汉译世界学术名著丛书》、江苏人民出版社出版的《海外中国研究丛书》、中华书局出版的《日本学者研究中国史论著选译》、中国大全科全书出版社出版的《外国法律文库》等。我在主编《中国法制史考证》丛书时,也选编了50篇日本学者研究中国法制史的重要论文,出版后受到许多学者的关注,足见当前学界对于打开学术交流门户、深入推进学术对话的热切需求。我衷心希望《法律史译评》能够为国内外的中国法律史学界加强学术交流、增进学术磋商架设起一座新的桥梁,也希望法史学界的中青年学者骨干进一步开阔视野,将中国法律史学研究推向繁荣,为中华法制文明的振兴做出贡献。

是为序。

2013 年 2 月 28 日
于北京

序二：行深融豁

黄源盛[*]

世界上任何一个民族或任何一个国家的文化，除由于独创外，大都是因相互影响的结果。在各个不同的历史发展阶段，两个以上的民族或国家彼此接触之后，对于外来的文化制度，加以选择、吸收。就这样，文化因接触而传播，同时，也在他文化的激荡下，创造出自己独特的文明。

就法文化而言，也无非如此。古代东方，希腊诸邦其法律彼此相互影响，而环地中海地区，也曾广泛继受希腊法；就东亚来说，近世以前的日本、朝鲜、越南等地区也曾大量继受传统的中国律令体制。可以说，本土与外来法律的交融，乃古今中外法制史上的普遍现象；法的沿革发展，就如同政治、宗教、语言、艺术或经济一般，受到各个民族或各个国家文化、经验长期互换的影响。尤其，自18世纪末以来，基于不同的政治、经济、文化等因素，愈来愈多的国家扬弃其历史所逐渐形成的传统法，而根据当前本身的目的及需要继受外来法，发展出许多特质不同的法制。

从近代法律发展史看，1840年鸦片战争以后的中国，国力日衰而西力东渐，国际地位一落千丈，中国面临被鲸吞瓜分的岌岌危机；1900年八

---

[*] 台湾辅仁大学法律系教授，"中央研究院"历史语言研究所兼任研究员，台湾地区中国法制史学会理事长。

国联军之役后的清廷，外仍沦为列强的俎肉，内则受国民革命浪潮的冲击，日益处于风雨飘摇之中。朝野忧时之士，无不以惶惑的心情，注视着在新环境下所涌现出的新问题，为了扭转内外情势，为了补偏救弊，他们不得不在困境中寻找出路，因而在光绪二十八年至宣统三年间（1902—1911年）引发了一场变法修律大业。自此，传统旧制产生巨大且深刻的形变与质变，而属于旧文化所孕育的法律体系也随之而遽变。可以说，这是中西文明激荡与选择的大时代，从悠远的法制历史与广阔的比较法史看，这是中华法系解体的时代，也是中国法律迈入近代化的新纪元。

而在法律近代化的进程当中，最值得一提的是，外国法典与法学文献的编译；清季译书事业堪称繁盛，无论数量或内容成效均可观。大体说来，1894年甲午战争前，以译泰西书籍为主，尤重英、法文人才的培养，惟太过囿于富国强兵之策，所务率属西洋格致及军事、工业之学。综观当时的编译事业，无论京师同文馆或江南制造局，均侧重于工艺、科技，鲜有涉及政治或法律者。经甲午败战，创巨痛深，船坚炮利政策显已失灵，有识之士对时局多所感悟，乃转以图谋政教、社会制度的变革。

康有为曾提出"变法者须自制度、法律先为改定"，就在这种思维激荡下，译书范围终渐扩及法政、经济、社会等领域。更因朝野钦羡明治维新的成就，译书重心渐趋势于日本，以为"日本维新以后，以翻译西书为汲汲，今其国人于泰西各种学问，皆贯串有得，颇得力于译出和文之书"。京师同文馆乃于光绪二十二年（1896年）添设东文馆；翌年，梁启超也创办大同译书局于上海，专以翻译日本书籍为主，而辅以西文，且以政学为先，而次始及于艺学。据统计，单就西方法学法律的输入，自1864年美国传教士丁韪良（William A. P. Martin）译出《万国公法》后，维新派的译书机构相继出版了18部外国法律法学著作；及至1895年维新运动失败后，法律法学输入骤增，民间译局遍及各省。

晚清修律大臣沈家本虽出身旧学根柢，但对于欧西及日本法制的长短了然于心，除积极筹办修订法律馆外，更倡言"将欲明西法之宗旨，必研究西人之学，尤必译译西人之书""欲究各国之政治，必先考各国政治之书。非亲见之，不能得其详；非亲见而精译之，不能举其要"。尤秉持"参酌各国法律，首重翻译"的理念，推崇日本明治维新时"君臣上下同心同德,发愤为雄,不惜财力,以编译西人之书,以研究西人之学"的务实精神。为此,沈氏极力延聘欧、美、日归国留学生,并通过外交途径,收购各国最新法典及参考书籍,斟酌取舍,进行大规模的法学法律文献翻译,这是修订法律馆开馆以来一项极其重要的工程。

沈家本也深知翻译为制定新律的基础,故推动翻译工作极为审慎。他说:"译书以法律为最难,语意之缓急轻重,记述之详略偏全,抉择未精,舛讹尽见。"在其后他一手创办的"法律学堂"三年课程中,均列外国语文为必修课目,可见其重视之一斑。沈氏又一向治学谨严,鉴于先前日本译述西洋各国法律多尚意译,致讹误过多,终改归直译;唯恐翻译失实,除对传统旧律用语作谨慎考订外,又要求译员"力求信达",且对每件译文,沈氏尽可能亲与译者逐句逐字反复推敲,务得其解。这种大规模而有计划地翻译外国法律和法学著作,几经反复推研,业绩丰硕,不但引进西方及日本的近代法律思想,为传统法律文化注入一股新血;同时,也为当时修订新律提供了方向,为继受欧陆近代法律开辟了生路。

时光匆匆,一百年过去了,当今,海峡两岸关于各个应用部门法的翻译书籍,虽质量良窳不一,仍比比可得,而纯从法律史角度进行译评者,却相当罕见。或许,可以这么说,三十多年前,在中国法史学研究上,日本及美国等地区一直都是重要的基地,在运用当代法学与史学方法进行传统法的研究,似乎走在华人研究社群的前头,同时也取得了一些令人瞩目的成就,得出诸多富有启发性的论著,这种新方法和新观点引起两岸学术界的关注,经译成中文后,深深影响了华人社会的法史研究走向。

不过,也无需讳言,国外学者研究传统中国法律问题时,由于自身学术背景、学术传统以及文化环境等原因,常不可避免地陷于本位主义式的理论观点和诠释方法,因而部分研究成果仍不免给人有"雾里看花"甚或"见树不见林"的印象。所幸,近二十多年来,中国的法史学界急起直追,无论研究议题的深刻性与研究方法的灵活性,俨然有后来居上之势;惟受限于种种因缘,大陆学界对于境外法律史的研究现况仍缺乏畅通的管道。

实际上,就台湾地区来说,法史研究者虽为数不多,却时有可观的论著问世,虽然,大陆的学术期刊或论文集偶会刊载其研究成果,毕竟零散。就日本方面而言,此前,虽曾有过大规模组织翻译日文论著,但大多为十几年甚至几十年前的作品，难以及时反映最新的研究动向，加上受限于语言的障碍，能直接批阅日本文献者，仍属有限；就欧美方面而言，尤缺少经常性地推出法史相关论著，大大阻碍了大陆学界对境外法律史学术状况的全盘掌握，这不能不说是件遗憾的事！

欣喜的是，厦门大学法学院法律史教研室在周东平教授的主导催生下，推出《法律史译评》一书，将致力于刊载中国台湾学者的首发论文，以及日本、欧美等国最新研究成果的译文，并拟借此平台，推动境内外学界的及时沟通与交流，这是法史学界的一件功德事，他山之石，可以攻玉！伴随着充分的交流和信息的便利，相信对于研究视野的开阔、读史心得的相互砥砺，一定会有很大的帮助。期盼此书能兼具广度与深度，也殷望译文能求其确实与通达；"行深法史，融豁古今"为法史园地注入一股源泉活水，使其更富于进取性与创意性。发刊伊始，感奋之余，谨缀数语，为之祝、为之祷！

2013 年癸巳
外双溪·犁斋

目 录

秦汉时代的刑罚与爵制性身份序列 / 〔日〕鹰取祐司 著 朱腾 译 ……… 1
  前言 …………………………………………………………………… 1
  一、有关居赀赎债系城旦舂者的探讨 ………………………………… 5
  二、指示爵位的身份序列 …………………………………………… 11
  三、秦汉时代的刑罚与爵制性身份序列 …………………………… 19
  结语 …………………………………………………………………… 23

秦汉时期的亭吏及其与他官的关系 / 〔日〕水间大辅 著译 朱腾 校 …… 28
  一、亭长与校长 ……………………………………………………… 29
  二、亭的其他人员 …………………………………………………… 35
  三、亭与其他官署、官吏的关系 …………………………………… 37
  结语 …………………………………………………………………… 45

笞杖的变迁
  ——从汉的督笞至唐的笞杖刑 / 〔日〕冨谷至 著 朱腾 译 ……… 47
  前言:唐的笞杖刑 …………………………………………………… 47
  一、秦汉的笞刑 ……………………………………………………… 48
  二、魏晋的笞杖刑 …………………………………………………… 55
  三、北朝的笞杖 ……………………………………………………… 56
  结语:从刑、督至刑罚 ……………………………………………… 59

三国魏文帝的法制改革与妖言罪的镇压
——古代中国法的一个分歧点 / 〔日〕石冈浩 著 周东平 译 …… 63
前言 …………………………………………………………………… 63
一、三国魏文帝的"妖谤赏告之法"的改定 …………………… 64
二、西汉文帝的废止"诽谤"罪与继续处罚"妖言"罪 ……… 69
三、秦之"诽谤"与"妖言" ………………………………… 72
四、汉的"妖言"=谶纬之说与"大逆""不道" ……………… 77
五、魏文帝奖励告发"妖言"的理由
——预防王朝被篡夺 ……………………………………… 80
结语 …………………………………………………………………… 87

论唐代城市乡里与坊的关系 / 〔日〕坂上康俊 著 何东 译 …… 89
前言 …………………………………………………………………… 89
一、对乡、里与坊重叠结构说的疑问 ………………………… 92
二、唐朝乡里的属地性 ………………………………………… 98
三、表示地点的乡—坊 ………………………………………… 101
四、"里第"与"私第" ………………………………………… 103
五、唐代京城内的乡里和坊 …………………………………… 109
结语:藤原京、平城京的条坊与唐代的坊、里 ……………… 115

敦煌・吐鲁番出土唐代法制文献研究之现状 /
〔日〕辻正博 著 周东平 译 …………………………………… 118
前言 …………………………………………………………………… 118
一、有关敦煌・吐鲁番出土法制文献的研究环境的急剧变化
——TTD-I 出版以后的资料整理状况 ………………… 121
二、TTD Supplement 的出版与此后的"发现" ……………… 130
结语 …………………………………………………………………… 141

为何要诉"冤"
——明代告状的类型 / 〔日〕谷井阳子 著 何东 译 ………… 146
前言 …………………………………………………………………… 146
一、"冤抑之事"与"争论之事" ……………………………… 147
二、"重罪"与"细事"的政策 ………………………………… 152

三、申诉"冤抑"的必要性 …………………………………… 156
　　结语 ……………………………………………………………… 162

区别流品：17世纪中国的奴婢身份、法律与司法对待 /
　　〔法〕施振高（Claude Chevaleyre）著　朱潇 译 　　　164

清朝法规范中的"财产关系图像"
　　——以住房及田土为例 / 陈惠馨 著 ………………………… 171
　　前言 ……………………………………………………………… 171
　　一、近代欧陆有关"财产观念"的论述与规范
　　　　——以德国为主 ……………………………………………… 173
　　二、清朝统治下的财产制度
　　　　——以人民住房及田土制度为中心 ……………………… 176
　　三、从清朝人民的"契"内容分析清代私人间的财产关系图像 …… 184
　　四、清朝政府在人民买卖、典当田土过程中的角色：
　　　　通过"契尾"确认征税 ……………………………………… 189
　　结语 ……………………………………………………………… 192

传统中国法中的"戏杀"与"疏忽" /
　　〔英〕马若斐（Geoffrey MacCormack）著　陈煜 译 …… 194
　　前言　过失与疏忽 ……………………………………………… 194
　　一、历代关于戏杀的法律规定 ………………………………… 197
　　二、清代刑部对戏杀案件的认定 ……………………………… 202
　　三、戏杀的理论依据 …………………………………………… 216

清朝初期的"恤刑"（五年审录）/ 〔日〕赤城美惠子 著　张登凯 译 …… 219
　　前言 ……………………………………………………………… 219
　　一、恤刑程序的引进始末 ……………………………………… 222
　　二、恤刑之具体程序 …………………………………………… 226
　　三、恤刑中的矜疑事案及其处理 ……………………………… 234
　　四、恤刑程序中所出现的问题 ………………………………… 240
　　五、恤刑的废止与其他审录程序 ……………………………… 244
　　结语 ……………………………………………………………… 246

清代秋审文书与蒙古
　　——关于18世纪后半期—20世纪初蒙古死刑案件之处理 /
　　〔日〕高远拓儿 著　白玉冬　高雪辉 译 …………… 248
　　前言 …………………………………………………… 248
　　一、《秋审招册》与蒙古人犯之议案 ………………… 250
　　二、理藩院与三司
　　　　——中央关于蒙古死刑案件之处理 …………… 257
　　三、蒙古秋审 ………………………………………… 264
　　结语 …………………………………………………… 269

"淆乱视听"：西方人的中国法律观
　　——源于鸦片战争之前的错误认知 /
　　〔美〕步德茂(Thomas Buoye) 著　王志希 译 ……… 272
　　一、清代死刑案件的裁判 …………………………… 274
　　二、死刑案件复核：原则与实践 ……………………… 275
　　三、死刑案件复核的未预后果 ……………………… 276
　　四、管制夷众 ………………………………………… 278
　　五、抵制清律 ………………………………………… 282
　　六、从"中国人"的角度看洋人犯罪 ………………… 287

北京政府时期的覆判制度 / 〔日〕田边章秀 著　黄琴唐 译 ……… 293
　　前言 …………………………………………………… 293
　　一、裁判的管辖区分及上诉过程 …………………… 296
　　二、《覆判章程》与覆判案件 ………………………… 301
　　三、《覆判章程》的修正中所见的覆判制度问题 …… 310
　　结语 …………………………………………………… 315

中国民法形成过程中的权利、自由与习惯（1900—1936） /
　　〔法〕巩涛(Jérôme Bourgon) 著　白阳 译 …………… 316
　　一、帝国法律体系中自由的前提 …………………… 318
　　二、帝制法律体系中大众惯行的状况 ……………… 320
　　三、帝制法律体系中民法的萌芽 …………………… 321
　　四、中国习惯法：迎合殖民主义语境的民法 ………… 324
　　五、官僚机构运行下的习惯法法典化 ……………… 327
　　六、民国法典中的习惯和法理 ……………………… 334
　　结语 …………………………………………………… 338

秦汉时代的刑罚与爵制性身份序列*

〔日〕鹰取祐司** 著　朱腾*** 译

前　言

众所周知,由于之前,像《唐律疏议》那样的秦汉时代的整全性法典并不存在,因此,秦汉刑罚制度研究就不得不以片断性地残存于《史记》《汉书》等传世文献中的律令文本或相关记事为史料,但1975年睡虎地秦简的发现使此种状况发生了巨大的变化。概括来说,依据对这批秦简的分析,秦汉刑罚制度可作如下理解:秦代的刑罚大体上可分为死刑、肉刑、劳役刑及财产刑四类,它们保持着以劳役刑为基础的横向并列体系。劳役刑又包括城旦舂、鬼薪白粲、隶臣妾、司寇四种;其中,隶臣妾以身份的贬降为第一目的,其他劳役刑则与之略有区别。又,城旦舂以下的劳役刑不存在预先确定的刑期,可谓因不定期发布的赦令而被免除的不定期刑。前汉文帝十三年的刑制改革使此种横向并存的秦代的各种刑罚以劳役刑为中心而被纳入统一的纵向系列中,且通过引入刑期而将劳役刑予以等级化。① 睡虎地秦简之后,张家山汉简被发现并公布,与城旦舂以下的劳役刑有着系统性差异的有期劳役刑或者

---

*　本文原题为《秦漢時代の刑罰と爵制的身份序列》,载《立命館文学》第608号,2008年12月。

**　鹰取祐司,日本立命馆大学文学部教授。

***　朱腾,中国社会科学院法学研究所博士后流动站工作人员,厦门大学法学院讲师。

①　参见〔日〕冨谷至:《秦漢刑罰制度の研究》,同朋舍1998年版。

说附有期限的罚劳动的存在也由此得以明确。②

尽管睡虎地秦简和张家山汉简的发现促成了秦汉刑罚制度研究的飞跃式进展,但依然未获解决的问题或疑问也是存在的,兹尝试列举其若干。

第一,有关秦汉律所见的量刑表现"(肉刑)为 A"之 A,虽然城旦舂、鬼薪白粲、隶臣妾、司寇等劳役刑均为其选择项,但在这四者中,只有隶臣妾可因爵的奉还而被免除,因此它可被视为以身份的贬降为直接制裁的刑罚,这使它略别于以从事强制劳动为第一义之制裁的其他劳役刑。③ 如此说来,将作为劳役刑的城旦舂、鬼薪白粲、司寇与作为身份刑的隶臣妾并列这一事实似乎稍显怪异吧?④ 又,在《二年律令》中也有隶臣妾之外的劳役刑被爵免的规定。⑤ 如果说隶臣妾是可被爵免的身份刑,那么同样可被爵免的隶臣妾之外的劳役刑难道就不能被视作身份刑吗?

第二,文帝刑制改革所确立的有关徒刑之释放的规定⑥为何要在城旦舂→鬼薪白粲→隶臣妾→庶人这一释放过程中采取设置过渡刑的形态呢?又,虽然文帝刑制改革设置了此种过渡刑,但为何在《汉旧仪》中,过渡刑并

---

② 参见籾山明所著《中国古代訴訟制度の研究》(京都大学学术出版会 2006 年版)之第五章"秦漢刑罰史研究の現狀——刑期をめぐる論争を中心に——"及宫宅潔所著《有期劳役刑体系の形成——"二年律令"に見える漢初の劳役刑を手がかりにして——》[《東方学報》(78),2006 年]。

③ 参见[日]冨谷至前揭书,第 83 页。

④ 永田英正所著《睡虎地秦簡秦律に見る隷臣妾について》(收入[日]梅原郁编:《前近代中国の刑罰》,京都大学人文科学研究所 1996 年版,第 61 页)也提出了同样的疑问。

⑤ 张家山汉简《二年律令》简 204—205(钱律):"捕盗铸钱及佐者死罪一人,予爵一级。其欲以免除罪人者,许之。捕一人,免除死罪一人,若城旦舂、鬼薪白粲二人,隶臣妾、收人、司空三人以为庶人。其当刑未报者,勿刑。有(又)复告者一人身,毋有所与。诃告吏,吏捕得之,赏如律。"有关"司空"二字,整理小组释为"在司空服役的刑徒",但是,此处的"司空"与城旦舂、鬼薪白粲、隶臣妾、收人等并列,而本文后揭《二年律令》简 90—92(史料 20)又把庶人以上、司寇、隶臣妾、收人等并举,因此如将此处的"司空"看做"司寇"的误写,这恐怕是正确的。参见[日]冨谷至编:《江陵张家山二四七號墓出土漢律令の研究》(譯注篇),第 134 页,注⑤。

⑥ 《汉书·刑法志》记载了文帝的刑制改革。在对刑期的论述上,从《刑法志》文本身引申出了一些问题。如籾山明的梳理([日]籾山明前揭书,第 250—260 页)所揭示的那样,张建国之说(参见张建国:《汉文帝改革相关问题点试诠》,收入氏著:《帝制时代的中国法》,法律出版社 1999 年版)可谓最为妥当。依据张建国之说,文帝改制之后的刑徒释放规定如下:

完城旦舂(三年)→鬼薪白粲(一年)→隶臣妾(一年)→庶人

鬼薪白粲(三年)→隶臣妾(一年)→庶人

隶臣妾(二年)→司寇(一年)→庶人

作如司寇(二年)→庶人

不存在且变成了"作某岁"这样直接的刑期规定⑦呢？有关这一点，冨谷至认为，过渡刑是为了释放文帝改制之前已处断的既决囚而设置的过渡性规定。⑧ 至于为何在释放既决囚的场合必须设置过渡刑，则并未予以说明。

第三，通过对睡虎地秦简或张家山汉简的分析，可以明确，各劳役刑之间的差异难说是由劳役的内容或刑具带来的，使各劳役刑被等级化的标准毋宁说在于各劳役刑之刑徒的待遇区别，如其家族是否成为"收"的对象，其子是否继承其刑徒的地位。⑨ 如果说劳役刑是以从事强制劳动为第一义的制裁，那么各劳役刑的差异似乎最应以刑徒自身所从事的劳役内容为标准来设定。然而，实际情况是劳役刑的等级化并非来源于此。这说明，对城旦舂以下的劳役刑而言，制裁的首要意义或许是有别于强制从事劳役的某一点。再则，尽管在隶臣妾的场合，制裁表现为身份的贬降，而劳役则是作为被贬之身份的附加属性而设立的⑩，但是同样的情况难道不适用于隶臣妾之外的劳役刑吗？又，宫宅潔提出，某人成为劳役刑徒即意味着其身份的转落⑪，这似乎正是所谓的刑罚实为身份刑的表征吧？

第四，如非奴婢者犯罪，将在肉刑之上再处以劳役刑。但是，如奴婢犯罪，为何要在施以肉刑之后将其归还给主人而非再处以劳役刑呢？⑫ 李均明认为，在奴隶犯罪的情况下，刑罚仅仅是作为附加刑的肉刑⑬，但他并未说明当时采取此种措施的理由。

除上述疑问之外，近期，濑川敬也的论文也提出了一些不容忽视的重要

---

⑦ 卫宏《汉旧仪》曰："秦制二十爵。男子赐爵一级以上，有罪以减，年五十六免。无爵为士伍，年六十乃免者，有罪，各尽其刑。凡有罪，男髡钳为城旦。城旦者，治城也。女为舂。舂者，治米也，皆作五岁。完四岁，鬼薪三岁。鬼薪者，男当为祠祀鬼神，伐山之薪蒸也。女为白粲者，以为祠祀择米也。皆作三岁。罪为司寇，司寇男备守，女为作如司寇。皆作二岁。男为戍罚作，女为复作。皆一岁到三月。令曰：秦时爵大夫以上，令与亢礼。"

⑧ 参见〔日〕冨谷至前揭书，第160页。

⑨ 参见〔日〕宫宅潔前揭文：《有期劳役刑体系の形成》。

⑩ 参见〔日〕冨谷至前揭书，第52页。

⑪ 参见〔日〕宫宅潔前揭文：《有期劳役刑体系の形成》，第4页。

⑫ 睡虎地秦简《法律答问》简74："人奴妾治（笞）子，子以肞死，黥颜頯，畀主……相与斗，交伤，皆论不殴（也）？交论。"张家山汉简《二年律令》简30（贼律）："奴婢殴庶人以上，黥頯，畀主。"张家山汉简《二年律令》简135（告律）："奴婢自讼不审，斩奴左止（趾），黥婢颜（颜）頯，畀其主。"

⑬ 参见李均明：《张家山汉简所见刑罚等序及相关问题》，载《华学》（六），紫禁城出版社2003年版，第128页。

问题。此处将试图从濑川的叙述中概括出三个论点[14]：

其一，在对黥城旦等刑罚作出定义时，所谓劳役刑这样的名称经常被使用。关于此点，黥城旦可分解为黥和城旦这两个要素，虽然城旦被视为劳役刑，但其适用对象也包含如居赀赎债系城旦舂者那样有别于刑徒的债务拘禁者等，因此将城旦看做一种独立的刑罚就成了一个问题。

其二，如果说劳役刑作为刑的意义本来就是在确定应予从事之主要职役的基础上产生的，那就不得不认为，对秦汉时代的黥城旦等刑罚而言，因为缺乏刑徒的劳动内容经常性地被固定化的确证，以劳役刑称呼它们本身就是不恰当的。

其三，由于仅以劳役名而非肉刑来指称服役囚，因此公权力基本上仅凭借记录劳役名来管理或掌握身体刑执行完毕后的服役囚。

在这些论点中，第一点及第二点为直指秦汉时代刑罚之刑期的探讨，并对在肉刑与劳役这两个构成要素上仅以劳役为焦点的做法提出了批评。因此，倘若把城旦舂以下的刑罚视为劳役刑，那么从正面答复此种批评似乎是必要的。又，有关第三点，张家山汉简《二年律令》明确罗列了死罪—黥城旦舂—完城旦舂……鬼薪白粲、腐—耐隶臣妾—耐司寇这样的刑罚序列[15]。可见，刑罚自身的序列化是将肉刑包含在内的。那么，为何只用劳役名来指示服役囚呢？这似乎又是一个必须通过思考秦汉刑罚制度予以解明的问题[16]。

以上述问题意识为出发点，本文将对如下问题展开探讨：文帝刑制改革之前，一直被视为劳役刑的城旦舂、鬼薪白粲、隶臣妾、司寇究竟为何种性质

---

[14] 以下所列第一点及第二点参见《秦代刑罰の再検討——いわゆる労役刑を中心に——》，载《鷹陵史学》（24），1998年，第23、29页；第三点参见《秦漢時代の身体刑と労役刑——文帝刑制改革をはさんで——》，载《中国出土資料研究》（七），2003年版，第85页。

[15] 张家山汉简《二年律令》简126—131（告律）："诬告人以死罪，黥为城旦舂；它各反其罪。告不审及有罪先自告，各减其罪一等，死罪黥为城旦舂，黥为城旦舂罪完为城旦舂，完为城旦舂罪□☑鬼薪白粲及府（腐）罪耐为隶臣妾，耐为隶臣妾罪耐为司寇，司寇、瞏（还）及黥顔（颜）頯罪耐，赎耐罪罚金四两，赎死罪赎城旦舂，赎城旦舂罪赎斩，赎斩罪赎黥，赎黥罪赎耐，耐罪□金四两罪罚金二两，罚金二两罪罚金一两。令、丞、令史或偏（徧）先自得之，相除。"有关"黥为城旦舂罪完为城旦舂"一语，整理小组写作"城旦舂罪完为城旦舂"，彭浩等主编《二年律令与奏谳书——张家山二四七号汉墓出土法律文献释读》据此增补"黥为"二字。

[16] 对仅以劳役名而非肉刑来指称服役囚这一点，李均明认为，在表示"刑等"时，如城旦舂就是指从完城旦舂至斩右趾城旦舂这一范围（参见李均明前揭文：《张家山汉简所见刑罚等序及相关问题》，第128页）。确实，各种城旦舂刑被概称为城旦舂的可能性是不可否认的，但问题在于，为何在标识刑等时，肉刑并未被明示。对此，李均明说未能予以解答。

的刑罚。⑰ 具体来说,首先,第一部分将对濑川所提出的第一个论点是否适当作出考察,并试图在考察的过程中引申出为一直以来的刑罚制度研究所忽视的极为重要的问题点。第二部分以下将尝试对此问题点予以解答,并通过此种解答实现上述疑问的自然化解。

又,本文的考察是以在刑罚制度上睡虎地秦简与张家山汉简之间并无本质差异为前提推进的。尽管秦律的规定与汉律的规定有所不同是已被指明了的⑱,但以现在的史料状况论,可证明秦代与文帝改制前的汉代在刑罚制度上之差异的史料却不存在。因此,本文暂拟以刑罚制度在文帝改制前未发生本质性变化为前提推进论述的展开。

一、有关居赀赎债系城旦舂者的探讨

濑川提到的"居赀赎债系城旦舂者"见于后揭睡虎地秦简《秦律十八种》简 141—142(史料 2)。以下拟分别考察居赀赎债与系城旦舂。

(一) 居赀赎债

居赀赎债是居赀、居赎、居债的概括性称呼,而此三词则依次指因无法以金钱偿还赀刑、赎刑及对公家的债务而以从事劳役为给付者。⑲ 那么,此处的居赀、居赎、居债表现为何种状况呢?

有关居赀,孙英民已作出分析。⑳ 他认为,首先,在城旦司寇人数不足监率时,隶臣妾可代行之,但居赀赎债却不能监率城旦㉑,因此居赀在身份上与犯罪者不同;其次,居赀赎债交由年龄相近者代行是可能的㉒,而且秦律中还

---

⑰ 在秦代,与城旦舂等并列的还有"候",但由于在张家山汉简《二年律令》中并未见到"候",因此将其从考察对象中排除。又,在《二年律令》中,与隶臣妾并存的"收人"屡现,但因为"收人"并非针对个体自身之犯罪行为的刑罚,所以也未将其纳入考察对象。

⑱ 如,石冈浩所著《前漢初年の贖刑の特殊性——二種の無期労役刑を回避する二種の贖刑——》[载《日本秦漢史会会報》(七),2006 年]就指明了秦汉律在罚金刑、赀刑与赎刑上的区别。

⑲ 参见〔日〕冨谷至前揭书,第 67—68 页。

⑳ 参见孙英民:《〈秦始皇陵西侧赵背户村秦刑徒墓〉质疑》,载《文物》1982 年第 10 期。

㉑ 参见本文后揭睡虎地秦简《秦律十八种》简 145—146(史料 3)。

㉒ 睡虎地秦简《秦律十八种》简 133—140(司空律):"(前略)居赀赎责(债)欲代者,耆弱相当,许之。作务及贾而负责(债)者,不得代。一室二人以上居赀赎责(债)而莫见其室者,出其一人,令相为兼居之。居赀赎责(债)者,或欲籍(藉)人与并居之,许之,毋除繇(徭)戍。(下略)。"

有保证居赀赎债者从事农业生产的规定㉓,所以居赀的身份为自由人。另外,在秦始皇陵西侧赵背户村出土的瓦文墓志中存有如"东武居赀上造庆忌""东武东间居赀不更鸥"一般把居赀与爵位并列的情形㉔,这表明居赀并非刑名。

对孙英民的论断,笔者认为,其第一点以能否监率城旦舂为标准来判断居赀的身份是否为犯罪者是不可取的,但其他论述则可以认同。尽管孙英民的分析仅以居赀为对象,但其第二点、第三点所提到的对居赀赎债的规定当然适用于居赎、居债。若说刑徒是被施以刑罚或附以像隶臣妾这样属性的刑罚而强制从事劳役者,那么对居赀、居赎、居债三者而言,因为既允许其回家从事农业生产,又允许他人予以代替,所以其三者的任何一个似乎都不能被视为刑徒。虽然居赀和居赎是被处以赀刑、赎刑等刑罚者,但赀刑、赎刑则为科以金钱给付的罚金刑,因此被科处者如能够支付金钱,自无以居赀、居赎而从事劳役的必要。也就是说,以居赀、居赎而从事劳役终究只是金钱给付的替代品,而不是作为刑罚被科处的。在这一点上,居赀、居赎与因无法用金钱偿还对公家之债务而以劳役代行的居债并无本质差异,秦律将居赀、居赎与居债合称为居赀赎债的原因无非也在于此,所以这三者均非刑徒。

以上述探讨观之,在濑川说中被认为"有别于刑徒的债务拘禁者等"的居赀赎债,正如濑川所说的那样,并非"刑徒"。

(二) 系城旦舂

系城旦舂在睡虎地秦简中最初是以"有(又)毄(系)城旦六岁"的形式出现的。㉕ 据此,城旦舂的刑期为6年之说被提出。㉖ 但是,籾山明认为,"毄(系)城旦六岁"为附加刑,所以不能由此推出城旦舂的刑期为6年;又,从

㉓ 睡虎地秦简《秦律十八种》简144(司空律):"居赀赎责(债)者归田农,种时、治苗时各二旬。司空。"

㉔ 参见始皇陵秦俑考古发掘队:《秦始皇陵西侧赵背户村秦刑徒墓》,载《文物》1982年第3期。

㉕ 睡虎地秦简《法律答问》简118:"当耐为隶臣,以司寇诬人,可(何)论? 当耐为隶臣,有(又)毄(系)城旦六岁。"

㉖ 参见高敏:《关于〈秦律〉中的"隶臣妾"问题质疑——读〈睡虎地秦简〉札记兼与高恒商榷》(1979;后收入《睡虎地秦简初探》,万卷楼图书有限公司2000年版)等。

《二年律令》简165来看㉗，如被处以系城旦舂者㉘再犯逃亡之罪，则其刑将被加重至完城旦舂，这表明系城旦舂与城旦舂刑有所不同。㉙更进一步，籾山明还接受了邢义田所说《二年律令》简165中的"系城旦舂六岁"为独立之主刑的观点㉚，并把系城旦舂理解为有别于从城旦舂至司寇的劳役刑而存在的附有独立期限的罚劳动。㉛除了籾山明之外，宫宅潔也指出，在误不当判处他人城旦舂的场合，犯有误审者将被科以赎城旦（金一斤八两）之刑；与此相对，在误不当判处他人系城旦舂的场合，刑罚则为罚金四～一两，因此系城旦舂与城旦舂完全不同。㉜

如上所述，有论者以"有（又）毄（系）城旦六岁"为据而主张城旦舂刑的刑期为6年，这是将城旦舂与系城旦舂视为同一种刑罚了。《二年律令》公布后，同样存在以此为前提考察刑期问题的现象。如韩树峰就在其所绘之劳役刑一览表中将系城旦舂与髡城旦舂、完城旦舂并举㉝；李均明则认为，在《二年律令》中可见"系城旦舂六岁""系三岁"等记载，所以《二年律令》可谓城旦舂刑之刑期从不定期向有期转变的过渡。㉞然而，正如籾山及宫宅所指出的那样，城旦舂与系城旦舂二者实为完全不同。

如向濑川之论折回，则居赀赎债非刑徒是濑川已予说明的。不过，濑川似乎是把系城旦舂与城旦舂当做同一种刑罚来看待的，但是正如前文所述，二者实为不同，所以如下结论或许就无法成立：由于居赀赎债被处以系城旦舂，因此城旦舂并非劳役刑。可是，若说对系城旦舂自身的认识，濑川之论又是妥当的。易言之，既然对非刑徒的居赀赎债处以系城旦舂，那么被处以系城旦舂这一现象自身大概不能用刑罚来指称。

㉗ 张家山汉简《二年律令》简165（亡律）："隶臣妾，收人亡，盈卒岁，毄（系）城旦舂六岁。不盈卒岁，毄（系）三岁。自出殴，笞百。其去毄（系）三岁亡，毄（系）六岁。去毄（系）六岁亡，完为城旦舂。"

㉘ 尽管"系城旦舂"应读作"系于城旦舂"（"城旦舂に繋がれる"），但如直接写成"系城旦舂"，则恐引发系城旦舂与城旦舂之间的区别变得模糊不清，因此本文将其写作"处以系城旦舂"（繋城旦舂に当てられる）。然而，"处以"（当てられる）这种表达方式又会令人联想到刑罚，但是正如后述所示，系城旦舂也适用于刑罚之外的场合，所以请读者不要误会。

㉙ 参见〔日〕籾山明前揭书，第243页。

㉚ 参见邢义田：《从张家山汉简〈二年律令〉论秦汉的刑期问题》2003；后中国社会科学院简帛研究中心编《张家山汉简〈二年律令〉研究文集》（广西师范大学出版社2007年版）收入该文的补订稿。

㉛ 参见〔日〕籾山明前揭书，第262页。

㉜ 参见〔日〕宫宅潔前揭文：《有期劳役刑体系の形成》，第16—19页。

㉝ 参见韩树峰：《秦汉徒刑散论》，载《历史研究》2005年第3期，第38页。

㉞ 参见李均明前揭文：《张家山汉简所见刑罚等序及其相关问题》，第129页。

如此说来,在何种情况下某人将被处以系城旦舂呢?以下试图再次予以确认。徐世虹认为,被处以系城旦舂的情形有三种:① 以劳役代替赀刑、赎刑及债务之给付;② 以劳役抵偿逃亡日数;③ 刑罚。㉟ 在②与③之间作出区分的事实表明,徐世虹似乎并未将②视为刑罚,作为其根据而被列举出来的规定是:

> 1. 吏民亡,盈卒岁,耐;不盈卒岁,鬾(系)城旦舂。公士、公士妻以上作官府,皆偿亡日。其自出殹(也),笞五十。给逋事,皆籍亡日,軵数盈卒岁而得,亦耐之。[张家山汉简《二年律令》简157(亡律)]

可见,在吏民逃亡时,如其逃亡期限未满1年,则处以系城旦舂;如在1年以上,则处以耐。显然,此处的系城旦舂也是作为刑罚而被适用的。这样,②和③中的系城旦舂均为刑罚,而在①所示以劳役代替赀刑、赎刑及债务之给付的场合,系城旦舂则不是作为刑罚而被科处的。所以,应当看到,系城旦舂在被当做刑罚而科处的同时,也会被适用于既非刑徒亦非犯罪者的个体以劳役来代替金钱之给付的场合。对此,似乎应理解为,系城旦舂终究带有提供一定期限之劳动力的性质,因此对不足以科处耐的轻微犯罪,系城旦舂也作为刑罚而适用。

(三) 城旦舂与系城旦舂

上文已指出,作为刑罚而被适用的系城旦舂是与城旦舂有所区别的,但已有学者指出,在城旦舂与系城旦舂的实态上,不能认为有期劳役刑徒(被处以系城旦舂者)与城旦舂刑徒的差异在于劳役的种类与内容。㊱ 事实上,正如下文将要引用的睡虎地秦简《秦律十八种》简141—142(史料2)所展现出来的那样,被处以系城旦舂的居赀赎债与城旦舂一起从事劳役的情形也是存在的。那么,分别为两种刑罚的城旦舂与系城旦舂的差异究竟何在?

在秦律中,被处以系城旦舂者不同于城旦舂:

> 2. 隶臣妾、城旦舂之司寇、居赀赎责(债)鬾(系)城旦舂者,勿责衣食。其与城旦舂作者,衣食之如城旦舂。隶臣有妻,妻更及有外妻者,责衣。人奴妾鬾(系)城旦舂,貣(贷)衣食公,日未备而死者,出其衣食。[睡虎地秦简《秦律十八种》简141—142(司空律)]

㉟ 参见徐世虹:《"三环之""刑复城旦舂""系城旦舂某岁"解——读〈二年律令〉札记》,载《出土文献研究》(六),上海古籍出版社2004年版,第84—86页。

㊱ 参见〔日〕宫宅洁前揭文:《有期劳役刑体系的形成》,第25页。

"其与城旦舂作者"中的"其"肯定是指此前已提及的"隶臣妾、城旦舂之司寇、居赀赎责(债)毄(系)城旦舂者"。由此观之,"其与城旦舂作者"中的"城旦舂"似乎是一种有别于"隶臣妾、城旦舂之司寇、居赀赎责(债)毄(系)城旦舂者"的特殊存在。又,睡虎地秦简《秦律十八种》简145—146(司空律)曰:

> 3. 毋令居赀赎责(债)将城旦舂。城旦司寇不足以将,令隶臣妾将。居赀赎责(债)当与城旦舂作者,及城旦傅坚、城旦舂当将司者,廿人,城旦司寇一人将。司寇不跂,免城旦劳三岁以上者,以为城旦司寇。

虽然这段记载并未明确提到系城旦舂,但从"与城旦舂作"一语来看,此处所说的"居赀赎债"当为被处以系城旦舂者。所以,正如"居赀赎责(债)当与城旦舂作者"所示,此处被处以系城旦舂的居赀赎债亦不同于城旦舂。另外,睡虎地秦简《秦律十八种》简143(司空律)曰:

> 4. 毄(系)城旦舂者,公食当责者,石卅钱。

此文清晰地记有"系"字,而"系"字似乎也成了将城旦舂与系城旦舂视做互不相同之事物以为区别的标志。

毋庸赘言,在这些秦简中,与系城旦舂相区别的城旦舂就是所谓的城旦舂刑徒,这一点可由下引史料获得确认:

> 5. 四月丙辰,黥城旦讲气(乞)鞫曰:"故乐人,不与士伍毛谋盗牛,雍以讲为与毛谋,论黥讲为城旦。"(下略)(张家山汉简《奏谳书》案例17)

这段史料以"黥城旦"来称呼被处以"黥为城旦"的刑徒。从此例出发,可知,作为刑徒名称的城旦舂实指被施以"为城旦舂"之刑的刑徒。那么,作为其对立方,被处以系城旦舂者又是指何种状况呢?

有关此问题,宫宅潔对《二年律令》简165[㉜]所载"系城旦舂六岁"作出了解释并明确指出,这里的"系城旦舂"是在保持其隶臣妾身份的基础上被处以系城旦舂六岁的。[㉝] 又,前文已述,在赵背户村瓦文墓志中存有"东武居赀上造庆忌""东武东间居赀不更"等记载。由于居延汉简所见刑徒均清晰地

㉜ 参见注㉗。
㉝ 参见〔日〕宫宅潔前揭文:《有期劳役刑体系的形成》,第10—11页。

标有完城旦、鬼薪等刑名㊴，因此，既然墓志上载有"居赀"二字，那么墓志的主人似应处于居赀状态而非刑徒。并且，墓志上还写有爵位，这表明身处居赀状态的被埋葬者是以有爵者的身份从事劳役的。尽管无法确定埋葬于赵背户村的居赀者是否是在被处以系城旦舂之后从事秦始皇陵的建设的，但从此类居赀者在保持其居赀前之身份的情况下从事劳役这一点看，居赀在被处以系城旦舂而从事劳役时似乎亦可保持此前的身份。以隶臣妾及居赀为例，可以说，被处以系城旦舂者是在继续此前之身份的同时而被科处系城旦舂的。

如前所述，城旦舂刑徒与被处以系城旦舂者有时会一起从事同样的劳役，所以二者之劳役的实态基本相当。然而，被称为"城旦舂"者却以接受"为城旦舂"之刑的城旦舂刑徒为限，被处以系城旦舂者则不能以"城旦舂"来指称。被处以系城旦舂者虽从事与城旦舂刑徒同样的劳役，却并不被称为城旦舂。这表明，用"城旦舂"来指称从事城旦舂刑徒应从事之劳役的人是不妥的。迄今为止，以《汉旧仪》或《史记》《汉书》的注释㊵为基础，城旦舂一直被解释为男子输边境以修筑城塞或警备、女子则捣米的刑罚，但此种解释终究不是以严格意义上的同时代史料为立论之本的。进一步说，尽管作为同时代史料的睡虎地秦简已被公布，但直至今日，《汉旧仪》等史料之记载的适切与否仍未获得全面探讨。所以，我们有必要再次考察如下问题：所谓城旦舂刑或者说"为城旦舂"这一量刑结果究竟是如何处置犯罪者的。

如同后揭《二年律令》简90—92（史料20）所示，被视为劳役刑的城旦舂、鬼薪白粲、隶臣妾、司寇在作为对犯罪者的刑罚而被记录的场合都是以"（肉刑）为……"的形式出现的。因此，为了明确"为城旦舂"这一量刑结果对犯罪者予以何种处置，以下将先分析同样表现为"（肉刑）为……"之形式

㊴ 例如，居延汉简中有以下记载：

　　　　　故　　坐斗以大☐
番和完城旦庄宴　举　　　　　　☐
　　　　　民　永始三年　　☐（E. P. S4. T2:26）
居延鬼新徒大男王武　闰月壬戌出［37・1（A32）］

居延汉简的文本参见谢桂华等：《居延汉简释文合校》，文物出版社1987年版；甘肃省文物考古研究所等编：《居延新简——甲渠侯官》，中华书局1994年版。

㊵ 《史记·秦始皇本纪》"集解"引"如淳注"："律说'论决为髡钳，输边筑长城，昼日伺寇虏，夜暮筑长城'。城旦，四岁刑。"《汉书·惠帝纪》"应劭注"："城旦者，旦起行治城；舂者，妇人不豫外徭，但舂作米；皆四岁刑也。"卫宏之《汉旧仪》（参见注⑦）。

的司寇。之所以如此,是因为《二年律令》中载有涉及司寇的意味深远的规定。

二、指示爵位的身份序列

上文所说"涉及司寇的意味深远的规定"是指下引两条与给付田宅有关的史料:

6. 关内侯九十五顷,⬚大⬚庶⬚长⬚九⬚十⬚顷,⬚驷车庶长八十八顷,大上造八十六顷,少上造八十四顷,右更八十二顷,中更八十顷,左更七十八顷,右庶长七十六顷,左庶长七十四顷,五大夫廿五顷,公乘廿顷,公大夫九顷,官大夫七顷,大夫五顷,不更四顷,簪褭三顷,上造二顷,公士一顷半顷,公卒、士五(伍)、庶人各一顷,司寇、隐官各五十亩。(下略)[张家山汉简《二年律令》简310—313(户律)]

7. 宅之大方卅步。彻侯受百五宅,关内侯九十五宅,大庶长九十宅,驷车庶长八十八宅,大上造八十六宅,少上造八十四宅,右更八十二宅,中更八十宅,左更七十八宅,右庶长七十六宅,左庶长七十四宅,五大夫廿五宅,公乘廿宅,公大夫九宅,官大夫七宅,大夫五宅,不更四宅,簪褭三宅,上造二宅,公士一宅半宅,公卒、士五(伍)、庶人一宅,司寇、隐官半宅。欲为户者,许之。[张家山汉简《二年律令》简314—316(户律)]

在这两条涉及田宅给付的规定中,拥有从第二十级彻侯至第一级公士的二十等爵者与司寇一起出现,必为刑徒的司寇也成了田宅给付的对象。此处将以田宅的大小为标准来罗列爵位及其他(圆圈中的数字表示爵级):

⑳ 彻侯—⑲ 关内侯—⑱ 大庶长—⑰ 驷车庶长—⑯ 大上造—⑮ 少上造—⑭ 右更—⑬ 中更—⑫ 左更—⑪ 右庶长—⑩ 左庶长—⑨ 五大夫—⑧ 公乘—⑦ 公大夫—⑥ 官大夫—⑤ 大夫—④ 不更—③ 簪褭—② 上造—① 公士—公卒、士伍、庶人—司寇、隐官

其中,值得注意的是,公卒、士伍、庶人、司寇、隐官与从⑳彻侯至①公士的爵位序列形成了一种连续状态。这表明,公卒、士伍、庶人、司寇、隐官在用爵位表示贵贱的身份序列(以下称为"爵制性身份序列")的延长线上获得了自己的位置,因此在爵制性身份序列上,它们与爵位一样是作为明示此种身份序列之位置的指标(以下称为"身份指标")而出现的。如此一来,公卒、士

伍、庶人、司寇、隐官似乎也具备了准爵位身份指标的特质。但是，由于它们一直以来从未被看做准爵位身份指标，因此在是否适于将它们看做准爵位身份指标这一问题上，或许仍有必要通过其他用例来验证。

下面将要引用的是《二年律令》中对老人给予糜粥、授予王杖及如何认定睆老的规定。

  8. 大夫以上[年]九十，不更九十一，簪裹九十二，上造九十三，公士九十四，公卒、士五（伍）九十五以上者，禀鬻米月一石。[张家山汉简《二年律令》简354（傅律）]

  9. 大夫以上年七十，不更七十一，簪裹七十二，上造七十三，公士七十四，公卒、士五（伍）七十五，皆受仗（杖）。[张家山汉简《二年律令》简355（傅律）]

  10. 不更年五十八，簪裹五十九，上造六十，公士六十一，公卒、士五（伍）六十二，皆为睆老。[张家山汉简《二年律令》简357（傅律）]

可见，就任一规定而言，爵位都是明确该规定之适用年龄的标准。而且，其中公卒与士伍如同前引田宅给付之规定（史料6、7）一样与爵位序列形成了一种连续样态，所以此处的公卒、士伍亦可被视为准爵位身份指标。又，下引简文为有关继承父爵者之外的其余子嗣（非爵后子嗣）在傅籍时所受之爵位的规定。

  11. 不为后而傅者，关内侯子二人为不更，它子为簪裹；卿子二人为不更，它子为上造；五大夫子二人为簪裹，它子为上造；公乘、公大夫子二人为上造，它子为公士；官大夫及大夫子为公士；不更至上造子为公卒。[张家山汉简《二年律令》简359—360（傅律）]㊶

该简所见"某爵子为某爵"的记载形式在简365中同样存在：

  12. 不更以下子年廿岁，大夫以上至五大夫子及小爵不更以下至上造年廿二岁，卿以上子及小爵大夫以上年廿四岁，皆傅之。公士[张家山汉简《二年律令》简364（傅律）]

  公卒及士五（伍）、司寇、隐官子，皆为士五（伍）。畴官各从其父畴，

  ㊶ 整理小组以简359—362为连续的条文，但是简360的末尾有空白，而且无论是记载形式还是内容，简359—360均不同于简361—362，所以此二者当为互有区别的条文。参见〔日〕冨谷至编：《江陵張家山二四七號墓出土漢律令の研究》（譯注篇），第234页，注②；日本专修大学《二年律令》研究会：《張家山漢簡〈二年律令〉訳注（八）——效律·傅律·置後律——》，第120页，注②。

有学师者学之。[张家山汉简《二年律令》简 365(傅律)]

整理小组将简 364 与简 365 连在一起,但简 364 以"某爵子年某岁"的形式规定了傅籍的年龄,而简 365 的记载形式则为"某爵子为某爵",这与前文已提及的规定非爵后子嗣在傅籍时所受之爵位的简 359—360(史料11)的记载形式相同。因此,可以认为,简 365 与简 359—360 本应属于同一条文。㊷ 退言之,至少简 359—360 与简 365 均为有关子嗣所受之爵位的规定这一点是无可置疑的。如罗列该规定所涉及的父的爵位及其他,则可见如下图示:

⑲ 关内侯—卿(⑱ 大庶长～⑩ 左庶长)—⑨ 五大夫—⑧ 公乘、⑦ 公大夫—⑥ 官大夫、⑤ 大夫—④ 不更、③ 簪袅、② 上造……公卒、士伍、司寇、隐官

以该图示论,除了不见公士和庶人㊸,其余则与前文所概括的田宅给付之规定(史料 6、7)中的身份指标序列一致,公卒、士伍、司寇、隐官同样处于爵位序列的延长线上且表现为准爵位身份指标。又,对简 359—360(史料11)末尾的"不更至上造子为公卒"中的"公卒"及简 365(史料 12)所载"皆为士五(伍)"中的"士伍"而言,其中的"某爵子为 A"这一形式就是对非爵后子嗣在傅籍时所受之爵位的规定。由于其前文已指出,在父持有⑤大夫以上之爵时,子可得①公士以上的爵位,因此相当于"A"的"公卒"和"士伍"似乎也是作为准爵位性事物而被列举出来的。另外,下引简文为对"不为吏者"及"宦皇帝者"之赏赐的规定。

13. 赐不为吏及宦皇帝者,关内侯以上比二千石,卿比千石,五大夫比八百石,公乘比六百石,公大夫、官大夫比五百石,大夫比三百石,不更比有秩,簪袅比斗食,上造、公士比佐史。毋爵者,饭一斗、肉五斤、酒大半斗、浆少半升。司寇、徒隶,饭一斗,肉三斤,酒少半斗,盐廿分升一。[张家山汉简《二年律令》简 291—293(赐律)]

此规定在爵位与官制间展开对比,其爵位部分可摘录如下:

⑲ 关内侯以上—卿(⑱ 大庶长～⑩ 左庶长)—⑨ 五大夫—⑧ 公

㊷ 专修大学《二年律令》研究会所著《張家山漢簡〈二年律令〉訳注(八)——效律・傅律・置後律——》也指出了这一点。

㊸ 尽管简 364 末尾有"公士"二字,但是如前所述,简 364 与简 365 之间可能不存在连续性,所以简 364 中的"公士"并未被纳入此序列中。

乘—⑦ 公大夫、⑥ 官大夫—⑤ 大夫—④ 不更—③ 簪袅—② 上造、① 公士—毋爵者—司寇、徒隶

这个序列的末尾以① 公士—毋爵者—司寇、徒隶并举，并且作为① 公士之次的"毋爵者"即将焦点聚集于爵位之有无，所以可以明确，此序列亦为用爵位表示贵贱的身份序列。这样看来，包含在此序列中的司寇似乎也可被认同为准爵位身份指标。进一步说，下引规定在⑨ 五大夫以上—⑧ 公乘以下——司寇以下之间跳跃，但其中的司寇在爵制性身份序列中同样是作为准爵位身份指标而出现的。

14. 赐衣者六丈四尺、缘五尺、絮三斤，襦二丈二尺、缘丈、絮二斤，袴（裤）二丈一尺、絮一斤半，衾五丈二尺、缘二丈六尺、絮十一斤。五大夫以上锦表，公乘以下缦表，皆帛里；司寇以下布表、里。（下略）[张家山汉简《二年律令》简282—284（赐律）]

以目前已提及之各例论，公卒、士伍、司寇、隐官为准爵位身份指标这一点是可以被理解的。至于庶人，它虽未在最初所示田宅给付之规定（史料6、7）以外的事例中出现，但以后文的考察观之，似亦可谓准爵位身份指标。

对这些准爵位身份指标而言，关于士伍、庶人、隐官的先行研究已有若干，但据此类研究，这三者未必可被视为准爵位身份指标，所以此处将对先行研究稍作探讨。

士伍在典籍史料中也有记载，所以对士伍的解释包括无爵者说㊹、夺爵者说㊺、夺爵以为兵士者说㊻、刑徒之一者说㊼，等等，而片仓穰则对这些说法予以检讨并指出，所谓士伍实为被夺爵的有爵者。㊽ 此后，通过对睡虎地秦简的分析，刘海年提出，士伍是指从傅籍至60岁免老之男性中的无爵或被夺爵者，而非刑徒或奴隶，所以士伍当属庶民中无爵或被夺爵的成年人。㊾ 与刘海年以士伍为庶人或庶民的观点相对照，秦进才则抛开是否未赐爵或被夺爵这一问题而将无爵的成年男性均视为士伍，所以秦的士伍就是指无爵的庶

㊹ 参见注⑦所引卫宏《汉旧仪》。
㊺ 《史记·秦本纪》"集解"引"如淳注"："尝有爵而以罪夺爵，皆称士伍。"《汉书·景帝纪》"李奇注"："有爵者夺之，使为士伍，有位者免官也。"
㊻ 《汉书·景帝纪》"颜师古注"："谓夺其爵，令为士伍，又免其官职。即律所谓除名也。谓之士伍者，言从士卒之伍也。"
㊼ 董说《七国考》"秦刑法·士伍"："自二级以上有刑罚贬爵，自一级以下有刑罚则刖矣。"
㊽ 参见〔日〕片仓穰：《漢代の士伍》，载《東方学》(36)，1968年。
㊾ 参见刘海年：《秦汉"士伍"的身份与阶级地位》，载《文物》1978年第2期。

人或庶民，但至汉代，士伍乃因犯重罪而被夺爵者，其在身份上比意指无罪无爵者或者被免除奴婢身份者的庶人更低。(50) 不过，前引《二年律令》简 365（史料 12）规定，公卒、士伍、司寇、隐官之子皆为士伍，所以士伍不限于被夺爵的有爵者，并且"从傅籍至六十岁免老之男性"一语则可说是误读《汉旧仪》而得出的结论。又，由于刘海年与秦进才所说的"庶民"究竟是何种状况的社会存在并不明确，因此，以前引《二年律令》论似乎可以认为，士伍终究还是爵制性身份序列的一种身份指标，而非模糊地指向一般大众。

有关庶人，片仓穰指出，广义上说，庶人为涵盖被支配阶层的一般性概念；狭义上说，则指除商人、刑徒、兵士、流民及无名数者之外，被载于户籍之上且在现实中成为郡县机构之支配对象的人，或者说是指承担赋役的人。(51) 椎名一雄认为，由于庶人被排除在徭役、兵役及仕官之外，因此其中不包含民爵所有者。(52) 日本专修大学《二年律令》研究会则以庶人为官、私奴婢之被解放者，所以庶人可谓爵制序列中的身份之一。(53) 对片仓的观点，由于此论是通过分析典籍史料中所能见到的刑徒、奴婢和诸侯王及列侯、官僚被"免为庶人"的例子得出的，因此有必要以此论提出后出土的秦汉律检证之。至于椎名说，他发现前引《二年律令》简 359—360（史料 11）及简 365（史料 12）对傅籍的规定并未提及庶人，遂断定庶人是被排除在"傅"之外的身份阶层，并在此基础上展开论证以致最终得出如上结论。然而，《二年律令》记载了仅限为户者拥有田宅的规定(54)，所以作为田宅给付之对象的庶人必定是为户者。如此一来，尽管椎名说把非傅之对象者解释成户，但户是要通过"籍"来管理的(55)，因此椎名的解释是难以想象的。或许，以简 365（史料 12）对傅籍的规定未提及庶人这一点为必然前提正是问题之所在。另外，日本专修大学《二年律令》研究会的见解大致可从，但庶人不以被解放的官、私奴婢为限。以下将尝试对庶人予以补充说明。

---

(50) 参见秦进才：《秦汉士伍异同考》，载《中华文史论丛》1984 年第 2 期。

(51) 参见〔日〕片仓穰前揭文：《漢代の士伍》，第 12 页，注⑰。

(52) 参见〔日〕椎名一雄：《張家山漢簡二年律令にみえる爵制——"庶人"の理解を中心として——》，载《鴨台史学》（六），2006 年。

(53) 参见日本专修大学《二年律令》研究会：《張家山漢簡〈二年律令〉訳注（三）——具律——》，第 139 页，注②。

(54) 张家山汉简《二年律令》简 323—324（户律）："诸不为户，有田宅，附令人名，及为人名田宅者，皆令以卒戍边二岁，没入田宅县官。为人名田宅，能先告，除其罪，有（又）畀之所名田宅，它如律令。"

(55) 张家山汉简《二年律令》简 322（户律）："代户、贸卖田宅，乡部、田啬夫、吏留弗为定籍，盈一日，罚金各二两。"

尽管在典籍史料中存有以庶人指示一般庶民而非官吏或奴婢等贱民的用例㊵,但至少《二年律令》中的庶人与此有别。田宅给付规定(史料6、7)所见之庶人即为⑳彻侯—①公士及公卒、士伍、司寇、隐官的同质性存在,所以庶人并非模糊地指向一般的无爵庶民。又如,在下引简文中,"许以庶人予田宅"一语也不是说"允许以一般庶民的身份给予田宅"。

15. 寡为户后,予田宅,比子为后者爵。其不当为户后,而欲为户以受杀田宅,许以庶人予田宅。(下略)[张家山汉简《二年律令》简386—387(置后律)]

可以认为,所谓"以庶人予田宅"是指准用田宅给付规定(史料6、7)中的"庶人各一顷""庶人一宅"而授予田宅之意,因此,这里的庶人必定是作为爵制性身份序列的一种身份指标的庶人。那么,被视为庶人者究竟是何种人呢?在秦简、汉简中可见如下记载:

16. 欲归爵二级以免亲父母为隶臣妾者一人,及隶臣斩首为公士,谒归公士而免故妻隶妾一人者,许之,免以为庶人。工隶臣斩首及人为斩首以免者,皆令为工。其不完者,以为隐官工。[睡虎地秦简《秦律十八种》简155—156(军爵律)]

17. 将司人而亡,能自捕及亲所智(知)为捕,除毋(无)罪;已刑者处隐官。●可(何)罪得处隐官?●群盗赦为庶人,将盗戒(械)囚刑罪以上,亡,以故罪论,斩左止为城旦,后自捕所亡,是谓处隐官。●它罪比群盗者皆如此。[睡虎地秦简《法律答问》简125—126]

18. 奴婢为善而主欲免者,许之,奴命曰私属,婢为庶人,皆复使及筭(算),事之如奴婢。主死若有罪,以私属为庶人,刑者以为隐官。所免不善,身免得复入奴婢之。其亡,有它罪,以奴婢律论之。[张家山汉简《二年律令》简162—163(亡律)]

正如以上诸例所示,秦简、汉简中的庶人为被赦罪者或刑徒、奴婢之被解

㊵ 例如,《汉书·食货志下》:"于是农商失业,食货俱废,民涕泣于市道。坐卖买田宅奴婢铸钱抵罪者,自公卿大夫至庶人,不可称数。"

放者(57),因此,庶人就可说是被赦罪者及刑徒、奴婢之被解放者在爵制性身份序列上所获之位置。(58)

至于隐官,在睡虎地秦简中,前引《秦律十八种》简155—156(史料16)提到"隐官工",《法律答问》简125—126(史料17)则记有"处隐官"。对前者,

---

(57) 注⑤所引《二年律令》简204—205及以下诸例也证明了这一点:

百姓有母及同牲(生)为隶妾,非適(谪)罪殹(也)而欲为冗边五岁,毋赏(偿)兴日,以免一人为庶人,许之。• 或赎䙴(迁),欲入钱者,日八钱。[睡虎地秦简《秦律十八种》简151—152(司空律)]

• 鞫之,辟死论不当为城旦,吏论失者已坐以论。九月丙申,沙羡丞甲,史内免辟死为庶人。令自尚也。[龙岗秦简《木牍》]

捕盗贼、罪人及以告劾逮捕人,所捕格斗而杀伤之,及穷之而自杀也,杀伤者除,其当购赏者,半购赏之。杀伤群盗、命者,及有罪当命未命,能捕羣盗、命者,若斩之一人,免以为庶人。所捕过此数者,赎如律。[张家山汉简《二年律令》简152—153(捕律)]

死毋后而有奴婢者,免奴婢以为庶人,以□人律□之□主田宅及余财。奴婢多,代户者毋过一人,先用劳久,有□子若主所言吏者。[张家山汉简《二年律令》简382—383(置后律)]

□□□□长(?)次子,畀之其财,与中分。其共为也,及息。婢御其主而有子,主死,免其婢为庶人。[张家山汉简《二年律令》简385(置后律)]

有赎买其亲者,以为庶人,勿得奴婢。(下略)[张家山汉简《二年律令》简436—438(金布律)]

十一年八月甲申朔丙戌,江陵丞骜敢𤅊(谳)之。三月己巳,大夫䛐禒(辞)曰:六年二月中,买婢媚士五(伍)点所,贾钱万六千。迺三月丁巳亡。求得媚……(中略)……鞫之:媚故点婢。楚时亡,降为汉,不书名数,点得占数复婢,卖禒所。媚去亡。年卌岁。得。皆审。• 疑媚罪。它县论。敢𤅊(谳)之。谒报。署如廥发。• 吏当黥媚颜頯畀禒。或曰当为庶人。[张家山汉简《奏谳书》(二)]

又,可证明何种人被视为庶人的例子还有一个:

奴与庶人奸,有子,子为庶人。[张家山汉简《二年律令》简189(襍律)]

尽管此处的庶人并非被赦罪者或刑徒、奴婢之被解放者,但如将其视为爵制性身份序列中的身份指标,也是没有问题的。另外,顺便说一下,非吏、奴婢、刑徒者似乎被称为"民"。如:

民为奴妻而有子,子畀奴主。主婢奸,若为它家奴妻,有子,子畀婢主,皆为奴婢。[张家山汉简《二年律令》简188(襍律)]

禁诸民吏徒隶,春夏毋敢伐材木山林,及进(壅)堤水泉,燔草为灰,取产𪊨(麛)卵鷇(鷇);毋杀其绳重者,毋毒鱼。[张家山汉简《二年律令》简249(田律)]

(58) 在典籍史料中,庶人也出现于有罪者或奴婢以赦免而为庶人的场合,对这种庶人大概亦可如此理解。

整理小组将其释为"在不易被人看见的处所工作的工匠"。[59] 但是，由于在此后公布的张家山汉简《奏谳书》中出现了"隐官解"三字，因此松崎つね子认为，隐官或许也是与爵位一样的身份标记[60]；蒋非非则主张隐官包括：(a) 因官吏"故不直"及误判遭处肉刑后经"乞鞫"而被平反者；(b) 自立军功或他人上缴军功而被赦免之刑徒；(c) 因朝廷赦令而被赦免之刑徒。[61] 又，铃木直美指出，在获解放的奴中，其受肉刑者被处为隐官；同时，由于隐官不包含如奴婢一般隶属于私人者，因此肉刑的有无就成了判断身份的标准。[62] 另外，日本专修大学《二年律令》研究会则将隐官视作因冤狱而被施以肉刑者。[63] 对蒋非非所说的(b)与(c)，由于她既未出示其依据，又未指明所谓的"刑徒"是否以受肉刑者为限，因此难以遵从。日本专修大学《二年律令》研究会的解释则将隐官限定在冤狱的情形中，这又未免失之过窄。除此二者，蒋非非所说的(a)及松崎、铃木的观点是可以认同的。倘若以这些结论为据，那么所谓"隐官"就可说是被处以肉刑的刑徒及奴在被赦免或解放后所获之爵制性身份序列上的位置。再则，在隐官与庶人的关系上，正如前引《法律答问》简125—126(史料17)及《二年律令》简162—163(史料18)所载，在刑徒或奴婢被赦免或解放时，未受肉刑者成为庶人，受肉刑者则成为隐官，所以隐官与庶人之间似为并列关系。

通过以上考察，可以确认，在田宅给付规定(史料6、7)中与爵位序列相连接的公卒、士伍、庶人、司寇、隐官均为用以指示某人在爵制性身份序列中之位置的身份指标。那么，这五种身份指标自身的序列又如何？有关此问题，前引《二年律令》简291—293(史料13)可为参考。这段史料内含①公士—毋爵者—司寇、徒隶的序列，而田宅给付规定(史料6、7)则在①公士与司寇之间插入了公卒、士伍及庶人，所以公卒、士伍、庶人相当于《二年律令》简291—293(史料13)中的"毋爵者"，如勉强以爵级视之，或可谓第0级。与此同时，以前引《二年律令》简359—360(史料11)及简365(史料12)所见非

---

[59] 睡虎地秦墓竹简整理小组：《睡虎地秦墓竹简》，第55页；《秦律十八种》简155—156注释(六)。

[60] 参见[日]松崎つね子：《隠官と文帝の肉刑廃止》，载《明大アジア史論集》(三)，1998年。

[61] 参见蒋非非：《〈史记〉中"隐官徒刑"应为"隐官、徒刑"及"隐官"原义辨》，载《出土文献研究》(六)，上海古籍出版社2004年版。

[62] 参见[日]铃木直美：《里耶秦簡にみる隱官》，载《中国出土资料研究》(九)，2005年。

[63] 参见日本专修大学《二年律令》研究会：《張家山漢簡〈二年律令〉訳注(三)——具律——》，第178页，注⑦。

爵后子嗣在傅籍时的爵位论，④不更—②上造之子"为公卒"，公卒、士伍、司寇、隐官之子"为士伍"，因此公卒的位置当在士伍之上。又，观前引《二年律令》简354（史料8）、简355（史料9）、简357（史料10），在作为优待对象的三种人中仅有公卒与士伍，庶人则无从得见，所以庶人的位置当在公卒、士伍之下。如此一来，公卒、士伍、庶人这一序列就与田宅给付规定（史料6、7）之所示相同。再则，由非爵后子嗣在傅籍时的爵位可知，公卒、士伍、司寇、隐官之子"皆为士伍"，那么士伍就可被视为第0级的基准。⑭ 进一步说，似可认为，居于士伍之上的公卒为第0^+级，居于其下的庶人为第0^-级。然则，与公卒、士伍、庶人相连接的司寇及隐官又怎样呢？在田宅给付规定（史料6、7）中，公卒、士伍、庶人与司寇、隐官之间是存在差别的，《二年律令》简291—293（史料13）也将毋爵者（公卒、士伍、庶人）与司寇区别对待，所以在爵制性身份序列中，司寇、隐官的位置大概就是比公卒、士伍、庶人更低的第 −1 级⑮了。⑯

三、秦汉时代的刑罚与爵制性身份序列

如前文之考察所示，司寇是用以表示爵制性身份序列之位置的身份指标，那么在量刑中与"为司寇"一样用"为……"的形式表现出来的隶臣妾、鬼薪白粲、城旦舂似乎也应被看做是与司寇相同的爵制性身份序列中的身份指标。不过，从前文已列举的秦汉律来看，仅有此四者中的司寇于爵制性身份

---

⑭ 下引睡虎地秦简《秦律十八种》简190载：

除佐必当壮以上，毋除士五（伍）新傅。苑啬夫不存，县为置守，如厩律。［睡虎地秦简《秦律十八种》简190（内史杂律）］

该简文提到"除佐必当壮以上，毋除士五（伍）新傅"。所谓"士五（伍）新傅"似指如下状况，即在无父爵之继承或犯罪经历等特殊事态而傅籍的情况下成为士伍。

⑮ 此处所说的"第 −1 级"只是以司寇、隐官为准爵位身份指标的一个比喻，但不意味着司寇、隐官通过返爵一级而被解放为庶人，请读者不要误解这一点。在注⑤所引《二年律令》简204—205 中有这样的规定：某人如捕得因"盗铸钱及佐"而被判处死罪者一人，则"予爵一级"；但，此人如将爵返还，则可免除司寇三人以为庶人。

⑯ 邢义田所著《张家山汉简〈二年律令〉读记》（载《燕京学报》2003 年第 15 期，第 28 页）也探讨了公卒、士伍、庶人、司寇及隐官的身份高低，并指出：因士伍曾经有爵，故其地位高于无爵的庶人；公卒与士伍在 75 岁时授王杖，而庶人则无此待遇，故庶人的地位较公卒、士伍为低；隐官可给田，而司寇则无，所以隐官的地位较司寇为高。不过，笔者认为，不能以曾经有爵为根据主张士伍的地位比庶人高，所谓司寇并未给田一说亦为误解。而且，邢义田罗列并以从 20 至 −5 的序号来标识田宅给付规定（史料6、7）所涉及的从彻侯至司寇的序列，他并未明言这个从 20 至 −5 的序列是否可被视为包含非有爵者在内的爵制性身份序列。

序列上有所显示,而在目前我们所了解的秦汉律中尚未发现可被视为司寇之外的另三者在爵制性身份序列中之直接表现的例子。尽管这一点令人遗憾,但强烈暗示城旦舂、鬼薪白粲、隶臣妾于爵制性身份序列中有其位置的史料则是存在的。前引《二年律令》简291—293(史料13)即为一例。在这段史料中,公士以下的序列是公士—毋爵者—司寇、徒隶,而徒隶就相当于城旦舂、鬼薪白粲、隶臣妾。[67] 下引里耶秦简将使此问题更为明确[68]:

19. 廿七年二月丙子朔庚寅,洞庭守礼,谓县啬夫、卒史嘉、叚(假)卒史穀、属尉:(a)令曰,传送委输,必先悉行城旦舂、隶臣妾、居赀赎责(债)。急事不可留,乃兴繇。今洞庭兵,输内史及巴、南郡、苍梧。输甲兵,当传者多。节传之。(b)必先悉行乘城卒、隶臣妾、城旦舂、鬼薪白粲、居赀赎责(债)、司寇、隐官、践更县者。田时殹,不欲兴黔首。(c)嘉、穀、尉各谨案所部县卒、徒隶、居赀赎责(债)、司寇、隐官、践更县者簿。有可令传兵甲,县弗令传之,而兴黔首,兴黔首,可省少,弗省少,而多兴者,辄劾移县。县丞以律令具论当坐者言名,史泰守府。嘉、穀、尉在所县上书。嘉、穀、尉令人日夜端行。它如律令。(里耶秦简JI⑯5A)

在洞庭守礼下达的文书中,(b)提到了若干征发对象,(c)则罗列了命令卒史嘉、假卒史穀及属尉"谨案"的名簿名称,以下将在此二者间展开对比:

(b)征发对象:乘城卒/隶臣妾、城旦舂、鬼薪白粲/居赀赎债/司寇/隐官/践更县者

(c)名簿名称:县卒/徒隶　　　　　　　/居赀赎债/司寇/隐官/践更县者簿

由此对比可知,徒隶显然是指隶臣妾、城旦舂、鬼薪白粲。如果把毋爵者及徒隶转换成具体的身份指标,那么前引《二年律令》简291—293(史料13)所示①公士以下的序列就将变成:

① 公士—公卒、士伍、庶人—司寇、隶臣妾、鬼薪白粲、城旦舂

这样,迄今为止一直被视为劳役刑的司寇、隶臣妾、鬼薪白粲及城旦舂全

---

[67] 参见李学勤:《初读里耶秦简》,载《文物》2003年第1期,第78页;〔日〕池田雄树:《戦国秦漢期における徒隷》,载《帝京史学》(二〇),2005年,第248—251页。

[68] 有关里耶秦简,参见湖南省文物考古研究所等:《湖南龙山里耶战国——秦代古城一号井发掘简报》,载《文物》2003年第1期;日本里耶秦简讲读会:《里耶秦简譯注》,载《中国出土资料研究》(八),2004年("正误表",载同刊九,第140页);湖南省文物考古研究所:《里耶发掘报告》,岳麓书社2006年版。

部作为指示爵制性身份序列之位置的身份指标而被并举。

此处还试图从另一个方向上对司寇以下的隶臣妾、鬼薪白粲及城旦舂为准爵位身份指标这一问题予以说明。下引《二年律令》简 90—92(史料 20)所规定的是,在法律只记载有罪者的刑罚为耐,而并未明确指出具体刑名的情况下应适用何种刑罚:

> 20. 有罪当耐,其法不名耐者,庶人以上耐为司寇,司寇耐为隶臣妾。隶臣妾及收人有耐罪,毄(系)城旦舂六岁。毄(系)日未备而复有耐罪,完为城旦舂。城旦舂有罪耐以上,黥之。[张家山汉简《二年律令》简 90—92(具律)]

可见,犯有耐罪者如为庶人以上,则耐为司寇;为司寇,则耐为隶臣妾;为隶臣妾,则系城旦舂六岁;为城旦舂,则黥。以此观之,尽管个体皆犯有应处耐之罪,但他们的刑罚却各不相同,其原因无非就在于所谓"庶人以上""司寇""隶臣妾""城旦舂"等犯罪者的身份差异。换句话说,个体即使犯有同一种罪,也会因相互间的身份差异而面临不同的刑罚。下引秦律提到了与此完全相同的现象:

> 21. 游士在,亡符,居县赀一甲,卒岁,责之。●有为故秦人出,削籍,上造以上为鬼薪,公士以下刑为城旦。●游士律。[睡虎地秦简《秦律杂抄》简 4—5(游士律)]

对同一种罪,犯罪者如为上造以上的有爵者,则处以鬼薪;如为公士以下,则处以刑城旦。这样看来,前引《二年律令》简 90—92(史料 20)所见庶人以上、司寇、隶臣妾、城旦舂与《秦律杂抄》简 4—5(史料 21)所见上造以上、公士以下在决定对犯罪者应处之刑时发挥了同样的机能。而且,似乎亦可由此确认司寇、隶臣妾、城旦舂为准爵位身份指标。

那么,从司寇至城旦舂的序列表现为何种状况呢?一般来说,劳役刑由轻到重依次为司寇、隶臣妾、鬼薪白粲、城旦舂[69],但事实上,已有学者指出,在这个序列中,鬼薪白粲并未与其他三者构成直线并存关系,而是处于城旦舂的平行位置上。[70] 确实,前引《二年律令》简 90—92(史料 20)规定,如犯有耐罪者为庶人以上,则耐为司寇;为司寇,则耐为隶臣妾;为隶臣妾,则系城旦

---

[69] 如李均明前揭文《张家山汉简所见刑罚等序及相关问题》(第 126 页)即如此认为。
[70] 参见〔日〕宫宅潔:《秦漢時代の爵と刑罰》,載《東洋史研究》(58-4),2000 年,第 18 页。

舂六岁;为正服系城旦舂之刑者,则完为城旦舂。其中虽夹杂着系城旦舂㉛,但从身份指标上看却是司寇—隶臣妾—城旦舂并举,鬼薪白粲则未出现。然而,鬼薪白粲与城旦舂在爵制性身份序列中的位置也不是完全相同的。下引汉律为鬼薪白粲及城旦舂在殴打庶人以上时所处之刑的规定:

  22. 鬼薪白粲殴庶人以上,黥为城旦舂。城旦舂也,黥之。[张家山汉简《二年律令》简29(贼律)]

可见,殴打庶人以上的鬼薪白粲将被处以黥城旦舂,这表明鬼薪白粲在爵制性身份序列中的位置必定高于城旦舂。但是,鬼薪白粲与隶臣妾、城旦舂之间又非直线并列关系,因此它大概位于城旦舂的斜上方吧。

如前所述,倘若司寇是指示爵制性身份序列之第 -1 级的身份指标,那么在量刑时所使用的"为司寇"一语的意思或许就是"在身份上变成第 -1 级的司寇"。如此说来,在量刑中采取与"为司寇"相同之表现形式的"为城旦舂""为鬼薪白粲""为隶臣妾"亦可被理解为"变成某某身份"之意。或许,此类刑罚与一直以来对隶臣妾的认识一样,都是以身份贬降为第一义之制裁的身份刑,且具备在身份贬降后从事劳役的性质。如果依据前文已探讨的这四种刑的序列且比照爵级对司寇以下的身份刑予以定位,那么大概就可认为,司寇、隶臣妾、鬼薪白粲、城旦舂分别为将犯罪者贬至爵制性身份序列之第 -1 级、第 -2 级、第 -2.5 级、第 -3 级的刑罚。㉜

又,有关以隶臣妾为身份刑的观点,疑问早已存在:身份的贬降为何能成为一种制裁。㉝ 对此,或许可到前引里耶秦简(史料19)中寻找答案。该简文所提及的令(a)规定,城旦舂、隶臣妾、居赀赎债应最先予以征发;同时,洞庭守礼的命令(b)又将乘城卒、隶臣妾、城旦舂、鬼薪白粲、居赀赎债、司寇、隐官、践更县者等视为应最先动员者而列举出来。其中,乘城卒、践更县者是此前已被征发而从事徭役者㉞,居赀赎债则为前文已说明的以劳役来代替罚金刑或债务者,他们都有被优先动员的理由;与此相对,城旦舂、鬼薪白粲、隶臣妾、司寇等应被优先动员的具体理由却无处可寻,所以只能认为他们是因其

 ㉛ 如后所述,系城旦舂不是在身份被贬降的同时从事劳动的,它与身份的高低无关。

 ㉜ 为了再次引起注意,笔者想再指出,此处所示之爵级只是用以指明爵制性身份序列上的位置以便理解的比喻,而不是说城旦舂可以通过返还三级爵而被解放为庶人。

 ㉝ 参见〔日〕籾山明:《書評——冨谷至〈秦漢の労役刑〉・同〈謀反——秦漢刑罰思想の展開——〉》,载《法制史研究》(34),1984年,第344页;〔日〕永田英正前揭文:《睡虎地秦簡秦律に見る隸臣妾について》,第62页。

 ㉞ "卒"为已被征发而服徭役者,"践更"则指实际从事徭役。《汉书·昭帝纪》"如淳注":"律说,卒践更者,居也。居更县中五月乃更也。后从尉律,卒践更一月,休十一月也。"

身份而被优先动员的。或者说,被界定为司寇以下的身份也就意味着被纳入劳役的优先征发对象。而且,被科处司寇以下的刑徒除本人从事劳役外,还将遭受其他不利待遇,如其家族被收,家族的居住地被限制,刑徒身份由其子继承,其本人为田宅授予对象所排除。⑦ 因此,若将从事劳役或此类不利待遇视为身份刑本来就具备的属性,则附有从事劳役之不利待遇的司寇以下之身份的贬降对犯罪者来说似乎就是一种制裁。再则,前引里耶秦简(史料19)中的令(a)所列举的优先征发对象并不包括司寇和鬼薪白粲,这表明从事劳役的频率、劳役的内容及不利待遇会依据刑徒身份的不同而有所差异⑧,此种差异又把从司寇至城旦舂的身份刑予以等级化。如果再将问题转向一直以来作为劳役刑争论之重要论点的刑期,就可认为,由于司寇以下的刑罚为身份刑,且本来就无法与刑期概念相融,因此预先确定的刑期是不存在的,刑徒只能通过不定期的赦令而被解放。

　　第一部分的末尾指出,作为刑徒而被称为城旦舂者仅指接受"为城旦舂"之量刑的人,被处以系城旦舂者则不能称其为"城旦舂"。对此,以上述分析观之,理由似乎已可明确:作为刑徒而被称为城旦舂者是指因被科处"为城旦舂"之刑而在身份上被贬至爵制性身份序列之第 −3 级的人;与之相对,被处以系城旦舂者则保持着以前的身份而并未被贬至城旦舂所在的第 −3 级。换句话说,与"为城旦舂"是使犯罪者的身份在爵制性身份序列中有所贬降的刑罚相对,系城旦舂则意指不伴有身份贬降而单纯提供劳动。

结　　语

　　现在将依据上述分析对前汉文帝十三年刑制改革以前的刑罚加以整理。这一时期的刑罚大致上可分为死刑、肉刑、身份刑、财产刑,肉刑与身份刑的并科则为一种原则。归属于身份刑的司寇、隶臣妾、鬼薪白粲、城旦舂是以身份的贬降为第一义之制裁的刑罚,因此劳役成为一种属性而附着于被贬降的身份之上,并且在身份上被贬至司寇以下也就意味着被纳入劳役的优先征发对象中。在这一意义上说,身份刑在实质上可谓劳役刑。又,对被贬至司寇以下之身份者而言,他除了要从事劳役之外,还须承受其

---

⑦　参见〔日〕宫宅潔前揭文:《有期労役刑体系の形成》。
⑧　同上书,第38页("一览表")。

他不利待遇，如家族被收，家族居住地被限制，其刑徒身份由其子继承，本人为田宅授予对象所排除等。此类不利待遇因刑徒之身份的不同而有所差异，这种差异又使从司寇至城旦舂的身份刑被等级化。而且，对不足以适用身份刑或从隶臣妾加重至城旦舂的轻微犯罪行为，附期限地与城旦舂刑徒从事同样之劳役的系城旦舂则作为刑罚而被科处。不过，系城旦舂自身并非刑罚，而是对无法以金钱偿付赀刑、赎刑或对公家之债务者采取的替代性措施。

紧随于此，如以身份刑来重新解读一直以来被视为劳役刑的司寇以下诸刑，那么对本文起始部分所提出的问题或疑问予以回答似乎就是可能的。

首先，来看濑川敬也的论说。对第一点，由于本文第一部分已说明系城旦舂自身并非刑罚，因此第一点之所论本身就是不恰当的。不过，在第二点上，确如濑川所说，司寇以下诸刑并非劳役刑，而是具有身份刑的性质。又，与第三点相关的疑问是服役囚为何仅以劳役名来标识。对此，可作如下说明：司寇、隶臣妾、鬼薪白粲、城旦舂皆非劳役名，而是爵制性身份序列上的身份指标，所以，例如，以"城旦"来称呼被处以黥城旦的服役囚这一做法不应被理解为省略肉刑名"黥"而只以劳役名"城旦"来指示该服役囚。正如对保有公士之爵者呼之以公士一样，以"城旦舂"来称呼因犯罪行为而被贬至城旦舂之身份者这一做法的要旨在于，列举揭示此人所属之爵制性身份序列的身份指标，并明确此人在该序列中的位置。因此，与揭示爵制性身份序列上之位置的身份指标无直接关系的肉刑名就没有必要与身份指标同时出现了。

其次，来看笔者自己提出的问题或疑问。有关第一点与第三点，由于司寇、隶臣妾、鬼薪白粲、城旦舂皆被视为身份刑，因此问题或疑问已消解。在第二点中，最先抛出的问题是，汉文帝刑制改革所提及的刑徒解放规定为何要采取在最终解放之中途设定过渡刑这一形态。对此，富谷至认为，倘若刑役并无实体且刑罚名称趋于符号化，那么在最终解放之中途设定过渡刑的意义就很难理解。[77] 但是，如果将最初科处的刑罚及被设定为过渡刑的刑罚均视为身份刑且由此引申出刑徒之现实待遇的差别，那么，以城旦舂→鬼薪白粲→隶臣妾→庶人之形式被解放的做法或许可被视为使刑徒身份从最下级

---

[77] 参见〔日〕富谷至前揭书，第159—160页。

的城旦舂阶段性地上升至庶人的一种身份回复措施。[78]又,《汉旧仪》为何未提及过渡刑而直接规定刑期呢？其原因或许源于这一点,即《二年律令》所见以具体特权为支撑的爵制性身份序列[79]因民爵的广泛赐予而崩溃。也就是说,或许,由于爵制性身份序列的崩溃,刑徒之身份从城旦舂阶段性地上升至庶人这一过程本身已经毫无意义了。《汉旧仪》或《史记》《汉书》的注释把城旦舂以下诸刑仅解释为从事劳役的刑罚,这大概也反映了此类刑罚在撰写或注释《汉旧仪》的年代已失去其作为身份刑之要素的意义。

最后,第四点的问题是,为何只有奴婢不被科处劳役刑而交还给主人,这似乎需要从爵制性身份序列与奴婢的关系出发予以说明。从第 20 级彻侯至第 -3 级城旦舂的爵制性身份序列所欲构建的秩序是以被登录于户籍之上且并未犯有逃亡罪者,亦即处在官府的支配及管理之下者为对象的,下引秦律就有所暗示：

23. □捕 爰书：男子甲缚诣男子丙,辞曰："甲故士五(伍),居某里,迺四月中盗牛,去亡以命。丙坐贼人□命。自昼甲见丙阴市庸中,而捕以来自出。甲毋(无)它坐。"(睡虎地秦简《封诊式》简 17—18)

此处可见"故士五(伍)"数字。作为故士伍的甲盗牛并"去亡以命",其罪名已确定。[80]由于被逮捕而接受调查者或因盗逃亡并被逮捕者

---

[78] 此处,需要注意,最初被处以完城旦舂及鬼薪白粲的刑徒并未经过司寇这个环节就被解放了。有关这一点,笔者想作如下说明。前文已述,司寇是授予田宅的对象(史料 6、7),其子在傅籍时的身份为士伍(史料 12),而且在前引里耶秦简(史料 19)中,司寇不包含徒隶。因此,尽管作为刑罚之结果的司寇也是被贬降而来的身份,但是,或许因司寇在隶属性上较显薄弱,甚至可被视为一种接近庶人的存在,故并未作为过渡刑而被纳入完城旦与鬼薪白粲的解放规定中。与此相对,在隶臣妾的情形下,因为有必要采取从隶臣妾阶段上升至庶人的形式,所以司寇似乎就被纳入其中了。

[79] 参见〔日〕宫宅潔：《漢初の二十等爵制——民爵に附帯する特權とその継承——》,载〔日〕冨谷至编：《江陵張家山二四七號墓出土漢律令の研究》(論考篇),朋友书店 2006 年版。

[80] 参见〔日〕保科季子：《亡命小考——秦漢における罪名確定手続き——》,载〔日〕冨谷至编：《江陵張家山二四七號墓出土漢律令の研究》(論考篇),朋友书店 2006 年版,第 276 页。

均为士伍[81]，因此，可以说，甲以其逃亡罪的罪名被确定之故而不再是士伍并被称为"故士伍"。这样看来，既然士伍是爵制性身份序列的第０级，那么被确定犯有逃亡罪者似乎就被排除在爵制性身份序列之外了。反过来说，爵制性身份序列终究只是在被官府支配及管理者之间形成秩序的。奴婢作为主人的财产[82]并不处于官府的支配及管理之下，所以在爵制性身份序列中是没有位置的。大概基于此，奴婢如犯罪，则仅在施以肉刑后就返还给主人了。

总之，如果将司寇以下诸刑看做使犯罪者的身份贬至爵制性身份序列之负数级的身份刑，那么本文起始部分所提出的疑问或问题大体上就都可予以回答了。尽管如此，遗留的问题也很多。进一步说，以此种爵制性身份序列为基础的刑罚体系是以何者为契机形成且又是怎样形成的？它由汉文帝刑制改革而产生了什么样的变化？其崩溃又是什么原因造成的？这些似乎都有明确解答的必要，也正是今后研究的课题。

本文所参考的睡虎地秦简、张家山汉简的文本或注释：

1. 睡虎地秦墓竹简整理小组：《睡虎地秦墓竹简》，文物出版社1990年版。

2. 张家山二四七号汉墓竹简整理小组：《张家山汉墓竹简（二四七号墓）》，文物出版社2001年版。

3. 彭浩等主编：《二年律令与奏谳书：张家山二四七号汉墓出土法律文献释读》，上海古籍出版社2007年版。

4.〔日〕冨谷至编：《江陵張家山二四七號墓出土漢律令の研究》，朋友书

---

[81] 睡虎地秦简《封诊式》简6—7："有鞫　敢告某县主：男子某有鞫，辞曰：'士五（伍），居某里。'可定名事里，所坐论云可（何），可（何）罪赦，或覆问毋（无）有，遣职者以律封守，当腾马，皆为报，敢告主。"睡虎地秦简《封诊式》简25—30："群盗　爰书：某亭校长甲、求盗才（在）某里曰乙、丙缚诣男子丁，斩首一，具弩二、矢廿，告曰：'丁与此首人强攻群盗人，自昼甲将乙等徼循到某山，见丁与此首人而捕之。此弩矢丁及首人矢弩殴（也）。首人以此弩矢□□□□乙，而以剑伐攻其首，山俭（险）不能出身山中。'[讯]丁，辞曰：'士五（伍），居某里。此首某里士五（伍）戊殴（也），与丁以某时与某里士五（伍）己、庚、辛，强攻群盗某里公士某室，盗钱万，去亡。己等已前得。丁与戊去亡，流行毋（无）所主舍。自昼居某山，甲等而捕丁戊，戊射乙，而伐杀收首。皆毋（无）它坐罪。'● 诊首毋诊身可殴（也）。"《睡虎地秦墓竹简》将《封诊式》简6—7中的"当腾马，皆为报"写作"当腾，腾皆为报"，此处据籾山明所说（参见〔日〕籾山明前揭书，第285—286页）予以修改。

[82] 参见〔日〕堀敏一：《中国古代の身份制——良と賤》，汲古书院1987年版，第155页。

店 2006 年版。

5. 日本专修大学《二年律令》研究会:《張家山漢簡〈二年律令〉訳注》(一)—(一〇),载《專修史学》(三三—四四),2003—2008 年。

另外,释文原则上未因换行而挤排;且在本文中,通假字皆改为本字。

秦汉时期的亭吏及其与他官的关系*

〔日〕水间大辅** 著译　朱腾*** 校

为了了解秦汉时期"亭"维持治安的责任由何种人承担,即具体来说亭设有何种人员,笔者曾探讨了设于亭的"亭卒"。① 每亭有亭卒4人左右,此类亭卒又可被分为"亭父"与"求盗"两种。亭父主掌开闭与打扫亭,求盗主掌追捕犯罪嫌疑人。亭父至迟设置于汉初,而求盗至迟设置于战国秦,其后在西汉中期至末期的某一时期废除了亭父与求盗的区别,以统一为亭卒。

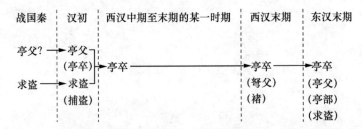

图1　亭卒的正式名称、别称、俗称与方言的变迁
*（ ）内的是别称、俗称与方言等。

那么,除此以外,亭还设有何种人员?亭与其他机关有何种关系?通过探讨以上问题,本文接着拟了解亭的维持治安的责任由何种人承担。

---

* 本文原题为《秦・漢の亭吏及び他官との関係》,载《中国出土资料研究》(第13号),2009年;本译文由作者本人完成。
** 水间大辅,日本早稻田大学文学博士,厦门大学人文学院历史系博士后。
*** 朱腾,中国社会科学院法学研究所博士后流动站工作人员,厦门大学法学院讲师。
① 拙稿《秦・漢の亭卒について》,载〔日〕工藤元男、李成市编:《東アジア古代出土文字資料の研究》,雄山阁2009年版。以下称之为"前文"。

一、亭长与校长

《续汉书·百官志五》云：

　　亭有亭长，以禁盗贼。本注曰：亭长主求捕盗贼。

据此，亭设有作为负责人的"亭长"一吏，其主要职责为追捕盗贼。亭设有亭长还频见于有关秦汉时期的文献与汉代的出土文献。但是，虽然睡虎地秦简与张家山汉简等战国秦至汉初的出土文献中有不少关于亭的史料，却不见有亭长一词②，而"校长"这一吏名则现于睡虎地秦简与张家山汉简中。睡虎地秦简《封诊式》云③：

　　群盗　爰书：某亭校长甲、求盗才（在）某里曰乙、丙缚诣男子丁、斩首一、具弩二、矢廿，告曰：丁与此首人强攻群盗人。自昼甲将乙等徼循到某山，见丁与此首人而捕之。（简 605—606）

张家山汉简《奏谳书》案例 5 云④：

　　● 十年七月辛卯朔甲寅，江陵余、丞骜敢谳（谳）之：迺五月庚戌，校长池曰：士五（伍）军告池曰：大奴武亡，见池亭西，西行。池以告与求盗视追捕武。（简 36—37）

《奏谳书》案例 16 云：

　　● 淮阳守行县掾新郪狱。七月乙酉，新郪信爰书：求盗甲告曰：从狱史武备盗贼。武以六月壬午出行公梁亭，至今不来，不智（知）在所，求弗得。公梁亭校长丙坐以颂毄（系），毋毄（系）牒，弗穷讯。（中略）

　　苍曰：故为新郪信舍人。信谓苍，武不善，杀去之。苍即与求盗大夫布、舍人簪袅余共贼杀武于校长丙部中。丙与发弩费荷（苛）捕苍。苍

---

② 附带说一下，在里耶秦简中，以现在已公布图版或释文的木牍论，不见有亭长。

③ 睡虎地秦简的简号参见云梦睡虎地秦墓编写组编：《云梦睡虎地秦墓》，文物出版社 1981 年版。释文参见同书及睡虎地秦墓竹简整理小组编：《睡虎地秦墓竹简》，文物出版社 1990 年版。

④ 张家山汉简的简号参见张家山二四七号汉墓竹简整理小组编：《张家山汉墓竹简（二四七号墓）》，文物出版社 2001 年版。释文参见武汉大学简帛研究中心、荆州博物馆、早稻田大学长江流域文化研究所编：《二年律令与奏谳书》，上海古籍出版社 2007 年版。《奏谳书》的案例号参见江陵张家山汉简整理小组：《江陵张家山汉简〈奏谳书〉释文（一）》，载《文物》1993 年第 8 期。

曰:为信杀。即纵苍。它如劾。

丙、贅曰:备盗贼,苍以其杀武告丙。丙与贅共捕得苍。苍言为信杀。诚。即纵之。(以下略)(简75—85)

此记载说,汉高祖六年(前201年)淮阳郡新郪县令信与欒长苍共谋⑤,使苍、求盗布、舍人余等杀死狱史武;这个案件发生后,当时担任盗贼对策的公梁亭校长丙与发弩贅逮捕了苍(然而,因为其后丙与贅非法释放了苍,所以均被问罪)。

那么,校长为何种吏?首先,《续汉书·百官志二》云:

先帝陵,每陵园令各一人,六百石。(中略)丞及校长各一人。本注曰:校长主兵戎盗贼事。

此处所提及的"校长"与睡虎地秦简、张家山汉简所见之"校长"一样主掌盗贼。但是,此处所言的校长是设于先帝陵墓的吏,而并不设于亭。

关于设于亭的校长,诸家说法不一。于豪亮先生将睡虎地秦简所见的校长认为是亭长的别称。⑥ 罗开玉先生以睡虎地秦简等为史料根据,认为战国秦称亭的负责人为校长,秦朝称之为亭长。⑦ 廖伯源先生还以《奏谳书》《二年律令》为史料根据,指出秦及汉初可能是将校长作为亭长的别称使用。⑧

以上三位先生的观点均认为校长即亭长。相对于此,有些学者认为校长与亭长不同。高敏先生认为秦国除了亭长等以外还将校长设于亭,入汉以后就不设校长。⑨ 傅举有先生推测校长是亭中专门负责捕盗的官吏,他是亭长的助手,是在亭长领导下工作的。⑩ 李光军先生亦与傅先生同样推测校长不是亭的负责人,而是亭中之吏,主掌巡逻与捕盗贼,直接领导求盗,而且战国秦已称亭的负责人为亭长。⑪ 高恒先生认为睡虎地秦简所见的校长是驻留

---

⑤ 关于《奏谳书》中各个案例的年代,参见李学勤:《〈奏谳书〉初论》,载氏著:《简帛佚籍与学术史》,江西教育出版社2001年版(初刊于1993年);彭浩:《谈〈奏谳书〉中的西汉案例》,载《文物》1993年第8期。

⑥ 参见于豪亮:《于豪亮学术文存》,中华书局1985年版,第110页(初刊于1980年)。

⑦ 参见罗开玉:《秦国乡、里、亭新考》,载《考古与文物》1982年第5期。

⑧ 参见廖伯源:《汉初县吏之秩阶及其任命——张家山汉简研究之一》,载《中国中古史研究》2002年第1期。

⑨ 参见高敏:《睡虎地秦简初探》,万卷楼图书2000年版(初刊于1981年),第222页。

⑩ 参见傅举有:《有关秦汉乡亭制度的几个问题》,载《中国史研究》1985年第3期。

⑪ 参见李光军:《秦汉"亭"考述》,载《文博》1989年第6期。

于亭的军队的带兵头目,而睡虎地秦简所见的"亭啬夫"就是亭长的别称。⑫ 佐竹靖彦先生认为秦至汉初武官的校长与文官的亭啬夫均设于亭,他们的作用后来为汉代的亭长所继承。⑬

对于以上诸说,笔者将略作评述。

首先,有关校长与亭长不同一说,不少学者如高恒、佐竹先生一般认为亭设有亭啬夫一吏。⑭ 此种观点的根据是睡虎地秦简《效律》中的如下记载:

> 官啬夫赀二甲,令、丞赀一甲;官啬夫赀一甲,令、丞赀一盾。其吏主者坐以赀、谇,如官啬夫。其它冗吏、令史掾计者,及都仓、库、田、亭啬夫坐其离官属于乡者,如令、丞。(简319—321)

但是,如裘锡圭先生所指出,"都仓、库、田、亭啬夫"的"都"所修饰的是"仓""库""田"与"亭"的全部,而不限于"仓",故应认为简文所说的不是"亭啬夫",而是"都亭啬夫"。⑮ 如第三部分探讨,都亭啬夫掌管县中所有的亭。⑯ 因此,认为亭啬夫是亭长别称的高恒先生的观点⑰,及认为亭设有校长与亭啬夫的佐竹先生的观点,均站不住脚。⑱

其次,有关校长与亭长相同一说,罗先生的观点主要根据睡虎地秦简所见的校长领导求盗。廖先生还指出校长亦与亭长同样有"部"这一管辖区域。

---

⑫ 参见高恒:《秦汉简牍中法制文书辑考》,社会科学文献出版社2008年版,第111—112页(初刊于1985年)。

⑬ 参见〔日〕佐竹靖彦:《中国古代の田制と邑制》,岩波书店2006年版,第450—454页。

⑭ 据笔者的管见,最早发表论文提出秦国亭设有啬夫之观点的学者是高敏先生。参见高敏:《睡虎地秦简初探》,万卷楼图书2000年版,第140、143、222页。

⑮ 参见裘锡圭:《古代文史研究新探》,江苏古籍出版社1992年版,第437页(初刊于1981年)。

⑯ 本文所言的"县"还包括与县同级的地方行政组织的道及邑、列侯国。在先前的研究中,"县"似乎也是以上意义使用的,因此对本文所引用的先前研究均作同样处理。

⑰ 然而,高恒先生根据前引睡虎地秦简《效律》(简319—321),将亭啬夫认为是亭长的别称,同时又在别页根据简319—321等,认为秦时各县设有都亭啬夫,他们管理集市,在各乡有分支机构。参见高恒:《秦汉简牍中法制文书辑考》,社会科学文献出版社2008年版,第57—59页(初刊于1980年)。他的解释显然有矛盾。

⑱ 附带说一下,朱大昀先生认为除了都亭啬夫以外,秦国还设亭啬夫于各亭,至汉代,则都亭啬夫、亭啬夫分别被称为都亭长、亭长。参见朱大昀:《有关"啬夫"的一些问题》,载中国秦汉史研究会编:《秦汉史论丛》(第2辑),陕西人民出版社1983年版。但是,史料中并未见到亭啬夫这一官名。而且,纵使今后出土记为亭啬夫的史料,如罗先生所指出,可以认为这只不过是省略"都亭啬夫"的"都"。他指出,因为睡虎地秦简有分别略称"都仓啬夫""都库啬夫"与"都田啬夫"为"仓啬夫""库啬夫"与"田啬夫"之例,所以都亭啬夫亦有可能略称为亭啬夫。参见罗开玉:《秦国乡、里、亭新考》,载《考古与文物》1982年第5期。

事实上,校长即亭长还可由《二年律令·秩律》来证明。该篇列出了中央、地方官职的秩禄,其中作为百二十石的吏举出了校长(后述),但不见有亭长。因为《秩律》所列的仅为俸禄在百二十石以上(包括百二十石)的官吏,所以不能以没有见于《秩律》一事就认为当时没有亭长一职。但是,若除了校长以外,还设有亭长,且其为百二十石以下之吏,则亭负责人亭长的官秩却比校长低,这是难以想象的。由此可认为校长即亭长。

如此一来,应解决的问题似乎是于先生、罗先生与廖先生观点之间的分歧。罗先生认为校长是战国秦的名称,亭长是秦朝的名称。相对于此,廖先生推测除了秦时以外,汉初亦使用了校长这一名称(作为亭长的别称)。作为根据,他提出,《奏谳书》中的汉初审判案例及《二年律令·秩律》亦均见有校长。因此,我们可认为汉初确实称亭的负责人为校长。

另外,于先生、廖先生均将校长认为是亭长的别称,而罗先生似认为是亭负责人的正式名称。在睡虎地秦简与张家山汉简等出土文献所载的战国秦至汉初法制史料中,只见校长,而没有使用亭长这一名称。由此可认为,至少自战国秦至汉初,校长反而为正式名称。然而另一方面,有关秦朝至汉初的传世文献中经常使用亭长这一名称。例如,众所周知,据《史记》与《汉书》等记载,汉高祖在秦时担任"亭长"。《史记·淮阴侯列传》又云:

> 淮阴侯韩信者,淮阴人也。始为布衣时,贫无行,不得推择为吏。(中略)常数从其下乡南昌亭长寄食。数月,亭长妻患之,乃晨炊蓐食。

此处所记亦为秦时之事。《史记·项羽本纪》云:

> 于是项王乃欲东渡乌江。乌江亭长檥船待,谓项王曰。(以下略)

由此可见,在秦朝至汉初,亭长是作为校长的别称而被使用的。

《二年律令》以后的史料没有出现称亭的负责人为校长的用例,故在《二年律令》的时代之后的某个阶段应以亭长为正式名称。然而,《续汉书·百官志五》"刘昭注"所引应劭《风俗通义》佚文云:

> 亭吏旧名负弩,改为长。或谓亭父。

据此,亭长原称"负弩"。不过,除了应劭之语,亭的负责人被称为负弩的用例未见于其他秦汉时期的史料,若应劭之语正确,则亭负责人的正式名称大概应从校长改到负弩,从负弩改到亭长。笔者在前文指出,至少自西汉末期至东汉末期称亭长为"亭父",西汉末期楚与东海之间的地域称之为"亭

公",东汉末期齐的沿海地域称之为"师"。此处,可将以上亭负责人的正式名称、别称、俗称与方言整理以如下图:

图 2　亭负责人的正式名称、别称、俗称与方言的变迁
*（　）内的是别称、俗称与方言等。

另外补充一点,《二年律令·秩律》云:

司空及衛〈卫〉官、校长百六十石。(简 464)

毋乘车者,及仓、库、少内、校长、髳长、发弩、衛〈卫〉将军、衛〈卫〉尉士吏、都市、亭、厨有秩者,及毋乘车之乡部,秩各百廿石。(简 471—472)

其中见有官秩百六十石的校长与百二十石的校长。关于此问题,廖先生认为此种区别的标准应为县的大小。相对于此,武汉大学简帛研究中心等认为简 464 的校长是中央官,简 471 的校长是县属吏。[19]

按简 471—472 有"都市、亭、厨有秩者"的记载,这应是指"都市""都亭"与"都厨"的"有秩者"。此处所言的"有秩"可认为是"有秩啬夫"之意。因为如裘先生所指出的,"有秩"在史料上有时作为"有秩啬夫"的略称使用。[20]大庭脩先生认为所有种类的啬夫一般可分为秩百石的"有秩啬夫"与领取百石以下岁俸的"斗食啬夫"两种。[21]虽然该条所言的有秩不是百石之吏而是百二十石之吏,但纸屋正和先生以《二年律令》为史料根据,认为汉初的有秩是指百石至二百五十石。[22]由此可认为"都市、亭、厨有秩者"的含义为都市、都亭与都厨啬夫中的有秩啬夫而非斗食啬夫。此处所言都亭的有秩啬夫应是指秦律所言的都亭啬夫。据前引《秩律》,都亭有秩啬夫的官秩是百二十

---

[19] 参见彭浩等:《二年律令与奏谳书》,上海古籍出版社 2007 年版,第 290 页"汾阴"条注 173、第 294 页"县道司马"条注 5。

[20] 参见裘锡圭:《古代文史研究新探》,江苏古籍出版社 1992 年版,第 438—442 页(初刊于 1981 年)。

[21] 参见〔日〕大庭脩:《秦漢法制史の研究》,创文社 1982 年版,第 511 页(初刊于 1955 年)。

[22] 参见〔日〕纸屋正和:《前漢前半期における県・道の吏員組織とその改変》,载《福冈大学研究部論集》(A:人文科学編)第 5 卷第 2 号,2005 年。

石。掌管县中所有亭的吏的官秩比被掌管人的亭校长低,这是难以想象的,所以可认为官秩百六十石的校长至少不是亭校长,而官秩百二十石的校长就是亭校长。或许"司空及衞〈卫〉官、校长百六十石"不应在"卫官"与"校长"之间断句。其意当为"司空及卫官校长均为百六十石",且官秩百六十石的校长设于"卫官"(未详)这一官署。

然而,《汉书·朱博传》云:

> 朱博字子元,杜陵人也。家贫,少时给事县为亭长。

该篇班固论赞又云:

> 薛宣、朱博皆起佐史,历位以登宰相。

陈梦家先生根据这两条记载等史料认为亭长被包括在"佐史"内。㉓ 佐史即领取比斗食更小俸禄的吏。㉔ 又,记载西汉末期东海郡内各种统计的尹湾汉简《集簿》云㉕:

> 令七人,长十五人,相十八人,丞卅四人,尉卅三人,有秩卅人,斗食五百一人,佐使(史)、亭长千一百八十二人。凡千八百卅人。(YM6D1 正)

廖先生认为,这条记载将东海郡内佐史与亭长的人数加在一起以为总数,因此亭长与佐史同秩。㉖ 纸屋先生指出,汉初官秩百石至二百五十石的县属吏在西汉后半期以后官秩皆被降低到百石及其以下。㉗ 如第三部分所述,亭长是县属吏,故亭长之秩亦应由此从百二十石降低到百石以下。

附带说一下,从"都市、亭、厨有秩者"这一表达来看,可以反过来认为,在当时都市、都亭、都厨啬夫中,还设有非有秩者,即斗食啬夫,但又不能认为当时设有斗食的都亭啬夫。其原因在于,如在官秩上,低于都亭有秩啬夫的

㉓ 参见陈梦家:《汉简缀述》,中华书局 2004 年版(初刊于 1963 年),第 145 页。

㉔ 关于斗食、佐史具体领取什么数量的俸禄,诸家说法不一。参见〔日〕池田雄一:《中国古代の聚落と地方行政》,汲古书院 2002 年版(初刊于 1972 年),第 577—581 页。

㉕ 尹湾汉简的简号、释文参见连云港市博物馆、东海县博物馆、中国社会科学院简帛研究中心、中国文物研究所编:《尹湾汉墓简牍》,中华书局 1997 年版。

㉖ 参见廖伯源:《简牍与制度——尹湾汉墓简牍官文书考证》(增订版),广西师范大学出版社 2005 年版(1998 年初版),第 59 页。然而,于琨奇先生根据正文所引的《集簿》将亭长列在东海郡内全县长吏、属吏中的最后,认为亭长的秩级最低。参见于琨奇:《尹湾汉墓简牍与西汉官制探析》,载《中国史研究》2000 年第 2 期。也就是说,据他的观点,亭长的俸禄比佐史更少。但是,因为正文所引的《汉书·朱博传》称亭长为佐史,所以他的观点站不住脚。

㉗ 参见〔日〕纸屋正和:《前漢前半期における県・道の吏員組織とその改変》。附带说一下,他推测汉初县属吏百石至二百五十石的官秩降低到百石及其以下的具体时期在武帝太初元年(公元前 104 年)。

斗食啬夫甚至低于被其掌管的校长,这是难以想象的。由此可知,至少都亭啬夫均为有秩啬夫。

二、亭的其他人员

　　傅先生认为亭设有亭长、亭啬夫、亭佐、亭掾、校长、求盗、亭父、亭侯、鼓武吏等人员。㉘ 但是如上所述,校长是战国秦至汉初亭长的正式名称,且不能认为除了亭长以外还设有校长。如下一节所示,亭啬夫、亭掾均为掌管县内所有亭的吏,而并没有设于亭。求盗与亭父均设于亭,这已是前文所指出的。

　　如此,目前应该探讨的是亭佐、亭侯与鼓武吏,然而如堀敏一先生所指出的,亭候是指边疆的岗亭,并不是指亭的人员。㉙ 至于鼓武吏,东汉卫宏《汉旧仪》卷下云:

　　　　亭长课射,游徼徼循。尉、游徼、亭长皆习设备五兵。五兵,弓弩、戟、盾、刀剑、甲铠。鼓武吏赤帻大冠行滕,带剑佩刀,持盾被甲,设矛戟,习射。设十里一亭,亭长、亭侯。五里一邮,邮间相去二里半,司奸盗。亭长持三尺板以劾贼,索绳以收执盗。

《续汉书·百官志五》"刘昭注"所引应劭《汉官仪》亦有几乎相同的记载,但《汉官仪》将"鼓武吏"作"鼓吏"。由于无法判断何者正确,因此以下姑且称之为鼓武吏。

　　关于鼓武吏,傅先生认为其职责是遇有盗贼等紧急情况则击鼓报警。从其名称来看,其说可从。另一方面,他认为鼓武吏是设于亭的人员,其原因大概是《汉旧仪》在鼓武吏的前后有关于亭的记载。然而,鼓武吏的前面还有关于尉、游徼的记载,故仍存在鼓武吏是尉或游徼之部下的可能性。而且《风俗通义·怪神》云:

　　　　汝南汝阳西门亭有鬼魅。宾客宿止,有死亡。其厉厌者,皆亡发失精。寻问其故,云:先时颇已有怪物。其后,郡侍奉掾宜禄郑奇来。去亭六七里,有一端正妇人,乞得寄载。奇初难之,然后上车。入亭,趋至楼

㉘　参见傅举有:《有关秦汉乡亭制度的几个问题》。附带说一下,李光军先生认为此外还设"亭有秩"于亭。参见李光军:《秦汉"亭"考述》,载《文博》1989年第6期。关于此问题,参见注㊺。

㉙　参见〔日〕堀敏一:《中国古代的家与集落》,汲古书院1996年版(初刊于1990年),第280页注释12。

下。吏卒檄白,楼不可上。奇云:我不恶也。时亦昏冥,遂上楼,与妇人
栖宿。未明发去。亭卒上楼扫除,见死妇,大惊,走白亭长。亭长击鼓会
诸庐吏,共集诊之。

在这个故事中,亭长在接到亭卒发现尸体的报告后击鼓,由此可认为在
亭打鼓属于亭长的职责,而鼓武吏没有设于亭。

再次,关于亭佐,一种观点认为,亭佐为亭长的部下、助手(观点一)[30];另
一种观点则认为,亭佐为亭掾之佐(观点二)[31];还有一种观点认为,亭佐是都
亭啬夫的部下,设于各乡,承担乡的维持治安等工作(观点三)。[32] 然而《后汉
书·宗室四王三侯列传》"赵孝王刘良"条所引《东观汉记》云:

> (赵惠王刘)干私出国。到魏郡邺、易阳,止宿亭。令奴金盗取亭
> 席。金与亭佐孟常争言,以刃伤常。

由此记载可知,亭佐在亭工作。因此,观点二与观点三均立不住脚,应以
观点一为妥当。

高恒先生将亭佐视为亭卒的别称[33],但如前文所探讨,没有史料能证明
亭卒的别称为亭佐。而且《后汉书·陈寔传》云:

> (陈寔)少作县吏,常给事厮役。后为都亭佐。

若亭佐为亭卒的别称,则陈寔应被解任县吏后为卒,那么为何没有记载
解任一事呢?由此可认为亭佐不是亭卒的别称,而是亭吏的一种。

关于亭佐的史料极少,仅见于前引《东观汉记》及《后汉书·陈寔传》等
东汉时期的相关史料。而且,尹湾汉简《东海郡吏员簿》记载了东海郡及其
每属县各种官吏的人数等,其中不见有亭佐。如:

㉚ 关于后引《后汉书·陈寔传》的记载,王先谦云:"亭长下有亭佐。"(《后汉书集解》)严
耕望先生、傅举有先生、李光军先生与堀先生均认为亭佐是亭长的助手。参见严耕望:《中国
地方行政制度史　甲部——秦汉地方行政制度》,"中央研究院"历史语言研究所 1988 年版
(1961 年初版),第 242 页;傅举有:《有关秦汉乡亭制度的几个问题》,载《中国史研究》1985 年第
3 期;李光军:《秦汉"亭"考述》,载《文博》1989 年,第 6 期;〔日〕堀敏一:《中国古代の家と集
落》,汲古书院 1996 年版,第 278 页(初刊于 1990 年)。

㉛ 参见裘锡圭:《古代文史研究新探》,江苏古籍出版社 1992 年版,第 474 页(初刊于 1981
年)。

㉜ 参见〔日〕重近启树:《秦漢の郷里制をめぐる諸問題》,载《歷史評論》第 403 号,1983
年。

㉝ 参见高恒:《秦汉简牍中法制文书辑考》,社会科学文献出版社 2008 年版,第 111 页(初
刊于 1985 年)。

海西吏员百七人。令一人,秩千石。丞一人,秩四百石。尉二人,秩四百石。官有秩一人,乡有秩四人,令史四人,狱史三人,官啬夫三人,乡啬夫十人,游徼四人,牢监一人,尉史三人,官佐七人,乡佐九人,亭长五十四人。凡百七人。(YM6D2 正)

一般认为《东海郡吏员簿》的成文年代在西汉成帝永始四年(公元前13年)或稍微后年,故设亭佐应在其以后。而且,前引《东观汉记》记载了安帝元初五年(公元118年)发生的案件㉞,可谓目前所能见到的有关亭佐的最古史料,故可知永始四年(公元前13年)至元初五年(公元118年)间曾设亭佐。

综上所述,可作出结论:亭设有亭长、亭卒(亭父、求盗),自永始四年(公元前13年)至元初五年(公元118年)的某一时期始设有亭佐。㉟

三、亭与其他官署、官吏的关系

亭与其他机关有何种关系?关于秦汉时期的地方行政制度,过去一般认为乡统辖复数的亭,亭统辖复数的里,此为阶层性的地方行政机构。但是,尤其是在王毓铨先生之后,不少学者认为亭是为维持治安而设置的机关,其行政系统与乡、里等民政机关不同,亭并不在乡的管辖之下,里亦不在亭的管辖

㉞ 《东观汉记》接着前引记载云:"部吏追逐。干藏逃。金绞杀之,悬其尸道边树。国相举奏,诏书削中丘。"据此,金伤亭佐后,与惠王一起逃亡,绞杀了追讨来的吏,故惠王被没收其封地中的中丘县。《后汉书·宗室四王三侯列传》"赵孝王刘良"条云:"元初五年,封干二弟为亭侯。是岁,赵相奏干居父丧私娉小妻,又白衣出司马门,坐削中丘县。"据此,没收中丘县一事在元初五年(公元118年)。

㉟ 除以上外,《墨子·备城门》还云:"城上十人一什长,属一吏士,一亭尉。百步一亭,高垣丈四尺,厚四尺,为闺门两扇,令各可以自闭。亭一尉,尉必取有重厚忠信可任事者。"《墨子》城守各篇见有"亭尉"一吏。据这条记载,亭尉似为设于城墙上的亭的军吏。陈直先生认为亭尉是城上的亭长,而与门亭长及乡亭长有所不同。参见陈直《〈墨子·备城门〉等篇与居延汉简》,载《中国史研究》1980年第1期。这些亭大概是在敌军包围城邑时临时设置的,而且亭尉亦可能是从"重厚忠信可任事者"之中临时选任的,并未常设。然而,难以确定秦汉时期是否实施这种制度。另外补充一点,陈先生将亭尉认为是"尉史"的别称,并指出,尉史为塞尉的属官,其职责是行徼于亭。但是如张金光先生所批评,《墨子·备城门》记为每亭设一个尉,故不能同意陈先生的解释。参见张金光:《秦制研究》,上海古籍出版社2004年版,第588页。

之下而在乡的管辖之下。㊱现在,通说大致认为,亭长是县属吏㊲,在县尉的指挥之下,同时又受郡都尉的指挥。㊳然而,郡都尉废除于东汉光武帝建武六年(30年),所以小岛茂稔先生指出其后州通过郡县的机构直接、间接掌管亭。㊴

笔者亦基本上赞同以上观点。然而关于亭与县的关系,尚有以下问题:如先前的研究所指出,亭长似受县尉的指挥,但另一方面,隋人萧吉《五行大义·论诸官》所引西汉翼奉云:

> 游徼、亭长外部吏,皆属功曹。

日比野丈夫先生据此认为亭长属于县"功曹"。㊵另外,裘先生认为县的

㊱ 参见王毓铨:《汉代"亭"与"乡""里"不同性质不同行政系统说——"十里一亭……十亭一乡"辨正》,载氏著《莱芜集》,中华书局1983年版(初刊于1954年);《汉代"亭"的性质和它在封建统治上的意义》,载同上(初刊于1955年)。补充王先生观点的论文有如下:张春树:《汉代边疆史论集》,食货出版社1977年版,第131—133页(初刊于1966年);高敏:《论秦、汉时期的"亭"——读〈睡虎地秦简〉札记》,载氏著《睡虎地秦简初探》,万卷楼出版公司2000年版(初刊于1981年);高敏:《秦汉魏晋南北朝史论考》,中国社会科学出版社2004年版,第91—93页(初刊于1997年);朱绍侯:《汉代乡、亭制度浅论》,载氏著《雏飞集》,河南大学出版社1988年版(初刊于1982年);罗开玉:《秦国乡、里、亭新考》,载《考古与文物》1982年第5期;李光军:《秦汉"亭"考述》,载《文博》1989年第6期;李均明:《关于汉代亭制的几个问题》,载《中国史研究》1988年第3期;谢桂华:《尹湾汉墓简牍和西汉地方行政制度》,载《文物》1997年第1期;杨际平:《汉代内部的吏员构成与乡、亭、里关系——东海郡尹湾汉简研究》,载《厦门大学学报》(哲社版)1998年第4期;吴荣曾:《汉代的亭与邮》,载《内蒙古师范大学学报》(哲学社会科学版)2002年第4期等。然而,安作璋先生、熊铁基先生、傅先生均认为亭是与乡同级的地方行政组织,统辖里。参见熊铁基:《"十里一乡"和"十里一亭"——秦汉乡、亭、里关系的决断》,载《江汉论坛》1983年第11期;安作璋、熊铁基:《秦汉官制史稿》,齐鲁书社2007年版(1994年初版),第694—698页;傅举有:《有关秦汉乡亭制度的几个问题》,载《中国史研究》1985年第3期。但是,傅先生的观点为李均明先生所批评。徐富昌先生虽然赞同熊先生的观点,即亭统辖里,但认为亭与乡是不同性质的组织。参见徐富昌:《睡虎地秦简研究》,台北文史哲出版社1993年版,第416—418页。

㊲ 参见严耕望:《中国地方行政制度史 甲部——秦汉地方行政制度》,"中央研究院"历史语言研究所1988年版,第240页;〔日〕越智重明:《漢魏晋南朝の郷·亭·里》,载《東洋学報》1970年第53卷第1号;高敏:《睡虎地秦简初探》,万卷楼出版公司2000年版,第221页(初刊于1981年);朱绍侯:《雏飞集》,河南大学出版社1998年版,第53—55页(初刊于1982年);熊铁基:《"十里一乡"和"十里一亭"——秦汉乡亭、里关系的决断》,载《江汉论坛》1983年第11期;安作璋、熊铁基:《秦汉官制史稿》,齐鲁书社2007年版,第698—700页;〔日〕堀敏一:《中国古代の家と集落》,汲古书院1996年版,第280—282页(初刊于1990年)等。

㊳ 参见〔日〕镰田重雄:《漢代史研究》,川田书房1949年版,第279—280页(初刊于1947年);朱绍侯:《雏飞集》,河南大学出版社1998年版,第53—55页(初刊于1982年);〔日〕佐竹靖彦:《中国古代の田制と邑制》,岩波书店2006年版,第447—450页等。

㊴ 参见〔日〕小岛茂稔:《漢代の国家統治機構における亭の位置》,载《史学雑誌》第112编第8号,2003年。

㊵ 参见〔日〕日比野丈夫:《中国歷史地理研究》,同朋舍1977年版,第154页(初刊于1955年)。

都亭啬夫掌管县内所有的亭。㊶ 乍一看来，这些观点似均与亭长受县尉的指挥一说有矛盾，我们应如何理解？

首先，据翼奉云，亭长是属于功曹的吏。功曹为设于郡及县的吏，其职责是统辖郡县内的政务，以辅助郡太守或县令。㊷ 如上所述，亭长是县属吏，故翼奉所言的功曹不应是郡功曹而是县功曹。县功曹是统辖县内政务的吏，故可以说亭长属于功曹是极为当然之事。但是，史料中未见功曹指挥亭长的例子。相对于此，如先前的研究所指出的，可据以管窥亭长受县尉之指挥的史料却有若干。由此可认为亭长只不过是隶属于功曹，其实受县尉的指挥。㊸

另外补充一点，史料上最早的有关"功曹"（也包括郡功曹）的用例出现于西汉武帝时期㊹，但可认为其以前亦已设有功曹或相当于功曹的吏。《史记·高祖本纪》云：

> 萧何为主吏，主进。

《史记·萧相国世家》云：

> 萧相国何者，沛丰人也。以文无害为沛主吏掾。

据这些记载，萧何在秦时为沛县"主吏掾"，《史记·高祖本纪》的"集解"云：

> 孟康曰：主吏，功曹也。

秦朝的主吏掾应为汉朝所继承，至武帝时期的某阶段被改为功曹，故可推测秦时亭长属于主吏掾。《史记·萧相国世家》云：

> 高祖为亭长，（萧何）常左右之。

萧何得以庇护身任亭长的高祖，或许是因亭长隶属于主吏掾之故。

其次，关于都亭啬夫，裘先生主张此为掌管县内所有亭的吏。在证实其观点之前，笔者拟在先前研究的基础上梳理乡与亭的种类及两者的关系。首

㊶ 参见裘锡圭：《古代文史研究新探》，第 437 页（初刊于 1981 年）。
㊷ 参见严耕望：《中国地方行政制度史　甲部——秦汉地方行政制度》，"中央研究院"历史语言研究所 1988 年版，第 119—122 页、第 224 页。
㊸ 然而尹湾汉简，东海郡的有些县不设有尉。西川利文先生推测，在这些县，县的官长兼尉的职责。参见〔日〕西川利文：《漢代における郡県の構造について——尹湾漢墓簡牘を手がかりとして——》，载《仏教大学文学部論集》第 81 号，1997 年。若他的推测是正确的，则在不设有尉的县，县令、长指挥亭长。
㊹ 参见严耕望：《中国地方行政制度史　甲部——秦汉地方行政制度》，"中央研究院"历史语言研究所 1988 年版，第 119 页。

先每县设有一个或复数的乡⑤,这些乡分为"都乡"与"离乡"两种。都乡即指县治所在的乡,离乡即指非县治所在的乡。⑯ 2004年安徽省天长市安乐镇纪庄村西汉墓(其年代似在西汉中期)出土的木牍云⑰:

- 户凡九千一百六十九。少前。　卿
  口四万九百七十。少前。

户
口
簿

- 东乡户千七百八十三,口七千七百九十五。
  都乡户二千三百九十八,口万八百一十九。
  杨池乡户千四百五十一,口六千三百廿八。
  鞠(?)乡户八百八十,口四千五。
  垣雍北乡户千三百七十五,口六千三百五十四。
  垣雍东乡户千二百八十二,口五千六百六十九。(40-1A面)

这记载了"东乡""都乡""杨池乡""鞠(?)乡""垣雍北乡"与"垣雍东乡"等6个乡的户数、人口及其总计,疑为某一个县的统计记录。⑱ 因此,这个县应设有6个乡,而在这些乡中,都乡以外的五乡均相当于离乡。然而不论都乡与离乡,无疑均由县统辖。另外,各乡分别有"乡部"这一管辖地域。因此,都乡的乡部应与离乡的乡部邻接(参见图3)。

相对于此,亭有"都亭""门亭""市亭"与"乡亭"等种类。都亭即设于都乡城内的亭⑲,具体来说是设于街中的"街亭"。⑳ 虽然设于城门或重要官署

---

⑤ 据《汉书·百官公卿表上》,在全汉境内,平均每县设有4个左右的乡。据《续汉书·郡国志五》及"刘昭注"所引《东观汉记》,平均每县设有3个左右的县。参见〔日〕松本善海:《中国村落制度的史的研究》,岩波书店1977年版,第204页(初刊于1952年)。据尹湾汉简《集簿》,在东海郡,平均每县设有4个左右的乡。参见〔日〕西川利文:《漢代における郡县の構造について》,载《仏教大学文学部论集》第81号1997年。然而以上均只是平均值,据尹湾汉简《东海郡吏员簿》,海西县设有14个乡之多,而有些县〔平曲县、承(?)县等〕仅仅设有1个乡。后引天长汉简中的有一个县中亦设有6个乡。

⑯ 参见裘锡圭:《古代文史研究新探》,江苏古籍出版社1992年版,第437页(初刊于1981年)。

⑰ 参见天长市文物管理所、天长市博物馆:《安徽天长西汉墓发掘简报》,载《文物》2006年第11期。

⑱ 注⑰所引的发掘简报认为天长汉简出土的地点属于汉代所言的临淮郡东阳县。因此,或许40-1A面亦是东阳县的户口统计。

⑲ 参见〔日〕日比野丈夫:《中国歷史地理研究》,同朋舍1977年版,第156页(初刊于1955年)。

⑳ 参见高敏:《秦汉史探讨》,中州古籍出版社1998年版,第225—232页(初刊于1985年)。然而,傅先生认为街亭很可能就是市亭(设于集市的亭),或者是大城市设街亭,小城市设市亭。参见傅举有:《有关秦汉乡亭制度的几个问题》,载《中国史研究》1985年第3期。但是,李光军先生认为"市"乃商贾集散之地及手工业者居住之所,而"街"则为官吏、士人及一般平民所居之地,市与街有所区别,故街亭似不应是市亭。参见李光军:《秦汉"亭"考述》,载《文博》1989年第6期。其说可从。

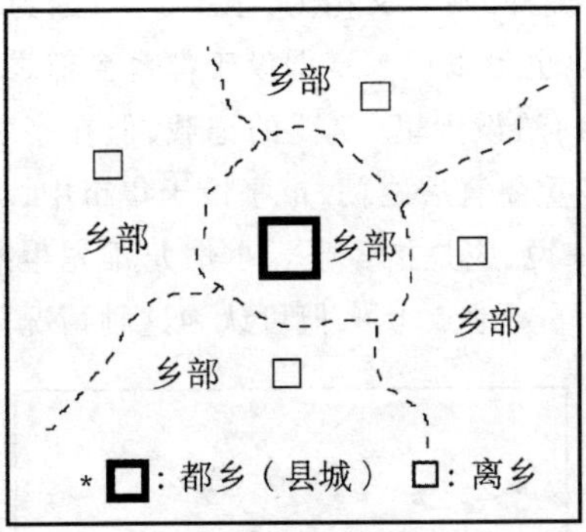

图 3　都乡与离乡

之门的门亭、设于集市的市亭(旗亭)亦均是都乡城内的亭,但这些都不能被包括在都亭内。[51] 另外,裘先生认为"都亭是一县之中最重要的一个亭",这似乎是说一县仅设有一个都亭[52],但如高敏先生所指出的,在现有史料中也可见一个城内设有复数都亭之例[53],故可认为不限于一个(参见图 4)。[54]

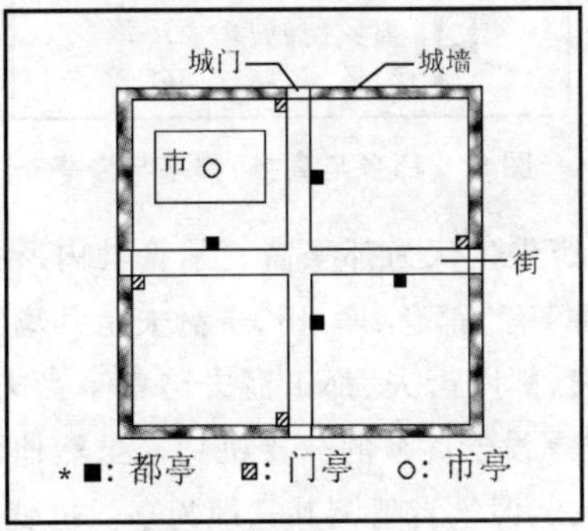

图 4　都乡内的亭

[51] 关于门亭、市亭,参见李光军:《秦汉"亭"考述》等。东汉蔡质《汉官典职仪式选用》有"雒阳二十四街,街一亭;十二城门,门一亭"的记载,这表明了东汉洛阳城有二十四个街亭与十二个门亭。又,东晋华延儁《洛阳记》有"城内都亭二十四"的记载,此处所言洛阳城内都亭的数量 24 个与街亭一致。高敏先生据此认为都亭是街亭的总称,不包括门亭在内。参见高敏:《秦汉史探讨》,中州古籍出版社 1998 年版,第 231—232 页(初刊于 1985 年)。虽然他没有提到市亭,但《洛阳记》仅将街亭称为都亭,故可认为市亭亦当然不被包括在都亭内。然而,张玉莲先生批评了高先生的观点,认为《洛阳记》只不过是于洛阳城都亭独举街亭而已,并没有记载洛阳城内全部都亭,门亭(张先生所言的门亭即指设于城门及其附近的亭)、市亭亦均被包括在都亭内。参见张玉莲:《汉代都亭考》,载《中国文化研究》2007 年第 3 期。但是,恐怕不能对《洛阳记》的记载作如此解释。

[52] 参见裘锡圭:《古代文史研究新探》,江苏古籍出版社,1992 年版,第 474 页(初刊于 1981 年)。

[53] 参见高敏:《秦汉史探讨》,中州古籍出版社 1998 年版,第 231—232 页(初刊于 1985 年)。

[54] 然而,规模小的都乡或许仅设有一个都亭。

乡亭即设于都乡城外的亭,又称为"下亭"。⑤ 因为都乡城外有都乡的乡部与离乡的乡部,所以也可以说乡亭即设于都乡乡部之城外地域及离乡乡部的亭。前引《汉旧仪》有"设十里一亭"的记载,但在亭之中,都亭设于城内的街中,门亭设于城门及重要官署之门,市亭设于集市中,均非每十里所设,故每十里所设的亭,具体来说,应是指乡亭。小畑龙雄先生推测"十里一亭"表明了亭设于沿路的交通重要地点上㊽,但可认为这种情况限于乡亭(参见图5)。

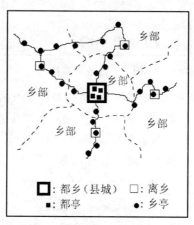

图 5　都乡与离乡;都亭与乡亭

现在转入正题。裘先生认为都亭啬夫掌管县内所有的亭,其根据如下:前引睡虎地秦简《效律》有"都仓、库、田、亭啬夫坐其离官属于乡者"的记载。从上下文看,都仓啬夫、都库啬夫、都田啬夫与都亭啬夫显然均是县属吏,而"离官"则为都仓啬夫等设于离乡的分支机构。虽然他没有明确说出都亭啬夫的离官具体是指什么,但笔者猜测其意即为亭。也就是说,据他的观点,都亭啬夫应为县属吏,将亭作为离官设于县内的各个离乡以统辖之。

从结论上说,笔者亦赞同他的观点,但尚应解决以下两个问题:

第一,都亭啬夫的"都亭"是什么?关于都仓啬夫、都库啬夫、都田啬夫与都亭啬夫的"都",他作出了两种解释:这些"都"与"都乡""都官"的"都"有别,而与"都水""都船""都内"等的"都"相同,是主管、总管之意;"都仓""都库""都田""都亭"是指都乡的"仓""库""田""亭",都仓啬夫以下的各

---

⑤　参见〔日〕日比野丈夫:《中国歴史地理研究》,同朋舎1977年版,第156页(初刊于1955年)。

㊽　参见〔日〕小畑龙雄:《漢代の村落組織に就いて》,載《東亜人文学報》第1卷第4号,1942年。

种啬夫既直接管理都仓、都库、都田、都亭,又主管全县的仓、库、田、亭。

据后者,都亭啬夫似是指各个都亭的官长,即各个都亭的亭长。但是,如上所述,有些县城内设有复数的都亭。若都亭啬夫是都亭的亭长,则有些县城内应设有复数的都亭与都亭啬夫,那么在这种情况下,哪个都亭啬夫管辖离官呢?毕竟,由他们共同管辖离官是难以想象的。由此,不能将都亭啬夫视为都亭的亭长。都亭啬夫中的"都亭"并非设于都乡的亭,其意似指统辖全县之亭。

第二,《效律》有"离官属于乡者"的记载。从这种表达来看,亭似乎隶属于乡这一地方行政层级。但是,先前的研究已指出亭的行政系统是与乡有别的,由此可认为此处所言的"属"并不表明离官受离乡的指挥,其意大概只是离官设在或被包括在离乡管辖的地域即离乡的乡部中。设于离乡的亭并不是设于县的所有亭,此外还有设于都乡城内的都亭、在都乡的乡部之中设于城外的乡亭等,这些亦应当然由都亭啬夫管理。

由上所述,仍可认为都亭啬夫是掌管县内所有亭的吏。因为睡虎地秦简中的法制史料的年代在秦统一六国之前,所以这只是战国末期及其以前秦国的制度。但是据裘先生考证,记载都亭啬夫的秦至汉初的印章、封泥与陶文似乎是存在的。㊼ 而且如第一部分所举,《二年律令·秩律》载有都亭有秩啬夫。可见,都亭啬夫一职为汉朝所继承。但是,其后史料上不见有都亭啬夫。㊽ 裘先生推测都亭啬夫的地位大概相当于汉代史料所见的"亭掾"(行亭掾)。㊾ 他又指出,亭掾也有可能是都亭啬夫的别称。㊿ 关于亭掾的史料极

㊼ 参见裘锡圭:《古代文史研究新探》,江苏古籍出版社1992年版,第474—478页(初刊于1981年)。

㊽ 傅先生根据居延旧简有"补肩水城官亭啬夫"(214·96)的记载,认为汉代亦设有亭啬夫(然而,他所言的亭啬夫即设于亭的啬夫)。参见傅举有:《有关秦汉乡亭制度的几个问题》,载《中国史研究》1985年第3期。在简文的释文方面,傅先生参照了〔日〕藤枝晃的《漢簡職官表》(载《京都大学人文科学研究所創立廿五周年記念論文集》,京都大学人文科学研究所1954年版)。但是,居延旧简的诸释文均将该简的"亭"作"享",《居延汉简释文合校》作"库",并无作"亭"的实例。查该简的图版,该字显然为"享"。

李光军先生说:"《居延汉简》(释文卷二、30页)有'亭有秩'的简文。"参见李光军:《秦汉"亭"考述》,载《文博》1989年第6期。但是,在居延旧简的各类释文中,只有劳榦先生的《居延汉简考释·释文之部》("中央研究院"历史语言研究所1944年版)以卷划分释文,并将第30页纳入卷二内。因此,所谓"《居延汉简》(释文卷二、30页)"应该就是指劳榦先生的释文。然而,该页并无"亭有秩",而且其他释文亦未载记有"亭有秩"的简牍。李先生的依据究竟何在,未详。

㊾ 参见裘锡圭:《古代文史研究新探》,江苏古籍出版社1992年版,第473—474页(初刊于1981年)。

㊿ 同上书,第480页(初刊于1981年)。

少,居延旧简云㉖:

> 愿亭掾幸为到临渠赎长。(10·16B)

这有可能是目前所能见到的最早的用例。㉖ 该简是额济纳河流域 A33(地湾)遗址出土的木牍㉖,此处出土的简牍所记纪年集中于公元前 84 年至 24 年,即昭帝至更始帝时期㉖,由此可推测该简大概也是在这个时期书写的。然而,在居延旧简的诸释文之中,《居延汉简释文合校》将该简"亭掾"的"亭"作"高"。㉖ 据图版,可见"亭",也可见"高",不能断定哪个释文是正确的。在年代上居于此史料之后的是《文叔阳食堂画像题字》㉖:

> 建康元年八月乙丑朔十九日丁未,寿贵里文叔阳食堂。叔阳故曹史、行亭市掾、乡啬夫、廷掾、功曹、府文学掾。(清·陆增祥:《八琼室金石补正·汉三》)

这是东汉顺帝建康元年(公元 144 年)的史料。由此可认为,自汉初至东汉中期的某一阶段始,亭掾替代了都亭啬夫,或亭掾成为都亭啬夫的别称。那么,具体来说,都亭啬夫及亭掾对亭履行何种职责?《风俗通义·穷通》云:

> 太傅汝南陈蕃仲举去光禄勋,还到临颍巨陵亭。从者击亭卒数下。亭长闭门,收其诸生人客,皆厌毒痛。欲复收蕃。蕃曰:我故大臣。有罪,州郡尚当先请。今约敕儿客无素,幸皆坐之,何谓乃欲相及。相守数

㉖ 居延旧简的简号、释文参见谢桂华、李均明、朱国炤:《居延汉简释文合校》,文物出版社 1987 年版。然而,如以下所加注,有些释文已参阅其他书作出修改。

㉖ 除此以外,裘先生还举出了居延旧简"□□士吏胡充受居延亭掾护"(62·47)以为有关亭掾的史料。但是,居延旧简的诸释文皆将该简的"亭"作"仓"而非"亭"。然而据图版,该字可见"亭",又可见"仓"。

㉖ 参见中国社会科学院考古研究所编:《居延汉简甲编》,科学出版社 1959 年版,第 111 页。

㉖ 参见中国社会科学院考古研究所编:《居延汉简甲乙编》(下册),中华书局 1980 年版,第 314 页。

㉖ 居延旧简的诸释文均作"亭",而《居延汉简释文合校》作"高"。

㉖ "文叔阳食堂画像题字"是清道光十三年(1833 年)发现于山东省鱼台县凫阳山的,石头上刻有画像与其题字。该石曾落到清人端方的手中,其后所在不明,也有说法认为已流失海外,但近年来该石藏于比利时王立历史博物馆这一事实才日趋清晰。参见〔日〕山科玲児:《ブリュッセル訪碑記——〈文叔陽食堂画像題記〉原石の所在を確認——》,载《金石書学》第 5 号,2001年。

时,会行亭掾至,困〈因〉乃得免。⑥⑦

曲守约先生根据这条记载,认为行亭掾的职责为经常性地巡回检察,以纠正亭务的缺失。⑥⑧ 从行亭掾这一名称来看,其职责很可能是对亭的监察。而且如第一部分所述,都亭啬夫的秩禄与校长相同均为百二十石,故两者之间应没有那么明显的上下关系。由此可推测,都亭啬夫及亭掾均没有那么大的权限,如指挥亭长,而只是从事监察等事务。

从上所述,可认为亭长隶属于主吏掾或县功曹,由县尉指挥,受都亭啬夫或亭掾的监察。而且如先前的研究所指出的,亭长还受郡都尉的指挥。可将围绕亭长的以上关系整理为图6:

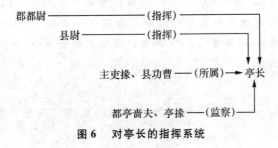

图6 对亭长的指挥系统

结　语

现在,将把本文指出的各点及前文的研讨成果整理如下:亭设有亭长(在秦至汉初,校长就是正式名称)与4个左右的亭卒。至东汉,则设有亭佐这一辅助亭长的吏。亭长是县属吏,隶属于县主吏掾、功曹,同时又在县尉及郡都尉的指挥之下,而且受都亭啬夫、亭掾的监察。也就是说,亭的维持治安作用的责任由以上人员承担。亭的人员只不过有亭长与亭卒5个人左右,纵使加

---

⑥⑦ 如王利器先生指出,明人董斯张《广博物志·职官》所引《风俗通义》将"困乃得免"的"困"作"因"。参见应劭撰、王利器校注:《风俗通义校注》,中华书局1981年版,第344页,注⑦。如为"困"则文义不通,故应为"因"之误。《风俗通义·穷通》的下文有"其明年,桓帝赫然诛五侯、邓氏"的记载,而"诛五侯、邓氏"又是发生于延熹八年(165年)的案件,吴树平先生据此认为陈蕃离光禄勋之职在延熹七年(公元164年)。见应劭撰、吴树平校释:《风俗通义校释》,天津人民出版社1980年版,第282页,注1。然而,在正文所引用的部分与"其明年"之间还记载了其他事情,且难以确定此类事情与陈蕃的光禄勋解任是否发生在同一年。《后汉书·陈蕃传》将陈蕃被解任后回故乡一事记载于延熹六年(公元163年)与八年(公元165年)之间,故陈蕃应当是在延熹六年(公元163年)或七年(公元165年)被解任的。

⑥⑧ 参见曲守约:《汉代之亭》,载《大陆杂志》第12卷第12期,1956年。

上亭佐也仅有6个人左右,故可以说亭是极小规模的国家机关。虽然亭在县尉、郡都尉的指挥之下,而且在都亭啬夫、亭掾的监察之下,但所谓亭这种从事维持治安实务的机构却仅设有五六个人左右。

那么,如此小规模的机关所承担的维持治安事务究竟如何?先前的部分研究认为,亭负责犯罪侦查、审判及对刑徒的管理,但以如此少的人数,其职务能实行到何种程度呢?大规模犯罪发生时,能否应付?而且在秦汉时期,除了亭以外,县尉与乡游徼等还以维持治安为职责,其职责与亭的维持治安作用有何区别?关于这些问题,拟另文探讨。

附记:本文基于2009年1月17日成均馆大学校史学科BK21事业团等共同举行的"东亚细亚历史学新近研究者国际学术大会"研究报告修改而成。又,本文是2006年度至2008年度科学研究费资助金(特别研究员奖励费)的阶段性成果。

笞杖的变迁*
——从汉的督笞至唐的笞杖刑

〔日〕冨谷至** 著　朱腾*** 译

前言:唐的笞杖刑

有关唐五刑(笞、杖、徒、流、死)中的轻刑——笞刑与杖刑,《唐律疏议·名例律》规定,笞刑五(笞十至笞五十),杖刑五(杖六十至杖一百),而疏议则对此二者作出了如下解说:

  [笞刑五]　[疏]议曰:笞者,击也,又训为耻。言人有小愆,法须惩诫,故加捶挞以耻之。汉时笞则用竹,今时则用楚。故书云"扑作教刑",即其义也。汉文帝十三年(中略)遂改肉刑:当黥者髡钳为城奴令舂,当劓者笞三百。此即笞、杖之目,未有区分。笞击之刑,刑之薄者也。随时沿革,轻重不同,俱期无刑,义唯必措。

  [杖刑五]　[疏]议曰:说文云"杖者持也",而可以击人者欤?家语云:"舜之事父,小杖则受,大杖则走。"国语云:"薄刑用鞭扑。"书云:"鞭作官刑。"犹今之杖刑者也。又蚩尤作五虐之刑,亦用鞭扑。源其滥觞,所从来远矣。汉景帝以笞者已死而笞未毕,改三百曰二百,二百曰一百。奕代沿流,曾微增损。爰洎隋室,以杖易鞭。今律云"累决笞、杖者,不得过二百",盖循汉制也。

---

* 本文原题为《笞杖の變遷——漢の督笞から唐の笞杖刑》,载《東方学報》(85),2010年。
** 冨谷至,日本京都大学人文科学研究所教授。
*** 朱腾,中国社会科学院法学研究所博士后流动站工作人员,厦门大学法学院讲师。

疏议将笞刑、杖刑溯源至汉代的笞、杖（鞭），并在引用《尚书》《国语》及《汉书·刑法志》之后把其中所见的鞭、杖与唐五刑中的笞杖刑联系起来。

《尚书》的记载终究只是对儒教教义的阐发，若将其视为刑罚制度的实际状况，则是不妥的。尽管如此，在秦汉时代及其后，笞、杖作为制裁手段确实是存在的，在秦汉律中亦可见笞、杖、鞭等。然而，秦汉的笞杖与唐的笞刑是否直接相关呢？

疏议在对杖刑予以解说时指出"源其滥觞，所从来远矣"，即以鞭刑换称的杖刑有着颇为长久的渊源。随后，其展开性论述又提及汉景帝对笞数的调整，而以二百为限的事实则与《名例律》第二十九条所载"累决笞、杖者，不得过二百"相重合。但是，至于此种论述意欲证明什么，答案可谓模糊不清。换句话说，疏议所说的是否是如下问题：无论是笞还是杖，二百均为受刑者可忍耐的最高限度，若加至二百以上，则将导致受刑者死亡，这不符合笞杖作为轻度制裁的意旨；此制始于汉景帝时代，因此也就是对汉代制度的沿袭。不过，此处所论者为笞杖数，而并非将笞杖刑的渊源追溯至汉代的正确与否。

首先，笞刑与杖刑为唐律五刑之两种，而且显然是两个不同等级的刑罚。与之相对，疏议对杖的解说却在论及笞刑的基础上提到杖刑的起源与汉制之间的共通性。但是，这似乎已经是一种杜撰。有关唐时已被清晰地等级化的笞刑、杖刑，疏议的语言却不加修饰地认为二者在汉代无所区别。然而，必须指出，即使是以汉、唐之一者论，其笞、杖的性质也是不同的。

其次，从根本上说，在唐代，笞、杖为五刑之构成要素，并且时人依据同一种犯罪的轻重实现从死刑至笞杖刑的等级化。但是，若问在汉律中，对适用死刑、劳役刑的窃盗、伤害罪之轻微情形，笞刑是否作为正刑被科处，回答则是否定的。

这样看来，作为唐五刑之一的笞刑是与秦汉的笞刑有着本质性差异的刑罚。那么，大体上说，秦汉的笞杖在其后的三国、六朝时期是如何展开的？唐的笞刑是在何时形成，又是从何种刑罚制度变化而来的？下文将对这些问题予以考察。

一、秦汉的笞刑

在秦汉律中，笞确实是作为一种制裁、惩罚手段而出现的。首先，睡虎地秦简所载如下条文就对治(笞)的执行作出了规定①：

(1) 以四月、七月、十月、正月肤田牛。卒岁，以正月大课之，最，赐田啬夫壶酒束脯，为皂者除一更，赐牛长日三旬；殿者，谇田啬夫。罚冗皂者二月。其以牛田，牛减絜，笞主者寸十。又里课之，最者，赐田典日旬；殿，笞卅。　厩苑律(《秦律十八种》简 13—14)

(2) 非岁红及毋命书，敢为它器，工师及丞赀各二甲。县工新献，殿，赀啬夫一甲，县啬夫、丞、吏、曹长各一盾。城旦为工，殿者，治人百。大车殿，赀司空啬夫一盾，徒治五十。(《秦律杂抄》简 18—20)

正如(1)与(2)中的"最""殿"等语词所示，这两条简文是以笞一百、笞五十惩治有职务过失或工作成绩之劣等者的规定。

另外，笞还可适用于如下场合：逃亡的刑徒自首；士伍未在已决期限内报到或未完成任务而逃亡并于当年被捕获。

(3) 隶臣妾毄城旦舂，去亡，已奔，未论而自出，当治五十，备毄日。(《法律答问》简 132)

(4) 不会，治；未盈卒岁得，以将阳有行笞。今士五甲不会，治五十；未卒岁而得，治当驾不当？当。(《法律答问》简 163)

可见，笞的适用范围终究是指自首或于期限内被捕获的情形，而在这些情形之外，其他措施就将付诸执行。②

此种现象在汉律中也未发生变化。张家山出土的汉简就提到了若干适用笞的条文，它们与职务相关；特别是《行书律》记载，邮人如违反文书传递的规定(传递的时间限制)，将被处以笞五十、笞一百。

邮人行书，一日一夜行二百里。不中程半日，笞五十；过半日至盈一日，笞百；过一日，罚金二两。邮吏居界过书……(《行书律》)

但是，据汉律之《具律》的规定，笞也会在"刑尽"时被适用。这种情况下的笞应当说在性质上有别于因职务怠慢、过失所导致的笞杖。

为城旦舂，城旦舂有罪耐以上，黥之。其有赎罪以下，及老小不当刑、刑尽者，皆笞百……(《具律》)

---

① 以下所引云梦睡虎地秦简的简号均出自《睡虎地秦墓竹简》(文物出版社 1990 年版)。
② 《法律答问》简 127—128："大夫甲坚鬼薪，鬼薪亡，问甲可论？当从事官府，须亡者得。今甲从事，有去亡，一月得，可论？当赀一盾，复从事。从事有亡，卒岁得，可论？当耐。"在《二年律令·亡律》中也有相关规定。

人、奴婢有刑城旦舂以下至罷、耐罪,黥顏頯畀主。其有贖罪以下及老小不当刑、刑尽者,皆笞百。刑尽而贼伤人及杀人,先自告也,弃市。有罪……(《具律》)

关于如上所述的秦汉笞刑,滨口重国氏曾撰有"漢代の笞刑に就いて"一文,③最近则又有陶安氏的考证。④

先行研究已明确,在秦汉时代,笞被适用于如下场合:

(1) 在家庭内,家长、主人、夫等对家属、奴隶所采取的惩戒手段;
(2) 为了取得犯罪嫌疑人的供述而施行的拷问;
(3) 对劳役刑徒的惩戒;
(4) 对官吏因其职务过失、怠慢等而施加的谴责;
(5) 肉刑、劳役刑的附加刑或替代刑。

其中,有关(1)所说家庭内的笞,尽管在云梦秦简、张家山汉简中确有言及此种笞的条文,但此种笞毕竟是私家制裁,而非正刑。⑤ 同样,与(2)相关的笞为审讯阶段所执行的措施,亦非刑罚。因此,作为律令已规定之处罚的笞是指(3)、(4)、(5)这三者。但是,必须指出,(3)、(4)的笞与(5)的笞之间又存在较大差别。也就是说,前者是对轻罪的惩罚,后者则为列于死刑之次的重刑,亦无非是指作为肉刑废止后的城旦刑之附加刑的笞五百、笞三百,而滨口氏的论考就集中于(5)之上。⑥

笞刑何以包含如此的轻重幅度?现在,暂时将理由搁置一边,并把此处的(3)、(4)视为笞〈A〉,(5)视为笞〈B〉。至于笞〈A〉与笞〈B〉在行刑目的、作为处罚的意义等方面有何种差异,笔者想再次作出说明。

笞会作为家庭内之惩戒或训诫而被适用,也会针对官吏工作的不完备而

---

③ 参见〔日〕滨口重国:《漢代の笞刑に就いて》,载《秦漢隋唐史の研究》(上卷),东京大学出版会1966年版。

④ 参见〔德〕陶安あんど:《秦漢刑罰體系の研究》(附論四 "笞"刑にフいて),东京外国语大学アジアアフリカ2009年版。

⑤ 张家山汉简《贼律》简32:"妻悍而夫殴笞之,非以兵刃也,虽伤之,毋罪。"又,张家山汉简《贼律》简39:"父母殴笞子及奴婢,子及奴婢以殴笞辜死,令赎死。"

⑥ 在《汉书·刑法志》中可见与肉刑废止相伴随的作为附加刑的笞刑:"'……当完者,完为城旦舂;当黥者,髡钳为城旦舂;当劓者,笞三百;当斩左止者,笞五百;当斩右止,及杀人先自告,及吏坐受赇枉法,守县官财物而即盗之,已论命复有笞罪者,皆弃市。罪人狱已决,完为城旦舂,满三岁为鬼薪、白粲。鬼薪、白粲一岁,为隶臣妾。隶臣妾一岁,免为庶人。隶臣妾满二岁,为司寇。司寇一岁,及作如司寇二岁,皆免为庶人。其亡逃及有罪耐以上,不用此令。前令之刑城旦舂岁而非禁锢者,如完为城旦舂岁数以免。臣昧死请。'制曰:'可。'"

获施行。以此观之,笞被期待的最初效果及作用或许可概括为叱责时的制裁行为,而当时则以"督"来指示这一点。在此问题上,居延出土的汉简中《候史广德行罚檄》就载有"督五十"三字,其意是说笞或杖五十次。

[候史广德行罚檄]

1973 年,在甲渠侯官遗址出土了简号为 E. P. T57:108 的长木简。该简由树枝削刻而成,其大小为长 82cm、直径 3.1—1.5 cm,正反两面皆有文字,背面载有 22 项内容且其下端刻有凹槽 3 道。

候史广德,坐不巡行部、亭,趣具诸当所具者,各如府都吏举,部糒不毕,又省官檄书不会会日,督五十。(E. P. T57:108A)

候史广德	• 第十三燧长荅	亭不涂 毋非常屋 毋深目 蕉少二	毋马牛夫 毋沙 毋芮薪 毋□□(以上为第一段)
表币 □□□ 毋□□□□ 毋□□□□ 马牛矢少十石 狗笼少一 表币 积薪皆卑少	积薪皆卑 县索缓 • 第十四燧长光 天田不画县索缓 • 第十五燧长得	亭不涂 毋非常屋 羊头石少二百 毋深目(以上为第二段) • 亭不马牛矢涂 蕉少一 毋深目 羊头石少二百(以上为第三段) 马牛矢少五石	
狗笼少一 积薪皆卑 天田不画县索缓 笼竈少一 毋深目 毋牛马矢少十五石 积薪皆卑 天田不画县索缓	• 第十六燧长宽	涂不亭 回门坏 毋非常屋 坞无转缑 羊头石少二百(以上为第四段) 亭不涂 毋非常屋	
	• 第十七燧长常有	羊头石少二百 毋深目 毋马牛矢 狗笼矢著(以上为第五段)	

芮薪少三石			亭不涂
沙竃少一	柃柱廿不坚		毋非常屋
表小币	县索缓	●第十八	蓬少一
积薪皆卑		燧长充国	蓬三币
天田不画			毋马牛夫（以上为第六段）
毋狗笼	天田不画		
毋芮薪	县索缓		
沙竃少一	柃柱廿不坚		
表小币	积薪六皆卑		
笼竃少一	小积薪少二（以上为第七段）（E.P.T57:108B）		

可见，《候史广德行罚檄》的内容是，甲渠候官北部候史张广德因职务怠慢之故而受到了都尉府的弹劾并被科处杖五十（E.P.T57:108A），而其懈怠监督之责的具体表现则为第十三燧至第十八燧之工作及所需设施的不完备。

所谓"督"在《尔雅·释诂》《周礼·春官·大祝》"禁督"郑玄注等中被解释为"督，正也"，亦即督察并矫正错误之意。《汉书·丙吉传》中又可见"督笞"二字：

> 汝尝坐养皇曾孙不谨督笞，汝安得有功？

这条史料记载，后宫的奴婢因"养皇曾孙不谨"而被"督笞"，其中的"督"就是指以笞杖来追究。⑦ 可见，说杖、笞有纠正、叱责之效是没有问题的，所以正如居延汉简中的《候史广德行罚檄》所载，在官吏不履行职务时，笞杖被视为对其不作为的谴责而予以适用。至于这能否被认同为正刑体系的运行，则不得不说二者之间是有隔阂的。

有关汉代的笞杖，陶安认为，作为惩戒处分的笞刑在构成要件及执行数量上都有明确规定，官吏并未被赋予实施笞刑的自由裁量权。⑧ 他所提及的《行书律》确实清晰地记载了适用笞的职务行为，并由此将笞的数量等级性地区分为笞五十、笞一百。然而，《候史广德行罚檄》似乎并未在单个的职务不当行为与督五十之间设立详细规定，毋宁说广德是因为若干种需要谴责的职务上之不作为的累加而遭受督五十的处分的。易言之，像《行书律》那样

---

⑦ 颜师古注曰："督，谓视察之。"因为他对"督"字当作何解并不清楚，所以如《汉书补注》所引"沈钦韩说"一般，此处以"督"为之后的《隋书·刑法志》所载之"杖督"的同义语，意指杖罚。

⑧ 参见〔德〕陶安前揭书，第206页。

对应当笞五十的行为作出明确规定的情形是存在的,而像《候史广德行罚檄》那样不作明确规定且提及与谴责程度相关的督五十、一百等数量的情形也是存在的。之所以如此,其原因无非是笞(亦即笞〈A〉)处于所谓的死刑、劳役刑等刑罚体系的外缘吧。

再者,对于笞〈A〉,还需指出,唐律所见笞、杖被分成两个等级之刑的状况在汉代却无处可寻,并且笞、杖、鞭在作为殴击工具而被使用时相互间亦无严格差别。比如,张家山汉简《亡律》中的"笞五十"似乎就与杖五十相当。

> 吏民亡,盈卒岁,耐;不盈卒岁,系城旦舂。公士、公士妻以上作官府,皆偿亡日。其自出殹,笞五十。给逋事,皆籍亡日,辄数盈卒岁而得,亦耐之。(《亡律》简 157)

> 使侍中刘艾出让有司。于是尚书令以上皆诣省阁谢,奏收侯汶考实。诏曰:"未忍致汶于理,可杖五十。"(《后汉书·孝献帝纪》)

《候史广德行罚檄》载有"督五十"三字,如前所述,此三字是被记录在长达 80cm 的木杖上的。至于对广德的谴责为何要记在如此长的木简(一般所使用的简牍的长度为 23cm)上,笔者猜测,此木是作为督杖来使用的,在督杖上又记载着谴责的内容,目睹广德所受之谴责的众人遂将意识到纲纪之肃正。⑨ 尽管"广德行罚"所使用的是长达 80cm 的木杖,但是,与此同时,以笞而督五十的情形也是存在的,《亡律》等就对笞五十作出了规定。因此,从执行工具的意义上说,杖与笞之间并无严格区别。如提及《行书律》等罗列的殴击次数,其中可见五十与一百两个等级,而对此类殴击次数的满足则就是目的之所在。

以上一直将先前已有所区别的笞〈A〉视作所谓"督"的表现形式,且与用在教诫、训诫中的笞杖相关,然而,对笞来说,还需考虑属于另一范畴的笞〈B〉。

通过笞杖而实施的制裁依其执行方法的轻重可与从轻度的训诫至关乎生命的重刑相关联。此种状况在肉刑、劳役刑等其他处罚中无从得见。确实,斩趾刑、宫刑那样的重度身体毁损刑也与死亡相关联。但是,这种死亡均为身体部位的切除所引发的病理性死亡,其性质并非有意识地变换执行方法所致之杀害。

笞刑一方面是一种轻度处罚,另一方面又有致人死亡的效力。如对这一

---

⑨ 参见拙稿:《檄書攷——視覺木簡への展望》,收入《文書行政の漢帝國》,名古屋大学出版会 2010 年版。

点予以充分认识,则秦汉律中涉及以笞杖杀害家属、奴隶之规定的大量存在即可谓雄辩的说明。

> 人奴妾治子,子以月古死,黥颜頯畀主。相与斗,交伤,皆论不殴?交论。(《法律答问》简74)
> 父母殴笞子及奴婢,子及奴婢以殴笞辜死,令赎死。(《贼律》简39)
> 诸吏以县官事笞城旦舂、鬼薪白粲,以辜死,令赎死。(《贼律》简48)

可见,对"辜死"亦即与死亡有因果关系的杀害行为,法律并未论及其他刑罚,而是特意提到笞。这样一来,笞杖的此种两面性无非可归因于笞〈A〉与笞〈B〉为两种不同存在方式。

在文帝废止肉刑时,笞三百、笞五百作为城旦刑的附加刑而成为比死刑次一等或次二等的刑罚。由于它们具备与辜死相关之笞杖所拥有的性质,因此它们属于笞〈B〉。众所周知,对此种笞〈B〉,其数量从最初的五百、三百减为三百、二百,并进一步减为二百、一百;而且,由于"箠令"的发布,执行笞的竹的规格、击打方式、击打部位等均被确定。

> 景帝元年,下诏曰:"加笞与重罪无异,幸而不死,不可为人。其定律:笞五百曰三百,笞三百曰二百。"狱尚不全。至中六年,又下诏曰:"加笞者,或至死而笞未毕,朕甚怜之。其减笞三百曰二百,笞二百曰一百。"又曰:"笞者,所以教之也,其定箠令。"丞相刘舍、御史大夫卫绾请:"笞者,箠长五尺,其本大一寸,其竹也,末薄半寸,皆平其节。当笞者,笞臀。毋得更人,毕一罪乃更人。"(《汉书·刑法志》)

确实,此诏指出了所谓"加笞与重罪无异,幸而不死,不可为人"的笞刑所带来的意想不到的严重性,所以如果考虑到存在于景帝时期之前的《秦律》《二年律令》已对笞〈A〉容易转化为笞〈B〉这一点有所意识,那么文帝时期被附加于城旦刑之上的笞就是从笞〈A〉向笞〈B〉有意识地转化而来的,且此种转化显得过度了,大概可以这样说吧?

无论如何,与笞〈B〉的执行方法、用具等的规格均被确定相对,在笞〈A〉的场合,此类规定根本不存在,笞、杖、鞭皆被随意地使用,已确定的则只有击打的次数。因此,最初的笞杖当为笞〈A〉,笞〈B〉似乎终究只是笞〈A〉的特殊转化,我们以笞〈B〉为汉代的笞而展开的分析亦不能被视为对笞〈B〉兼笞〈A〉的同时考察。

二、魏晋的笞杖刑

在后汉时期,两种笞仍然存在。对笞〈B〉来说,后汉时期发布的诏所载"减死一等,勿笞"一语似乎就是其存在的证明。

> 丙子,临辟雍,养三老、五更。礼毕,诏三公募郡国中都官死罪系囚,减罪一等,勿笞。(《后汉书·明帝纪》)

> 九月丁卯,诏令郡国中都官死罪系囚减死罪一等,勿笞。(《后汉书·明帝纪》)

> 辛卯,车驾还宫。诏天下系囚减死一等,勿笞。(《后汉书·章帝纪》)

与此同时,就笞〈A〉——再次说明,此种笞杖乃笞作为处罚的最初状态——而言,它同样一直存在,尤其适用于对官吏之职务不当予以谴责的情况。

魏明帝青龙二年(公元234年)诏内含将鞭杖之制立法化的意旨,而此鞭杖作为一种制裁则是用以纠治官吏的怠慢行为的。

> 诏曰:"鞭作官刑,所以纠慢怠也,而顷多以无辜死。其减鞭杖之制,著于令。"(《三国志·魏书·明帝纪》)

即使在承袭汉魏法制、刑罚制度的晋,《晋令》(卷四十)中亦有"鞭杖令"。⑩ 尽管该令已佚失,但《太平御览》等类书仍引用了该令的片断。

> 应得法鞭者,即执以鞭,过五十稍行之。有所督罪,皆随过大小,大过五十,小过二十。鞭皆用牛皮革,廉成法鞭,生革去四廉,常鞭用熟靼,不去廉,作鹄头,纫长一尺一寸,鞘长二尺二寸,广三分,厚一分,柄皆长二尺五寸。(《太平御览》卷六四九)

> 应得法杖者,以小杖,过五寸者,稍行之。应杖而髀有疮者,臀也。(《北堂书钞》卷四五)

> 晋律:诸有所督,罚五十以下,鞭如令。平心无私,而以辜死者,二岁刑。(《太平御览》卷六五〇)

上引史料中的"督"与《候史广德行罚檄》所提及的"督"一样,是指对官

---

⑩ 参见《唐六典·刑部尚书》。

吏予以惩戒的"督",大致亦可被视为笞〈A〉。但是,在汉代并无有关笞、杖、鞭等击打工具的详细规定,而晋的"鞭杖令"则对击打工具的长度、大小及击打方法均作出了规定。

大体上说,在晋及南朝,笞杖的实态并未较汉的笞杖发生本质性变化。以可被视为晋律之继承的梁律论,作为法定正刑的髡钳五岁刑加笞二百是存在的;另外,有关杖督的规定亦有所提及。《隋书·刑法志》所记载的梁的刑罚体系大致可被分为三个层级[11]:

Ⅰ. 死刑二(枭首、弃市)、耐刑四(髡钳五岁加笞二百、髡钳四岁、髡钳三岁、髡钳二岁)、赎刑四、罚金五　　　　　　　　　　　　　　[十五等]

Ⅱ. 一岁刑、半岁刑、百日刑、鞭杖二百、鞭杖一百、鞭杖五十、鞭杖三十、鞭杖二十、鞭杖十　　　　　　　　　　　　　　　　　　　[九等]

Ⅲ. 一曰免官加杖督百、二曰免官、三曰夺劳百日加杖督百、四曰杖督百、五曰杖督五十、六曰杖督三十、七曰杖督二十　　　　　　　[八等]

Ⅰ为自汉代沿袭而来的从死刑至罚金的诸刑,Ⅲ为对官吏的处罚,而Ⅱ中的不满一年的劳役刑及二百以下被划分为6个等级的鞭杖——不同于作为对官吏之处罚的督杖——则为新增加的刑罚体系。此处,笞与杖被区别开来,Ⅰ所说的笞二百似为笞〈B〉,Ⅲ则或可命之以杖〈B〉系统。又,Ⅱ中作为轻罚的鞭杖并非对官吏的谴责,而是进入了普适性正刑体系,这一点作为从汉至晋的刑罚制度的新增要素应当引起关注。或可认为,存在至此的笞〈B〉已从督杖转向刑罚并扩大了自己的适用范围。

确实,梁律中的笞杖已接近隋唐五刑中的笞杖。然而,若问梁律中的笞杖能否直接与隋唐的笞杖刑相连接并由此将隋唐之笞杖的渊源界定为梁律,笔者认为答案是否定的。毋宁说,始于北魏的北朝刑罚更值得注意。

三、北朝的笞杖

可被视为隋唐五刑之原型的是北周及北齐律的相关规定。有关完成于北周保定三年(公元563年)的北周律所规定的法定正刑,《隋书·刑法志》《通典·刑法典》记载了如下刑罚体系:

---

⑪　参见〔日〕仁井田升:《中国における刑罰體系の變遷》,收入氏著:《中国法制史研究》(刑法),东京大学出版会1980年补订版。

死（裂、枭、斩、绞）

流（流蕃服四千里加鞭一百、笞九十＊）

徒（五年加鞭一百笞五十、四年加鞭九十笞四十、三年加鞭八十笞三十、二年加鞭七十笞二十、一年加鞭六十笞十）

鞭（一百、九十、八十、七十、六十）

杖（五十、四十、三十、二十、十）

在北周《大律》（二十五篇）完成后的第二年亦即北齐河清三年（公元564年）制定完毕的《北齐律》（十二篇）中，刑罚体系也已被划分为死、流、徒（耐）、鞭、杖五个等级。

死四（辕、枭首、斩、绞）

流刑一（鞭、笞各一百加投边裔为兵卒或六年徒、舂）

刑罪五（鞭一百笞八十加五岁刑、鞭一百笞六十加四岁刑、鞭一百笞四十加三岁刑、鞭一百笞二十加二岁刑、鞭一百加一岁刑）

鞭五（一百、八十、六十、五十、四十）

杖三（三十、二十、十）

隋唐的死、流、徒、杖、笞五刑是以北齐、北周的五等刑罚体系为基础发展而来的，这一点或许可谓一目了然。再则，关于笞杖，北周、北齐的鞭杖刑已将汉晋的笞〈A〉与笞〈B〉引入五等刑之中；而且，笞〈A〉这一对官吏的谴责方式也被视为普适性刑罚并被体系化，这似乎又可说是作为轻刑的笞杖刑的正刑化。

那么，北周、北齐的笞杖刑是否在公元563年、564年这一大致相同的时刻才以如上形式登场呢？如果说两个王朝在成立后不久各自且同时确立了类似的刑罚制度，这也许已显得不自然了。应当说，在两个王朝之前的北魏、东西魏时代已出现了不同于汉晋刑罚的笞杖刑。以下将略为细致地考察一下北魏的笞杖。

在北魏时代，笞杖刑是否已如唐五刑之笞、杖一般成为两个等级的轻刑呢？明确指向此问题的史料无从得见。据《魏书·刑罚志》载，如宣武帝永平四年（公元511年）格载有"诸刑流及死罪者，皆首罪判定，后决从者"[12]这样的涉及主犯、从犯的规定。可以想见，其中的刑罚也许是重刑；至少可知，

＊ 《隋书·刑法志》及《通典·刑法典》原文皆为"流蕃服四千五百里加鞭一百、笞一百"。——译者注

[12] 在《通典》（卷一六七）中亦可见同样的条文。不过，《通典》与《魏书》在文字上有所差异。

死刑、流刑、刑罪（徒刑）这三个等级的刑罚是确定的。

又，附加于此时的流刑之上的鞭刑的存在亦为有迹可循：宣武帝时期（公元499—514年），赵修被鞭百并配流至敦煌为兵⑬；孝文帝太和初年（公元480年前后），沛郡太守邵安、下邳太守张攀因赃罪而受罚，安被处死刑，攀及其子被鞭一百并配流至敦煌，安之子他生则被鞭一百。⑭

> 诏曰："……沛郡太守邵安、下邳太守张攀咸以贪惏获罪，各遣子弟诣阙，告刺史虎子纵民通贼，妄称无端。安宜赐死，攀及子僧保鞭一百，配敦煌。安息他生鞭一百。"（《魏书·薛虎子传》）

可见，从孝文帝至宣武帝，北周、北齐律所见附加于流刑之上的鞭一百已经出现。

再则，在对邵安事件的处理上，邵他生被科处的鞭一百不是流刑的附加刑，亦非对官吏加以斥责的鞭刑。事实上，可据以管窥此种比徒刑低一等之鞭、杖刑的史料在《北史》《魏书》中还有若干。

> ［宣武帝正始元年（公元504年）］庚子……录京师见囚，殊死已下皆减一等，鞭杖之坐，悉皆原之。（《魏书·宣武帝纪》）

在这段史料中，死刑以下的刑罚被减一等，鞭、杖刑则被赦免。这里的鞭、杖乃五等刑中的鞭、杖，而史料想说的大概就是重刑减一等、轻刑停止执行。

孝明帝初年（公元515年）的任城王上奏涉及都城、官署之修筑：

> （任城王澄）奏："都城府寺犹未周悉，今军旅初宁，无宜发众，请取诸职人及司州郡县犯十杖以上、百鞭以下收赎之物，绢一匹输砖二百，以渐修造。"［《北史·景穆十二王传》］

又，在延昌三年（公元514年）的和卖事件中，有关涉案人员的处罚，买费羊皮之女且又将其转卖的平民张回被处以鞭一百（实际则为被判处五岁刑）

---

⑬ 《北史·恩幸传》（《魏书·赵修传》）："初，王显附修，后因忿闻，密伺其过，列修葬父时，路中淫乱无轨。又云与长安人赵僧栅谋匿玉印事。高肇、甄琛等构成其罪，乃密以闻。始琛及李凭等曲事修，无所不至，惧相连及，乃争共纠摘。遂有诏按其罪恶，鞭之一百，徙敦煌为兵。其家宅作徒，即仰停罢，所亲在内者，悉令出禁。"

⑭ 《魏书·薛野睹传》："沛郡太守邵安、下邳太守张攀咸以赃污，虎子案之于法。安等遣子弟上书，诬虎子南通贼房。高祖曰：'此其妄矣，朕度虎子必不然也。'推案果虚。乃下诏曰：'……沛郡太守邵安、下邳太守张攀咸以贪惏获罪，各遣子弟诣阙，告刺史虎子纵民通贼，妄称无端。安宜赐死，攀及子僧保鞭一百，配敦煌。安息他生鞭一百。可集州官兵民等，宣告行决。塞彼轻狡之源，开此陈力之效。'在州十一载，太和十五年卒，年五十一。"

之刑,以下即为量刑经过与判决:

"……依律:'诸共犯罪,皆以发意为首。'明卖买之元有由,魁末之坐宜定。若羊皮不云卖,则回无买心,则羊皮为元首,张回为从坐。首有沽刑之科,从有极默之戾,推之宪律,法刑无据。买者之罪,宜各从卖者之坐。又详臣鸿之议,有从他亲属买得良人,而复真卖,不语后人由状者,处同掠罪。既一为婢,卖与不卖,俱非良人。何必以不卖为可原,转卖为难恕。张回之愆,宜鞭一百。卖子葬亲,孝诚可美,而表赏之议未闻,刑罚之科已降,恐非敦风厉俗,以德导民之谓。请免羊皮之罪,公酬卖直。"诏曰:"羊皮卖女葬母,孝诚可嘉,便可特原。张回虽买之于父,不应转卖,可刑五岁。"(《魏书·刑罚志》)

此处所说的鞭、杖是对普通人实施的比徒刑低一等或二等的正刑。上举两例皆发生于6世纪初北魏宣武帝、孝明帝时期,因此,在北魏时已有杖、鞭、徒、流、死五等刑这一点大概是无误的。那么,鞭杖刑成为正刑究竟发生在哪个历史阶段,而此历史阶段又蕴含着什么样的背景呢?

结语:从刑、督至刑罚

从下引史料来看,北魏自太祖道武帝以降曾七次编纂法典;据《魏书·刑罚志》的记载,其情况大概如下[15]:

① 太祖(道武帝)天兴元年(公元398年) 命王德删除过于苛酷之法,约定科令。

② 世祖(太武帝)神䴥四年(公元431年) 命崔浩制定律令。

③ 世祖(太武帝)正平元年(公元451年) 命游雅、胡方回等改律。"盗律复旧,加故纵、通情、止舍之法及他罪,凡三百九十一条。"门诛四条,大辟一百四十五条,徒刑二百二十一条。

④ 高宗太安年间(公元455—459年) 增律七十九章,门房之诛十三条,大辟三十五条,徒刑六十二条。

⑤ 高祖(孝文帝)太和五年(公元481年) 命高闾修改律令。"五年冬讫,凡八百三十二章",门诛十六条,大辟二百三十五条,徒刑三百七十七条。

---

[15]　参见〔日〕滋贺秀三:《中國法制史研究》,创文社2003年版。

⑥ 高祖(孝文帝)太和十六年(公元492年) 以太和十一年(公元487年)诏为基础,对量刑制度予以重新调整(对"不逊父母"的量刑、门房之诛的削除等),并于四月丁亥发布新律。

⑦ 世宗(宣武帝)正始元年(公元504年) 议定律令,确立《隋书·经籍志》所载之"后魏律二十卷"。

以这七次律令编纂论,笔者认为,将杖、鞭刑纳入五等刑也许是在孝文帝太和五年(公元481年)的新律中,又或者是在太和十六年(公元492年)。其原因无非在于,正始元年(公元504年)曾出现对鞭杖刑予以赦免的情形,这表明鞭杖刑的正刑化当在此之前。

就这一历史阶段而言,刑罚体系与刑罚理念已有较大改变。对此,笔者尽管已在考察死刑种类之变化的另一篇文章中有所论述⑯,但鉴于该问题与本文的关联性,仍将略述之并借此大致提出如下内容:

从汉至晋的死刑可分为生命之剥夺与对尸体的处刑这两个等级,而律所规定的正刑则为前者,其执行样态为斩首与腰斩。唐律中的死刑不同于汉的死刑,并被分成绞及斩首二等。至于汉的死刑何时且为何向唐的死刑转变,这一过程的转换点可以说是在北魏时期;具体而言,在北魏太和五年(公元481年)制定新律时,其律文就对绞首与斩首作出了规定。

绞杀刑作为死刑而被采用始于北魏。这并不单纯意味着死刑之执行方法从切断头颅至绞杀的表层变化,而是也引发了更深层的死刑性质、死刑法理的变化,所以在中国刑罚制度史上可谓具有划时代意义。至此,作为终极肉刑的死刑的执行理念因绞首刑的登场而转变为生命之剥夺。这种变迁对以后的中国法制史产生了有形或无形的影响,即"刑"的基本理念的变化。

最初,对以肉刑为中心而被体系化的刑罚制度来说,即使是在汉文帝以后由死刑、劳役刑、赎刑、罚金刑所构成的刑罚体系中,"刑"的本质一直是身体毁损(或者令身体形成某种表征),且在此意义上将放逐纳入基本观念,身体表征遂成为放逐的象征。

刑,刭也,从刀开声。[《说文解字》第四篇下]

《说文解字》主张,刑的原意为刭(砍断头颅),而在《礼记》中,刑又被释为"侀","侀"可与"型"(铸型)通,因此也具有"形"之意。若以"形"释

---

⑯ 参见拙稿《究極の肉刑から生命刑へ——漢—唐死刑考》,载冨谷至编:《東アジアの死刑》,京都大学学术出版会2008年版。

"型",因为这一点毋庸置疑,所以刑、侀、形三者是可以共通的。《礼记·王制》及孔颖达《正义》有如下记载:

> 刑者侀也,侀者成也,一成而不可变,故君子尽心焉。(《礼记·王制》)
>
> [孔疏]此说刑之不可变改,故云刑者侀也。上刑是刑罚之刑,下行是侀体之侀。训此刑罚之刑以为侀体之侀,言刑罚之刑,加人侀体。又云侀者成也,言侀体之侀,是人之成就容貌。容貌一成之后,若以刀锯凿之,断者不可续,死者不可生,故云不可变。故君子尽心,以听刑焉,则上悉其聪明致其忠爱是也。

同时,《礼记·王制》还论道:"爵人于朝,与士共之。刑人于市,与众弃之。"可见,也被称为弃市的斩首刑是在市场上公开执行的,此亦为公开的放逐,所以作为放逐之象征的"形(刑)"就是必要的。确实,汉文帝时期,肉刑被废止,身体毁损这一理念则由死刑之执行样态及作为其代替刑而被遗留下来的宫刑予以尽力保存。但是,正如在劳役刑中与"完城旦"相对的"髡钳城旦"之所示,所谓"髡""钳"是未对身体施加任何损害的"完"的对照物,且作为肉刑的残存措施及"形"的表征而被保留。

至北魏,绞杀刑作为死刑之一登场。由此,终极的身体毁损已非死刑,死刑也已不是指被生物界放逐或弃绝,而是仅指单纯的生命之剥夺。所谓"毁损""切断"这样的刑之表象或具象已丧失存在的必要,"刑"所拥有的基本理念遂与汉晋之说、与区别性制裁措施亦即表征性肉刑之残存相脱离,并向隋唐的计量等级性处罚转变。

那么,绞杀刑的出现及刑罚理念的变化缘何而来呢?答案就是少数民族对中国的统治,亦即5世纪时北魏的成立和胡汉融合。绞杀这种死刑可以说是起源于北方少数民族的刑罚。世祖太武帝在制律时首次将绞杀刑纳入中国的刑制中,并且一直存在的胡族的其余若干种死刑也于此时被采用。不久,随着汉化政策的推进,胡族的刑制与汉族的刑制趋于融合,并最终形成了由死刑、流刑、耐刑、鞭刑、杖刑构成的与唐五刑相连的刑罚体系。

尽管以上探讨是以死刑为焦点展开的,但是流、鞭、杖等刑罚在上述趋势中同样占有一定的位置。这三种刑自始就不伴有身体毁损。正如本文之所论,笞、杖及鞭在秦汉时代终究只是指作为训诫、叱责的"督",而不能被纳入与身体毁损相随的放逐亦即"刑"的范畴。所以,在秦汉及其后的刑罚体系中,笞、杖及鞭虽曾作为附加措施或对官吏的惩戒而被执行,但并未取得正刑的地位。而且,似乎也可认为,由于笞、杖、鞭三者之间没有严格的区别,因此它们无法进入"刑"的范畴。职务上应予非难的行为是否能被认定为"罪"这一问题或许是微妙的。如果"罪"被定义为可给予负面评价的行为,那么成绩劣等大概也能成为"罪"的一种类别了。

然而,若问与这种"罪"相对应的笞、杖、鞭与杀人、伤害等犯罪及其刑罚是否具有同样的性质,那就不得不承认二者之差异的悬殊了。从刑罚的目的上看,笞刑与肉刑或笞刑与劳役刑相同之说令人略显怀疑。笞刑是所谓叱责的具体实现,亦可谓因主权者(皇帝)的要求无法得到满足或皇帝的期待、命令无法完全被落实而迫使个体服从指导、命令的强制措施,它与家庭内家长的教鞭是可以共通的。然而,这里将要再次说明,尽管史书中载有"罚杖""督鞭""督○十""罚杖○十"等语词⑰,但所谓"笞刑""督刑""刑○十"亦即笞、杖、鞭与"刑"的连写绝不是指刑罚名称。

这种笞杖在北魏时成为正刑且列于死刑、流刑、徒刑之下。此时的笞杖已非汉晋的笞〈A〉、笞〈B〉,而是以死刑为基础的五刑中的鞭、杖刑。这样,鞭杖就从督转化为刑。

> 高祖曰:"刑法者,王道之所用。何者为法?何者为刑?施行之日,何先何后?"间对曰:"臣闻刑制立会,轨物齐众,谓之法;犯违制约,致之于宪,谓之刑。然则法必先施,刑必后著。自鞭杖已上至于死罪,皆谓之刑。刑者,成也,成而不可改。"(《魏书·高间传》)

无论如何,高间之言即"自鞭杖已上至于死罪,皆谓之刑"均可被视为上文所论之旁证。⑱ 同时,此语出自生活在高祖孝文帝时期的高间之口,这一点似乎也值得注意。其原因在于,高间曾承担孝文帝太和五年(公元481)新律之制定的责任。

由于与隋唐五刑相关联的鞭杖刑的确立始于太和五年(公元481)制定的新律,因此与绞杀被引入死刑执行方法一样,鞭杖刑也从秦汉的刑罚中蜕皮而出,并开启胡汉融合的新刑法体系的开始。

---

⑰ 《魏书·文成五王传》:"安乐王长乐,皇兴四年封建昌王,后改封安乐王。长乐性凝重,显祖器爱之。承明元年拜太尉,出为定州刺史。鞭挞豪右,顿辱衣冠,多不奉法,为人所患。百姓诣阙讼其过。高祖罚杖三十。贪暴弥甚,以罪徵诣京师。"《魏书·陈建传》:"高宗初,赐爵阜城侯,加冠军将军。出为幽州刺史,假秦郡公。高宗以建贪暴懦弱,遣使就州罚杖五十。"《后汉书·刘宽传》:"桓帝时,大将军辟,五迁司徒长史……常以'齐之以刑,民免而无耻'。吏人有过,但用蒲鞭罚之,示辱而已,终不加苦。"

⑱ "刑者,成也"一语为前引《礼记·王制》中的词句。它在《礼记》中的意思是身体毁损的象征、烙印,而在此处则含有比具体的身体形象更为观念化的抽象意义,此可谓《礼记》之解释的变化。这亦与"刑不上大夫"的含义依时代而发生之变化相当。

三国魏文帝的法制改革与妖言罪的镇压[*]
——古代中国法的一个分歧点

〔日〕石冈浩[**] 著 周东平[***] 译

前　　言

在中国历代王朝的各种史料中，常见有"诽谤""妖言（訞言、祅言）"之语。通常，"诽谤"是指批判王朝政治的恶劣言论，"妖言"是指借解释灾异、鬼神而预言凶吉的言论。

在《史记·孝文本纪》记载的孝文帝二年（公元前178年）三月汉文帝的诏书中，明令将处罚"诽谤""妖言"者的法律废除：

> 上曰："古之治天下，朝有进善之旌、诽谤之木，所以通治道而来谏者。今法有诽谤妖言之罪，是使众臣不敢尽情，而上无由闻过失也。将何以来远方之贤良？其除之。"

一般认为这次废除"诽谤妖言之罪"，是废除战国时期的秦以来严厉法律的一系列政策中的一环。汉文帝前元年（公元前179年），废除"收帑诸相坐律令"（有关犯罪人妻子没官等各种连坐之法）[①]，文帝二年废除这个"诽谤

---

[*] 本文原题为《三国魏文帝の法制改革と妖言罪の弾圧——古代中国法の一分岐点》，载《法制史研究》59号，2009年。本文是作者对原文作个别修订后的汉译。

[**] 石冈浩，日本东洋大学法学部、文学部讲师，东海大学文学部讲师。

[***] 周东平，厦门大学法学院教授。

[①] 有关秦的收帑制度之详情，参见〔日〕石冈浩：《収帑制度の廃止にみる前漢文帝刑法改革の発端——爵制の混乱から刑罰の破綻へ——》，载《歴史学研究》2005年805号。

妖言之罪",文帝五年(公元前175年)废除"盗铸钱令"②,文帝十二年(公元前168年)废除关隘的"传"(通行证),进而在文帝十三年(公元前167年)实施了以废除肉刑(毁损身体刑)和设定刑期为主的刑罚制度的重大改革。③

但是,有关"诽谤妖言"罪的法律的废除,除汉文帝之外,从那时到三国时期末年为止,还有过两次,第一次是西汉末年,在哀帝即位的绥和二年(公元前2年),"诽谤抵欺法"被废除④;第二次是三国时期魏文帝曹丕时,也就是本文将要讨论的废除"妖谤赏告之法"。

如上所述,仅在前四史所残留的记录中,有关"诽谤、妖言"之法的废除、改定不断重复,那么,"诽谤""妖言"罪在中国古代社会为何被废除,又因何复活呢?

在这样的问题意识下,笔者针对"诽谤、妖言"罪,试从三国魏文帝的改定法律着手,探讨其历史意义。

一、三国魏文帝的"妖谤赏告之法"的改定

1. 文帝重视"妖言"罪与高柔的劝告

首先引用《三国志·魏书·高柔传》。高柔(174—263年)是历仕武帝(曹操)、文帝(曹丕)、明帝(曹叡)、齐王曹芳四代的法曹官僚。为了说明的便利,下面用(A)—(G)的标号标记。

> 文帝践祚,以柔为治书侍御史,赐爵关内侯,转加治书执法。(A)民间数有诽谤妖言,帝疾之,有妖言辄杀,而赏告者。(B)柔上疏曰:"今妖言者必戮,告之者辄赏。即使过误无反善之路,又将开凶狡之群相诬之渐,诚非所以息奸省讼、缉熙治道也。(C)昔周公作诰,称殷之祖宗,咸不顾小人之怨。在汉太宗,亦除妖言诽谤之令。(D)臣愚以为宜除妖

---

② 有关秦汉时期盗铸钱的详情,参见〔日〕柿沼阳平:《前漢初期の盜鑄錢と盜鑄組織》,载《東洋学報》(90-1),2008年。

③ 论及文帝前元十三年(公元前167年)刑制改革的最新研究,可参见〔日〕石冈浩:《北宋景祐刊〈漢書〉刑法志第十四葉の復元——前漢文帝刑法改革詔の文字の增減をめぐって——》,载《東方学》(111),2006年;〔日〕石冈浩:《秦の城旦舂の特殊性——前漢文帝刑法改革のもう一つの発端——》,载《東洋学法》(88-2),2006年;〔日〕宫宅潔《"二年律令"研究の射程——新出法制史料と前漢文帝期研究の現状——》,载《史林》(89-1),2006年;〔日〕宫宅潔:《有期労役刑体系の形成——"二年律令"に見える漢初の労役刑を手がかりにして—》,载《東方学報》(78),2006年。

④ 《汉书·哀帝本纪》"绥和二年六月诏"。

谤赏告之法,以隆天父养物之仁。"(E)帝不即从,而相诬告者滋甚。(F)帝乃下诏:"敢以诽谤相告者,以所告者罪罪之。"于是遂绝。(G)校事刘慈等,自黄初初数年之间,举吏民奸罪以万数,柔皆请惩虚实;其余小小挂法者,不过罚金。四年,迁为廷尉。

第一,在(A)"民间数有诽谤妖言,帝疾之,有妖言辄杀,而赏告者"中,叙述了文帝即位(公元220年)后,因为民间"诽谤""妖言"不绝,文帝对散发"妖言"者立即处死,对告发者给予褒赏。但是,文帝处死的仅是散发"妖言"者,此处并无"诽谤"之名目。换言之,文帝在民间持续发生的"妖言""诽谤"中,尤其视"妖言"为问题而予以严处。

第二,在(B)柔上疏曰:"今妖言者必戮,告之者辄赏。既使过误无反善之路,又将开凶狡之群相诬之渐,诚非所以息奸省讼、缉熙治道也"中,叙述了高柔劝谏文帝:散发"妖言"者处死(戮),告发者得到奖赏的结果,使得过误触犯相当于"妖言"言论的人失去反省改过的机会,招致恶意陷害人的诬告者横行。此处依然仅以"妖言"为问题,未涉及"诽谤"。

这里令人瞩目的是高柔论述的处罚"妖言"并非"缉熙治道"这一点。在他认为无节制地处罚"妖言"并非遵循治道的上疏中,包含着被冠以"妖言"罪的那些人中,也有为追寻治道而发出批判、谏言的人。亦即对所谓"过误"散发"妖言"者,高柔认为,在因"妖言"而受到处罚者之中,包含了企图表达对治道的批评、谏言,却不小心触及相当于"妖言"内容的人。还有,所谓"凶狡之群"的"诬罔"这种表现,亦显示了本有批评、谏言之意,但由于居心不良者的谗言、诬告而被诬陷为"妖言"的人。

果真如此,在"诽谤""妖言"的告发增加的情况下,当包含着被认为是"妖言"要素的批评被告发时,文帝并不仔细考虑和调查其果真是"妖言"与否、告发的妥当性如何,一律处以死刑。

这时,如果对告发"妖言"的言论进行正当的调查,明确其不含有"妖言"的要素,只不过是单纯的批评、谏言,或者不予追究,或者可作为"诽谤"处理。故高柔劝谏说,即使由于"过误""诬罔"而被告发为"妖言",因其本来也许就是修正治道的谏言,不应轻率地处以死刑。高柔认为,问题在于针对朝廷的来自"民间"的谏言、批评,在排除因恶意诬告的"妖言"和不能反映治道的情形后,其诬告者才是妨害治道的人。

那么,文帝为何如此憎恨"妖言"呢?还有,这个时期为何来自"民间"的针对朝廷的批评持续出现呢?高柔认为问题应在于要把民间的批评从"诽谤""妖言"中排除。尤其对后者的疑问,要从表现文帝此后处置的(D)以下来领会。因此,在检讨(C)之前,首先试着检讨(D)一下。

2. 高柔的真意——排除曹魏官吏的诬告和救济"民间"批评者

在(D)"臣愚以为宜除妖谤赏告之法,以隆天父养物之仁"中,作为谏言的结论,高柔劝说废除"妖谤赏告之法"。所谓"妖谤赏告之法",就是对告发"妖言""诽谤"的人给予褒赏的规定。

这里应该注意的是,高柔劝谏的是要停止给予告发"妖言""诽谤"的人的褒赏,不是劝谏废除处罚实施"妖言""诽谤"之人的规定。也就是说,高柔认为真正的"妖言""诽谤"当然应予处罚。高柔劝谏的目的是处罚以"诽谤""妖言"胡乱诬告之人,以及救济由于"过误""诬告"而被冠以"诽谤""妖言"之罪遭受处罚的人。其真实意图,与其说在于真正地排除对朝廷发布"诽谤""妖言"的动机恶劣者,以及为了陷害他人而以"诽谤""妖言"相诬告的动机恶劣者,毋宁说在于积极寻求对朝廷进行正当批评和谏言的人的意见。

但是,正如(E)"帝不即从,而相诬告者滋甚"那样,因为文帝没有听从高柔的劝告,废除"妖谤赏告之法",导致诬告者愈发增多。

由此,文帝终于接受了高柔的谏言。可是,正如(F)"帝乃下诏:'敢以诽谤相告者,以所告者罪罪之。'于是遂绝"所述的那样,希望处罚实施诬告的告发者的文帝,其命令的对象仅是"诽谤"之罪。亦即文帝命令对以"诽谤"诬告之人予以处罚,对以"诽谤"罪被诬告之人施以救济,但还是拒绝了对以"妖言"之罪诬告者的处罚和对被诬告者的救济。也就是说,文帝即使对"诽谤"示以宽容,而"妖言"则是绝对不允许的。

文帝对符合"妖言"要素的言论,无论是切实的"妖言",还是对因"过误""诬告"等导致的"妖言"式的批判,概不允许,继续予以处罚。但对不符合"妖言"要素的发言,改为处罚其陈述相当于"诽谤"的告发者,而不过问被告发者。换言之,此后以"诽谤"罪被处罚的人渐渐没有了。至此为止,曾被作为"诽谤"罪的言论都作为无罪的批判抑或正当的谏言予以处理,而被视为相当于"妖言"的人则继续被处罚。

那么,敢于发表将被严重处罚的"妖言"的人该是怎样的人呢?作为管窥其事的关键性记述应在《高柔传》(G)"校事刘慈等,自黄初初数年之间,举吏民奸罪以万数,柔皆请惩虚实;其余小小挂法者,不过罚金"。

该记述明确记载为"黄初初数年之间"——从魏王朝创设的黄初元年(公元 220 年)开始的数年之间,身为校事的刘慈等人揭发官吏和庶民的"奸罪"(性质恶劣的犯罪)"以万数"。当此之时,高柔重新评估这些"奸罪"的

"虚""实"。这就意味着本来不是"奸罪"的小罪,因校事们的"虚"构而被捏造为"奸罪"。

（G）的记述,与文帝废除"妖谤赏告之法"的事情相同。因为这与魏王朝创设时,通过"虚"（谎言）构将单纯的微小犯罪作为"奸罪"处理的歪风横行,正与将"民间"的批判通过诬告作为"诽谤""妖言"处理相类似。

然而不应忽视的是,不当揭发这些"奸罪"的正出于魏王朝行使监察职能的校事之手。即使在紧接着列举的记述——《高柔传》中,被置于废除"妖谤赏告之法"之前的记述中,身为丞相（曹操）法曹掾的高柔,批评并要求处分校事卢洪、赵达等人滥行监察业务之事：

> 柔谏曰："……今置校事,既非居上信下之旨。又达等数以憎爱擅作威福。宜检治之。"……达等后奸利发,太祖杀之以谢于柔。

这一记述传达的是,与创设魏国同时设置的监察官校事,在其监察业务中恣意滥用"威福"（威权与恩惠）。⑤ 这与校事将微小犯罪作为"奸罪"（G）的记述同出一源。这样的话,置于这两则记述之间的文帝废除"妖谤赏告之法"的记述中,诬告"民间"批判为"诽谤""妖言"的首谋者,同样也可以推测为魏的官吏们。

一旦这样考虑的话,创设魏王朝时的事情的部分真相就变得明确了。即在创设魏王朝时,作为魏的官吏,被任用的人之间存在截取没有被任用的人（民间）的言论并强调这是"妖言""诽谤"的风潮。对于该风潮,与其说高柔要求排除诬告风潮中相当于"诽谤""妖言"的动机恶劣的魏的官吏,毋宁说要求积极接纳对王朝进行正当批判、谏言的"民间"人士的意见。

魏的官吏中,既有诬告"民间"批判者的一方,也并存着像高柔这样能够考虑接纳民间正当批判、谏言的官僚的另一方。这种正反主张同时并存的政治状况,正是创设魏王朝时期的特殊情况之一。

这种特殊情况,与宫崎市定氏、福井重雅氏将当时的政治状况作为创设九品官人法的理由来阐述不无缘由。首先,宫崎市定氏作了如下阐述⑥：

> 魏王朝有两个理由不可能无条件地吸收东汉朝廷的官吏：其一是东汉末期的官吏录用非常混乱；其二是东汉官僚中并不一定没有对汉抱有好感、对魏抱有反感的人。为了树立新的魏朝廷,有必要排除相关的污

---

⑤ 参见高敏：《曹魏与孙吴的"校事"官考略》,载《史学月刊》1994 年第 2 期；〔日〕佐久间吉也：《曹操の法術主義と校事のいきさつについて》,载《東洋史論》(4),1982 年。

⑥ 参见〔日〕宫崎市定：《九品官人法研究——科举前史》,东洋史研究会 1956 年版。

浊分子、反魏分子。基于这些必要性，官吏资格审查制度的九品官人法遂被创议。

对于宫崎氏认为排除东汉污浊分子、反魏分子的必要性是创设九品官人法之理由的见解，福井重雅氏认为毋宁是为了有效吸收郡国的人才才是九品官人法的主要目的。其反驳理由如下⑦：

> 魏王朝派遣作为监督官的中正官，但如果最终推荐官吏的人事权被授予这些中正，在这种情况下，与曹魏的革命或者建国唱反调，加上公然批判等事情，到底怎么做才可能呢？很可能是心存疑念或者牢记抵抗，结局是很多地方乡党分子放弃亲汉立场，表面上不得不与魏方合作（配合）。所以，如上所述的向魏一边倒的地方统制政策的侧面，正是魏创设九品官人法的真实意图。

两者的见解，对于当初魏王朝创设的相关问题，指出了相反的两个倾向。即宫崎氏着眼于魏王朝排除汉王朝旧官吏的倾向，福井氏着眼于魏王朝抑制东汉王朝旧官吏的不满，从中选拔能够协助魏的人才的倾向。

参考两者的解释，所谓创设魏王朝时的特殊情况，浮现出的是魏官吏与原东汉官吏的相克，被诬告为"诽谤""妖言"的"民间"批判者，可能就是那些因禅让而灭亡的东汉王朝的旧官吏们，特别是无法加入魏王朝朝廷的那些人。如果这是正确的话，那么就可以理解为何在高柔的谏言中有（C）的引用了。此处高柔引用的故事是灭殷之后执掌周政治的周公旦，与消灭吕氏一族之后即位的西汉文帝的故事。

3. 周公故事的意思

（C）"昔周公作诰，称殷之祖宗，咸不顾小人之怨。在汉太宗，亦除妖言诽谤之令。"该故事的背景在《史记·鲁周公世家》中有详细记载：

> 其后武王既崩，成王少，在强葆之中。周公恐天下闻武王崩而畔，周公乃践阼代成王摄行政当国。管叔及其群弟流言于国曰："周公将不利于成王。"……管、蔡、武庚等果率淮夷而反。周公乃奉成王命，兴师东伐，作大诰。遂诛管叔，杀武庚，放蔡叔。收殷余民，以封康叔于卫，封微子于宋，以奉殷祀。

殷周革命（公元前 1000 年左右）中，周武王任命其弟管叔、蔡叔治理殷故地，使其监督殷纣王之子武庚禄父与殷之遗民。武王死后，由于继承周王位

---

⑦ 参见〔日〕福井重雅：《漢代官吏登用制度の研究》，创文社 1988 年版。

的成王年幼,武王之弟周公旦辅佐成王代行周之政治。于是,管叔、蔡叔对周公旦是否篡位心存疑虑,受到武庚教唆的管叔等人,遂率领殷之遗民发起针对周公的反乱。为此,周公奉成王之命进行讨伐,诛武庚,杀管叔,将蔡叔流放至夷狄之地,并册封纣王之兄微子于宋,使之继承殷之祖先的祭祀,册封武王之末弟康叔于卫,使其统治殷之遗民。

亦即(C)的重点是,即使灭殷之后其遗民发动反乱,周公也保全殷之祭祀与遗民,故遗民对周公的怨恨渐渐淡去。虽然武庚不服周的统治发动反乱,但是周公仍信用纣王之兄微子,让其继承殷之祭祀。再有,对于反乱的镇压,无论是流着殷血脉的武庚,还是流淌着周的血脉的管叔、蔡叔,在处罚上并无差别。周得以怀柔殷之遗民的理由即在于此。

高柔引用这个故事是为了向魏文帝表明,不要憎恶原东汉官吏们的批判,对之应示以宽容。如果严正处罚动机恶劣的魏的官吏,东汉官吏们一定也会收起不满,从而协助魏王朝。高柔利用这个故事,与其说是为了排除动辄诬告原东汉官吏的言行是"诽谤""妖言"的动机恶劣的魏的官吏(凶狡之群),不如说是主张应该积极听取对王朝正当批判、谏言的人的意见,规劝文帝应该怀柔原东汉官吏。

为此,魏文帝处罚了"诽谤"的告发者,命令对被诬告为"诽谤"的人进行救济,打开听取批判、谏言之道,对于"妖言"则继续拒绝处罚告发者与对被诬告者的救济。结果,文帝虽然表明了宽容对待被告为"诽谤"的发言,但并没有改变对被告发为"妖言"的发言的绝对严格的姿态。

文帝这种姿态是基于什么理由呢?其思考的头绪在于(C)的最后被引用的西汉文帝废除"诽谤妖言罪"。西汉文帝是在排除吕氏一族中即位的皇帝,可以认为这个故事也是与周公故事同样的道理加以引用的。但西汉文帝的故事,比周公故事有着更为复杂的背景。

二、西汉文帝的废止"诽谤"罪与继续处罚"妖言"罪

西汉文帝(公元前180年—公元前157年)即是在欲篡夺西汉王朝的吕氏(高祖之妻、二代皇帝惠帝之母)一族被消灭后代王刘恒(高祖之子),继立为皇帝的。且看《史记·孝文本纪》孝文帝二年(公元前178年)的诏令。为了便于说明,用(1)—(5)的记号标注:

(1)上曰:"古之治天下,朝有进善之旌、诽谤之木,所以通治道而来谏者。(2)今法有诽谤妖言之罪,是使众臣不敢尽情,而上无由闻过失

也。将何以来远方之贤良？其除之。(3)民或祝诅上以相约结,而后相谩,吏以为大逆。(4)其有他言,而吏又以为诽谤。(5)此细民之愚无知抵死,朕甚不取。自今以来,有犯此者勿听治。"

(1)的"进善之旌、诽谤之木"见于《大戴礼记·保傅》(译者按:"傅"原文作"传",疑误),当为对周太子成人后的教导方法之一:

太子有过,史必书之。史之义,不得不书过,不书过则死……是于进膳之旌,有诽谤之木,有敢谏之鼓。

北周卢辩注曰:"进善之旌"的"'旌',尧置之,令进善者立于旌下也";"诽谤之木"的"'木',尧置之,使书政之愆失也";"敢谏之鼓"的"'鼓',舜置之,使谏者击之以自闻也"。这些都是关于皇帝能够接受批评或者谏言,自我改善的故事。

(2)阐述了因"诽谤妖言"入罪,臣下不敢吐露实情,皇帝不能知道自己过失的弊害,希望命令废除"诽谤妖言"罪。即从(1)、(2)来看,西汉文帝废除"诽谤妖言"罪,本来是以获得批判、谏言为目的而实施的政策得以明确。

接下来的(3)阐述了对合谋"诅咒"皇帝的人被发觉之后虚伪陈述的行为,适用大逆罪。关于"谩",《史记·建元以来侯者年表》中有隋成侯的武帝元狩三年(公元前120年)条:

三年,侯不虞坐为定襄都尉,匈奴败太守,以闻非实,谩,国除。

司马贞《史记索隐》注曰:"谓上闻天子状不实,为谩。"这样,(3)的"谩"相当于诅咒皇帝的合谋者在此后虚伪陈述隐瞒真相的行为。该行为具体相当于什么？虽然资料没有任何说明,但可以推断该行为应指在篡夺帝位之战中协助吕氏、企图灾厄刘氏之人,在吕氏灭亡后,又反过来阿谀、追随刘氏之事。

相对于(3),(4)陈述的虽然是"其有他言"作为"诽谤"遭受官吏处罚的状况,但对皇帝"诅咒"之类的扰乱国政的言行则相当于"妖言"⑧,除此之外的普通批判相当于"诽谤"。(5)所谓"此细民之愚无知抵死",是指"祝诅(咒诅)"皇帝作为"妖言"被处以死刑,实施过于严格的处罚,至于普通的批判是否也作为"诽谤"而被处以死刑,则不得而知。这是说明一般民众批判王朝或者政治时有死刑之忧的状况的言论。

---

⑧ 因后揭《后汉书·光武十王列传·阜陵质王延传》中有"作图谶,祠祀祝诅",故《高柔传》所举西汉文帝的"妖言"记述中的"祝诅",也有伴随图谶而被作为"妖言"的吧。

这样，由于(1)、(2)阐述的是获得批判与谏言的重要性，(3)、(4)阐述的是虽不相当于大逆罪那样重大犯罪的普通批判却也作为"诽谤"被处罚的弊害，所以(5)所谓"勿听治"的"此者"，应指正当的批判、谏言成为犯罪的"诽谤"罪。换言之，西汉文帝也仅将"诽谤""妖言"中的"诽谤"从处罚中排除。

此外的各种资料也印证了该诏令仅记载除去"诽谤"罪，并未列举"妖言"之名目。如早先梁玉绳氏指出的那样，《史记·孝文本纪》景帝元年（公元前156年）诏中，有"孝文帝临天下……除诽谤"，《史记·汉兴以来将相名臣年表》"孝文二年"条中有"除诽谤律"，《汉书·景帝纪》中有"孝文皇帝临天下……除诽谤"，《汉书·韦玄成传》中有"孝文皇帝除诽谤"，等等。都记载了只除去有关"诽谤"的，而未见到相当于"妖言"的言语。⑨

从而，西汉文帝的诏令可以这样整理：在处罚"诽谤""妖言"的法律中，列举了妨碍正当批判、谏言的弊害之后，对皇帝的"祝诅（呪诅）"="妖言"，相当于"大逆"罪，予以非常彻底的处罚，对于除此之外的言行也作为"诽谤"严加处罚，因而担忧不能获得正确意见、谏言。作为对策，希望命令只废除处罚"诽谤"之法。换言之，西汉文帝考虑到，正因即使是正当的批判或者谏言也可能作为"诽谤"受到处罚，因此应该废除对"诽谤"罪的处罚，而"诅咒（呪诅）"="妖言"正因相当于"大逆"罪，故继续维持严格的处罚。

一旦这样考虑，曹魏时的高柔引用西汉文帝废除"诽谤"罪（C）的记述的理由是为了能够获得原东汉官吏的正当谏言，有必要缓和"诽谤"罪的处罚，但针对相当于对王朝或者皇帝"大逆"那样的动机恶劣的"妖言"罪，也考虑到应有必要严格处罚。高柔进言希望除去"妖谤赏告"之法，一方面主张救济被诬告为"妖言""诽谤"的人，另一方面也考虑到对告发动机恶劣的"妖言"的人应该予以褒赏。接受该进言的魏文帝，有如高柔谏言那样，在停止严格处罚"诽谤"的同时，不宽恕相当于"大逆"的"妖言"犯罪人，继续奖励对其告发。

魏文帝之所以这样执拗地处罚"妖言"，其理由是考虑到其与"大逆"罪相当。魏文帝的这一对策与《三国志·魏书·文帝纪》"黄初五年（公元224年）春正月"条下的如次诏令有密切关系，即可证明：

> 初令谋反大逆乃得相告，其余皆勿听治；敢妄相告，以其罪罪之。

换言之，禁止告发"诽谤"，实际上是禁止告发除"谋反大逆"罪之外"其

---

⑨ 梁玉绳的《史记志疑·孝文本纪》解释道，妖言之语是衍字，文帝只废除诽谤罪。

余皆勿听治"对策的一个环节,而继续鼓励告发"妖言",是鼓励告发"谋反大逆"对策的一个环节。

那么,魏文帝初年,像作为"谋反大逆"被告发的"妖言"究竟怎样呢?而在西汉文帝即位与三国魏文帝即位初年,为何出现频繁地处罚相当于"大逆"的"妖言"事态呢?

三、秦之"诽谤"与"妖言"

1. 秦的"焚书"中所见的"诽谤"罪

在考虑"妖言"与"谋反大逆"的关系之前,先整理有关"诽谤""妖言"罪的来源。首先,所谓的"诽谤",有如前揭《大戴礼记·保傅》中所见,是作为周的太子成人后的教导方法之一,本意指臣下陈述天子过失、促其反省的谏言。

但是,秦朝将对国家的批判作为"诽谤"罪,即使其有谏言之意,亦严予处罚。这可举《史记·秦始皇本纪》"二世元年"(公元前209年)的记述为例:

> 群臣谏者以为诽谤,大吏持禄取容。

该"诽谤"罪被视为秦的"苛法"之一。《史记·高祖本纪》"元年(公元前206年)十月"条,高祖列举"诽谤者族""偶语者弃市"为秦之酷法:

> 汉元年十月,沛公兵遂先诸侯至霸上……召诸县父老豪杰曰:"父老苦秦苛法久矣。诽谤者族,偶语者弃市……与父老约,法三章耳:杀人者死,伤人及盗抵罪。余悉除去秦法。"

"偶语",应劭注为"众语"。再有,据《汉书·张良传》"高祖六年"(公元前201年)记载,张良与高祖交谈中说明"偶语"者是谋反:

> 上居雒阳南宫,从复道望见诸将往往数人偶语。上曰:"此何语。"良曰:"陛下不知乎,此谋反耳。"

这虽是张良向高祖表示创设不久的汉王朝统治未稳,对臣下也未能信用的寓言,但其背景是两个人对秦法即使只是数人聚在一起交谈也被怀疑为对国家的谋反而被判处死刑,即使是向皇帝谏言也作为"诽谤"被处以死刑的共通记忆。

"偶语""诽谤"作为秦朝酷法的象征,如后所述,必须注意到其在秦朝表现为与儒者相关联的罪的特征。

据《史记·秦始皇本纪》"秦王三十四年"（公元前213年）条，博士淳于越主张恢复周的封建制，法家李斯反对之，主张"焚书"——烧毁儒家书籍。在李斯的上奏中，可以看到其指出儒者的言行表现为诸如"谤""非""偶语"等：

> 今诸生不师今而学古，以非当世，惑乱黔首。丞相臣斯昧死言：古者天下散乱，莫之能一，是以诸侯并作，语皆道古以害今，饰虚言以乱实，人善其所私学，以非上之所建立。
>
> 今皇帝并有天下，别黑白而定一尊。私学而相与非法教，人闻令下，则各以其学议之，入则心非，出则巷议，夸主以为名，异取以为高，率群下以造谤。如此弗禁，则主势降乎上，党与成乎下。禁之便。
>
> 臣请史官非秦记皆烧之。非博士官所职，天下敢有藏诗、书、百家语者，悉诣守、尉杂烧之。有敢偶语诗书者弃市。以古非今者族。吏见知不举者与同罪。令下三十日不烧，黥为城旦。所不去者，医药卜筮种树之书。若欲有学令，以吏为师。

首先李斯看到战国以来的儒者固守古制，过度粉饰，批评现今政治的问题。为了封锁儒者的这些批判，李斯主张以焚书为首的处罚。⑩ 这可以归纳为以下四点：

（1）秦之外的历史书籍全部烧毁。

（2）烧毁秦博士职掌之外的诗、书、百家语。

（3）对众议（偶语）秦博士职掌之外的诗、书者，处以弃市。

（4）如果借古批判（非、诽）当今，处以族刑。

（3）与（4），由于与前揭《高祖本纪》中高祖叙述"秦之苛法"——诽谤者族，偶语者弃市共通，可以认为秦的"诽谤"罪，本来是以儒者借谈过去的周王朝或者圣人们来批判秦朝政治的言行为对象，并对此严加处罚为目的而被利用的。

但是，并非儒家所有的言行与经典都成为处罚、排斥的对象。李斯上奏主张烧毁的是"所私学""以非上之所建立"的、"非博士官所职"的诗、书、百

---

⑩ 参见〔日〕福井重雅：《漢代儒教の史的研究》，汲古书院2005年版。该书第二章介绍了这样的观点：把焚书作为"为了诽谤、贬斥秦朝，汉儒基于歪曲、捏造的意图而作的一个杜撰，是难以认可的史实"，对焚书坑儒采取否定的见解。

家语,其排斥的对象是秦朝公认的博士传授的经书或者其学统以外的东西,即被认为是"私"的书或者学统。如果这样的话,应该说那个时候没有必要将儒家的经典、百家之书全部烧之。

对于希望通过"法教""法令"达到法治国家目标的秦,儒家本来就是站在对其批判的立场。但是,秦始皇时代需要精通古代典章制度的儒家博士,秦任用了许多博士,这从《秦始皇本纪》"三十四年"条"始皇置酒咸阳宫,博士七十人前为寿"的记载中可以明确知道。⑪

那时,儒家应该不仅被期待在礼仪方面,而且在政治、法制上也应有所贡献,而作为博士被录用。⑫ 但由于儒家固执于自身的理论,始终批判秦的法家政治而被处以族刑。换言之,没有区别有利于秦王朝的儒学与有害于秦王朝的儒学,不就是没有对比"博士官所职"与"所私学"吗?

一旦这样考虑,秦的"诽谤"处罚,可以说始于对儒家统制为主要目的。虽然后人非难秦对批判、谏言全无商量的余地,滥用处以族刑的"诽谤"罪,但实际上在那时,为揣测儒家言行的是非,设置了有利于国家还是有害于国家的基准。儒家容许法家发表有利于国家的言论被重用;固执于否定法家的儒教理想,发表有害于国家的言论,就被处以"诽谤"罪。

2. 秦的"坑儒"中所见的"妖言"罪

秦的"妖言"是以统制什么为目的的呢?⑬ 在"焚书"的记述中看不到"妖言"之语,在该记述的次年,即《史记·秦始皇本纪》"三十五年"(前212年)条"阬"的记述中,才看到"妖言"一词:

> 侯生、卢生相与谋曰:"始皇为人……贪于权势至如此,未可为求仙药。"于是乃亡去。始皇闻亡,乃大怒曰:"吾前收天下书不中用者尽去之。悉召文学方术士甚众,欲以兴太平,方士欲练以求奇药。今闻韩众去不报,徐市等费以巨万计,终不得药。徒奸利相告日闻。卢生等吾尊赐之甚厚,今乃诽谤我,以重吾不德也。诸生在咸阳者,吾使人廉问,或

---

⑪ 参见〔日〕福井重雅:《漢代儒教の史的研究》,汲古书院2005年版。

⑫ 关于博士官的政事能力,参见〔日〕石冈浩《前漢代の博士郡国循行——地方監察における博士と刺史の役割—》,载《早稲田大学大学院文学研究科紀要》(42-4),1997年。西汉成帝时,曾有富于政事能力的博士经历刺史、郡守,就任御史大夫、丞相,协助皇帝对抗大司马大将军的势力。

⑬ 也有不区分"诽谤"与"妖言"的有如孙家洲氏似的见解,他把"诽谤""妖言"的资料全部作为"诽谤"罪处理。参见孙家洲:《"诽谤"之法折射的秦汉政治实态》,载《秦汉研究》(第2辑),三秦出版社2007年版。但如后述那样,这种见解不能说明"诽谤"与"妖言"在处罚上存在严重程度的差别。

为妖言以乱黔首。"于是使御史悉案问诸生,诸生传相告引,乃自除。犯禁者四百六十余人,皆阬之咸阳,使天下知之,以惩后。

该记述讲的是因侯生、卢生、韩众、徐市等宣传神仙思想的方术之士,不能完成带来长生不老之仙药的约定而逃亡,以及有咸阳"诸生"以"妖言"惑众的报告,从而使得勃然大怒的秦始皇"坑"了咸阳"诸生",传为所谓的"坑儒"。只是此处的"诸生"稍异于前述《秦始皇本纪》"三十四年"条的儒家"诸生"。其若可称之为儒家的"诸生",毋宁说是宣传神仙方术之"诸生"。⑭

该"妖言"虽然特指方士之言行,但其内容没有显示在资料中。然而从以下的记述中可以推测出这些内容:

燕人卢生使入海还,以鬼神事,因奏录图书,曰:"亡秦者胡也。"(《秦始皇本纪》"三十二年"条)

三十六年,荧惑守心。有坠星下东郡,至地为石,黔首或刻其石曰"始皇帝死而地分"……尽取石旁居人诛之,因燔销其石……秋,使者从关东夜过华阴平舒道,有人持璧遮使者曰:"为吾遗滈池君。"因言曰:"今年祖龙死。"使者问其故,因忽不见,置其璧去。使者奉璧具以闻。始皇默然良久,曰:"山鬼固不过知一岁事也。"(《秦始皇本纪》,"三十六年"条)

前者的"三十二年"条,方士卢生用"录图书"(预言书)透露秦将灭亡的原因。后者的"三十六年"条,民间人士用"坠星""璧"上记载的文字预言秦始皇(龙祖)之死,该地域之人受到处罚。不难想象该民间人士的背后有宣传神仙的方士或者"诸生"们的言行。

因此应该注意的是,记载预言的"录图书""石""璧"相当于所谓的"图谶"(用从自然现象中出现的文字预言未来的内容⑮)。被处罚的"诸生"煽动民间的言行,正是利用类似"图谶"的预言,此即"妖言"吧。

这样看来,秦对"妖言"罪的处罚,可以说是以统制宣传神仙的方术之士为目的。前述关于秦的"诽谤"罪始于统制儒家的目的,重用有利于国家的儒家之言,有害之言则被视为"诽谤"罪。换言之,发表有害于国家言语的儒家或以"诽谤"罪加以铲除;或者作为给秦始皇带来利益(长生不老的仙药)的人,即宣传神仙的方士们,出入始皇帝左右,之后由于他们有害于国家,遂有必要铲除。亦即排斥方士的是秦的"妖言"罪。

---

⑭ 重沢俊郎《中国伝統と現代》"第二部"之"第一章"(日中出版社1977年版),特别痛烈地把"坑儒"批判为"儒者的被害妄想症"。

⑮ 参见〔日〕安居香山:《緯書と中国の神秘思想》,平河出版社1988年版。

正如福井重雅氏所述那样,"占梦博士"(《秦始皇本纪》"三十七年"条),"使博士为《仙真人诗》"(《秦始皇本纪》,"三十六年"条),如"卢敖燕人,秦始皇召以为博士,使求神仙"(《淮南子·道应训》高诱注),可见秦存在与神仙思想密切关联的博士们,在始皇帝统治时的博士官具有独立性和特色。⑯ 在这多种多样的博士中,通过"诽谤"罪排斥不迎合法家政治的儒家,另一方面,方士最初追随始皇帝而被重用,结局却抛弃始皇帝,以宣传灾异、鬼神的言词,预言秦王朝灭亡,所以以"妖言"罪被排斥。

换言之,可以说本来处罚"诽谤""妖言"之法,含有对某些集团、言行理应统制、弹压,在规制其活动并处以严罚时,特地祭出的特别法的性质。

而是否处罚儒家或者方士们的言论,与是否满足构成"诽谤""妖言"罪的条件无关,只与皇帝判断是有利抑或有害相关联。例如前揭秦始皇三十二年(公元前215年)声言"亡秦者胡也"的方士卢生没有受到任何处罚,但如前揭自秦始皇三十五年(公元前212年)卢生、侯生逃亡以降,秦始皇开始怀疑方士,此后,如果谁发表同样的言论,应该确实是以"妖言"罪加以处罚吧。

如果对秦的"诽谤"与"妖言"进行这样的整理,就可以理解后世之人批判"诽谤"罪与"妖言"罪的记述也不是没有道理。请看《汉书·路温舒传》记载的西汉宣帝即位时(公元前74年)路温舒的上书:

> 臣闻秦有十失,其一尚存,治狱之吏是也。秦之时,羞文学,好武勇,贱仁义之士,贵治狱之吏;正言者谓之诽谤,遏过(祸)者谓之妖言……臣闻乌鸢之卵不毁,而后凤凰集;诽谤之罪不诛,而后良言进。故古人有言:"山薮藏疾,川泽纳污,瑾瑜匿恶,国君含诟。"唯陛下除诽谤以招切言,开天下之口,广箴谏之路,扫亡秦之失,尊文武之德,省法制,宽刑罚,以废治狱,则太平之风可兴于世,永履和乐,与天亡极,天下幸甚。

这里的"过"字亦可借读为"祸"。⑰"过(罪、过错)"不能说明"诽谤"与"妖言"的区别。即使是纠正皇帝过失的发言,如果判断为不利于秦的政治,就成为"诽谤"罪,进而如果作预言王朝将来凶事(祸)的判断,则为"妖

---

⑯ 参见〔日〕福井重雅:《漢代儒教の史的研究》,汲古书院2005年版。
⑰ 《说文通训定声·隋部第十》"过"字,假借为"祸"。又,中国国家图书馆馆藏的现存最早的《汉书》——宋版《汉书》(影印百衲本)中,"祸"字没有使用"示"字的偏旁。在书写过程中,"礻"的偏旁误写为"辶"的可能性是不能否定的。

言"罪。⑱

而路温舒最初提示的"诽谤""妖言",最终只是向宣帝进谏废除"诽谤"罪。酷似在前述探讨的西汉文帝与魏文帝的例子,在这里也没有主张废除"妖言"罪。这是因为,所谓的"诽谤",本来就是以"正言""谏言""忠谏"的方式,从纠正王朝的善意而发出的;而所谓的"妖言",本来就是从宣扬"亡秦""始皇帝死而地分""今年祖龙(始皇帝)死"等,直至王朝灭亡的恶意而发出的。

因此,如前部分末尾提到的那样,"妖言"罪是作为"大逆"罪加以处罚。"妖言"罪是以符合"大逆"罪的言行为对象并加以统制、弹压为目的而被适用。接下来探讨"妖言"与"大逆"的关系,以及汉魏之"妖言"罪所欲统制、弹压的是怎样的集团。

四、汉的"妖言"=谶纬之说与"大逆""不道"

首先确认汉朝时的"妖言"被作为"大逆""不道"的事例。据《汉书·律历志》载,昭帝元凤年间(公元前80年—公元前75年),太史令张寿王对历的计算错误,阴阳之所以不调在于历的错误选择,被视为"妖言",处以"不道"罪:

> 劾寿王吏八百石,古之大夫,服儒衣,诵不祥之辞,作妖言欲乱制度,不道。

再如,据《史记·建元以来侯者年表》"褚少孙补记"中,有关平通侯杨恽的"宣帝五凤四年"(公元前54年)条记载:

> 到五凤四年,作为妖言,大逆罪腰斩,国除。

对像这样的汉代"妖言"的处罚,一定明记为"大逆"或者"不道",才成为处罚的对象。

本来"妖言"是宣传灾异鬼神、预言凶吉的发言,大庭修氏定义为"根据经术与律历的理论,批判当世的政治、制度,使国政混乱"的行为。⑲ 这里引

---

⑱ 据《汉书·贾谊传》记载,西汉文帝时代贾谊的《过秦论》中有"忠谏者谓之诽谤,深计者谓之妖言"。同样的文字在戴圣的《大戴礼记·保傅》中也可以看到。把谏言视为"诽谤"这一点在各种资料中是共通的,但"深计"的意思颇难理解。

⑲ 参见〔日〕大庭修:《漢律における"不道"の概念》,收入氏著:《秦漢法制史の研究》,创文社1982年版。

人注目的是,大庭氏列举了《汉书·眭弘传》中下列的记述,以昭帝元凤三年(公元前78年)请求皇帝禅让的言论作为"妖言"的典型:

> 孝昭元凤三年正月,泰山、莱芜山南匈匈有数千人声,民视之,有大石自立,高丈五尺,大四十八围,入地深八尺,三石为足。石立后有白乌数千下集其旁。是时昌邑有枯社木卧复生,又上林苑中大柳树断枯卧地,亦自立生,有虫食树叶成文字,曰"公孙病已立"。孟推《春秋》之意,以为"石柳皆阴类,下民之象。泰山者岱宗之岳,王者易姓告代之处。今大石自立,僵柳复起,非人力所为,此当有从匹夫为天子者。枯社木复生,故废之家公孙氏当复兴者也"。孟意亦不知其所在。即说曰:"先师董仲舒有言,虽有继体守文之君,不害圣人之受命。汉家尧后,有传国之运。汉帝宜谁差天下,求索贤人,禅以帝位,而退自封百里,如殷、周二王后,以承顺天命。"孟使友人内官长赐上此书。时,昭帝幼,大将军霍光秉政,恶之,下其书廷尉。奏赐、孟妄设妖言惑众,大逆不道,皆伏诛。

董仲舒的再传弟子眭孟(弘)以怪异现象、图谶以及《春秋》[20]为根据,向皇帝上书,要求皇帝退位,寻求贤人让其成为皇帝。于是,代替幼小的昭帝执掌政务的外戚大司马大将军霍光,将其视为中伤、否定昭帝皇位的"妖言",以"大逆不道"罪诛杀眭孟。

大庭氏虽然还列举了其他三个"妖言"的事例,但其中有必要对比眭孟的记述加以探讨的是《汉书·夏侯胜传》中的如下记述:

> 胜少孤,好学,从始昌受《尚书》及《洪范五行传》,说灾异……征为博士、光禄大夫。会昭帝崩,昌邑王嗣立,数出。胜当乘舆前谏曰:"天久阴而不雨,臣下有谋上者,陛下出欲何之?"王怒,谓胜为妖言,缚以属吏。吏白大将军霍光,光不举法。是时,光与车骑将军张安世谋欲废昌邑王。光让安世以为泄语,安世实不言。乃召问胜,胜对言:"在《洪范传》曰:'皇之不极,厥罚常阴,时则下人有伐上者',恶察察言,故云臣下有谋。"光、安世大惊,以此益重经术士。后十余日,光卒与安世白太后,废昌邑王,尊立宣帝。

夏侯胜根据《洪范五行传》的纬书(解明经书的真理,说明图谶、符命之

---

[20] 王先谦《汉书补注》中,汉尧后说=汉火德说是以《春秋左氏传》为根据,但因董仲舒是《春秋公羊传》的博士,在此处应有某些龃龉。此外,福井重雅氏认为,汉火德说与《汉书》记载的董仲舒的言说相混淆,有可能是《汉书》著者班固所为。参见〔日〕福井重雅:《漢代儒教の史的研究》,汲古书院2005年版。

意的书籍),认为由于现今皇帝昌邑王(刘贺)不德,以致出现阴阳混乱,将出现某个替代现今皇帝登上皇位的人。昌邑王以此为"妖言",对其加以处罚。但是大司马大将军霍光没有处罚夏侯胜,而是加以重用。这是因为此时霍光自己正秘密策划着废除昌邑王、拥立新皇帝的计划。

这里必须注意到对"妖言"的告发可以不问。策划废立皇帝的人(霍光),没有处罚根据纬书宣传废立、禅让皇帝的"妖言",反而积极地承认。换言之,因执政者的判断的需要,"妖言"一方面可以作为批判当世政治、制度,造成国政混乱的"大逆""不道"罪加以处罚,另一方面又可以作为废立、禅让皇位的正当化根据,成为陈述经术与律历的理论的言论,反而作为奖赏的对象。

事实上《汉书·杨恽传》中,在此不问(不举法)的夏侯胜的主张,在下面的引文中杨恽则作为发表"妖恶言"的人被宣告"大逆不道"罪,因为这对于当时的皇帝宣帝而言,必定是难以认可的言论:

> 恽妄引亡国以诽谤当世,无人臣礼。又语长乐曰:"正月以来,天阴不雨,此《春秋》所记,夏侯君所言。行必不至河东矣。"以主上为戏语,尤近悖逆绝理……恽幸得列九卿诸吏,宿卫近臣,上所信任,与闻政事,不竭忠爱,尽臣子义,而妄怨望,称引为妖恶言,大逆不道。请逮捕治。

换言之,对于根据"经术或者律历的理论"或者谶纬的言论,当时的执政者以是作为自己行为正当化的根据,还是作为对自己行为的批判或王朝凶事的预言为判断标准,或成为奖赏的对象,或成为"妖言"罪。

如果这样考虑的话,对于根据经术或者谶纬的言论,汉对"妖言"的处罚,可以说是以统制为目的。秦的"妖言"希望排斥有害于国家的方士的发言,汉的"妖言"排斥的是根据经术或者谶纬而有害于国家的言论。其排斥的标准则在于当时执政者视其为利抑或为害的判断。

这样,在探讨三国魏文帝废除"妖谤赏告"法时,原东汉官吏中发表的"妖言",可以推测依然是根据"经术或者律历的理论"、谶纬等来否定魏王朝正统性的言论,这与魏王朝接受东汉王朝禅让时,为了正当化该禅让,利用图谶、纬书形成的谶纬之说不无关系。

《三国志·魏书·文帝纪》中,记载有延康元年(公元220年)举行的东汉献帝向魏王曹丕禅让之事。《三国志》作者陈寿在该文中简要记载了禅让的经过,但裴松之注对禅让的有关记述收集颇丰,有汉献帝下达希望禅让的诏书,曹丕固辞之,臣下举出纬书与图谶以劝谏曹丕接受禅让的诸多上书。这些纬书与图谶有《孔子玉版》《春秋汉含孳》《春秋玉版谶》《易运期》《春秋佐助期》《春秋中黄谶》《易运期谶》《姓纬》《诗推度灾》等。亦即魏王朝从东汉王朝接受禅让的根据是利用谶纬之说,此后反手一击,奖励告发依据经术或者谶纬企图反对魏王朝正统性的发言,将其作为"大逆""不道"罪立即加以弹压。

此时更加可疑的是,利用谶纬之说即皇帝之位的事,在西汉王朝向王莽禅让、光武帝创设东汉王朝中也可以看到,但王莽与光武帝在此后弹压谶纬之说的记录,笔者没有看见。可见,对一开始就为证明自己即位正统性而加以利用的谶纬之说,应该无法否定。那么,为何只有魏文帝奖励告发作为"大逆""不道"的"妖言",即利用谶纬之说的"妖言"是应该弹压的?

五、魏文帝奖励告发"妖言"的理由
——预防王朝被篡夺

1. 东汉明帝时诸侯王的"妖言"事件

在西汉末,儒家把谶纬之说引入其教义之后,居摄三年(公元8年)王莽从西汉王朝接受禅让即皇位。据《汉书·王莽传上》记载:

> 齐郡临淄县昌兴亭长辛当……天公使我告亭长曰:"摄皇帝当为真。"……梓潼人哀章……见莽居摄,即作铜匮,为两检,署其一曰"天帝行玺金匮图";其一署曰"赤帝行玺某传予黄帝金策书"。

该禅让的根据是利用了诸多图谶。

再有,在新灭亡后,恢复汉王朝的东汉光武帝(刘秀)也是如此。《后汉书·光武帝纪上》"建武元年(公元25年)夏四月"条记载:

> 光武先在长安时,同舍生强华,自关中奉赤伏符,曰:"刘秀发兵捕不道,四夷云集龙斗野,四七之际火为主。"

根据符命决意即皇位。

以后,光武帝信奉谶纬之说,让儒教的教说采用之,甚至向天下颁布图谶。[21] 还有章帝建初四年(公元79年)在白虎观召开的有关五经异同的会议,在经义的解释中多采用纬书之说[22],东汉末的大儒郑玄也在经书的训诂

---

[21] 《后汉书·张衡列传》载,顺帝阳嘉元年(公元132年)张衡上书陈事后,追记到:"初,光武善谶,及显宗、肃宗因祖述焉。自中兴之后,儒者争学图纬,兼复附以妖言。衡以图纬虚妄,非圣人之法。"可以看到东汉以来的儒者与谶纬、"妖言"的密切关系。

[22] 侯外庐、杜守素、纪玄冰、邱汉生合著的《中国思想通史》(二)第七章(人民出版社1957年版),认为该会议是以把纬书作为国教化的法典为目的的宗教会议。

中经常使用纬书。㉓

就这样,谶纬之说在东汉时代被重用了。因此,西汉末期开始直到东汉时代,基于谶纬之说的言行作为"妖言"被处罚的仅有三个事例。

果真如此,此后魏文帝彻底处罚"妖言"的原因不得不考虑这三个事例,即东汉光武帝之子楚王刘英的谋反事件以及济南安王刘康、阜陵质王刘延的事件。

> [刘]英少时好游侠,交通宾客,晚节更喜黄老,学为浮屠斋戒祭祀。

如上所述,刘英因为尊崇黄老思想与外来的早期"浮屠"(佛教)而声名远播。并且《楚王英传》中可见到:

> [刘]英后遂大交通方士,作金龟玉鹤,刻文字以为符瑞。

他与"方士"交际,自作"符瑞",即图谶。在明帝永平十三年(公元70年)被告发接受官府调查的时候,发现还有更进一步的罪:

> 男子燕广告英与渔阳王平、颜忠等造作图书,有逆谋,事下案验。有司奏英招聚奸猾,造作图谶,擅相官秩,置诸侯王公将军二千石,大逆不道,请诛之。

刘英不仅自作图谶,还在自己的侯国内聚集奸人,自作主张任命将军号与二千石的高官,实施了超越东汉王朝许可的等同于独立王国的政治。这被视为"大逆不道"罪,其诸侯王遂被废黜。

该行为在《后汉书·明帝纪》"永平十三年十一月"条中有如下记载:

> 楚王英谋反,废,国除,迁于泾县,所连及死徙者数千人。

刘英的行为相当于对国家的"谋反"。正是由于不服从东汉王朝的统治,自作主张实施人事与国政等相当于模仿天子的行为,而被作为"谋反""大逆不道"。㉔

进而,《光武十王列传》记载了与刘英事件类似的济南安王康与阜陵质王延的事件。只是鉴于刘英被废之后自杀,对二人的处罚变得较轻:

㉓ 安居香山氏认为:"纬书的河图、洛书中,郑玄、宋均等的注几乎没有……儒学家的他们没有认可对属于谶的河图、洛加以注释的必要应该是首选理由吧。"(参见〔日〕安居香山:《緯書の成立とその展開》,国书刊行会 1979 年版)。这样,也可以推测在汉魏时代,对利用图谶的人的处罚与对利用纬书的人的处罚应该有某种区别。

㉔ 西汉文帝时代,淮南王刘长,也在自己国内施行自己的法令,授予爵位、官职,实施模仿天子的行为,以"谋反"罪被废绝。参见《史记·淮南衡山列传》。

> 康在国不循法度,交通宾客。其后,人上书告康招来州郡奸猾渔阳颜忠、刘子产等,又多遗其缯帛,案图书,谋议不轨。事下考,有司举奏之,显宗以亲亲故,不忍穷竟其事,但削祝阿、隰阴、东朝阳、安德、西平昌五县。
>
> 永平中,有上书告延与姬兄谢弇及姊馆陶主婿驸马都尉韩光招奸猾,作图谶,祠祭祝诅。事下案验,光、弇被杀,辞所连及,死徙者甚众。有司奏请诛延。显宗以延罪薄于楚王英,故特加恩,徙为阜陵王,食二县。

这些在刘英事件中连坐的数千人与在刘康、刘延事件中连坐的大多数人的亲族,在下一代皇帝即章帝元和元年(公元 84 年)被宽恕了原有的禁锢。这里应该注意的是该事件被记载为"妖言大狱""妖恶禁锢"这一点。以《后汉书·章帝纪》"元和元年"条为例:

> 十二月壬子,诏曰:"……往者妖言大狱,所及广远,一人犯罪,禁至三属,莫得垂缨仕宦王朝。如有贤才而没齿无用,朕甚怜之,非所谓与之更始也。诸以前妖恶禁锢者,一皆蠲除之,以明弃咎之路,但不得在宿卫而已。"

所谓"三属",如据李贤注"即三族也。谓父族、母族及妻族",则包括了多数连坐者的父、母、妻家族的所有的人,都被施以庞大的禁锢刑㉕,导致连坐者数千人。由于这是记载为"妖言大狱""妖恶禁锢",因此必须考虑到该禁锢是对"妖言"即诸侯王三人自作图谶的特别处分。㉖

对于"妖言"罪施行如此大规模的禁锢,在此之前没有看到类似的事例。其理由是西汉末的谶纬之说流行前,与光武帝根据谶纬之说即位之后,关于谶纬之说的重要性有显著的差别,增强了利用谶纬之说的"妖言"对国家产生不可估量的重要影响。

由于三人是光武帝的亲生子,所以具有即位为皇帝的资格。这样的人物自作图谶,其内容当然包含对当时的皇帝即汉明帝的重大批判,以及暗示自

㉕ 该时代的禁锢刑有《后汉书·党锢列传》"灵帝熹平五年"(公元 176 年)条:"州郡更考党人门生故吏父子兄弟,其在位者,免官禁锢,爰及五属。"镰田重雄氏指出,禁锢有数年、终身、殃及子孙等,适用范围有所不同。认为西汉开始到东汉,禁锢的适用范围被严重扩大。参见〔日〕镰田重雄:《漢代の禁錮》,收入氏著:《秦漢政治制度の研究》"第四章",日本学术振兴会 1962 年版。

㉖ 《汉书·高后纪》"元年(公元前 187 年)春正月"条有"前日,孝惠皇帝言欲除三族罪妖言令"。这应该解读为"以三族罪妖言之令",不是"三族"与"妖言令"。秦之"妖言"罪的连坐可以推定为以"三族"为对象。

己才是适合的皇帝。故而其图谶等于"妖言",被视为"谋反""大逆",与违背汉法、专断诸侯王国国政相辅相成,刘英构成"大逆不道"罪,导致庞大人数的连坐与禁锢。

东汉时代使用谶纬之说的三个"妖言"事件,无论哪个,都是具有竞争皇位资格者恶意滥用图谶、图谋自身即位为皇帝的言行所致。而楚王刘英的"妖言"连坐,波及所有与其有任何关系的人,辩护者都被视为"阿附",造成数千人被处以死刑与迁徙刑:

> 楚狱遂至累年,其辞语相连,自京师亲戚诸侯州郡豪杰及考案吏,阿附相陷,坐死徙者以千数。

此处,对于诸侯王利用谶纬之说窥视皇位的行为,协力者也被视为同罪,具有不惜死刑坚持断决之意。换言之,东汉的"妖言"罪,不仅归属于诸侯王一个人,而且波及与之相关的全体成员,均视为同罪。这是在不放过诸侯王篡夺皇位阴谋的责任的同时,追究帮助、煽动此事者的责任。所以,诸侯王如果即位,当然会有控制给予该恩惠的势力。

不过,由于《后汉书·文苑列传上·黄香传》载,和帝永元十二年(公元100年)"东平清河,奏妖言卿仲辽等所连及且千人。香科别据奏,全活甚众",可以说不问有无图谶,"妖言"连坐达千人之多的彻底追究是既定的处罚。㉗ 而在黄香的关照下"全活"了,而"妖言"连坐者本来都应同罪处刑。

大多数的连坐者还伴随禁锢三族的此种对"妖言"罪的处罚,只在利用图谶伺机篡夺皇位的诸侯王的"妖言"中才看得到。这不外是继承光武帝成为东汉第二代皇帝的明帝,对于利用图谶的诸侯王的"妖言"予以帮助的人,全部处以重罚。㉘

从而,东汉"妖言"罪的处罚变得如此重的理由,其一是由于图谶的影响力极度提高,利用图谶的"妖言"对王朝而言危险度非常高,其二是利用图谶的"妖言"成为筹划篡夺皇位的诸侯王所采取的危险的常规手段。

一旦这样考虑,东汉"妖言"的处罚,可以说是以预防和威慑利用皇帝即位正当化的谶纬之说并伺机篡夺皇位者为目的的。正是由于谶纬之说是证明

㉗ 《后汉书·马援列传》记载,建武十三年(公元37年),"初,卷人维汜,訞言称神,有弟子数百人,坐伏诛"。

㉘ 东汉后半期的"党锢"也是施行连坐与禁锢。《后汉书·灵帝纪》"建宁二年(公元169年)冬十月丁亥"条:"中常侍侯览讽有司奏前司空虞放、太仆杜密、长乐少府李膺、司隶校尉朱㝢、颍川太守巴肃、沛相荀昱、河内太守魏朗、山阳太守翟超皆为钩党,下狱,死者百余人,妻子徙边,诸附从者锢及五属。"但是,因"妖言"禁锢的连坐没有波及数千人的规模。

现皇帝正当性的重要根据，反过来利用它策划皇帝废立的"妖言"才被视为危险。

如果这样，也就不难推测三国的魏文帝即位之后，憎恶民间"妖言"，奖励告发"妖言"，对"妖言"的犯罪者持续处以死刑的理由。亦即对于即位魏王朝皇帝的文帝，由于抬高谶纬之说，暗示其他诸侯王适合皇位的"妖言"不绝于民间，文帝对发表这类"妖言"的人及相关人士全部处以死刑。这是东汉明帝彻底处罚与自己同为兄弟的三个诸侯王的相关"妖言"的情形在文帝内心的折射。

2. 魏文帝的三个政策

在这里再回顾高柔的谏言。谏言废除"妖谤赏告"法的高柔，引用殷纣王之子武庚，以及武王之弟管叔、蔡叔等，率领殷之遗民对周公旦发动反乱的故事。这是武王之弟周公、管叔、蔡叔在文王、武王死亡之后对周王朝实权的争夺。

继而西汉文帝继续处罚"妖言"罪的故事，若也从吕氏一族被诛灭后仅残留的高祖的两个儿子刘恒（从代王即位为文帝）与刘长（淮南王）来考虑的话，文帝没有废除"妖言"罪的理由是考虑到淮南王刘长有伺机篡夺皇位的危险。事实上，淮南王在文帝六年（公元前174年）以无视汉法、重复比拟天子的行为，以"谋反"罪被废黜。

高柔引用的这两个故事，正是兄弟争夺王位、帝位，败者处于被废黜且有死刑之忧的例子。这正是由于高柔内心挂念魏文帝与其兄弟（诸侯王）之间的纷争而选择出相仿的故事。

再有，伴随处罚"妖言"罪的大范围的连坐，也是高柔说明希望停止告发"诽谤"罪之谏言的理由。即彻底处罚"妖言"，但所有的关系者都被彻底连坐未免太过，其中应有虽与"妖言"没有直接关系的言语但也被视为有问题的多数人被作为"诽谤"而遭受处罚的状况。

对于魏王朝而言，卷入对皇位说三道四的"妖言"，即使是原东汉官吏的"正言""谏言"，也作为"诽谤"遭受处罚。所以，高柔进言，希望废除奖赏告发"诽谤"之法，文帝也听从。

这样，文帝对于反过来利用谶纬之说作为自己即位根据的"妖言"，未必否定并彻底弹压。文帝这种态度的理由，与前揭《三国志·魏书·文帝纪》"黄初五年（公元224年）春正月"条的诏令有密切的关系：

初令谋反大逆乃得相告，其余皆勿听治；敢妄相告，以其罪罪之。

如前所述，奖励告发"妖言"对于国家来说，是作为希望获得告发"谋反大逆"政策的一个环节。换言之,之所以奖励告发"妖言",正是因为认为"谋反大逆"是危险的。

这条诏令,如与《三国志·魏书·文帝纪》黄初三年(公元222年)九月甲午的诏令并读,就能更明确文帝的意图:

> 诏曰:"夫妇人与政,乱之本也。自今以后,群臣不得奏事太后,后族之家不得当辅政之任,又不得横受茅土之爵;以此诏传后世,若有背违,天下共诛之。"

该诏书禁止外戚干政。众所周知,西汉高祖死后,皇后吕后掌握实权,吕氏一族专断政治;还有身为武帝卫皇后亲族的霍光在昭帝、宣帝两代独占权力,甚至剥夺了昌邑王的皇位;再有从元帝的王皇后一族中曾出现王莽篡夺西汉王朝。东汉时代也是外戚与宦官专断政治,尤其东汉后期旁系幼年即位的皇帝接连不断,前皇帝的皇后作为皇太后掌握政权,其背景是外戚觊觎权势所致。

尤其如前所述,在昌邑王废位问题上霍光利用了图谶的"妖言",王莽的禅让也是利用图谶。而从排除吕氏一族之后即位的西汉文帝继续处罚"妖言"罪的事实,也不难想象由吕氏一族的余党发表"妖言"之事。

这样,魏文帝发布禁止外戚干政的诏令,也不是与弹压"妖言"毫无关系。因为在过去的历史中,假借"妖言"为政治所用,左右皇帝废立的无不是外戚。

换言之,文帝的三个政策——弹压拥立诸侯王的"妖言"、奖励告发"谋反大逆"、禁止外戚干政,可以说无论哪一个都是以排除动摇现政权、使王朝灭亡、皇位遭篡夺的危险要素为目的而施行的。文帝的对策也包含自己实施的图谶革命,希望以某种方法以后不要发生类似的第二次王朝交替。

事实上,三国时代以后,无论哪个王朝,外戚势力都隐藏起来,基本看不到外戚持续垄断政治之事。㉙ 这应该是由于文帝的诏被此后明帝(公元226—239年在位)时代制定的以"新律十八篇"㉚为首的魏国法律所采用所致。

㉙　金文京氏已指出,魏文帝的诏令之后,没有看到外戚擅权之事。参见〔日〕金文京:《三国志の世界——後漢三国時代》(中国の歷史4),讲谈社2005年版。

㉚　参见《晋书·刑法志》。虽然该律制定的年代不明确,但《资治通鉴》卷七十一将该律的制定系于"明帝太和三年(公元229年)冬十月"条。关于其内容,参见〔日〕滋贺秀三:《曹魏新律十八篇的篇目について》,载滋贺秀三:《中国法制史論集——法典と刑罰》(考証篇)之"第五章",创文社2003年版。

同样的,此后基于谶纬之说的禅让剧也看不到了。㉛ 东汉明帝彻底处罚诸侯王利用图谶的"妖言"时,未必制定使根据谶纬之说的禅让变得不可能的法律规定,因为这从此后魏文帝可以施行禅让的事实中得以明了。但魏文帝继续彻底处罚"妖言"以后,由于杜绝了根据谶纬之说的禅让,魏的《新律十八篇》以降的法律中,正由于皇帝采纳了不论获得的利害如何,严罚基于图谶的"妖言"的规定㉜,根据谶纬之说的革命已经变得不可能了。㉝

　　再有,文帝在"妖谤赏告"法中,一方面拒绝废除褒赏告发"妖言"罪,另一方面废除了褒赏告发"诽谤"罪。在此后的唐律中,存在处罚"妖言"之法(《唐律疏议·贼盗律》"造妖言妖书"条),还存在禁止私家所有图书、谶书之法(《唐律疏议·职制律》"私有玄象器物"条)㉞,没有看到使用所谓的"诽谤"用语之律文。㉟ 这里应该可以看出仅继承禁止"妖言"之法的痕迹。

　　如果这样考虑的话,魏文帝修改"妖谤赏告"法,可以说成为抑制在王朝交替的理论根据中利用谶纬之说促进禅让的法律的发端。而文帝不仅彻底处罚根据图谶的"妖言",广泛奖励告发"谋反大逆",进而禁止外戚干政。其结果是此后外戚垄断政治隐蔽起来㊱,杜绝了利用谶纬之说革命的可能性。可见在魏文帝前后,掌握国家权力的势力以及王朝交替的情况完全改变。

　　魏文帝的变革被魏"新律十八篇"所采用,进而如果为晋武帝泰始三年(公元267年)发布的《泰始律令》所继承的话,可以认为文帝的变革对此后中国法律给予了不同于以往的方向性。尽管本文没有提出,但如果也考虑黄

　　㉛　参见〔日〕安居香山:《図讖禁絶の歴史》,载氏著:《緯書の基礎的研究》"第九章",汉魏文化研究会1966年版。安居氏列举了禁绝图谶的两个理由:波及社会人心的弊害与革命的要素。

　　㉜　在该延长线上,《晋书·武帝纪》"泰始三年(公元267年)十二月"条有"禁星气谶纬之学"。正是由于有该禁止命令,之后司马炎创设晋王朝时的禅让,可以说已不是基于谶纬之说。

　　㉝　《隋唐·经籍志一》"谶纬书"项中有:"至宋大明中,始禁图谶,梁天监已后,又重其制。及高祖受禅,禁之逾切。炀帝即位,乃发使四出,搜天下书籍与谶纬相涉者,皆焚之,为吏所纠者至死。自是无复其学,秘府之内,亦多散亡。今录其见存,列于六经之下,以备异说。"魏晋南北朝时代,反复禁绝图谶、纬书,至隋朝似多已散佚。

　　㉞　《唐律疏议·职制律》"玄象器物"条:"诸玄象器物、天文、图书、谶书、兵书、七曜历、太一、雷公式,私家不得有,违者徒二年。私习天文者亦同。其纬、候及论语谶,不在禁限。"如果其非图谶,纬书作为解说经书真理的作用被保留,不是因为其与"妖言"已无关系吗?

　　㉟　《职制律》"指斥乘舆"条,批判皇帝情状过激者,以"大不敬"处斩刑。但该批判若是言议政事乖失的场合,"上请"审议。这一点,与彻底加以处罚的"妖言"相比,"指斥乘舆"设定了回避处罚的方法和途径。

　　㊱　尤其宦官专权的复活。魏文帝时,东汉宦官已经被排斥,因此文帝没有必要再讲究特别处置。再有,曹操乃祖是宦官亦为原因之一。根据《文帝纪》"黄初元年二月"条的记述,下达了宦官不得担任诸官署令以上职务之令。

初元年(公元220年)创设的九品官人法的话㊲,三国魏文帝的变革,在传统中国法的发达、开展的初期,可以说处在一个分歧点的位置上。

结　　语

最后,对于魏文帝视为危险的图谶的"妖言"的具体结构,笔者想发表一些个见,尽管虽属蛇足。

所谓魏文帝即位后"民间数有诽谤妖言"的实态的记述在哪儿都找不到。如果大胆推测的话,不得不说发表"妖言"的是拥立文帝之弟曹植的丁义、丁廙等一派。《三国志·魏书·陈思王植传》记载:

> 文帝即王位,诛丁仪、丁廙,并其男口。

在没有说明理由的情况下,丁氏一族的男性全部被杀。㊳

裴松之所引《魏略》有"太祖既有意欲立植,而仪又共赞之。及太子立,欲治仪罪……后遂因职事收付狱,杀之"。文帝之所以杀丁仪,说明是由于丁仪支持曹植成为太子。但文帝仅凭这样的怨恨,有可能实施将丁氏一族全部杀死那样的暴行吗?㊴

在《三国志·魏书·陈思王值传》"黄初二年(公元221年)"条中有:

> 监国谒者灌均希指,奏植醉酒悖慢,劫胁使者。有司请治罪,帝以太后故,贬爵安乡侯。

以后,曹植远离朝廷,在怀才不遇中逝去。如果时间限定在黄初年间(公元220—226年),曹植的犯罪除此之外再也看不到相当的了。

但《三国志·魏书·陈思王值传》明帝景初年间(公元237—239年)曹植死后的诏书有:

> 其收黄初中诸奏植罪状,公卿已下议尚书、秘书、中书三府、大鸿胪者皆削除之。

㊲　参见〔日〕宫崎市定:《九品官人法研究——科举前史》,东洋研究会1956年版。

㊳　关于丁仪与文帝曹丕的确凿详细的讨论,参见〔日〕石冈浩:《曹植と丁儀——漢魏交代期における謀反痕跡》,载《アジア文化研究所年報》(46号),东洋大学2012年版。

㊴　魏武帝(曹操)无视法律,杀害阻碍自己政治权力的人。车骑将军董承暗杀曹操计划被发现,"三族"均被杀(《后汉书·献帝纪》"建安五年"条);皇后伏氏因为将献帝不满杀害董承的旨意与说曹操坏话等相关的信件送给其父伏完,两个皇子以及伏氏的宗族百余人都被杀害(《后汉书·皇后纪·献帝伏皇后》)。从这些事件可以看出,文帝灭丁氏一族不仅是单纯的憎恶,应有处罚此类恶事的相应的理由。

从限定在"黄初中"来看，正是黄初元年（公元 220 年）魏文帝即位后的数年间，曹植有若干高官大员议论的相关重大犯罪。而曹植死后，这些从正式的记录中抹消了，没有流传于后世。

丁仪、丁廙以及同样推举曹植的杨修⑩，在《三国志》中也没有立传⑪，因此，丁仪、丁廙的言行仅散见于裴松之的注中。换言之，判处丁氏一族死刑的详细理由，在史书记录中同样也没有残留。由于抹消曹植记录时，这些也同时被消除了，所以此后的陈寿也得不到这些记录，再有，史书大概也不允许记载传闻吧。

如果是这样的话，乃是由于丁仪、丁廙在文帝即位前后利用谶纬之说，实施了曹植正适合当皇帝的"妖言"，根据东汉明帝时楚王刘英的故事，丁仪、丁廙及其一族于是全部被处以死刑。而曹植与东汉明帝时的济南安王刘康与阜陵质王刘延相似，免死，削除领地，远离朝廷。

如同传所示，文帝驾崩后，即使是其子明帝时代，也完全无视曹植自己写的复归朝廷的吁请书，不断更换领地，辗转于地方的情形是不寻常的。好像唯恐产生拥奉曹植的势力似的。曾经作为太子的候补，仅仅因对此后皇帝使者的非礼，就会造成此种程度的执拗的排斥吗？

正是由于对曹植及其拥护者丁氏一派危险的言行"妖言"的惩罚，文帝实施了弹压拥立诸侯王的"妖言"，奖励告发"谋反大逆"，禁止外戚参与政治，彻底排除具有篡夺皇位危险的要素等一系列政策，以谋求自己创设的魏王朝的安泰。这就是所谓的否定旧王朝的势力形态与王朝交替的样式，也有探索新王朝姿态与统治基础的改革。⑫ 在这层意义上，可以说魏文帝曹丕的改革是古代中国法制度的一个分歧点。

---

⑩ 杨修在《后汉书·杨愔列传》有传。杨修是向武帝（曹操）进谏被杀，但其父杨彪此后仍被武帝、文帝所信任。还有，裴松之所引《续汉书》记载了杨愔被归罪于与曹植的交游关系而被曹操杀死。

⑪ 《晋书·陈寿传》中，对陈寿因向丁仪、丁廙子孙请求米谷不得，故意不予立传的事情，是作为民间故事加以记载。

⑫ 魏之所以被异姓且无姻戚关系的司马氏篡夺皇位（公元265年），其外戚、诸侯王势力的虚弱不得不说是其中的原因之一。

论唐代城市乡里与坊的关系*

〔日〕坂上康俊** 著 何东*** 译

前　言

"唐户令中,作为自然聚落的坊、村与人为的行政区划乡、里互相重叠,如下图所示成重叠结构(宫崎市定说)。

自然区划 { 邑居……坊—邻
田野……村—邻

人为区划　邑居、田野……乡—里—保

例如某户人家,在城市既属于"某坊",同时又属于"某乡某里";在农村则既属于"某村",同时又属于"某乡某里"。①

以上吉田孝的说明,是对宫崎市定两篇著名论文②宗旨的概述。吉田依据宫崎学说比较中国唐朝时期和日本律令得出如下结论:"日本的户令没有采用唐令自然区划(自然村落)和人为区划(行政组织)的两重结构,舍弃了坊、村、邻自然区划的规定,将其一元化为人为区划的坊、里、保。"③就城市来

---

* 本文原题为《唐代の都市における郷里と坊の関係について》,载韩国东北亚历史财团编:《八世紀東アジアの歴史像》,东北亚历史财团出版社 2011 年版。
** 坂上康俊,日本九州大学人文科学研究院教授。
*** 何东,浙江工商大学公共管理学院副教授。
① 《日本思想大系・律令》"吉田孝执笔",岩波书店 1976 年版,第 550 页。
② 即《中国における村制の成立》《漢代の里制と唐代の坊制》,均收入《宫崎市定全集六朝》,岩波书店 1992 年版。关于两文的首次发表时间,前者为 1960 年,后者为 1962 年。
③ 〔日〕吉田孝:《編戸制・班田制の構造的特質》,载《律令国家と古代の社会》,岩波书店 1983 年版,第 201 页。

说，日本的平成京只有人为规划成的条和坊，京户只是"某条某坊"的人士。而唐朝，不但长安、洛阳，甚至是扬州这样的地方城市，某人属于"某坊"的同时还属于"某乡某里"。

作为吉田氏对唐日乡里与坊的比较研究依据的宫崎市定说，在日本古代史研究者中至今仍是通说。④ 但不可思议的是，该学说在中国或是日本的唐代史研究者中并未完全获得支持。如下文所述，笔者在对户令里正、坊正的规定进行总体解释时不得不赞同宫崎氏的学说，但同时还存在许多疑问。即使唐代城市人为区划和自然区划两重结构学说成立，但具体是什么样子呢？仅仅从法制视角出发的宫崎学说，是否还需要根据当时具体的史料进行充分的验证呢？本文将就这些问题进行探讨。

本文首先论证宫崎说基本合理的理由，同时在指出该学说存在问题的基础上，通过大量唐代城市居民的墓志史料，以长安、洛阳为首，对城市内坊、乡、里三者的关系进行探讨，最后还将和日本古代的藤原京、平城京的坊制进行简单的比较。

唐代城市坊和乡里制度，与新罗里坊制的历史定位也有密切关联。《三国遗事·纪异第一》"辰韩"中有如下记载：

> 新罗全盛之时京中十七万八千九百三十六户，一千三百六十坊，五十五里，三十五金入宅。（言富润大宅也）。

这里"京中十七万八千九百三十六户，一千三百六十坊，五十五里"，应与《三国遗事·避隐第八》"念佛师"里的"城中三百六十坊十七万户"，以及《三国史记·杂志第三》"地理一·新罗"中的记载进行比较后才能下结论。

> 南山东麓有避里村。村有寺。因名避里寺。寺有异僧。不言名氏。常念弥陀，声闻于城中。三百六十坊十七万户，无不闻声。声无高下，琅琅一样。以此异之，莫不致敬，皆以念佛师为名。死后泥塑真仪、安于敏藏寺中。其本住避里寺，改名念佛寺。寺旁亦有寺。名让避因村得名。
>
> （《三国遗事·避隐第八》）

---

④ 参见〔日〕岸俊男：《日本における"京"の成立》（首次发表于1982年，后收入《日本古代宫都の研究》，岩波书店1988年版，第444页。最近的研究包括北村优季《日唐都城比较制度试论》（收入〔日〕池田温编：《中国礼法と日本律令制》，东方书店1992年版，第317页）、同氏《条坊の論理》（收入笹山晴生先生还历纪念会编：《日本律令制論集》，吉川弘文馆1993年版，第359页）、浅野充《律令国家における京户支配の特質》（首次发表于1986年，后收入《日本古代の国家形成と都市》，校仓书房2007年版，第106页）、市川理惠《日唐における都城の行政·治安機構》（收入《古代日本の京職と京戸》，吉川弘文馆2009年版，第216、217页）等。

今按,新罗始祖赫居世,前汉五凤元年甲子,开国王都。长三千七十五步,宽三千一十八步,三十五里,六部。国号曰徐耶伐,或云斯罗,或云斯卢,或云新罗。(下略)(《三国史记·杂志第三》)

截至目前,对以上述史料《三国遗事》涉及的"里"与"坊"的研究,大致可以分为以下几种学说⑤:

第一,混用说

尹武炳依据中国的实例,认为"里"和"坊"混用,史料上"里""坊"是相同的概念。⑥正如下文第四部分所说,在唐代长安和洛阳,把"坊"称作"里"的现象的确很常见。但是,统计性史料中并没有发现混用的事例。另外,《三国遗事》列举"里"和"坊"的数字不一样,所以只能解释为这里的"坊"和"里"是不一样的,才需要分别列举。因此,不能引用唐代"里""坊"混用来解释该史料。

第二,并列说

李恩硕⑦和金教年⑧认为,是坊的周边有55个里,"坊"和"里"两者是并列的行政单位。这一见解设想的城市制与日本的都城制相同,即京城内为条、坊制,京城外为国、郡、里的布局。

只是《三国遗事》的记载讲得很明确,是"京中"有55个"里"。此外,《三国史记·新罗本纪三》"慈悲麻立干十二年"(公元469年)有"春正月,定京都坊里名"的记载(具体年代且不探讨),因此和日本一样"里"在京外的结论稍微有些勉强。

第三,部—里—坊三阶段说

如上所述,混用说、并列说各自有其重大的疑点,所以现在的通说采用的是里—坊阶段说,并认为里的上面有六部。如果这样的话,"里"的数目可以根据《三国遗事》确定为55个,但其下面的"坊"的数目也需要确定。一个是《三国遗事·纪异第一》记载的"一千三百六十坊",另外一个是《三国遗

---

⑤ 以下韩国的里坊研究状况是由釜庆大学校人文社会科学大学史学科博士研究生李美兰指教而得知,但是,笔者担当文稿介绍、点评的全部责任。

⑥ 参见〔韩〕尹武炳:《新羅王京と坊制》,收入斗溪李丙焘博士九旬纪念韩国史学论丛刊行委员会编:《李丙燾博士九旬紀念韓國史學論叢》,知识产业社1987年版。

⑦ 参见〔韩〕李恩硕:《王京の成立と発展》,收入《統一新羅の考古学》(第28回),韩国考古学全国大会2004年版。

⑧ 参见〔韩〕金教年:《新羅王京の發掘調査と成果》,收入《新羅王京調査の成果と意義》(第12回),文化财研究国际学术大会、国立庆州文化财研究所2003年版。

事·避隐第八》的"三百六十坊"。按照前者,每一里有25坊,如果后者则每一里有6到7坊左右。

全德在认为,若以皇龙寺东方遗迹测出的一区划(167.5 m×172.5 m)为一个坊,以此标准,王京3 075步(5 424 m)×3 018步(5 323 m)相当于999个坊的面积,若以东川洞遗址的一区划(160 m×125 m)设想为一坊的话,王京内应该设置1 443(5 424 m×5 323 m/160 m×125 m)个坊。如果采用该学说,就与"一千三百六十坊"的坊数很接近。⑨

但是,这些考古发掘并没有证明发现的一区划就是一"坊",而且1 360坊,比起中国唐朝时期和日本实在有点太多。从《三国史记》卷四十八"孝女知恩"条的"孝德坊",《新罗殊异传》的"禺金坊"等推测,似乎"坊"都有固有名字,但要给京城内的1 360坊都起名字的话,实在有点难以想象。如果对其仔细考量,《三国遗事·避隐第八》中少了的"一千"的数字,所以李丙焘⑩、三品彰英⑪、李基白、李基东⑫等诸位学者认为是"一云"误抄为"一千"的说法比较合理。高丽的首都开城有5部33坊344里,虽然新罗"里"的概念比"坊"大,高丽则相反,"坊"比"里"大⑬,但用来作为上下比例的参考还是可以的。由此可知,新罗的京城,55里由360个坊组成,1里大致包含6个坊。但关于"里""坊"的负责人,却没有相关史料可以查阅,只能有待今后木简等文字资料的出土找到解决该问题的重要线索。下面,就先从史料丰富的中国唐朝时期和日本的城市进行探讨。

一、对乡、里与坊重叠结构说的疑问

是否有史料能够证明唐代城市是人工区划和自然区划重叠结构的呢?宫崎在论文中主要通过对唐户令条文的解释,得出城郭内的某人在属于A乡B里又属a坊的结论,但宫崎并没有列举史料实例。同时,正如上文所述,日

---

⑨ 参见〔韩〕全德在:《里·坊制の施行とその性格》(首次发表于2008年),收入《新羅王京の研究》,saemoon社2009年版,第157页。更早的还有龟田博《皇龍寺付近の坊》(首次发表于1998年,收入《日韓古代宮都の研究》,学生社2000年版,第246页),以相同的计算为基础,认为"一千三百六十坊"比较妥当。

⑩ 参见〔韩〕李丙焘:《韓国史》,乙酉文化社1959年版。

⑪ 参见〔韩〕三品彰英遗撰:《三国遗事考證》(上),塙书房1975年版。

⑫ 参见〔韩〕李基白、李基东:《韓国史講座》,一潮阁1993年版。

⑬ 参见〔韩〕金昌贤:《新羅王京と高麗都城》,载《新羅文化祭学術論文集》(29),2008年版。

本和中国的唐代史研究者未必都支持宫崎的学说。本部分首先列举近年来唐代史研究者对该问题理解中存在的疑问,在确认宫崎重叠结构说基本合理的前提下,对宫崎说存在的几个问题进行探讨。

从长安城内人口问题的讨论中,我们能够明确知道近年唐代史研究者并没有继承宫崎氏的重叠结构说。例如爱宕元氏,在唐代京城人口变化问题上,就根本没有提及宫崎氏的重叠结构说,直接以长安城内为坊、城外为乡的布局作为立论前提,把记录开元末天宝初状况的敦煌博物馆本《地志残卷》(以下简称《敦博地志》)[14]记载的长安、万年两县所管辖的乡数,全部算到城外[15],即认为中国唐代的城市布局城内为坊,城外为乡、里,和日本采用的条坊制的模式相同,所以用"坊户"一词来指代城内的住户。

曾论证过唐代长安人口的妹尾达彦氏,关于乡坊的理解和爱宕元氏相同。为了计算天宝元年长安城内县所管辖的户口数量,在统计京兆府"乡坊合计数"时,把《敦博地志》中记载京兆府乡数529、天宝元年长安县54坊、万年县53坊,以及东、西市各2坊共计111坊,同时加上长安县、万年县以外的京兆府各县坊数21[16](妹尾氏设想为每县1坊,但其依据不明),得出长安京兆府"乡坊合计数"724的结论。[17] 若遵从宫崎说,"乡坊合计数"这样的概念是没有意义的,天宝元年(公元742年)京兆府的户数362 921、人口数1 960 188(《新唐书·地理志(一)》),想求各乡的平均户数、户口数的话,根据宫崎说的解释只要直接除以592个乡数便可,只是这样计算与坊就一点关系也没有了,也无法算出长安城内管户口数。

---

[14] 参见〔日〕布目潮渢、大野仁:《唐开元末府州县图作成の试み——敦煌所出天宝初年书写地志残卷を中心に——》,收入〔日〕布目潮渢编:《唐·宋时代の行政·经济地图の作制》,文部省科学研究费补助金成果报告书1981年;吴震:《敦煌石室写本唐天宝初年〈郡县公廨本钱簿〉校注并跋》(首次发表于1982年),收入《吴震敦煌吐鲁番文书研究论文集》,上海古籍出版社2009年版;马世长:《敦煌县博物馆藏地志残卷——敦博第58号卷子研究——》,收入北京大学中国中古史研究中心编:《敦煌吐鲁番文献研究论集》,中华书局1982年版。

[15] 参见〔日〕爱宕元:《唐代京兆府の戶口推移》(首次发表于1986年),收入《唐代地域社会史研究》,同朋舍1997年版,第101页)认为,《敦博地志》记载的京兆府管内23县管辖乡数作为城郭外郊区的乡数。另外,日野开三郎氏也认为,"相对于里正、村正,坊正是自治体官员的中心",不承认城内里正的存在〔参见《唐代城邑の坊市の角隅について》(首次发表于1964年),收入《东洋史学论集》(第13卷),三一书房1993年版,第312页〕。

[16] 天宝元年京兆府管辖的县数是23个。参见〔日〕爱宕元:《唐代京兆府の戶口推移》,收入《唐代地域社会史研究》,同朋舍1997年版。

[17] 参见〔日〕妹尾达彦:《唐长安人口论》,收入《中国古代の国家と民众——堀敏一先生古稀记念》,汲古书院1995年版,第568、569页。

妹尾氏在计算人口时,以乡、坊一元并列的行政区划(并非重叠的)为前提进行统计。虽然没有明确指名,但是妹尾氏否定的就是宫崎说,他认为:① 宫崎说认为城内外都有乡的行政区划,而城内又有坊,但如此则坊和乡的行政系统就陷于混乱;② 实际上,除了长安东南部与城外的乡相邻的曲江坊以外,没有乡下设坊的例子;③ 唐代苏州地志《吴地记》中记载,苏州城的郭下县,也即吴县有 30 坊、30 乡,县户数为 38 361;长洲县有 30 坊、30 乡,县户数为 23 700 百,与城内用坊表示相对,城外用乡⑱,并认为与古代日本的坊与里的关系相似。作为妹尾氏计算长安人口前提的三点认识,和宫崎说一样也需要在实际资料的基础上进行验证。作为地志的《敦博地志》只记载城外乡的数目,而对于城里的坊,连县城的数目都未计算在内,这未免有点不自然。另外关于妹尾氏列举的三点问题,其中①如果乡没有横跨城内外,那是因为城内的乡和城外的乡各自为安,一点也不成问题。既然有乡是横跨城内外,如下文所说里正和坊正的职责不同,也不会出现"行政系统陷入混乱"的问题。关于②的内容,在出土的墓志中可以找出反证。还有③,可能就是列举县城内的坊和县城内外乡的总数目,根本不能成为否定重叠结构说的史料。

龚胜生氏在统计长安城内人口数时,和妹尾氏所采用的方法一样,通过《新唐书》中记载的户数、户口数来推导京兆府乡和坊中的平均户口数。⑲ 前文的观点同样也指出了以龚胜生为首,认为乡和坊分别是城外、城内的行政区划的中国学术界主流观点的问题。⑳

作为唐代长安、洛阳以及州县城内的行政布局为坊和乡里的重叠结构的明确证据,就是宫崎曾列举的复原《唐户令》第 5 条的规定[开元二十五年(公元 737 年)令,根据《通典·食货三》"乡党"引用的"大唐令"内容复原]:

> 诸里正,县司选勋官六品以下、白丁清平强干者充。其次为坊正。若当里无人,听于比邻里简用。(下略)㉑

---

⑱ 参见〔日〕妹尾达彦前注文,第 591 页,注(16)。

⑲ 参见龚胜生:《唐长安城薪炭供销的初步研究》《唐长安城人口札记二则》,载《中国历史地理论丛》1991 年第 3 期。

⑳ 例如,武伯伦认为,"唐代的基层行政单位是城内分为坊,郊区分为乡和里"(参见武伯伦:《唐长安郊区的研究》,首次发表于 1963 年,收入《古城集》,三秦出版社 1987 年版,第 88 页);还有李之勤的《西安古代户口数目评议》[载《西北大学学报》(哲学社会科学版)1984 年第 2 期,第 48 页],最近有鲁西奇的《唐代地方城市中的里坊制及其形态》(载《厦门大学国学研究院集刊》2010 年第 2 辑,第 13 页)也都同样如此理解。

㉑ 复原唐令的条文编号参见〔日〕仁井田升著、池田温编集代表的《唐令拾遗补》(东京大学出版会 1997 年版)。

该条文的意思为：里正由县司在该里中六品以下的勋官中选拔，或者由平民且清平强干的人来充当；其次为坊正，如果该里中没有合适的人选，则从相邻的里选拔合适之人担任里正、坊正。从该条文可以得知，里正和坊正是从同一个群体内选拔并且任用。倘若如此，那么城内一定有里的行政区划。而且复原《唐户令》第1丙条规定"诸户，以百户为里，五里为乡"［开元二十五年（公元737年）令，复原根据同上］，这说明里的上面还有乡一级行政单位，所以只能解释为唐代城内是乡里制布局。

另外，《唐户令》规定的里正和坊正的职责不同。《唐户令》第1丙条规定，坊正"掌坊门管钥、督察奸非"［开元二十五年（公元737年）令］，只负责管理坊门和巡查，与同条规定的里正职责"按比户口、课植农桑、检察非违、催驱赋役"［开元二十五年（公元737年）令］不同，不负责户口管理、征税。单从该法条分析，唐代城内肯定是有里的行政区划。如果乡是由5个里组成，有5个里正担任的行政单位㉒，那么城内设乡一级行政单位并不奇怪。《唐户令》复原第22乙条［开元七年（公元719年）令，《唐令拾遗补》第534页根据《唐会要》卷八五"籍帐"所载开元十八年（公元730年）11月敕复原］规定，户籍以乡为单位制作。城内如果没有设乡，那这项规定就完全不能适用于城内。

以上从法制角度的分析只能解释为城内也是乡里制布局，并且不得不承认城内乡坊的重叠结构。宫崎说的主要依据也是该条文，只要不能否定该法条，乡里只存在于城外的学说就不成立。

但是，正如前文所述，宫崎说缺乏具体实证，以下笔者将具体论述宫崎说存在的问题。

第一，长安城内的人数大概有100万人左右。虽然如前文所述，近年来妹尾氏等所采用的计算人口的方法存在问题，其所统计数据不能轻易使用，但是凭借诗文的描述也能得出城内有近100万人口的结论。问题是其中的土户，也就是城内持有本地户籍的人口。这虽然难以知道，但是按照目前长安城内人口研究得出的结论是至少30万人。前面提到过长安有111坊（其

㉒　参见〔日〕内藤乾吉：《西域发见唐代官文書の研究》（首次发表于1960年），载《中国法制史考证》，有斐阁1963年版，第249页；〔日〕佐佐木惠介：《律令里制の特質について》，载《史学雜誌》第95编第2号，1986年，第26—28页。

中东西两市共计4坊),大致计算的话每坊有近3 000人左右的土户。[23]

以《新唐书·地理志》记载天宝元年(公元742年)京兆府的户数362 921户、人口数1 960 188人(当然指的是土户)计算,京兆府平均每户大约5.4人。以此为基准,长安每一个坊平均大概有500户住户。[24] 或许是偶然,与乡的规模几乎一致,一个坊内大约有5个里。[25]

接下来的问题就是,户令规定坊正应在里正之次,但究竟居于哪个里正之次却并不清楚。不管户籍上怎么写,里在一定程度上是一个整体的区域(一个里占用的空间区域将在下一部分论述)。当各个区域选任里正时,就有可能出现里正比坊正差的现象。比如,在某个坊里,从很有影响力人群的"里"选出的里正,勋官的官品、资质都比较高;而从默默无闻人群组成的"里"选出的里正,官品、资质就很差。在这种场合,有影响力人群的里正第二候补便变成了坊正,于是比同坊内的其他里正更高官品、资质的坊正就这样诞生了。这种现象允许吗?这是第一个疑问。坊正居于里正之次是一种理念更是一种规定,里正和坊正从同一个群体选出比较合理,但是根据宫崎氏的理论,有可能出现有悖理念的现象。

第二,根据宫崎氏的理论,在北魏时期,城市内部区域的官方公示称谓是"里",民间称之为"坊",在隋朝初期官方称其为"坊",之后再次改为"里",后来唐朝正式称为"坊"。[26] 也就是说,"坊"和"里"两者是互换性词语,实际上许多朝代二者交互使用。由此可见,"坊"和"里"这两个词中,一个是自然聚落而另一个是行政区划的说法也不能成立。

根据先前计算的数据,得出1"坊"大概相当于5个"里",这就是宫崎说的结论。这里所说的"里"是一种行政组织,与可以与"坊"置换的"里"有区别。但是"州—县—乡—里"结构的行政组织,基本上从隋朝一直延续到唐

---

[23] 当然,皇族居住的坊或者高级官僚的府邸集中的坊[具体参见〔日〕妹尾达彦:《隋唐洛阳城の官人居住地》,载《东洋文化研究所纪要》(133),1997年]人口就很少,百姓集中居住的坊,则很可能超过平均人口。另外,南方诸坊人口密度很小,家庙的存在很显眼。根据徐松的《唐两京条坊考》可以知道(参见〔日〕爱宕元释注:《唐两京条坊考》,平凡社"东洋文库"1994年版,第298页),这说明当地土户很可能分布不均匀。

[24] 宫崎氏自己也设想"一个坊的户数大概有数百家吧"(参见〔日〕宫崎市定:《漢代の里制と唐代の坊制》(首次发表于1962年),收入《宫崎市定全集7 六朝》,岩波书店1992年版,第105页)。

[25] 这当然存在循环论法的危险。因为是把坊和乡作为并存的单位计算出来的结果大概是30万人,但是相对于100万的总人口,土户仅仅几万有点太少,大致应有几十万。

[26] 参见〔日〕宫崎市定:《漢代の里制と唐代の坊制》(首次发表于1962年),收入《宫崎市定全集7 六朝》,岩波书店1992年版,第104页。

朝。根据宫崎氏的重叠结构论,城郭内也按照乡里来区划,那么在隋朝的时候,城郭内作为自然聚落的"里"(唐代的"坊")和作为行政区划的"里"(《唐户令》规定的百户)重叠存在。根据上面的计算,就会得出作为聚落的"里"(唐代的"坊")大概有5个作为行政区划的"里"的结论。隋朝的大兴城人口比盛唐时期的长安城人口或许要少,但即使如此,也不得不说使用同样的文字来表达两个意思实在非常容易混淆。而隋唐时期城市里同时存在的两种"里"难道就没有招致混乱吗?

第三,自然聚落的"坊"和人为区分(行政区划)"乡、里"重叠结构,在现实中还存在前者反过来规制后者的问题。长安城内的"坊"都是由数米高的围墙围成,很难想象人们在区划乡里时能够无视这些围墙。结果只能是在坊中区划乡里,或是若干个坊组成一个乡或一个里。也就是说,即使长安城存在人为区分的乡里,实际上也只能是以下几种可能:(1)坊＞乡＞里;(2)乡＞坊＞里;(3)乡＞里＞坊;(4)坊＝乡＞里;(5)乡＞坊＝里。此外,坊真的可以说是一种自然区划吗?难道还有如此人为的区划吗?用农村的两重结构同样来分析城市,这种方式本身难道没有问题吗?

带着上面的问题,我们回头再来探讨宫崎氏的理论,会发现唐代城内的人既归属于乡里这一行政组织又归属于被围墙包围的区划"坊"的观点并没有史料佐证。更确切地说,相对于确实存在的作为区划的"坊",在城内实行乡里制这一点并没有通过具体史料加以充分地论证。户令先选里正,次于里正者任坊正的规定,在实行坊制的长安同样适用,所以总有一个组织把坊和里都包括在里面。里同时是坊,或里比坊大时那样的选法才自然。但计算的结果与此相反,所以里正、坊正选任规定的真意就无从把握。

在唐代,人们是如何理解城内的坊和乡里呢?墓志就是作为验证的很好史料。墓志是同时代史料准确无疑,很多墓志上都记载了先人殁故地还有埋葬地,是探寻人们归属意识难得的史料。所幸周绍良编写的《唐代墓志汇编》(上海古籍出版社,上下册1992年版、续集2001年版)为通览唐代墓志提供了便利条件。并且关于洛阳有余扶危、张剑主编的《洛阳出土墓志卒葬地资料汇编》(北京图书馆出版社2002年版),非常便于检索先人殁故地和埋葬地。当然,有的现只剩拓本、释本,也不能说完全没有存在伪造的可能。但是,《唐代墓志汇编》收录的总计超过6 000件墓志,这些数量庞大的墓志大半是在长安、洛阳两京以及扬州等地方城市及其周边采集的,可以说为了解研究住在城内人的殁故地和埋葬地如何记载提供了最便利的条件。虽然墓志在该书发行之后还在不断地被发现,但此次讨论仅限该文收录范围。

二、唐朝乡里的属地性

在古代日本，国—郡—里制的"里"，是指人的群体（50 户），并非作为区域边界。也就是说，里没有地域属性。而中国唐代，根据重叠结构说，"里"是行政单位名，或者是人的群体名。但是，"里"可以和"坊"互换使用，虽说是指以百户为基准划分的人的群体，但也是指这些群体居住的区域。本部分通过墓志来论证这一观点并为进一步探讨问题做准备。

要证明唐朝里的属地性，调查墓志上记载的埋葬地点是一条捷径。墓主当然已是故去之人，不再属于人的群体。根据宋朝《天圣令·丧葬令》"不行唐令"第 4 条［开元二十五年（公元 737 年）令］的记载：

诸去京城七里内，不得埋葬。㉗

至少在长安、洛阳及太原，几乎是葬在城外。根据该条，"京城"以外的地方城市有允许葬在城内的可能。

通览墓志的埋葬地，尽管像"翟村"那样以"村"（龙朔 040、同 086）表示的较多，但是以乡、里表示的例子也不胜枚举，比如：

洛州洛阳县清风乡崇德里（贞观 044） 洛阳县清风乡张方里平原之川（永徽 107） 清风乡崇德里邙山之阳（咸亨 021） 洛阳清风里（贞观 045） 河南县北邙山平乐乡安善里（贞观 103） 河南府河南县平乐乡安善里北邙山之原（开元 228） 河南县平乐乡安善里北邙之原（上元 042） 北邙平乐乡安善里……平乐乡安阳里（显庆 059） 河南北山平乐乡湮左里（总章 004） 河南府河南县平乐乡张阳里之北原（开元 350） 河南北邙朱阳里之南原（开元 390） 邙山之阳纯俗乡尚春里（总章 009） 千金乡金谷里之平原（垂拱 039） 金谷乡石城里（垂拱 040、041、042） 昭陵东南十三里安乐乡普济里（显庆 096）

也有非常详细地记录县、乡、里的例子，比如：

洛州河南县平乐乡华邑里邙山之原（永徽 139） 洛州合宫县平乐乡瀍阳里（天授 014） 河南洛阳县清风乡崇德里邙山之阳（显庆 036） 洛州洛阳县清风乡月城里邙山旧茔（显庆 120） 洛州洛阳县清风乡张

㉗ 参见天一阁博物馆、中国社会科学院历史研究所天圣令整理课题组：《天一阁藏明钞本天圣令考证》（下册），中华书局 2006 年版，第 426 页。

方里于北芒之山（上元 037） 神都洛阳县平阴乡従新里邙山之北原（长寿 018） 洛阳县北平阴乡安善里之桃原（先天 007） 洛州河南县金谷乡泉源里北邙之原（上元 044） 洛州河南县金谷乡石城里（调露 006） 河南县金谷乡石城里之原（开元 056） 河南河阴乡百楽里北原（开元 222） 京兆府万年县宁安乡通安里（续·乾符 015） 襄州安养县升平乡怀德里之原（景龙 024）

但是，也有简单记载的情况，比如：

邙山之平乐里（贞观 126） 河南县平乐乡之里（永徽 055） 洛北邙平乐乡之里（显庆 034） 洛阳邙山张方里（显庆 141） 洛阳县清风乡（龙朔 019） 洛州洛阳县淳俗乡北邙之原（龙朔 021） 同州冯翊县武城乡之平原（麟德 005） 冯翊北临高乡之原（乾封 033） 北邙山之南原部村里（开元 352） 洛阳城东之金墉乡（开元 358） 洛阳感德里之平原……北邙朱阳里之南原（开元 389） 东都河南县金谷乡之原（开元 394）

引人注目的是下面列举的乡、里留空的例子：

权殡于洛阳县　　乡　　里北茫原（开元 465）
归葬于洛阳　　乡　　里　　原（大和 019）
葬于东都　　县　　乡　　里（会昌 043）
权窆于华州华阴县　　乡　　村（乾宁 007）

原本应该记载作为埋葬地的县、乡、里（或者村），在起草墓志时可能由于某种原因没有记载，但从留空判断作为理念是必须记载县、乡、里（或者村）的。

和埋葬地一样，殁故之地也用乡里表示，如：

卒于洛邑乡临瀍里（永徽 017） 卒于洛阳瀍涧乡重光里之私第（永徽 035。瀍涧、重光在洛阳城内都没有相应的坊名） 终于马邑郡平城乡京畿里之第（显庆 096） 终于善护乡顺德里之第（仪凤 032。山西省出土）

不仅在城外，城内也能大量看到坊名＋"里"结构的例子。

终于福善里（咸亨 052。洛阳 8I㉓）　终于脩义里（开元 279。洛阳 1J）　终于兴宁里之十王院（天宝 211。长安 2J）

"所居从善里，其竹树存焉"（开元 136）这句话，表明里（这里把坊名冠名以里，从善坊是洛阳 8L）只能是地名。

接下来的问题是乡、里和村的关系。关于埋葬地点的记载方式，下面例子可供参考。

河南县平乐乡安阳里杜郭村西南一里北邙之原（永隆 007）　河南县平乐乡安川里邙山之阳翟村之西三百步（贞观 124）　洛城北河南县平乐乡缠佐里王晏村北百步（显庆 020）邙山平乐乡瀍左里河东村北八十步（乾封 002）　河南府河南县金谷乡金谷里无上村之原（开元 027）

可见，村被包含在里之中，但也有比乡小但可能比大的村，比如：

（洛州河南县）千金乡檞村西三里（贞观 067）　平乐乡翟村西北之平原（永徽 143）　河南县平乐乡王村之东北一里半之原（龙朔 018）河南平乐乡芒山之阳翟村西南二百步（龙朔 040）　河南县平乐乡郝村西北二百步（龙朔 086）　河南县平乐乡杜郭村东一里（麟德 040）平乐乡杜郭村北二里芒山之阳（乾封 055）　河南县平乐乡芒山之阴陶村北狼谷之原（咸亨 105）　城东龙首原长乐乡王柴村南一里向南与寿春坊路通也（天授 019。"寿春坊"在长安的县名中是看不到的）　北邙山合宫县平乐乡之杜郭村东北原（天授 033）　合宫县平乐乡界王村西（长寿 019）　翟村东南平乐里（证圣 011）　乾封县万春乡杜永村东李果地所（神功 009）　河南府洛阳县平阴乡张相村（开元 316）　河南县平乐乡崔村之原（开元 374）　相州邺县西万春乡艾口村，去邺都七十里，葬于村西南平元里也（开元 476）　（扬州）扬子县曲江乡东五乍村鸣雁里之原（续・元和 024）

并且，更有以下这样直接超越乡级的村：

扬州江阳（县）城东之育贤村……扬州江□（阳？）育贤村（贞观 085）　洛阳县北茫山王羽村之北一里（贞观 088）　洛阳城北七里晏村西平乐乡界（调露 008）　城东王赵村平乐乡（开元 328）　城外河南县

㉓　以下关于坊的位置或被冠以里之名的坊名的位置，模仿了平冈武夫编《唐代の長安と洛陽 索引》（同朋舍 1977 年版）登载的长安城图、洛阳城图，从北到南用阿拉伯数字，从西到东用英语字母标示。

界大王村之西北(显庆021) 洛州洛阳县诸葛村北一百□□山之阳(咸亨051) 绛州万泉县尚村之私第(上元038)

另外,还有更加模糊的记载：

邙山翟村东一里(永徽111) 芒山之北翟村之西原(显庆030) 邙山之阳翟村西二里(显庆039) 北邙山王晏村之西北(显庆051) 邙山北张相村东(龙朔079) 郎将村东南四百步平原(咸亨048) 邙山王赵村北(咸亨061) 邙山王赵村东北五里(咸亨072) 京城西布政之原小严村之左(咸亨095。布政坊在长安4C) 相州城西北四十里新店村西北一里半平原(仪凤001) 翟村西北一里(仪凤010) 北芒山西北王晏村东□步(仪凤025) 洛阳城西北李村南之原(开元244) 京南大仵村原(开元292) 洛阳城南孟村私第(开元310) 吕柴村西南一里平原(开元336) 相州城西南卅里勋视角村西一里平原(开元359) 洛阳东袁村之原(开元407)

正如爱宕元氏所指出的根据规模,村处在县、乡、里之间[20],没有用村或者坊来表示地点,乡、里仅仅被用来表示人的归属的原则,并非是自然聚落和人为区分的关系。

如上所述,无论是城内的里(坊名+里,参照第四部分)还是城外乡里的里,我们可以很清楚地看到"里"是被用来表示地点的。但是另一方面,墓志的开头有时常出现这样移贯的信息：

贯河南县洛汭乡招贤里(乾封005) 贯属河南县千金乡(乾封038) 今贯偃师县龙池乡(乾封039) 今编贯洛阳县□□乡□春里(总章014)

但从《唐代墓志汇编》(上、下、续)来看,没有"贯××坊"的记载。因此在户籍上,人们一直保持以县—乡—里的籍贯记载。

三、表示地点的乡—坊

唐令中规定的坊制并不仅仅在长安、洛阳适用。如复原户令第1丁条"两京及州县郭下,坊别置正一人"[《和名类聚抄》所引唐令,开元三年(公元

---

[20] 参见〔日〕爱宕元：《两京乡里村考》(首次发表于1981年),收入《唐代地域社会史研究》,同朋舍1997年版,第55页。

715年）令逸文]，同1乙条"两京及州县之城郭内分为坊"[《唐六典》卷三，开元七年（公元719年）令取义文]记载，州县的城内也实行坊制。也就是说，即使是州治、县治那样的地方，城市里同样实行坊制，于是才有选任里正时第二候补者为坊正的规定。

体现地方城市的坊制的史料也频现于墓志，其中最值得关注的是存在乡—坊这样的地点表示法。

作为表示殁故地乡—坊结构的例子有：

殁于襄阳汉津乡汉池坊第宅之邑（元和055）　终于沔源县太平乡崇义坊之私第（大和060）　终于襄州襄阳县凤林乡南津坊之私第（大和090）　终于绛州翼城县天柱乡孝义坊私第（开成020）

可以认为这些地点都是在城内。

另一方面，表示埋葬地点的也有乡—坊的例子，比如：

葬于鸣城东北干将乡和合坊界（贞元131）　窆于（寿州）寿春县俊造乡左史坊寿□之东（大中044）　疾于春申坊私第……窆于寿（州）东二里黄公乡春申坊（咸通036）

以上例子就是地方城市坊上设乡的明证。顺带说明，地方城市没有坊之下设乡的例子。另外，关于坊之下设里的例子将在第四部分中论述。

虽说有在乡下设坊的地点表示法，但如下例，州、县之下虽有坊名却往往省略中间的乡名。

江都县赞贤坊之私第（贞元013）　扬州江都县赞贤坊之私第（贞元067、元和004）　扬州江都县通闰坊之私舍（乾符024）　扬州江都县通闰坊私第（续·咸通004、续·咸通013）　扬州江都县尚义坊之私第（续·咸通072）　扬州江阳县道化坊之长生禅寺（乾元011）　扬州江阳县临湾坊之原（贞元067）　江阳县孝孺坊之私第（元和041）　扬州江阳县崇儒坊之私第（贞元079、元和064、续·元和024）　江阳县崇儒坊之私第（元和007）　扬州江阳县文教坊之私舍（续·咸通085）　江阳县道仁坊之第（贞元066）　扬州江阳县布政坊私第（开成003）　扬州江阳县庆年坊之私第（光启001）　扬州江阳县太平坊之客舍（续·贞元052。关于葬地记作"江阳县嘉宁乡五乍村平原"）　江阳县会义坊之私宅(续·大和029)㉚　扬州江阳县会义坊之私第(续·乾符021)　扬州扬子县通寰坊之私第(大中034)　扬州海陵县常乐坊之私第(续·元和031)　(海陵县)常乐坊之私第(续·大和036)　(河南府)河阳县感义坊之私第(元和081)　江陵府庄敬坊之私第(大中033)　寿州寿春县五明坊之私第(大中044)　孟州河阴县临阛坊之私第(大中049)　府元城县慕化坊之私宅(大中067)　(孟州)河阳县怀信坊之私第(大中149)　临洺县里仁坊之私第(咸通008)　真定县永孝坊之私第(咸通070)(幽州)蓟县军都坊之私第(咸通083)　赵州元氏县□劳坊之私第(咸通092)　沧州清池县善化坊(中和001)　沧州城内明经坊(大中017)　沧州海运坊之官第(开元357)　魏州城南景明坊官宅(咸通096)　魏州贵乡县履信坊之私第(续·咸通050)　陕州安邑县乐贵坊私第(续·永贞004)　太原府会同坊之私第(续·元和058)　定府唐县汉封坊之私第(续·元和042)　定州安乐坊之私第(续·宝历007)　定州无极县招贤坊私第(续·咸通090)　单于府德义坊之私第(续·开成022)　幽州蓟县蓟北坊(贞元095)　蓟县开阳坊之私第(大和044)　(蓟县)燕都坊之私第(续·会昌030)　蓟县界燕都坊之私第(续·大中070)　蓟县界玉田坊之私第(续·咸通068)　幽州蓟县燕都坊之私第(续·会昌031、文德001)　幽都县遵化坊之私第(续·大中056)　幽州幽都县界劝利坊私第(咸通031)　幽都县来远坊私第(续·大和004)　幽都县通阛坊之私第(续·咸通102)　□昌县昌福坊之私第(续·大中039)　齐州招贤坊之私第(续·大中043)

也就是说,不可避免地给人一种城内"乡"的影子非常淡薄的印象。但是,这点不妨碍我们认为地方城市城内地点表示一般采用县—乡—坊的结构。

四、"里第"与"私第"

作为殁故之地,有用"○○里第"记载的例子:

东都正平里第(开元347。洛阳11F)　永泰里第(龙朔025。洛阳9、10K)　洛阳之嘉善里第(龙朔075。洛阳10J)　东都恭安里第(开元

㉚ 这里的"会义坊"可能和"扬州江阳县会义里"(长庆013)、"江阳会义之里"(续·大中073)的"会义里"同义。关于城内"坊"与"里"通用,参见第四部分举的长安、洛阳的事例。

343。洛阳8、9G) 教业里第(仪凤021、开元332。洛阳3M) 洛州行脩里第(垂拱042。洛阳10F) 景行里第(贞观078、乾封044。洛阳4J) 惠和里第(咸亨022。洛阳7I) 思恭里第(咸亨007、咸亨111。洛阳3I) 脩善里第(永徽085、乾封002。洛阳10I) 从善里第(上元031。洛阳8L) 章善里第(垂拱052。洛阳10、11K) 神都尚善里第(垂拱061。洛阳6E) 洛阳审教里第(开元225。洛阳1L) 东都审教里第(开元237。洛阳1L) 洛州河南清化里第(龙朔026。洛阳3H) 清化里第(永徽081、永徽109、调露003。洛阳3H) 洛阳旌善里第(证圣008。洛阳6F) 洛阳积德里第(上元026。洛阳4M) 东都择善里第(开元346。洛阳7H) 陶化里第(咸亨008、弘道002。洛阳11J) 道光里第(长寿022、证圣009。洛阳2H) 河南道政里第(开元224。洛阳1H) 履顺里第(垂拱034。洛阳2I) 东京立行里第(咸亨008。洛阳3K) 万年县永昌里第(咸亨027。长安2H) 京城延福里第(贞观024。长安9C) 京兆长安延福里第(开元437。长安9C) 西京怀真里第(垂拱041。长安9D) 长安怀德里第(垂拱065。长安6A) 雍州光德里第(贞观049、贞观059。长安6C) 修德里第(贞观023。长安1C) 崇仁里第(咸亨110。长安4H) 善和里第(永淳003。长安5E) 乾封县太平里第(圣历040。长安5D) 西京长兴里第(天授011。长安7G) 长寿里第(垂拱065。长安8B) 平康里第(开元263。长安5H) 雍州来庭里第(长寿018。长安2H) 醴泉里第(上元002。长安4B) 高昌县之淳风里第(永昌008)

对于这种情况,很难判断是"○○里的第"还是"○○的里第"。但是,从以下的例子推测,有时"○○的里第"的解释是正确的。

洛阳之里第(贞观127、咸亨090、垂拱062、神龙026) 来庭县永泰坊里第(证圣012。洛阳9、10K) 洛阳县教业之里第(开元342。洛阳3M) 景行坊里第(龙朔089。洛阳4J) 河南府康俗之里第(开元303。洛阳12H) 思恭坊里第(长寿004。洛阳3I) 时邕之里第(永隆003。洛阳4k) 章善坊之里第(龙朔047。洛阳10、11K) 行修坊之里第(龙朔067。洛阳10F) 通利之里第(开元227。洛阳7J) 洛阳德懋坊里第(续·开元071。洛阳3L) 德懋之里第(调露001。洛阳3L) 洛阳敦厚之里第(贞观019。洛阳2J) 乐城坊里第(景龙009。洛阳7J) 洛阳立行坊之里第(咸亨093。洛阳3K) 延福坊之里第(龙朔084。长安9C) 金城坊里第(上元032。长安3B) 相州里第(贞观004)

相州成安县良川乡里第（开元257） 云安郡奉节县之里第（天宝248）

如果"洛阳敦厚里第"（开元306。洛阳2J）与"洛阳敦厚之里第"（贞观019。洛阳2J）是一个意思，那就不是"敦厚里的第"，而是应该读成"敦厚的里第"。记载宁州蒲州府果毅都尉李汪"薨于陇西里第（龙朔027）"时里面的"里第"也同样，这些"里第"与"奄捐里第"（麟德021）、"卒于里第"（麟德021）、"薨于里第"（贞观039）、"终于里第"（贞观040、永徽040）、"终于里第"（显庆042）、"卒于里第"（咸亨108、调露019）、"洛阳里第"（上元027）、"洛阳县里第"（垂拱062）等形式记载的墓志的"里第"是同义。

毓财坊私第（乾封048。洛阳4L） 毓德坊私第（龙朔068。洛阳2L） 延福坊私第（如意002。洛阳8K） 永泰坊之私第（长寿001。洛阳9、10K） 怀仁坊之私第（开元341。洛阳9M） 合宫县观德坊之第（长寿026。洛阳7D） 归仁坊私第（咸亨013。洛阳10M） 洛阳县景行坊私第（咸亨106。洛阳4J） 洛城修义坊第（开元319。洛阳1J） 思恭坊之私第（总章006。洛阳3I） 洛阳县慈慧坊宅所（调露005。洛阳6J） 终于思顺坊之第……终于广信坊之第（长寿019。洛阳9I和?） 时邕坊私第（乾封041、咸亨011。洛阳4K） 思恭坊私第（总章014。洛阳3I） 章善坊私第（咸亨009。洛阳10、11K） 洛阳殖业坊私第（永徽080。洛阳2K） 殖业坊之私第（麟德012。洛阳2K） 河南府崇政坊之私第（开元216。洛阳10、11G） 河南府洛阳县通远坊之私第（开元295。洛阳1M） 洛阳县通远坊私第（开元210。洛阳1M） 通利坊私第（麟德011。洛阳7J） 道化坊私第（咸亨012。洛阳9、10H） 河南府道光坊之私第（开元313。洛阳2H） 敦厚坊私第（龙朔069、总章008。洛阳2J） 福善坊私第（龙朔072。洛阳8I） 福善坊之私第（乾封035。洛阳8I） 北市丰财之第（开元328。洛阳1K。） 立行坊私第（乾封053、永徽079。洛阳3K） 河南府洛阳县履道坊之私第（咸通002。洛阳12L） 京师永宁坊之私第（开元071。长安8H） 延康坊第（长安027。长安7C） 雍州乾封县嘉会坊之私第（神功009。长安9B） 京兆府万年县安兴坊之私第（开元007。长安3I） 万年县平康坊之私第（天授019。长安5H）

这些以"〇〇坊私第"或是"〇〇坊之私第"形式频繁出现的"私第""第""宅所"应该是同一意思。

可是另一方面，以下记载证明"〇〇里第"有时读成"〇〇里之第"。

乐成里之第(咸亨017。洛阳7J)

京兆静(靖?)安里之第(开元200。长安9G)

长安颁政里之第(贞观147。长安3C)

长安龙首里之第(开元011。久视002里有"龙首里第")

河南府河南县洛城乡灵台里第(开元252。洛阳城内没有洛城、灵台的坊名,可能是城外的洛城乡灵台里的私第)

但是,殁故地被记作"○○(之)里第"的"○○",按照上面一一对照下来,绝大多数是洛阳、长安的坊名。"河南县思恭之里第"(贞观067)应该就是在思恭坊(洛阳3I)的私第。"敦厚里之第"(贞观070)应该是在敦厚坊(洛阳2J)的私第。"西京怀真里第"(垂拱041。长安9D)、"长安怀德里第……长安长寿村里第"(垂拱065。长安6A和长安8B)都是省略了"怀真坊的里第""怀德坊的里第""长寿坊的里第"中的"坊"字。既可以理解为这个坊内的"里第"="私第",也可以理解成单纯用"里"来表示"坊"。在"唐故张君墓铭并序"(乾封054)中,墓主张朗的殁故地被记作"终于清化里私第",而其夫人则记为"终于清化坊私第"。所以坊与里绝对不是为了表示哪一个比较大,或是人为还是自然概念的用语,应该解释为同一个场所的两种不同表述。

以此为前提,类似"时邕里私第"(贞观053、永徽093)、"时邕里之私第"(贞观081)"坊名+里(之)私第"的情况,"时邕"是洛阳县的坊名(洛阳4K),所以这里的"里"就是"坊"。而以上这些事例和"洛阳时邕坊私第"(永徽097)、"时邕坊私第"(咸亨100)的记载实质上是同一个意思。"洛阳县嘉善里之私第"(贞观077。洛阳10J)、"嘉善里之私第"(调露024)就是"嘉善之私第"(龙朔030)、"洛阳县嘉善之私第"(调露025),也就是"东都嘉善坊私第"(龙朔031)。在洛阳,"思顺坊"(贞观150。洛阳9I)和"思顺里"(贞观145)、"立街坊"(永徽079。所在不明)和"立街里"(永徽071)、"时邕坊"(永徽099。洛阳4K)和"时邕里"(永徽093)、"景行坊"(显庆091。洛阳4J)和"景行里"(显庆085),其实都是同一概念。大多数的殁故地私第位置是以坊名+"坊"和坊名+"里"两种方式记载的。

可是,凭此还是应断定城外不存在和城内坊同名的里。如果有,那"里"就是城外,"坊"就是城内。但表示殁故地"坊名+里(之)(私)第",或仅仅是"坊名+(之)里"的记载的例子有:

洛阳县毓德里之私第(开元388。洛阳2L) 洛阳毓德里之私第(开元345。洛阳2L) 洛阳毓德里之客舍(开元371。洛阳2L) 洛州洛阳县延福里私第(上元024。洛阳8K) 东都之温乐里(开元214。洛阳5M) 洛阳怀仁里之私第(开元259。洛阳9M) 洛阳县嘉善里之私第(贞观077。洛阳10J) 河南府河南县嘉善里之私第(乾符006。洛阳10J) 嘉善之里(咸亨103。洛阳10J) 嘉猷里私第(乾封058。洛阳6L) 洛阳劝善里私第(开元238。洛阳7G) 河南府洛阳县归仁里之私第(开元331。洛阳10M) 教业里(开元234。洛阳3M) 河南惠训里之私第(开元219。洛阳6G) 景行里(咸亨043。洛阳4J) 洛阳景行里之私第(开元262。洛阳4J) 东都兴庆里之私第(开元208。洛阳13J) 思恭里之私寝(咸亨113。洛阳3I) 思恭里私第(仪凤013。洛阳3I) 思顺里之私第(上元003。洛阳9I) 思顺里之私第(开元309。洛阳9I) 洛州洛阳县时邕里私第(显庆030。洛阳4K) 修义里……修义里(上元001。洛阳1J) 洛阳修义里之私第(开元339、开元351。洛阳1I) 洛阳县修义里之私第(开元339。洛阳1I) 集贤里之私第(开元350。洛阳12K) 修善里(长寿028。洛阳10I) 洛阳从善里之私第(乾封001。洛阳8L) 神都从善里……东都从善里(长寿002。洛阳8L) 从善里之私第(开元322。洛阳8L) 洛阳尚善里之私第(上元014。洛阳6E) 河南之尚贤里(开元318。洛阳13G) 章善里(咸亨045。洛阳10、11K) 洛州洛阳县彰善里(咸亨096。要是章善坊的话,就是洛阳10、11K) 章善里之第(咸亨104。洛阳10、11K) 审教里之私第(开元305。洛阳1L) 绥福里(仪凤005。洛阳9L) 来庭县绥福里(大足006。洛阳9L) 河南崇政里(开元398。洛阳10、11G) 河南县清化里私第(贞观100。洛阳3H) 清化里之私第(永徽030、龙朔016、咸亨112。洛阳3H) 河南县政俗里之私第(开元410。要是正俗坊的话就是12I) 河南府河南县正俗里之私第(开元438。洛阳12I) 东都积德里之私第(咸亨092。洛阳4M) 河南府河南县宣教里之私第(开元471。洛阳12J) 尊贤里(仪凤010。洛阳11K) 洛阳尊贤里私第(开元399。洛阳11K) 尊贤里之私第(如意001、长寿016。洛阳11K) 通远之里私第(开元273。洛阳1M) 通利里之私第(开元309。洛阳7J) 洛阳陶化里之私第(开元382。洛阳11J) 神都德懋里之私第(天授033。洛阳3L) 洛州洛阳县敦厚里……洛州洛阳县陶化里(上元039。敦厚坊在洛阳2J,陶化坊在洛阳11J) 洛州河南县福善里私第(上元028。洛阳8I) 福善里之私第(上元029、仪凤037。洛阳8I) 洛阳县丰财里(开元396。洛阳1K) 乐城之里(龙朔035、麟德

067。洛阳7J） 洛阳县立行里之私第（永徽071。洛阳3K） 立行里私第（乾封058、证圣010。洛阳3K） 立行里之私第（开元326。洛阳3K） 麟德里（总章010。洛阳3J） 西京永兴里之私第（开元390。长安3H） 永宁里之私第（景龙017。长安8H） 京师永兴里之私第（大历064。长安8H） 京兆府永乐里之私第（开元060。长安8G） 雍州长安县延康里之私第（景龙043。长安7C） 京兆府延康里之私第（开元250。长安7C） 延康里私第（神龙047。长安7C） 归义里之私第（开元231。长安12B） 长安义宁里之私第（咸亨060。长安3A） 京长安县义宁里之私第（贞元043、贞元044。长安3A） 金城里之私第（天宝253、272。长安3B） 群贤里（长寿029。长安5A） 京兴化里之私第（景云020。长安7D） 京兆府兴宁里之私第（开元378。长安2J） 雍州之胜业里（仪凤029。长安4I） 京兆胜业里之私第（开元266。长安4I） 殖业里（开元236。长安6E） 长安亲仁里之私第（贞元025。长安7H） 万年县之崇义里（永徽028。长安6G） 靖安里之私馆（开元381。长安9G） 宣阳里（咸亨077。长安6H） 雍州万年县宣阳里之私第（万岁登封004。长安6H） 长安宣阳里之私第（建中002。长安6H） 宣阳里之私第（贞元012。长安6H） 道政里之私第（开元304。长安5J） 长安布政里之私第（大历004。长安4C） 上京平康里之私第（贞元017。长安5H） 丰安里之私第（长安020。长安11D） 醴泉里之私第（神龙004、景云025、开元274、开元370、天宝273。长安4B）

如上例子，不胜枚举。"景行邑私第"（麟德033。景行坊在洛阳4J），也可以如此类推。坊名＋"里"的事例实在太多，当然不能把这些都看做城外的里。"坊＋里"是殁故地"坊名＋里（之）第""坊名＋里（之）私第"更加简略的记载。坊名同时作为里名，或者是用"里"文来代替"坊"，两者都是指示空间的事例。

不仅长安、洛阳，唐代地方城市亦是如此。"扬州赞贤坊之私第"（贞元067）、"扬州江都赞贤坊之私舍"（续·贞元021）的"赞贤坊"和"江都县赞贤里从父之私室"（元和087）、"江都县赞贤里之寝舍"（大中066）、"扬州江都县赞贤里河界之私第"（大中086）的"赞贤里"应是同义。同样，"扬州江阳县布政坊之私第"（大和029、开成003）的"布政坊"和"扬州江阳县布政里之第"（会昌047）、"扬州江阳县布政里之私第"（长庆028）的"布政里"，"（扬州）江阳县的仁风坊之私第"（大中009）和"扬州江阳县仁风坊之第"（咸通077）的"仁风坊"，"扬州江□县仁风里之私第"（广明007）和"江阳县仁风里之私第"(大中066)的"仁凤里",(幽州)"肃慎坊"(大中141)的"肃慎坊"和"(幽州大都督)府城之肃慎里"(大中129)的"肃慎里"都应同义。

以上事例证明,唐代以"里"指代城内"坊"的现象非常普遍。从历史的视角也可以看到,"坊"和"里"作为兼容互换的词语,在表示城内区划时曾被交替使用。在这一历史前提下,唐代的"里"作为一种雅语、雅称代指了正式名称的"坊"。接下来要讨论的问题就是,被频繁使用作为"坊"的雅号、雅称的"里",和城内乡里制的存在形态特别是乡里制的"里"的关系。

五、唐代京城内的乡里和坊

前面几部分的讨论已经证明了唐朝地方城市"坊"之上存在"乡"(第三部分),还有大量用"里"来标记城内的"坊"的实例(第四部分)。那么,长安城内"坊"之上是否有"乡"呢?以及用"里"来标记的位于"乡"之下的"坊"与乡里制的"里"的关系又如何呢?

"卒于长安县弘安乡嘉会坊私第(显庆099)",嘉会坊确实是长安县的坊名(长安9B),所以,坊的上面存在乡一级行政单位。[31] 同样的例子并不罕见,例如"终于洛阳县上东乡育财里私第(嗣圣003)"。上东乡本身是延伸至城外,"育财"和洛阳的坊名(洛阳4L)一样[32],所以"上东乡"不但包括城内的"育财坊"还有可能延伸至城外。

还有同样的例子:

> 雍州万年县长乐乡之纯化里(贞观066) 长安城东京兆府万年县长乐乡张寿村春明门外(续·大和022) 万年县长乐乡界龙首之原(开元274) 京兆府咸宁县长乐乡龙首之原(续·天宝051) 京兆府万年县长乐乡古城村(续·大和042)

因为这些都是埋葬地,根据前面所列丧葬令的规定,应该在长安城外。长乐坊(长安1I)在万年县,所以可以解释为长乐乡包含此坊,而且还包括城外的纯化里和张寿村、古城村,并覆盖延伸至城外东北方向的龙首原。

"归葬于长安县永平乡灵安里(续·开成006)",城内长安县有"永平

---

[31] 杨鸿年《隋唐两京坊里谱》(上海古籍出版社1999年版)第391页的"笔者按":"此嘉会坊上冠以乡名,似为长安郊区一里,特以既名嘉会,又属长安,故亦附记于此。"嘉会坊还出现在神功009"雍州乾封县嘉会坊之私第"、天宝035"长安县嘉会里之私第"、续·开元008"终于嘉会里之第"。

[32] 光宅008"洛阳县育财坊之私第"。另外,垂拱037"神都育财里第"。

坊"(长安10B),因此"永平乡"有可能既包括永平坊又包括城外灵安里的宽广地域。"终于洛阳县余庆乡通远里(显庆060)",洛阳城的东北角落有"通远坊"(洛阳1M),所以余庆乡既包括通远坊可能又延伸至城外。"卒于洛州河南县永□乡宣风里(龙朔078)",因为"宣风"是洛阳的坊名(洛阳9D),所以"永□乡"可能包括"宣风坊"。

> 葬于长安县布政乡大郭村龙首原(续·大和020)
> 厝于京兆长安县布政乡大郭里龙首原都门之西五里(续·大中024)

因为"布政坊"位于长安4C,布政乡就有包含"布政坊"并向外一直延伸到西侧城外辽阔的大乡的可能。特别是续·大和020的情况,因为墓主的殁故地是"布政坊"南邻的"延寿里"(延寿坊),很难认城郭外的"布政乡"和城郭内的"布政坊"全然没有关系只是偶然一致。"葬于万年县崇义乡(续·大历030、续·贞元023)","崇义坊"位于万年县(长安6G),也可以解释为包含此崇义坊的乡延伸至城外。

还有更值得关注的例子:

> 洛阳河南县永泰乡行修里之第(麟德036)

如果行修里是指行修坊的话,那就是指洛阳10F的修行坊(同行修坊)。洛阳位于9、10F的还有永泰坊(这是"永泰里"的表示的例子有麟德066、乾封027的"薨于私第永泰里"),通览墓志,比起乡名和坊名重合的例子,更多的是里名和坊名重合。位于洛阳城东南包含永泰坊的乡,还包括了几乎就在其正西侧的行修坊。但是,关于"永泰乡",还有"窆于洛州河南县永泰乡齐陵西一里"(总章013)的事例。因为是埋葬地,很明显在城外,但果真有如此辽阔的乡吗?

再举个例子:

> ……洛州洛阳人也……终于洛阳县子来乡延福里之私第……夫人……终于洛阳县都会乡喜善里之私第……合葬于洛阳县平阴乡之界。(续·光宅004)

延福和嘉善都是洛阳的坊名(8K与0J),虽说延福里和喜善里在城外的可能性不是没有,但如果喜善是嘉善的误写,或是改称乃至通用的话,证明还存在各个里=坊的上面有别名的乡的可能。都会乡在"神都洛阳县都会乡之私第"(垂拱033)中也出现过。

这些都是能解释在长安和洛阳"坊"上有"乡"的例子。除了"长安县弘安乡嘉会坊"之外，都是乡里形式记载，里名和城内的坊名一致，或乡名和城内的坊名一致的事例。而里名又大都来自儒家抽象的伦理观的名称③，所以城外的里名和城内的坊名偶然相一致的概率也很高。因此，要从史料上证明长安、洛阳城内，或者跨城内外设乡的可能性确实有一定的难度。

但另一方面，没有万年县的坊名和长安县的乡名一致的事例，或者反过来长安县的坊名和万年县的乡名一致的事例。坊名和乡名一致只在同县内的坊和乡之间㉞，如果着眼于此，县下之乡包括城内之坊假设成立的可能性就很高。

长安和洛阳城内坊上有乡的可能性很高的另一个原因，是在第三部分提到在地方城市存在坊上设乡的事例。在地方城市，"乡"的影像模糊。除了州—县—乡—里的乡之外，县—里乃至县—坊这样表示的例子很多。参照地方城市的事例，在长安、洛阳虽然影像很模糊但完全可能有乡这样的单位存在。

下面讨论往往也被写作"里"的"坊"，与乡里制的"里"的关系。问题源自以下史料：

> 终于城居温洛坊里之私第（元和006。洛阳5L）　终于洛城通利坊里（大和009。洛阳7J）　卒于河南府洛阳县履信坊里之私第（大和055、大和071。洛阳11L）　终于醴泉坊里之私第（乾元009。长安4B）

此外，在地方城市：

> 终于依善坊里之私第（大历021。上党县？）　终于永智坊里之私第（咸通022。易县？）　终命于燕都坊里之私第（元和066）

这样"○○坊里"的事例，在前面解释过，"坊"和"里"是异称同体同时，如果参照"终于东都安业坊安业里之私第（大和065）"，"坊"下有同名的"里"的解释也成立。但关于"温洛坊里"，同墓志后文记载"殁于洛阳县温洛之私第"，也就是说只要"温洛"二字就可以通用。那么能否认为无论是"坊"或"里"，指的就是同一个内容呢？

---

③ 参见〔日〕爱宕元：《両京郷里村考》（首次发表于1981年），收入《唐代地域社会史研究》，同朋舎1997年版，第55页。

㉞ 参见〔日〕户崎哲彦：《柳宗元の莊園と唐長安県——柳宗元の故郷・莊園と唐代長安城・長安県に関する歴史地理学の考察の試み（下）》，载《滋賀大学経済学部研究年報》（2），1995年，第67页。

其中值得关注的事例有：

(1) 终于景行坊积善里私第（续·永徽040）
(2) 葬于江阳县仁善乡弦歌坊千秋里蜀塬之侧（开成003）
(3) 卜地于扬州海陵县祯实坊常乐里（续·开成008）

(1)是洛阳4J景行坊下(内)包括积善里的明证。其次(2)，在扬州采用了县—乡—坊—里地点表示法，其关系是江阳县＞仁善乡＞弦歌坊＞千秋里。(3)海陵县＞祯实坊＞常乐里的关系似乎也成立。关于(2)，大致是同一地点的事例有：

当（扬州江阳）县弦歌坊东原（开成042） 城东弦歌坊之平原（会昌047）

如果参照上面的事例，(2)及其他两个有可以解释为埋葬于扬州城内侧东缘的区划之一弦歌坊㉟东面城墙外侧平原的可能。把城内的坊作为起点指示城外葬地的例子还有：

当（扬州江阳）县弦歌坊之原（光启001） 扬州江阳县临湾坊之原（贞元067） 扬州江阳县城东道化坊之原（乾符023。扬州道化坊在乾符024、广明002中也有） 江阳县北道化坊之平原（续·咸通072） 扬州江阳县临湾坊之古原（续·乾符007） （扬州江都）县城之西驯翟坊之原（续·贞元021） 扬子县风亭坊之原（大和098） （扬州扬子）县之西风亭坊之南原（大中034） 杨府海陵县大宁坊之原（续·长庆004） （寿州）寿春县俊造乡左史坊寿□之东廿里偏（大中044） （吴？）郡之东北大宁坊之平原（续·元和031）

其中的"风定坊"，与中和031"殡于扬州扬子县江滨乡风定里"、续·大中034"殁于扬州扬子县风亭之里……合祔当坊敦□之原"的"风定里""风亭之里"同义。

迁窆于当（扬州江阳）县城东权创北道化坊茔内（续·乾符021）

在这个例子中，无论怎么看都只能说是埋葬在坊内。只是道化坊有一个叫做长生禅寺的寺院（乾元011），或许认可在寺域造墓。另外：

葬于清阳县临川坊之权茔（广明004）

㉟ 广明007中有"○○县弦歌里禅智精舍"，可以知道弦歌坊也被称做弦歌里，也就是说，在扬州、长安、洛阳也是同样，坊也被称做里。

上例同样也只能说是葬于坊内,可能这里留有"权"字所以才被许可。如果原本只要不是前面提及的"京城七里以内"就不禁止城内埋葬,那么在地方城市葬于坊内也并不是问题,(2)、(3)就可以简单地以县—(乡)—坊—里这样的地点表示方法,看做是坊之下(内)设里的证明。

坊下包括里的又一个例子"终于南市旗亭里第"(神龙043。南市在洛阳8、9J),关于"南市",从证圣007"终于南市""终于南市之第"可以知道"南市"有居住地。"旗亭"是里的名称,这从"终于旗亭里之私第"(续·开成012)中能够得到确认。假如有"南市坊"的话,那么就认为它包含了叫做旗亭里的里。

以上列举了坊之下(内)设里的史料。但是,并不因此可以认为所有的坊之下(内)都设了里。因为在墓志上,更加详细地指示"坊"中位置时,大都是"布政坊西街"(续·天宝045)或者"安邑里水池曲之第"(续·大中023。安邑坊是长安7J)的事例,而很少出现在表示城外地点时频繁使用"里"。唐·韦述所撰的尊经阁文库藏《长安志》卷三㊱记载每个坊内的宅邸时,用"西南隅""西门之北""东南隅""南门之东""十字街东之北"这类的指示法来标示地点㊲,没有使用一个"里"字。宋朝宋敏求的《长安志》承袭了同样的指示方法。另外宋朝钱易撰写的《南部新书》(中华书局2002年版)"庚中"记载:

> 贞观六年,王珪任侍中,通贵渐久,不营私庙,四时犹祭于寝。为有司所弹,文皇优容之,特为置庙于永乐坊东北隅(第102页)。

这样的指示法不限于地志类,也是一般的地点表示方法。正因为如此,所以就产生了第一部分中所介绍的在城内不施行乡里制的近年来的学说。但是,既然证明了城内施行了乡里制,那么就应该考虑一般地点表示法不用里来表示坊内位置的理由。因为原本一个坊就是里,在坊的内部地点表示上不能用里,这也算是一件悬案吧。

最后,必须谈及看似在坊之上却不是乡而是记载为里的事例。

神都日用里思顺坊之私第(长寿031。思顺坊在洛阳9I)

虽然杨鸿年把这份史料介绍为"神都思顺坊之私第"㊳,但是通过照片确

㊱ 参见〔日〕平冈武夫编:《唐代の長安と洛陽 資料》,同朋舍1985年版。
㊲ 参见〔日〕日野开三郎:《唐代城邑の坊市の角隅について》(首次发表于1964年),收入《東洋史学論集》(第13卷),三一书房1993年版,第312页。
㊳ 参见杨鸿年:《隋唐两京坊里谱》,上海古籍出版社1999年版,第203页。

认,的确是"神都日用里思顺坊"。㊴ 但是,通常在"里""坊"这样的名称中喜欢采用表示品德、道德或者比较吉祥的名称,相对于此,"日用里"过分鄙俗不适合作为里名。"神都"之下,省略了县、乡,并且用了与坊名不同的里表述显得有些唐突。因此,这里的"日用"不是里名,而是"普通使用的"这类程度的修辞句。顺便提一下,根据杨著,两京没有冠以"日用"的坊里。

以上是对长安、洛阳还有唐代地方城市的探讨,大致结论如下:

(1)在唐代的城市中,无论是城内还是城外都设立了乡—里,根据实例,乡是坊的上级单位,地域比坊更广阔。另一方面,里在坊之下,指比坊狭窄的地域。

(2)城内墓志上很少出现里,乡出现的频率也相当低。

(3)以"里"指代城内"坊"的现象极为普遍,实例不胜枚举。

剩下的问题就是,必须理清坊名+"里"的"里",仅仅是"坊"的雅称,抑或是乡、里的"里"即既是行政组织也是户的集合体的"里"。因为"里"就是"坊"的实例太多,在重叠结构说的背景下,住在"A里(=坊)"的人,而户籍上却被编成"B里"的事情就会频繁地发生,这样,作为行政组织的"里"和作为坊的雅称的"里"容易引起混乱。

据我们前面探讨的墓志的实例所知,坊下(内)有里的例子要比把"坊"称为"里"、把"里"叫成"坊"的事例少得多。这是由于对于唐代两京的人们来说,说到"里"首先指的就是坊=里的"里",另外设置与坊无关的"里"的可能性很小。也就是说,在很多情形下,与"坊"同体异称的"里"同时也是乡—里的"里"。

因此,在城内几乎不存在人为区分和自然区分这种重叠结构的实质。把在"坊"内出生的人在户籍上编入"里",这正巧和把自然中存在的"家"作为户籍上的"户"进行登记㊵是同样的想法。每一坊=里任命一人为里正,与家长成为户主是一样的。次者任命坊正是因为政府谋求职务的分担的结果。

通过以上分析,最初列举的"坊"和"里"原本具有互换性用语的问题;次于里正者任命坊正规定的问题;自然与人为重叠结构的想法实质上却是后者(乡里)被前者(坊)制约,因此不能正确地表现实态的问题——这些问题都可迎刃而解。

㊴ 参见河南省文物研究所、河南省洛阳地区文管处合编:《千唐志斋藏志》(上册),文物出版社1984年版,第417页。

㊵ 参见〔日〕滋贺秀三:《中国家族法の原理》,创文社1967年版,第51页。

但是,还是会有新问题产生,那就是作为人身掌管组织的坊=里过大的问题。例如,唐代的户籍是,每乡单独作为一卷(《唐户令》复原第22乙条)。如果不是像长安这样的大城市,5个里正聚集500户、掌握2 000—3 000人的户口还是有可能。但是,在长安这样的大城市,如果把乡作为坊以上的单位来考虑的话,即使只造册土户,至少也有1万人左右的规模。这样的户籍有可能作成吗? 一坊一个里正能完成吗?

这样的问题是之前的重叠结构说完全没有考虑过的。城内也是100户设立1名里正、以500户编成乡、5个里正共同管理以乡为单位分别进行户籍造册,这一点没有问题。把它们按每坊=里进行造册姑且不论,如果按每5里=5坊=乡进行户籍造册作为一卷的话,从分量上讲是相当困难的。所以关于长安和洛阳等大城市的户籍造册按理应该有特别的规定。但事实上根本没有这样规定存在的证据。这是本学说面临的最大问题。

结语:藤原京、平城京的条坊与唐代的坊、里

基于以上的讨论,下面简单地比较唐制阐述藤原京、平城京条坊制的特征。平城京的基本单位是坊,每坊设坊长,每四坊设一坊令,最初没有四坊的叫法。[41]

先于平城京建造的藤原京,除文献中残存的叫做"林坊""左京小治町"的地名外,还有最近发现的记载有"□□京轻坊"的木简。[42] 那么问题是,这些称呼与在藤原京施行的《大宝令》的《职员令》"左京职"条中记载的"坊令十二人"的关系如何呢? 还有,与挖掘发现的条坊痕迹的关系如何呢? 既然左京职中有12位坊令,右京职也应该有12位坊令,而且应该不存在横跨朱雀大路的坊。因此,目前最有说服力的观点10坊×10坊正方形方案的藤原京[43],也必须在它的左右(东西)分别设定12个区划,其中皇宫的面积占了4个坊,所以成了左右共计96坊,左右各48坊,在计算上虽然能分成12个区域,但如果纵列与横列不搭配组合的话,就不能按每四坊进行划分。

平城京除去临时上京的人口以外还有数万人拥有平城京的籍贯,这个数

---

[41] 参见〔日〕岸俊男:《日本都城制総論》,载《日本の古代9 都城の生態》,中央公論社1987年版,第74、75页。

[42] 参见〔日〕小泽毅:《藤原京の造営と京域をめぐる諸問題》,收入《日本古代宫都構造の研究》,青木书店2003年版,第258页。

[43] 同上书,第243页。

字估计没有太大偏差。拥有平城京籍贯的户，也就是所谓的京户，基本上是在公元670年造成庚午年籍时定下来的。因此，这个人口数即使是在藤原京也没什么变化。那样的话，平均一坊的土户人口有数百人，当然平民阶层住的南半部分应该比这个数字更多。这个人数比1 000人以上的一里要小，但是也并没有极端偏离。并且，据选任规定里长和坊长同一级别这一点亦可作为参考。

里长、坊长，并取白丁清正、强干者填充。若当里当坊无人，听于比里比坊简用。〈若八位以下情原者听。〉(《养老户令》第4条)

在能追溯到孝德朝的"五十户"木简大量发现的现在，对于690年的庚寅年籍时全国按照50户编制（除去平城京），每个里都有固有的里名这一认识已经没有任何疑问。所以人口规模基本上和里相同的藤原京内的坊有固定的坊名也很正常。换句话说，相当于平城京一坊左右的藤原京的每一个正方形区划都有类似已经发现的"林坊"这样的坊名，这也是也很自然的。在这一点上，虽然规模不同但与唐代长安城坊名如出一辙。

日本的当政者没有在京内设置里，但是如前所述，实质上中国唐代的坊就是相对于城外的里而设置，日本没有采用人为组织的乡里和自然区分的坊的重叠结构而是一元化为人为组织的坊，其两者并没有实质性差异。从总体上讲，中国唐代重视作为区划的"坊"，因此将本贯之人原封不动地作为"里"来掌控，户籍上作为里、城市规划上作为坊来处理。日本只不过在户籍和城市规划上都称为坊，相当于京外的里，仅此一点差异。

日本没将城内进行双轨制的根本原因，与其说是没有采用自然区分的坊的形式，还不如说里有50户为基准的限制，如果在城内实施，当然实质上就形成跨坊的重叠结构。而中国唐朝的里具有通融性[44]，将城内一个区划的坊作为里在原则上并没有太大的障碍。日本的国、郡下的里是由50户组成的全国统一的计量单位[45]，而京职下的坊和条的基本单位大小不统一。因为京职下的条、坊是根据官员地位颁给的宅地的区划（《日本书纪》"持统五年十二月乙巳"条、《续日本纪》"天平六年九月辛未"条），户数、负担量也没有办法统一。在中国唐代，里在规模上有灵活性，因此把城内一区划的"坊"视为

---

[44] 参见〔日〕中村治兵卫：《唐代の郷》，收入铃木俊教授还历纪念会编：《鈴木俊教授還暦記念東洋史論叢》，大安株式会社1964年版。

[45] 参见〔日〕佐佐木惠介：《律令里制の特質について》，载《史学雑誌》第95编第2号，1986年，第26—28页。

"里"没有大的原则上的障碍。

当然,这个解释只是抓住了事物的一部分,肯定需要结合相关的中国唐代和日本的差异进行综合说明,比如设立与国同一级别但形式只管辖条坊的京职;在坊长之上设置了坊令这一唐令上没有的阶层支配结构,等等。其间,新罗里坊制的坊是相当于唐代城内乡一级区划还是如日本的坊令、坊长制一样,在其上面是否还有负责人等问题,都将成为探讨东亚三国都城制系谱时所要面临的重大问题。

敦煌·吐鲁番出土唐代法制文献研究之现状*

[日]辻正博** 著　周东平*** 译

前　言

近十余年间,有关敦煌·吐鲁番出土文献的资料状况、研究环境大有好转。承其变化,相应的有关西域出土唐代法制文献的研究亦颇多创获。拙文仅就此间围绕新"发现"的唐代法制文献的研究之概要,作一介绍。

有关敦煌·吐鲁番出土的唐代法制文献的优秀概论,很早就有池田温·冈野诚《敦煌·吐鲁番发现唐代法制文献》[《法制史研究》(27),1977年。以下简称池田·冈野:《法制文献》]问世。其构成如下:

一、介绍及研究史

二、现存资料一览及补说

三、法制文献的背景

附:文献目录

该文伊始,即对20世纪初叶"敦煌写本"的发现及其后敦煌学的兴盛,以及以唐代法制文献为中心的研究史之梗概,加以简明的解说。之后,对当时得知的所有西域发现的相关法制文献共计25件,附上图版、录文、校勘处,如有必要处则标示录文和文字校对,并且记录目录、观察研究等所得到的信息,

---

* 本文系对刊登于《敦煌写本研究年报》第6号(2012年3月)的拙稿《敦煌·トルファン出土唐代法制文献研究の现在》一文进行增补后的汉译。

** 辻正博,日本京都大学大学院人间·环境学研究科准教授。

*** 周东平,厦门大学法学院教授。

文末附有文献目录,成为思虑周详的资料解说。① 其所介绍的法制文献的详情如下(编号、标题、文献编号均据池田·冈野:《法制文献》):

律　8件

　　(1) 职制户婚厩库律残卷　P.3608、P.3252
　　(2) 名例律断简　Дх-1916、Дх-3116、Дх-3155
　　(3) 贼盗律断简　大谷5098、大谷8099
　　(4) 诈伪律断简　大谷4491、大谷4452
　　(5) 擅兴律断简　大谷8098
　　(6) 擅兴律断简　TIVK70-71(Ch.991)
　　(7) 捕亡律断简　India Office Library Ch.0045
　　(8) 名例律断简　Дх-1391

律疏　5件

　　(9) 名例律疏残卷　河字17号
　　(10) 杂律疏残卷　李盛铎旧藏
　　(11) 名例律疏残卷　P.3598
　　(12) 贼盗律疏残卷　S.6138
　　(13) 职制律疏残卷　P.3690

令　2件

　　(14) 职员令残卷　P.4634、S.1880、S.3375、P.4634C_2
　　(15) 公式令残卷　P.2819

格　5件

　　(16) 散颁刑部格残卷　P.3078、S.4673
　　(17) 户部格残卷　S.1344
　　(18) (吏部留司格断简?)　TIIT
　　(19) (吏部格或式断简?)　P.4745
　　(20) (兵部选格断简?)　P.4978

---

① 对其中的律疏,冈野诚在《西域發見唐開元律疏斷簡の再檢討》(载《法律論叢》,明治大学1977年,第50—54页)中,予以详细的考察。

式·其他 2件

(21)水部式残卷 P.2507

(22)(职官表) P.2504

判 3件

(23)(判集残卷) P.2593

(24)唐判集残卷 P.3813

(25)(安西判集残卷) P.2754

在此基础上,其后由英文题解、附有详细注释的录文、出土文献黑白照片图版构成的资料集,由东洋文库发行:

Tatsuro Yamamoto, On Ikeda and Makoto Okano (co-edited) , *Tunhuang and Turfan Documents*: *Concerning Social and Economic History*, *I Legal Texts*, (A) Introduction & Texts, (B) Plates, The Toyo Bunko, Tokyo, 1980, 1978.(以下简称 TTD-I)

该书可谓裨益学林。

该书问世迄今,岁月已经流逝了三十余年。② 其间有关敦煌·吐鲁番出土文献资料的资料状况、研究环境大有好转。详细介绍请参见池田温、山口正晃两氏的论考③,但若从今日回看,《法制文献》可谓撰写于激变前夜。如后所述,现在,有关敦煌·吐鲁番出土文献的资料集、图录类出版了远比1970年代为止多得多,以及在 Web 上可以简单地看到尚未达到完备程度的彩色图版。这些情况可以说是1970年代做梦都想不到的事情。

拙文首先回顾了1980年代以来有关敦煌·吐鲁番出土文献的资料状况、研究环境急剧好转的情形,并概观其中有关唐代法制文献的研究有怎样的进展。至于从唐代史研究的角度回顾20世纪敦煌·吐鲁番出土文献研究的论著,已有李锦绣《敦煌吐鲁番文书与唐史研究》(福建人民出版社2006年版。以下简称李:《研究》)。在该书第八章"敦煌史部典籍总述"中,也整

---

② 在 TTD-I 刊行约经过十余年后,冈野诚发表了介绍和研究新发现的敦煌出土法制文献的论考,即《敦煌資料と唐代法典研究——西域發見の唐律·律疏斷簡の再檢討》(载《講座·敦煌》第五卷《敦煌漢文文獻》,大东出版社1992年版)。冈野在该文中,讨论了唐名例律断片(S.94601v)、职制律断简(贴在丽85号)、唐名例律疏断简(73TAM532)等3件文献。

③ 参见〔日〕池田温:《敦煌學と日本人》(1989年首次发表),载《敦煌文書の世界》,名著刊行会2003年版,第60—72页。参见〔日〕山口正晃:《敦煌學百年》,收入《唐代史研究》(14),2011年,第10—14页。

理和介绍了与"法律文书"有关联的研究成果(第 397—404 页)。本文意在补充李氏著作的记述,并附加以近年的研究成果为中心的介绍和评论。

一、有关敦煌·吐鲁番出土法制文献的研究环境的急剧变化
——TTD-I 出版以后的资料整理状况

(一)中国大陆资料整理的进展("文革"后至 1990 年代)

1976 年"文化大革命"结束以后到 1980 年代初期的这一段时间,正值中国大陆历史学界的研究的重大转折点。1982 年出版的唐代史研究会编的《中国历史学界的新动向》(刀水书房),是一本简明扼要地综览当时的中国大陆对始自新石器时代、迄于近现代史的各个时期的研究动态的著作。被收录的无论哪个论考,都传递着对"文革"后接连不断地发表的研究成果"目不暇接"(第 279 页)的气氛,让人感受到际遇时代转折点的史学家的兴奋。

TTD-I 恰好在那个时期问世。"文革"时期吐鲁番出土的法制文献当然未能收录。④ 那么,在参考 TTD-I 问世后发表的研究成果和新近公开的出土法制文献的新资料集,则是由中国大陆的研究者编辑的。

> 刘俊文:《敦煌吐鲁番唐代法制文书考释》,中华书局 1989 年版(以下简称为刘:《考释》)

本书是一本一方面尽可能参考包括 TTD-I 在内的中国国内外的先行研究,另一方面试图对已知的文献附加众多的新法制史料的资料集。图版仅有卷首的两张黑白照片(北京图书馆藏河字十七号开元律疏卷第二名例残卷、法国巴黎国立图书馆藏 P.2507 开元水部式残卷。照片均截取局部),但"录文求忠实于文书原貌"(总叙,第 4 页)。从"总叙"所附《唐代法制文书一览表》(第 5—22 页)中,可对收录的法制文献的发现时间和地点、现在之藏所和编号、现存之数量和内容、最早之介绍和研究等一目了然。还有,从书末所附《本书征引书目》《有关研究论著索引》中,可以窥知刘氏所参考的文献和

---

④ 池田、冈野在《法制文献》的"补记"中,有以下的记载(第 229 页):"最近刊行的《文物》1977 年第 3 期所载吐鲁番文书整理小组、新疆维吾尔自治区博物馆:《吐鲁番晋——唐墓葬出土文书概述》中报道了发现书写工整、盖有'西州都督府之印'的《唐律疏议》残片(第 26 页)。虽然它不过是残片,但证证了唐朝是作为现行法典颁布的,且发现了律文与今天所传本有非常重要的差异。在这个简单记述中,残片是律抑或律疏尚不清楚,有待于与前揭(5)(大谷 8098、擅兴律——引用者)的存在一同考虑的进一步的详情。"之后,该残片以"名例律疏残卷"之名为 TTD Supplement 所收录[仅仅是录文。(A)Introduction &Texts, 第 1—3 页]。

先行研究等，随处可见作者为读者着想的处心积虑。尤其《本书征引书目》《有关研究论著索引》，在当时颇受制约的研究环境下，可以窥知刘氏竭尽所能地收集、分析相关资料的情形。

本书的面世正值"文革"结束后中国大陆敦煌·吐鲁番出土文献研究迅速进展的背景下。⑤ 北京大学中古史研究中心编辑的《敦煌吐鲁番文献研究论集》相继于1982年由中华书局出版了第一辑，1983、1984年由北京大学出版社出版了第二辑、第三辑。以吐鲁番出土文献的整理为核心任务的武汉大学历史系（魏晋南北朝史研究室）也出版了《敦煌吐鲁番文书初探》（唐长孺主编，武汉大学出版社1983年版）。⑥ 或因排版上的困难，均为手写手稿的胶印，传达了迫不及待地将研究成果早日面世的当时中国学界的氛围。这些论集所收的大部分论考是探讨所谓的"社会经济史"的文献，但也收入数篇探讨法制文献的论考：

安家瑶：《唐永泰元年（765年）——大历元年（766年）河西巡抚使判集（伯二四九二）研究》，收入《敦煌吐鲁番文献研究》（第一辑）；

薄小莹、马小红：《唐开元廿四年岐州郿县县尉判集（敦煌文书伯二九七九号）研究——兼论唐代勾征制》，收入情况同安氏文；

刘俊文：《吐鲁番新发现唐写本律疏残卷研究》，收入同上书第二辑；

许福谦：《吐鲁番出土的两份唐代法制文书略释》，收入情况同上刘氏文；

王永兴：《敦煌写本唐开元水部式校释》，收入同上书第三辑；

刘俊文：《天宝令式表与天宝法制——唐令格式写本残卷研究之一》，收入情况同王氏文；

刘俊文：《敦煌写本永徽东宫诸府职员令残卷校笺——唐令格式写本残卷研究之二》，收入情况同王氏文；

卢向前：《牒式及其处理程式的探讨——唐公式文研究》，收入情况同王氏文。

---

⑤ 李：《研究》中具体列举了"敦煌吐鲁番学会"成立（1983年），《敦煌研究》（1981年试刊、1983年创刊）与《敦煌学辑刊》（1984年）创刊，英、法、中国（北京）所藏敦煌文献的缩微胶卷整理，黄永武主编《敦煌宝藏》共140册的刊行（台北新文丰出版社1981—1986年版），池田温《中国古代籍帐研究》（东京大学出版会1979年版。1984年，龚泽铣汉译本由中华书局出版，但不收录录文部分）的出版等动向（第5页）。

⑥ 此后的第二辑在1990年由武汉大学出版社出版。此外，还有韩国磐主编：《敦煌吐鲁番出土经济文书研究》，厦门大学出版社1986年版。

在当时中国法制史学界,刘氏是极少数能够处理出土文献的专家之一,上引《考释》出自刘氏之手,从某种意义上说实乃水到渠成之事。可是,根据"后记",该书完稿于 1984 年夏,《论著索引》所收论著的下限是 1985 年初,就吐鲁番出土文献而言,《吐鲁番出土文书》(国家文物局古文献研究室、新疆维吾尔自治区博物馆、武汉大学历史系编,文物出版社于 1981 年刊行第一册)尚在出版过程中(1991 年才完成全部出版),其照片的全部公开更是此后十余年的事情。亦即该书乃吐鲁番出土文献的全貌尚未明了之前上梓的(仅有一部分是作为国家文物局古文献研究室的录文、文书原件照片的参照而移录的)。

刘:《考释》采录的"法制文书"中,未被 TTD-I 收录的如下所示(分类据刘氏所举"类别";编号、标题亦依刘氏《考释》;刘:《考释》所举初出介绍、研究成果用〔〕内文字表示):

《法典写本》

律

　　2)永徽名例律断片(拟)　S.9460A　〔土肥义和:《唐天寶年代敦煌寫本受田簿斷簡考》,收入《坂本太郎博士頌壽記念日本史論集》,吉川弘文館 1983 年版〕

　　4)永徽职制律断片(拟)　北京图书馆丽字85号　〔中田笃郎:《敦煌遺書中の唐律斷片について》,收入《北京图书馆藏敦煌遺書總目錄》,私家版,1983 年⑦〕

律疏

　　13)开元名例律疏残卷(拟)　新疆维吾尔自治区博物馆73TAM532〔刘俊文:《吐鲁番新发现唐写本律疏残卷研究》,载《敦煌吐鲁番文献研究论集》(第二辑),北京大学出版社 1983 年版〕

格

　　22)开元职方格断片(拟)　北京图书馆周字51号　〔许国霖:《敦煌杂录》(下辑),1937 年版〕

---

⑦ 后又加以订正、补充,以《〈北京圖書館藏敦煌寫經〉中に存する唐律斷片について》为题,载《東洋史苑》(23),1984 年。再后来,以《唐律斷片小考》为题,收于〔日〕中田笃郎编:《北京圖書館藏敦煌遺書總目錄》,朋友书店 1989 年版。

式

25）仪凤度支式残卷（拟）　新疆维吾尔自治区博物馆 73TAM230：46(1),(2)〔许福谦：《吐鲁番出土的两份唐代法制文书略释》，载《敦煌吐鲁番文献研究论集》（第二辑），北京大学出版社 1983 年版〕

26）仪凤度支式残卷（拟）　新疆维吾尔自治区博物馆 73TAM230：84(1)—(6)　〔无〕

《法律档案》

制敕文书

29）贞观廿二年尚书兵部为三卫违番事下安西都护府及安西都护府下交河县敕符残卷（拟）　新疆维吾尔自治区博物馆 73TAM221：55(a),56(a),57(a),58(a)　〔无〕

30）上元三年九月四日西州都督府为勘放流人贯属上尚书都省状断片（拟）　新疆维吾尔自治区博物馆 64TAM19:48, 38　〔《吐鲁番出土文书》（第六册），文物出版社 1985 年版〕

31）文明元年高昌县准诏放还流人文书断片（拟）　新疆维吾尔自治区博物馆 72TAM230:59, 60　〔无〕

32）中和五年三月十四日车驾还京大赦制残卷（拟）　P.2696〔大谷胜真：《唐僖宗車駕還京師大赦文に就いて》，1930 年〕

判

36）唐西州判集断片（拟）　新疆维吾尔自治区博物馆 73TAM222：56(1)—(10)　〔无〕

牒

37）唐初西州处分支女赃罪牒断片（拟）　新疆维吾尔自治区博物馆 72TAM230:47(a)

38）开元盗物计赃科罪牒断片（拟）　新疆维吾尔自治区博物馆 72TAM194:27(1),(2),(3)　〔无〕

39）唐宿卫违番科罪牒断片（拟）　新疆维吾尔自治区博物馆 73TAM531:15(a)　〔无〕

案卷

40）贞观十七年六月高昌县勘问破城之日延陁所在事案卷断片

(拟)〔《大谷文書集成》(一),法藏馆1983年版〕

41)贞观十七年八月高昌县勘问来丰患病致死事案卷残卷(拟)〔《吐鲁番出土文书》(第六册),文物出版社1985年版〕

42)贞观中高昌县勘问梁延台雷陇贵婚娶纠纷事案卷残卷(拟)新疆维吾尔自治区博物馆72TAM209:88,89,90 〔无〕

43)贞观中高昌县勘问某里正计账不实事案卷(拟) 新疆维吾尔自治区博物馆65TAM42:103 〔《吐鲁番出土文书》(第六册),文物出版社1985年版〕

44)麟德二年五月高昌县勘问张玄逸失盗事案卷残卷(拟) 新疆维吾尔自治区博物馆66TAM61:24(a),23(a),27/1(a),2(a),22(a)〔《吐鲁番出土文书》(第六册),文物出版社1985年版〕

45)麟德二年五月高昌县追讯畦海员赁牛事案卷断片(拟) 新疆维吾尔自治区博物馆66TAM61:21(a),20(a) 〔《吐鲁番出土文书》(第六册)、文物出版社1985年版〕

46)麟德二年十二月高昌县追讯樊重堆不还牛定相地子事案卷断片(拟) 新疆维吾尔自治区博物馆69TAM134:9 〔《吐鲁番出土文书》(第五册),文物出版社1983年版〕

47)麟德三年正月高昌县追讯君子夺范慈□田营种事案卷断片(拟) 新疆维吾尔自治区博物馆60TAM325:14/1-1,1-2 〔《吐鲁番出土文书》(第六册),文物出版社1985年版〕

48)开元廿一年正月——二月西州都督府勘问蒋化明失过所事案卷残卷(拟) 新疆维吾尔自治区博物馆73TAM509 〔王仲荦:《试释吐鲁番出土的几件有关过所的唐代文书》,1975年〕

49)开元中西州都督府处分阿梁诉卜安宝违契事案卷断片(拟)中国科学院图书馆 〔黄文弼:《吐鲁番考古记》,中国科学院1954年版〕

50)宝应元年六月高昌县勘问康失芬行车伤人事案卷残卷(拟)新疆维吾尔自治区博物馆73TAM509:8(1),(2) 〔新疆维吾尔自治区博物馆等:《一九七三年吐鲁番阿斯塔那古墓群发掘调查简报》,载《文物》1975年第7期〕

尽管32)的伯希和文书、40)的大谷文书,以及49)的黄文弼著作所收的文书都是已知的资料,但从TTD-I未予收录之事判断,有关刘氏"类别"所说的《法律档案》,除了"判"之外,可以认为TTD-I是以不作为法律上的文本为方针的。21 世纪初叶,包含 TTD-I 补遗的 Tatsuro Yamamoto, On Ikeda, Yoshikazu Dohi, Yasunori Kegasawa, Makoto Okano, Yusaku Ishida and Tatsuhiko Seo [co-edited], *Tunhuang and Tur-fan Documents*: *Concerning Social and Economic History*, *Supplement*, (A) Introduction & Texts, (B) Plates, The Toyo Bunko, Tokyo, 2001.(以下简称 TTD Supplement)由东洋文库出版。上揭刘:《考释》所收录的文献中被采录的有 4 件:

2、4(律)

13(律疏)

36(判)

有关 22)(职方格断片)和 25)、26)(仪凤度支式残卷)则未收录。只是,在 TTD Supplement 的编辑阶段,对刘氏的著作已有充分的检讨,在 Introduction 中亦有明确记载(第 7—8 页)。即使从这一点看,吐鲁番出土文献尽管是在公开过程中出版,但可以断言刘:《考释》的完成度是相当高的。

刘:《考释》出版的翌年,唐耕耦、陆宏基编《敦煌社会经济文献真迹释录》(第二辑)(全国图书馆文献缩微复制中心,1990 年。以下简称《真迹释录》)出版了。本书中作为"法制文书"收录了共计 29 件资料,TTD-I 未予收录的有以下 4 件(编号、标题依从《真迹释录》):

1) 唐律——职制律残片(北图 364:8445 背。⑧ 有图版)

10) 唐开元律疏——名例律疏残卷(新疆维吾尔自治区博物馆 73TAM532。无图版)

28) 唐开元 24 年(736 年)9 月岐州郿县尉□勋牒判集(P. 2979。有图版)

29) 唐永泰年代(765—766 年)河西巡抚使判集(P. 2942。有图版)

上揭各件中的 28)、29),也是刘:《考释》所未收。两者如《真迹释录》的注记那样,其全体录文是由池田温《中国古代籍账研究》(东京大学出版会 1979 年版)分别最早介绍唐开元二十四年(736 年)九月岐州郿县尉□勋牒判集(第 374—376 页)、唐年次未详(c. 765 年)河西节度使判集(第 493—497

---

⑧ 千字文编号"丽 85·霜 89 黏贴",现编号"BD16300"。

页)才使世人知悉。⑨ 还有,池田著作未附图版,《真迹释录》则录文与照片一同登载,可谓意义甚大。

此后的 1994 年出版了《中国珍稀法律典籍集成》(刘海年、杨一凡总主编,科学出版社,以下简称《珍稀法律》)。其中甲编第三册《敦煌法制文书》(唐耕耦主编)"壹·律·律疏·令·格·式·令式表·诏书·判集"收录的 27 件文献,除了一件诏书外,其余均为《真迹释录》所收,并无变化。另外,甲编第四册《吐鲁番文书法律文献》(吴震主编)中的"法典"所收 12 件文献中,有以下 3 件为《真迹释录》所未收的(编号、标题依从《珍稀法律》):

9) 唐书牍判牒范本[60TAM325:14/2-1(b),14/2-2(b),14/3-1(b),14/3-2(b)]

11) 武周智通拟判为康随风诈病避军役等事[73TAM193:38(a)]

12) 判集残卷(67TAM380:02)

上揭之中的 12)件为后来的 TTD Supplement 所采录。

(二) 图录类的出版与 IDP 活动——公开资料的激增

进入 1990 年代,公共研究机关所藏的敦煌、吐鲁番出土文献的图录相继出版,详细情况请参见前揭山口论文。仅有关敦煌的主要就有:

[斯坦因收藏品]

《英藏敦煌文献(汉文佛经以外部分)》(第 1—14 卷)(四川人民出版社 1990—1995 年版。其中,作为第 15 卷的目录与索引于 2009 年出版)⑩

《斯坦因第三次中亚考古所获汉文文献:非佛经部分》[沙知、吴芳思(Frances Wood)编,上海辞书出版社 2005 年版]

[伯希和收藏品]

《法藏敦煌西域文献》(全 34 卷)(上海古籍出版社 1994—2005 年版)

---

⑨ 作为先行录文(都是一部分),前者由刘复《敦煌掇琐》(中辑)("中央研究院"历史语言研究所 1934 年版),以及玉井是博《支那社會經濟史研究》(岩波書店 1942 年版);后者由那波利贞《唐天寶時代の河西道邊防軍に關する經濟史料》[《京都大学文学部紀要》(1),1952 年]分别介绍。

⑩ 包含佛教文献的汉文文献图录的出版于 2011 年重新开始,参见方广锠主编的《英国国家图书馆藏敦煌遗书(汉文部分)》(广西师范大学出版社)。

［俄罗斯收藏品］

《俄藏敦煌文献》（全17卷）（上海古籍出版社1992—2001年版）

［中国国家图书馆所藏文献］

《中国国家图书馆藏敦煌遗书》（第1—7卷）（江苏古籍出版社1999—2001年版）

《国家图书馆藏敦煌遗书》（第1卷—　）（北京图书馆出版社2005年版—　）

由于这些图录的出版，使得历来保藏于特定研究机关的缩微胶卷终于以得以目睹的敦煌出土文献的图版⑪的形式广泛公开。

关于吐鲁番出土文献，早在1950年代，就有利用龙谷大学所藏大谷探险队带回的西域出土古文书（所谓"大谷文书"⑫）的研究成果发表。

西域文化研究会编：《西域文化研究第二、三　敦煌吐鲁番社會經濟資料（上・下）》（法藏館1959年版）

但藏品全貌一般无法得知。其概貌由《大谷文書集成》（1—4）（图版与释文。法藏館1984—2010年版）的出版而得以窥知。依据该书的图版利用大谷文书的研究，不仅在日本国内，即便在中国也随处可见。此外，20世纪后半叶，作为中国实施的吐鲁番古墓群的发掘调查成果《吐鲁番出土文书》（全10册）（仅有释文。文物出版社1981—1991年版）的出版，尤其是中国国内利用吐鲁番出土文献的历史学研究日渐兴盛。而渴望已久的图版《吐鲁番出土文书》（1—4）（图版与释文。文物出版社1992—1996年版）的公开，结合相同出土地点的大谷文书等，也出现了古文书学的研究成果。

关于大谷瑞光主导的中亚探险队的收藏品，很早就在香川默识编：《西域考古圖譜（上・下卷）》（国华社1915年版）⑬中有部分介绍，但由于其后历经

---

⑪　《敦煌宝藏》所载图版偶有不鲜明、难称完美之处。

⑫　详情参见〔日〕小田义久：《龍谷大学図書館藏大谷文書について》，收入《大谷文書集成》（一），法藏館1984年版。

⑬　该书现今在《国立情报学研究所—ディジタル・シルクロード・プロジェクト"東洋文庫所藏"貴重書デジタルアーカイブ》（http：//dsr.nii.ac.jp/toyobunko/I-1-E-18/）中，所有页数均在网上公开了。

曲折而散落,要窥知其全貌颇为困难。⑭ 至于出土文献,除了上揭龙谷大学所藏"大谷文书"外,还出版了以下图书⑮,但尚未全部公开。

〔中国国家图书馆所藏文献〕

《国家图书馆敦煌遗书》第113—123卷(北京图书馆出版社2009年版)※新0001(BD13801)—新0410(BD14210)

《中国国家图书馆藏敦煌遗书》第3、5、6、7卷(江苏古籍出版社1999—2001年版)※新0001(BD13801)—新0205(BD14005)

〔旅顺博物馆所藏文献〕

《旅順博物館藏新疆出土漢文佛經選粹(旅順博物館藏トルファン出土漢文佛典選影)》(圖版与解說。旅順博物館、龍谷大學共編,法藏館2006年版。以下简称《旅博選粹》)

《旅順博物館藏西域文书研究》(郭富纯、王振芬著,万卷出版公司2007年版。以下简称《旅博研究》)

与敦煌、吐鲁番一起,近年来新的考古发掘报告和出土文献的图录有《敦煌莫高窟北区石窟》(第1—3卷)(发掘报告。文物出版社2000年—2004年版)和《新获吐鲁番出土文献(上·下)》(彩色图版与释文。中华书局2008年版)的出版。⑯

敦煌、吐鲁番的出土文献不仅有公共机关的收藏品,也有一些知名的所谓私人收藏。它们近年来也出版了图录。

《日本宁乐美术馆藏吐鲁番文书》(陈国灿、刘永增编,文物出版社1997年版)

《三井文庫別館藏品圖錄敦煌寫經——北三井家》(三井文庫编,2004年版)

《臺東區立書道博物館所藏中村不折舊藏禹域墨書集成(上·中·下)》

---

⑭ 若想了解力图窥知全貌的研究成果,可参见芦屋市立美术博物馆编《モダニズム再考二楽荘と大谷探険隊》(芦屋市立美术博物馆1999年版)第147—179页,以及〔日〕和田秀寿编《モダニズム再考二楽荘と大谷探険隊II》(芦屋市立美术博物馆2003年版)第109—117页。

⑮ 在此之前,《旅順博物館所藏品展——幻の西域コレクション》(京都文化博物館、京都新闻社編,1992年版)及《順博物館藏新疆出土文物研究論》[龙谷大学西域文化研究丛书(2)],龙谷大学佛教文化研究所·西域研究会1993年版〕等,已将所藏文献的一部分公开了。

⑯ 这些新出文献的整理到刊行的过程,请参见荣新江(西村阳子译):《シルクロードの新出文書——吐鲁番出土文書の整理と研究》,载《東洋学報》,2007年,第89—92页;荣新江、李肖、孟宪实:《新获吐鲁番出土文献概说》,载荣新江、李肖、孟宪实主编:《新获吐鲁番出土文献研究论集》,中国人民大学出版社2010年版。

（矶部彰编、文部科学省科学研究费特定领域研究《东アジア出版文化の研究》总括班,2005 年）

《杏雨書屋藏・敦煌祕笈》(武田科学振兴财团。"目录册",2009 年;"影片册",2009 年— ）

尤其杏雨书屋所藏敦煌文献,作为"遗留的最后大型收藏品"而公开,是学界翘首以待的。经过相关人士的努力,目前正在加紧出版之中。就相关法制文献来说,作为《李盛铎旧藏》早已知名的《唐开元杂律疏》残卷,以"羽020R"刊登于《敦煌秘籍》影片册一,其保存所在终于明确了。⑰

作为国际合作公开敦煌写本的 IDP（International Dunhuang Project）的发足是 1994 年。由收藏敦煌、吐鲁番出土文书的主要研究机关参加的该组织,将总部设在大英图书馆,加诸研究机关之间相互的情报交流、研究协助,把收藏达 10 万件以上的资料(绘画、遗物、纺织品、写本、历史照片和地图等)在互联网上公开。[http://idp.bl.uk/（总部网址）、http://idp.nlc.gov.cn/（中文版网址）]

从出土文献来说,因容易获得比出版物更鲜明的彩色照片,颇有利用之价值。

二、TTD Supplement 的出版与此后的"发现"

（一）TTD Supplement 所收法制文献

如上所述,有关敦煌・吐鲁番出土文献的资料状况、研究环境,经过1990年代的过渡期,进入 21 世纪后大有好转,该领域的研究呈现出以中国大陆为中心的格外活跃的面貌。如就唐代法制文献而言,在 2001 年出版了 TTD Supplement,追加了 9 件 TTD-I 未收录的文献。其中,刘:《考释》《真迹释录》《珍稀法律》未收录的有如下 3 件（编号、标题依据 TTD Supplement。最早的介绍、研究成果以〔〕内文字表示）:

　　　　户部格残卷　北图・周六九　〔池田温:《唐朝開元後期土地政策の一考察》,载《堀敏一先生古稀纪念中国古代の国家と民众》,汲古书

---

⑰ 在《第 54 回杏雨書屋特别展示會〈敦煌の典籍と古文書〉》(财团法人武田科学振兴财团 2010 年版)中,作为《开元律疏议》予以介绍（第 9 页）。还有,其纸背天地(上下)颠倒地书写着《四分律并论要用抄》。就其表里关系,冈野诚在《唐宋史料に見る"法"と"醫"の接點》[载《杏雨》(14),2011 年]中已详加检讨。

院 1995 年版⑱〕

　　判文断片　　65TAM341:26(b)　〔《吐鲁番出土文书》(第八册),文物出版社 1987 年版〕

　　永徽(显庆)礼抄录(?)　　Дх-3558〔荣新江、史睿:《俄藏敦煌写本〈唐令〉残卷(Дх.3558)考释》,载《敦煌学辑刊》1999 年第 1 期〕

但此后也有如下的新法制文献的"发现"。

(二) 从俄罗斯科学院东亚写本研究所所藏文献中的发现

1.《断狱律》(第 3 条)残片(Дх-9331)

保存于俄罗斯圣彼得堡的俄罗斯科学院东亚文献研究所(Institute of Oriental Manuscripts, Russian Academy of Sciences,以下简称 IOM)的西陲出土文献,由于《俄藏敦煌文献》图录的出版,使研究有了飞跃进展。就法制文献而言,史睿在《新发现的敦煌吐鲁番唐律、唐格残片研究》中将 Дх-9331 比定为《唐律·断狱律》,登载了录文。⑲

　　史睿:《新发现的敦煌吐鲁番唐律、唐格残片研究》,载《出土文献研究》(8),上海古籍出版社 2007 年(以下简称史睿:《残片研究》)

据此,该残片为《断狱律》第 3 条"死罪囚辞穷竟"条的写本残片。正像史睿氏所指出的那样,该写本以极为谨直的书体书写,复原后一行文字数为 14—16 个字,比较接近同样以谨直书体写成的大谷 8098《唐律·擅兴律》(第 9、10 条)残片的每行 13—14 个字。

笔者曾出席 2009 年 9 月在 IOM 召开的"敦煌学:第二个百年的研究视角与论题"会议(International Conference "Dunhuang Studies: Prospects and Problems for the Coming Second Century of Research"),会议结束后,承波波娃(Dr. Irina Popova)所长的厚意,赐予亲自调查该写本的机会。其结果是在 Дх-9331 的纸背并无文字,按有一枚红色印章,虽不鲜明,但可判读为"……州□/……

---

⑱　根据池田的论文,该文献是 1929 年前后整理的 1192 件中的一件,拟题为《开元田赋文件残稿》。而其存在的被广泛知晓,则是与"第四届中国敦煌吐鲁番学会讨论会"同时的、1992 年 9 月 29 日北京图书馆善本部主办的特别展上陈列展览之时(第 392 页)。还有,在中国国家图书馆善本特藏部、上海龙华古寺、《藏外佛教文献》编辑部合编的《中国国家图书馆藏敦煌遗书精品选》(出版社不明,2000 年版)中,刊载有彩色照片(拟题"开元新格卷三户部")(第 14—15 页)。现编号为 BD09348。

⑲　Дх-9331 图版见《俄藏敦煌文献》第 14 册,第 151 页(黑白照片)。

之印"。⑳ 亦即该写本残片的纸背是按有官印的。敦煌、吐鲁番出土文献所按之官印,通常为边长5.2—5.4 cm的方印,从 Дх-9331 纸背残留的印迹判读,其印文为"□州□/□□之印",或为"某州都/督府之印"的可能性甚高。㉑

2.《厩库律》(第17—19条)残片(Дх-11413v)

在前揭史睿氏论文中,指出 Дх-11413v㉒ 是《厩库律》第17条"监主贷官物"—第19条"损败仓库积聚物"的写本残片(但非官府正式作成的写本,而是随意抄写的习字)。再有,陈国灿氏认为,从纸背书写的文书(唐安十三欠小小麦价钱凭)内容判断,该残片是从吐鲁番出土的。㉓

3.《名例律》(第44、45条)残片(Дх-8467)

Дх-1391㉔ 为《唐律·名例律》(第46条"同居相为隐"至第50条"断罪无正"条)的写本残片早已为人所知㉕,但笔者近年注意到,Дх-8467㉖ 是可以与之直接连接的唐律写本残片(第44条"共犯罪有逃亡"至第46条"同居相为隐"),并为此撰写了专文。㉗

正如《孟列夫目录》记述"因为附着粘土而呈现淡红色"那样,在写本残片的部分表面粘着有如红色颜料一样的东西,它横跨 Дх-8467 与 Дх-1391 双方。这种情形从IOM所提供的高清彩色图版的分析以及笔者在研究所的原件调查中,均可得到确认。由此可知,两件残片原来是连续在一起的一件写本。

Дх-1391 与 Дх-8467 均有若干以楷书书写的患漫残破文字。若将两件残

---

⑳ 《俄藏敦煌文献》第14册第151页下半部刊载有 Дх-9331 纸表的图版,但纸背的照片未予收录。东洋文库购入的《圣彼得堡所藏敦煌等文献》黑白胶卷(汉文)也没有收录 Дх-9331 纸背的照片。

㉑ 详见拙稿:《Дх-9331 唐律寫本残片小考》,收入〔日〕高田時雄编:《涅瓦河邊談敦煌》,京都大学人文科学研究所2012年版。

㉒ Дх-11413v 图版见《俄藏敦煌文献》第14册第212页上半部右侧。Дх-11413v 依据史睿氏的见解。

㉓ 参见陈国灿:《〈俄藏敦煌文献〉中吐鲁番出土的唐代文书》,载《敦煌吐鲁番研究》(8),2005年,第109—110页。

㉔ Дх-1391 图版见《俄藏敦煌文献》(第8册),卷首图版七(彩色)、第133页(黑白照片)。

㉕ Воробьева-Десятовская М. И., Гуревич И. С., Меньшиков Л. Н., Спирин В. С., Школяр С. А. Описание китайских рукописей дуньхуанского фонда Института народов Азии. Вып. 1. Под ред. Л. Н. Меньшикова. Москва: Издательство восточной литературы, 1963, с. 566;〔俄〕孟列夫主编:《俄藏敦煌汉文写卷叙录》(上册),上海古籍出版社1999年版,第574页(以下简称《孟列夫目录》);〔日〕池田·冈野:《法制文献》,第206—207页。

㉖ Дх-8467 图版见《俄藏敦煌文献》(第14册),第55页(黑白照片)。

㉗ 拙稿《俄羅斯科學院東方文獻研究所藏〈唐名例律〉殘片淺析——關於 Дх-8467 的考證為主》,載 Dunhuang Studies: Prospects and Problems for the Coming Second Century of Research, Ed. by I. Popova and Liu Yi. Slavia Publishers, St. Petersburg, 2012.

片结合起来,行数合计 26 行,每行文字约 18—21 字。试以孙奭《律附音义》(上海古籍出版社 1979 年版)的该处文字校对,可知仅有个别字句的异同。

　　　写本残片(Дx-8467 + Дx-1391)　　　　　　《律附音义》
　　① 第 8 行　　罪法不等则以重　　　　　罪法不等者则以重
　　② 第 9 行　　官计其等准盗论　　　　　官物计其等准盗论
　　③ 第 18 行　无财者(右侧有削除符号)　无财者
　　④ 第 19 行　及癈疾不合加杖　　　　　及癈疾不合加杖

②是单纯脱字,④是写本残片的文字正确。

关于①,《通典·刑法·刑制》引《开元律》亦无"者"字。《律附音义》的律本文也被认为是《开元律》,故其异同应如何解释颇费周折。当然,也存在仅仅是脱字的可能性。

至于③,可以解释为写本的校对者误用了削除符号。这暗示着对该写本曾有过校正。换言之,意味着该写本可能不是出自个人之手的私人写本,而是在官府使用的由官方制作的写本。㉘

刘俊文认为 Дx-1391 所载之律是《永徽律》。㉙ 刘氏主张的根据在于《永徽律》与确实的唐律写本(《名例律》第 6 条)残片 Дx-1916 + Дx-3116 + Дx-3155 以及 Дx-1391 的"书写格式和笔迹"基本一致这一点上。但若详查照片以及原件,Дx-8467 + Дx-1391 留有天地界限,并有竖向折痕。与此相对,Дx-1916 + Дx-3116 + Дx-3155 均未见留有天地界限和竖向折痕。即使在纸质上,Дx-1916 + Дx-3116 + Дx-3155 略薄,与 Дx-8467 + Дx-1391 的纸质有异。㉚ 据此判断,Дx-1916 + Дx-3116 + Дx-3155 与 Дx-8467 + Дx-1391 "是同一卷子的分离物"的论断未必合理。写本内容上因为既有永徽律也有开元律的判定,笔者现在依从主张"永徽律或者开元律"的池田、冈野两氏的判断。

4.《格式律令事类》残卷(Дx-3558)

有关《俄藏敦煌文献》中作为"道教经典"的 Дx-3558㉛,最早指出其为唐

㉘　TTD-I 认为:"从稚拙的文字推测,似不是官府的写本,而是官员或者胥吏私人所有的写本。"[(A) Introduction & Texts,第 28 页]

㉙　刘:《考释》,第 33 页。

㉚　关于被认为与 Дx-1916 + Дx-3116 + Дx-3155 同卷的 S. 9460v,通过仔细观察 International Dunhuang Project(http://idp.bl.uk/)数据库"IDP Database"中公开的照片,所得到的感受亦同。

㉛　Дx-3558 图版见《俄藏敦煌文献》(第 10 册),第 332 页(黑白照片);参见拙稿《"格式律令事類"残卷の發見と唐代法典研究——俄藏敦煌文獻 Дx.03558 およびДx.06521 について》(《敦煌写本研究年報》创刊号,京都大学人文科学研究所 2007 年,第 81—90 页);卷末《彩色圖版 1-1》。

代法典的写本的是前揭荣新江、史睿的《俄藏敦煌写本〈唐令〉残卷考释》。但该论文推定 Дх-3558 是《唐令》(永徽令的修订本㉜)的摘抄本(《台省职员令》和《祠令》)。再有,提出了对该残卷上半部缺落部分文字的补足意见。TTD Supplement 在拟题为《永徽(显庆)礼抄录》(未明示所据)的同时,介绍了荣、史两氏的补足文字的意见。

质疑上揭论文的结论,并将 Дх-3558 比定为《格式律令事类》㉝的是：

　　　　李锦绣:《俄藏 Дх.3558 唐〈格式律令事类・祠部〉残卷试考》,《文史》(60),2002 年

在这样的背景下,下一项将要介绍的有关 Дх-6521 的见解似受其影响。李氏认为,该写本残卷引用了《主客式》第 1 条、《祠令》(开元二十五年令)第 2 条。㉞

Дх-3558 未被《孟列夫目录》所采录。且因在《俄藏敦煌文献》的图版中未附尺寸,历来其古文书学方面的信息不甚明了。于是,笔者在拙稿《"格式律令事類"残卷の發見と唐代法典研究——俄藏敦煌文献 Дх.03558 および Дх.06521 について》(前揭)中,一方面依据李氏论文将该残卷比定为《格式律令事类》的见解,另一方面依据 IOM 所提供的彩色图版进行分析：

　　　　纸幅:高 16.8 × 横 25.2cm(均为最长部分的纸幅)
　　　　界限:有(天、地、竖栏。乌丝栏)
　　　　纸质:质地细腻的上等黄麻纸

明确了上述相关资料数据,并对该写本的体例(首先为篇目名,其后列举条文)、引用法令(主客式、祠令。均为开元二十五年制定的)、复原方案(每行 16—18 个字)等进行考察。

5.《格式律令事类》残卷(Дх-6521)

《俄藏敦煌文献》中拟题为"唐律"的 Дх-6521㉟,将其比定为《格式律令事类》的是雷闻的《俄藏敦煌 Дх.6521 残卷考释》(载《敦煌学辑刊》2001 年

㉜　论文中说明这是"显庆二年七月以降修订的永徽令,或者是同年同月以降行用的永徽令"(第 9 页)。

㉝　《格式律令事类》(40 卷)与律、律疏、令、式、开元新格均为开元二十五年编纂。据《旧唐书・刑法志》记载,其体裁"以类相从,便于省览",故应是以法曹实务者为对象而编纂的。

㉞　荣新江、史睿在《俄藏 Дх.3558 唐代令式残卷再研究》[载《敦煌吐鲁番研究》(9),2006 年]中,提出该残卷所引用的法令中最早的是《祠部式》,且残卷自身为显庆年间编纂的目前尚未知晓的《令式汇编》的结论,修正了前引论文的见解。

㉟　图版见《俄藏敦煌文献》(第 13 册),卷首图版四(彩色)以及第 120 页(黑白照片)。

第 1 期)。雷氏认为,该写本残卷继种类、篇目均不明的起首条文 1 条(第 1—3 行)之后,抄写了《考课令》1 条(第 4—9 行)、《户部格》1 条(第 10—13 行。《考课令》《户部格》均为开元二十五年制定的)、被认为是开元二十二年八月的敕(第 14 行)4 条。除了起首条文之外,均与朝集制度相关。

还有,与雷氏的考释不同,土肥义和氏推定该残卷是《格式律令事类》的写本。

> 土肥义和:《唐考課令等写本断片（Дx.6521）考——開元二十五年撰〈格式律令事類〉に関連して》,载《国学院雑誌》(105-3),2004 年

土肥氏在列举了其特征是"把时代不同的规定按时代顺序排列记载"的同时,比定了残卷所载条文的年代为"七世纪唐考课令""开元二十五年户部格""近似开元二十五年的敕文"(均是与朝集使的任务相关的条文,起首第 1—3 行的条文未予比定)。

在上述研究的基础上,笔者也就 Дx.6521 从 IOM 处获得彩色图版㊱,并予以若干考察(见前揭论文)。与 Дx.3558 同样,Дx.6521 在《孟列夫目录》亦无记载。拙稿对获得的图版进行分析,明确了:

> 纸幅:高 16.5 × 横 25.8cm(均为最长部分的纸幅)
> 界限:有(天、地、竖栏。乌丝栏)
> 纸质:质地细腻的上等黄麻纸

至于写本所载的法令条文,指出了作为考课令 1 条、户部格 2 条(均为开元二十五年制定的)的复原方案(每行 16—19 个字)。在书式方面,与 Дx.3558 一样,篇目名之后为条文(格的场合以敕颁布的年月日为序),属同一篇目的条文相续时,省略篇目名(格的场合则以"敕"字置于起首㊲)。可是,雷氏、土肥氏两人均把属于"敕"的条文,判断为与前条相同的《户部格》。

(三) 中国国家图书馆所藏文献中的发现

随着中国国家图书馆所藏敦煌出土文献图录出版工作推进的结果,新"发现"了如下法制文献:

㊱ 《敦煌写本研究年报》创刊号(2007 年)、卷末《彩色图版 1—2》(图版说明的"Дx.3558"为"Дx.6521"之误)。本图版在照片摄影之际,已对写本残片有过若干的修复。参见上揭拙稿第 88 页。

㊲ 有关唐代格的书式,参见〔日〕滋贺秀三:《法典編纂の历史》,载《中国法制史论集 法典と刑罰》,创文社 2003 年版,第 77—78 页;〔日〕坂上康俊:《有关唐格的若干问题》,载戴建国主编:《唐宋法律史论集》,上海辞书出版社 2007 年版。

1.《杂律疏》(第 38 条)残片(BD01524)

史睿氏最早指出贴在 BD01524《金刚般若波罗蜜经》纸背的纸片是《唐律·杂律疏》写本残片(史睿:《残片研究》,第 215—216 页)。《敦煌宝藏》未收录的该残片,《国家图书馆藏敦煌遗书》第 22 册《条记目录》不过记为"应为残文书"(第 8 页)。

依据史氏的录文及复原方案(据现行版《唐律疏议》),写本每行约 16 个字,其内容为《唐律·杂律疏》第 38 条"乘官船违限私载"的一部分。史氏还比较了李盛铎旧藏《唐律·杂律疏》残卷和书体,断定该残片与被认为是唐初写本的李氏旧藏本"不是同一时代的写本"。

在史氏研究的基础上,冈野诚氏对该残片进一步加以检讨:

冈野诚:《新たに紹介された吐魯番・敦煌本〈唐律〉〈律疏〉断片——旅順博物館及び中国国家図書館所蔵資料を中心に》,载土肥义和编:《敦煌・吐魯番出土漢文文書の新研究》,东洋文库 2009 年版(以下简称"冈野《绍介》")

依据《条记目录》,BD01524 的纸背上粘贴着两片纸片,但史氏仅对其中大片的纸片文字进行研究。冈野氏指出,《条记目录》释为"弘(?)戒(?)"的文字有可能是杂律疏"私载"的文字,并且两枚纸片存在上下接合的可能性。还有,李氏旧藏《杂律疏》为开元二十五年律疏之见解已由先行研究确定了,故提出该残片也可以视为《开元律疏》的一部分的见解。之后,冈野氏对该残片的原卷进行调查,报告了其调查结果:

冈野诚:《旅順博物館・中國國家博物館における〈唐律〉〈律疏〉断片の原卷調查》,载土肥义和编著:《内陸アジア出土 4—12 世紀の漢語・胡語文献の整理と研究》,平成 22—24 年度科学研究费补助金基盘研究(C)研究成果报告书,平成 22 年度分册,2011 年(以下简称《原卷调查》)。

2. 户部格残片(BD10603)

前面[二之(一)TTD Supplement 所收法制文献]介绍过的《户部格》残卷(BD09348)之僚卷(别的一部分)的残片,刊载于《国家图书馆藏敦煌遗书》第 108 册(北京图书馆出版社 2009 年版)之"开元新格卷三(拟)"。与 BD09348 同样,纸背上书写着《大乘百法明门论开宗义记》。卷末的《条记目录》记载了该残片的详细资料和释文,可供参考。

(四)旅顺博物馆所藏文献中的发现

在大谷探险队搜集的西域出土文献中,有关旅顺博物馆所藏的,如前所述,

在近些年陆续出版。在此之前的研究中,将其作为唐代法制文献处理的有:

  荣新江(森部丰译):《唐写本中の〈唐律〉〈唐礼〉及びその他》,载《东洋学报》(85-2),2003年

  该文是2000年5月荣氏在东洋文库演讲稿基础上的修订版,其中,荣氏言及的法制文献有两件:

  1)《唐律》断简
  2) 唐烽堠文书残片

  其中的后一件2),刘:《考释》认为与比定为《开元职方格》的中国国家图书馆藏"周51号"文书有关。荣氏订正了刘氏录文的讹误,并指出其不是《职方格》的写本,而是"有关镇戍守捉烽堠的文书"。

  1. 贼盗律(第46—48条)断片(LM20_1457_20_01)

  1)是荣氏在查找到旅顺博物馆所藏吐鲁番文书的旧照片的基础上的研究,荣氏将其比定为唐律贼盗律第46条"略和诱奴婢"、第47条"略卖期亲以下卑幼"、第48条"知略和诱和同相卖",指出存在与大谷5098、大谷8099相结合的可能。而且,该唐律写本断简含有与现行唐律不同的文字,荣氏将其断定为《永徽律》或者《垂拱律》的写本。然而,依据《旅博選粹》(第202页)、《旅博研究》(第179页),该唐律写本断简编号为LM1457_20_01,确实为旅顺博物馆所藏,但现状与荣氏的照片有异,是贴在衬纸上的。㊳

  关于该写本断简的贼盗律第47条,冈野诚氏作了详细的探讨(冈野:《绍介》,第93—106页)。在此后,冈野氏针对该残片在旅顺博物馆作了原卷调查,发表了在那儿得到的见解与写该断片彩色图版的报告(冈野:《原卷調查》,第9—11页)。

  2. 名例律疏(第27、28条)断片(旅顺:1509_1580、1507_988、1507_1176_4)

  在《旅博研究》"馆藏大谷藏品新整理的文书"的《经册中的社会文书》项下,刊载了4件"法律文书"的黑白照片和录文。依据冈野诚氏的意见,其中的3件是《唐律·名例律疏》第27、28条的写本断片(冈野:《绍介》,第86—91页。还有残留的1件,是前项已列举的贼盗律断片)。这3件断片是从同一抄本分离但又不能直接接合的,从其书式判断,应是"地方官员为自己之需

  ㊳ 称为"蓝册"或者"蓝皮册",是整理为蓝色封面的折叠本形式的文件夹(大小合计共52册)。参见〔日〕橘堂晃一:《二樂莊における大谷探檢隊將來佛典斷片の整理と研究——旅顺博物館所藏のいわゆる"ブルーノート"の場合》,載《東洋史苑》(60・61),2003年,以及《旅博選粹》解说(第251页)。

而书写的开元刊定《律疏》”(第90页)。

(五)《大谷文书》中的发现

《大谷文书集成》的出版而引发的情形之一,是从中发现了如下的法制文献:

祠部格残片(大谷8042、8043)

这些残片的图版很早就刊载于《西域考古图谱》下册《史料》(9)之(3)《唐文书断片(吐峪沟)》。其文书资料、录文亦被《大谷文书集成》三(法藏馆2003年版)收录:

8042　唐乾封二年(667年)佛教关系文书〔图版四六〕

8043　唐文书残片〔图版四五〕

与之几乎同时发表的有如下论考:

史睿:《残片研究》(前揭,第216—218页)

坂上康俊:《有关唐格的若干问题》(参见注㊲,第66—67页)

将其比定为唐格。史、坂上两氏都在出示录文[39]之后,检讨具体属于哪种格,只是结论稍稍有异。亦即史氏推测是在仪凤、垂拱、神龙之间的某个时期编纂的《礼部格》,坂上氏认为最有可能属于《神龙散颁祠部格》。拙见以为,追究其为何时编纂的格颇不容易,但篇目方面属于《祠部格》的见解是妥当的。[40]

(六)《新获吐鲁番文献》中的发现

礼部式(或库部式)残卷(2002TJI:043[41])

《新获吐鲁番出土文献》中以“2002年交河故城出土文献”为目刊载的残片,几乎全都比定为汉文佛典。[42] 但其中仅包含1件是佛典之外的汉文文献。

㊴　录文有若干不同之处,但似以史氏的录文为正确。

㊵　史氏是依据《唐六典·尚书礼部·祠部郎中员外郎》条推测的。但若考虑到唐格是以尚书省的二十四司为篇名的,则其说法似有不妥之处。《唐六典·尚书刑部·刑部郎中员外郎》条:“凡格二十有四篇(以尚书省诸曹为之目)。”

㊶　文献编号意味着“2002年吐鲁番交河故城出土”、I是附有出土遗物的编号[《新获吐鲁番出土文献》(上册)“凡例”]。再有,在雷闻氏的论文中,本写本残卷的编号是“2002TJI:042”,但查《新获吐鲁番出土文献》(下册)第242页所载图版所附的编号是“2002TJI:043”,而“2002TJI:042”的编号是给“五〇 婆罗迷文文书残片”。

㊷　2002年春,从吐鲁番交河故城大佛寺(E-15)寺院外壁周围的虚土(锄碎的软土)中出土了大小80多件写本残片。《新获吐鲁番出土文献》(下册)第231—251页刊载的残片,除了回鹘语文献1件、婆罗米文文献1件,以及本文介绍的写本残片之外,全部是汉文佛典的写本。

其书写内容在雷闻的《吐鲁番新出土唐开元〈礼部式〉残卷考释》[(2007年首次发表),增订版收录于荣新江、李肖、孟宪实主编:《新获吐鲁番出土文献研究论集》,中国人民大学出版社2010年版]中,比定为开元二十五年删定的《礼部式》。雷氏认为该写本残片可分为3件,所记内容是:① 有关仪刀的规定;② 有关绯衫夹的记述;③ 十六卫的袍服制度(异文袍)。其中雷氏特别注意到③的部分,依据黄正建氏的唐代服饰史研究的成果[43],作了如下论述:

> 异文袍(动物的图柄为刺绣做了袍服)在唐代其实也是常服。
> 唐代规定冠服(朝服、公服、祭服等)制度的基本是《衣服令》,而规定常服制度的主要是《礼部式》。
> 异文袍也是常服,关于异文袍的制度也当为《礼部式》所规定。

《唐令拾遗补》[44]中,将《大唐开元礼·序例》的"大驾卤簿"的记事(其中包含了有关异文袍的文字)全部复原为一条唐开元七年的《卤簿令》条文(一丙)。不过,对此复原却也存在很多问题,因为《开元礼》所引的异文袍的内容记述是根据开元十一年(723年)六月敕文的新规定,《开元礼》亦明确说是"新制",因此,"大驾卤簿"的记事不可能是开元七年的《卤簿令》。

关于"仪刀"的规定①是与诸卫仪仗有关,然尚无法确定是朝会还是出行卤簿的内容。关于诸卫服"绯衫夹"的内容②则与朝会仪仗有关,至于"异文袍"③,亦是在冬至、元正等大朝会上所服,均与卤簿无涉。综上所述,初步判断,这件同时包含着"仪刀""绯衫夹""异文袍"等内容的文书当为《礼部式》的残卷。

《新获吐鲁番出土文献》拟题的"唐开元二十五年(737)礼部式(?)"附有疑问号,解说中同时说明"或为监门宿卫式",但未出示其根据(第242页)。

正如雷氏自己所指出的那样,①—③的内容均与"仪仗"有关。在尚书省24司中,负责执掌仪仗的是属于兵部的"库部"。

> 库部郎中、员外郎,掌邦国军州之戎器、仪仗,及冬至、元正之陈设,并祠祭、丧葬之羽仪,诸军州之甲仗,皆辨其出入之数,量其缮造之功,以分给焉。(《唐六典·尚书兵部·库部郎中员外郎条》)

---

[43] 参见黄正建:《唐代衣食住行研究》,首都师范大学出版社1998年版;《王涯奏文与唐后期车服制度的变化》,载《唐研究》(10),2004年。

[44] 参见〔日〕仁井田升著、池田温编集代表:《唐令拾遺補》,东京大学出版会1997年版,第669—675页。

那么,在祭祀、朝会之际,供给用品的卫尉寺⑤(卫尉卿、武库令、武器署令)受兵部的节制。⑥ 而且唐代的式是由如下的33个篇目构成:

> 凡式三十有三篇。〈亦以尚书省列曹及秘书、太常、司农、光禄、太仆、太府、少府及监门宿卫、计账为其篇,日凡三十三篇,为二十卷。〉(《唐六典·尚书刑部·刑部郎中、员外郎条》)

如考虑到这些因素,该写本残片也有出自《库部式》的可能性吧。

还有,该写本在黄麻纸上画有界限(乌丝栏)用比较谨直的楷书书写。从所附图版的尺寸来看,界限的间隔当在2 cm左右。如雷氏指出的那样,笔者亦认可其为盛唐时期的官府写本。

(七)对已知法制文献的再检讨

1. 吏部留司格→太极散颁吏部格(TIIT. Ch.3841)

TIIT. Ch.3841 在池田·冈野《法制文献》中,被认为"现在所在不明。其照片存否亦不明了"。但 TTD-I 的英语解说中介绍:"据1978年池田温氏的调查,明确了其保存于德意志民主共和国科学院,编号是 TIIT. Ch.3841,是 Toyug 带来的"。从而判明了 TTD-I 出版前的新事实。

关于该写本残片的拟题,池田·冈野《法制文献》、TTD-I 均为《吏部留司格那波　神龙》[英语解说为:Retained Regulations of the Board of Personnel(?). Fragment.],是略带暧昧的拟题。这是因为历来有关该写本残片唯一研究的那波利贞氏论文⑰将其比定为《吏部留司格》,而内藤乾吉、仁井田升两氏针对该结论提出疑义的结果。⑱

此后,坂上康俊氏在对唐格书式的全面检讨过程中,也对该写本残片详加考察,最后将其比定为《太极散颁吏部格》(前揭论文第62—67页)。

---

⑤ 《唐六典·卫尉寺·卫尉卿》:"卫尉卿之职,掌邦国器械、文物之政令,总武库、武器、守官三署之官属……凡大祭祀、大朝会,则供其羽仪、节钺、金鼓、帷帘、茵席之属。"同书《武库令》:"武库令掌藏天下之兵仗器械,辨其名数,以备国用。"同书《武器署》:"凡大祭祀、大朝会、大驾巡幸,则纳于武库,供其卤簿。若王公、百官拜命及婚葬之礼应给卤簿,及三品已上官合列启戟者,并给焉。"

⑥ 参见严耕望:《论唐代尚书省之职权与地位》(1953年首次发表),后收入《唐史研究丛稿》,新亚研究所1969年版,第39—59页。

⑰ 参见[日]那波利贞:《唐鈔本唐格の一斷簡》,收入《神田博士還暦記念書誌学論集》,平凡社1957年版。

⑱ 参见[日]内藤乾吉:《那波利貞〈唐鈔本唐格の一斷簡〉·仁井田陞〈唐の律令および格の新資料〉書評》,载《法制史研究》(9),1959年;[日]仁井田升:《中國法制史研究 法と慣習·法と道徳》,东京大学出版会1964年版,第269页补注4。

2. 兵部选格残片(P.4978)→(不作为"格"处理)

P.4978 在池田、冈野《法制文献》和 TTD-I 中均拟题为《(天宝)兵部选格断简?》,记述到:"从含有准兵部格云云的如右书式来看,该断简全体可能是与兵部格有别的选格之类。"在 TTD-I 的英语解说中,还列举了《白氏六帖事类集》卷一四所引《兵部叙录格》《李卫公会昌一品集》卷一六所引《开元二年军功格》《开元格》作为参考资料。由此可知,似乎未必把该残片作为"(法典的)格"来处理。但因在一览表等场合依然分类为"格",造成一些不甚清晰的结果。这一点在刘:《考释》中亦同。

上揭坂上氏论文对该写本从书式方面再予检讨,在这方面不符合"格"的一般书式(见前述),由此断定其"不是作为法典的格,而是每年所作的召募要领的一种"。(第68页)

结　语

以上不惮其烦地列举了 TTD-I 出版之后"发现"的唐代法制文献,以其相关研究状况。若与 TTD-I 所介绍的法制文献相比较:

```
         TTD-I            拙文
律       8 件      12 件( +4[49])
律疏     5 件       8 件( +3)
令       2 件       2 件
格       5 件       7 件( +2[50])
式       1 件       2 件( +1)
事类     0 件       2 件( +2)
表       1 件       1 件
判集     3 件       8 件( +5)
                ─────────────
合计    25 件      42 件( +17)
```

如上所列,可知文献件数大幅度增加,在 TTD-I 出版之后的 30 多年间,唐代法制文献被大量"发现",与之相关的研究亦取得进展,可以说带来了该领域的资料状况、研究环境大为好转的惊人结果。

最后,末尾所附《敦煌、吐鲁番出土唐代法制文献一览表》,列举了包含 TTD-I 也收录了的、目前所知的所有"唐代法制文献",请一并参照为幸。

---

[49] 此外,还发现了两件可能接合的残片。
[50] 将 TTD-I 中分类为格的 P.4978 剔除,新增加两件。

敦煌、吐鲁番出土唐代法制文献一览表

	文献序号	法制文献名（内容）	TTD(A)	备考
律	Дx-1916 Дx-3116 Дx-3155	名例律（6条，"十恶条"）	TTD-I, p. 2	
	S. 9460Av	名例律（6—7条，"十恶条"，"八议条"）	TTD Supplement, p. 1	
	Дx-1391	名例律（44—50条）	TTD-I, p. 8	《俄藏敦煌文献》第8册（卷首彩色图版，第133页）：唐永徽名例律
	Дx-8467	—	TTD-I, p. 1	《俄藏敦煌文献》（第14册），第55页
	P. 3608 P. 3252	职制律9—59条，户婚律1—33条・43—46条，厩库律1—4条	—	
	BD16300	职制律（39—41条）	TTD Supplement, p. 2	旧《北图丽85・霜89》新贴
	Дx-11413v	厩库律（17—19条）	—	《俄藏敦煌文献》（第14册），第151页。吐鲁番出土。
	大谷8098	擅兴律（9—10条）	TTD-I, p. 5	
	TIVK70-71 (Ch. 991)	擅兴律（9—15条）	TTD-I, p. 6	
	IOL Ch. 0045	捕亡律（16—18条）	TTD-I, p. 7	
	LM20_1457_20_01	贼盗律（46—48条）	—	《旅顺博物馆藏新疆出土汉文佛经选粹》（法藏馆，2006）p. 202
	大谷5098 大谷8099			
	大谷4491 大谷4452	诈伪律（1—2条）	TTD-I, p. 3	
	Дx-9331	断狱律（3条）	TTD-I, p. 4	《俄藏敦煌文献》（第15册），第151页

敦煌·吐鲁番出土唐代法制文献研究之现状 | 143

（续表）

	文献序号	法制文献名（内容）	TTD(A)	备考
律疏	P. 3593	名例律疏（6 条，"十恶条"）	TTD-I, p. 11	
	BD06417	名例律疏（17—18 条，《律疏卷第二》）	TTD-I, p. 9	旧《北图河 17》
	旅顺:1509_1580	名例律疏（27—28 条）	—	《旅顺博物馆藏西域文书研究》，第 180 页
	旅顺:1507_988			《旅顺博物馆藏新疆出土汉文佛经选粹》，第 202 页
	旅顺:1507_1176_4			
	73TAM532：1/1-1、1/1-2	名例律疏（55—56 条）	TTD Supplement, p. 3（No plates）	《吐鲁番出土文书（四）》，第 366—377 页
	P. 3690	职制律疏（12—15 条）	TTD-I, p. 13	
	S. 6138	贼盗律疏（1 条）	TTD-I, p. 12	
	BD01524v	杂律疏（38 条）	—	《国家图书馆藏敦煌遗书》（第 22 册），第 120 页
	羽 20	杂律疏（55—59 条）	TTD-I, p. 10	李盛铎旧藏。《敦煌秘籍》（影片册 1），第 172—174 页
令	P. 4634 S. 1880 S. 3375 P. 4634C2	东宫诸府职员令［《令第六》］。永徽二年，(651 年)]	TTD-I, p. 14	
	S. 3375 S. 11446 P. 4634C2		TTD Supplement, p. 4	
	P. 2819	公式令（存 6 条）	TTD-I, p. 15	

（续表）

	文献序号	法制文献名（内容）	TTD(A)	备考
格	P.3078 S.4673	散颁刑部格（存18条）[神龙二年（706年）]	TTD-I, p.16	
	S.1344	户部格（存18条）[开元前格。开元三年、（715年）]	TTD-I, p.17	
	BD09348	户部格（存5条）[开元新格。开元二十五年（737年）]	TTD Supplement, p.5 (No plates)	旧《北图周69》。《中国国家图书馆藏敦煌遗书精品选》，第14—15页
	BD10603	户部格[开元新格。开元二十五年（737年）]	—	《国家图书馆藏敦煌遗书》（第108册），第47页
	TIIT. Ch.3841	散颁吏部格（存6条）（太极中）	TTD-I, p.18（吏部留司格？）	
	P.4745	吏部格（或吏部式）（存3条）（贞观或永徽中）	TTD-I, p.19	
	大谷8042 大谷8043	祠部格残片	—	《西域考古图谱》（下册）。《大谷文书集成》（三），图版46·45。
式	P.2507	水部式（存约30条）[开元二十五年（737年）]	TTD-I, p.21	
	2002TJI:043	礼部式（或库部式）（存3条）[开元二十五年（737年）]	—	《新获吐鲁番出土文献》，第242页
事类	Дх-3558	格式律令事类（存3条）	TTD Supplement, p.9 (No plates)	《俄藏敦煌文献》（第10册），第332页：道教经典
	Дх-6521	格式律令事类（存4条）	—	《俄藏敦煌文献》（第13册），卷首彩色图版，第120页：唐律

(续表)

	文献序号	法制文献名（内容）	TTD（A）	备考
表	P.2504	唐职官表（天宝中）	TTD-I, p.22	
	P.2593	唐判集（存3道）	TTD-I, p.23	
	P.3813	唐判集（存19道）	TTD-I, p.24	
	P.2754	安西判集（存6道）	TTD-I, p.25	
	P.2979	岐州郿县尉口勋牒判集［开元二十四年（736年）］	—	《中国古代籍账研究》，第374—376页
	P.2942	河西节度使判集（c.765）	—	《中国古代籍账研究》，第493—497页
判集	73TAM222:56-1—10(a)	判集	TTD Supplement, p.6 (No plates)	《吐鲁番出土文书（三）》，第375—378页
	67TAM380:02	判集（存4道？）	TTD Supplement, p.7 (No plates)	《吐鲁番出土文书（四）》，第364—365页
	65TAM341:26(b)	判文	TTD Supplement, p.8 (No plates)	《吐鲁番出土文书（四）》，第63页
	P.4978	（兵部召募要领?）（存4条）	TTD, I-20（兵部选格?）	

备注：TTD：Tun-huang and Turfan Documents Concerning Social and Economic History, Tokyo, The Toyo Bunko, 1978—2001.

为何要诉"冤"*
——明代告状的类型

〔日〕谷井阳子** 著 何东*** 译

前　言

滋贺秀三指出,清代的诉状(当时一般称之为"告状",本文以下亦称"告状")重点在于"自己如何受到冤抑的陈述上"①,陈述"对方如何不法,而自己又是如何遭受不当欺压即冤抑之情"占据诉状篇幅之大半。② 当时民众到官府陈告时一味强调自己所受的"冤抑",在如今亦为我们所熟知。

寺田浩明以"冤抑"为关键词,为清代民事审判全像提供了一个模式图。③ 他认为,原则上希望互让共存但却无端遭受"不当欺压而被扭曲"的民众,和为遭受"不当欺压而曲缩的起诉者冤抑进行昭雪"的审判官这一图示,是通过审判解决纠纷的一个应有模式。

笔者对寺田氏认为的陈告理由是当事人一方超过双方互让的限度"过于欺压",而审判官则担任恢复均衡的角色这一民事纠纷解决模式本身没有异议,但笔者不能同意把当时告状中所见的"冤抑"表达看做是民事纠纷的正

---

* 本文原题为《なぜ冤抑を訴えるのか——明代における告状の定型》,载夫马进编:《中国訴訟社会史の研究》,京都大学学术出版会2011年版,第225—256页。
** 谷井阳子,日本天理大学文学部教授。
*** 何东,浙江工商大学公共管理学院副教授。
① 〔日〕滋贺秀三:《清代中国の法と裁判》,创文社1984年版,第153页。
② 参见〔日〕滋贺秀三:《続・清代中国の法と裁判》,创文社2009年版,第34、35页。
③ 参见〔日〕寺田浩明:《権利と冤抑——清代聴訟世界の全体像》,载《法学》第61卷第5号1997年。

当性(其实是对方的不当性)之根据,并把当时的民事诉讼理解为"冤抑—申冤型审判"的看法。民事诉讼中陈告"冤抑"之情,并非陈告者对对方的"过度欺压"正确或夸大其词的陈述,而是企图偷换案件性质的措词。"冤抑—申冤"的逻辑不但不体现民事审判依据,更确切地说,恰恰是揭示了当时作为审判依据的正当性的缺失或是不确定性。

"冤抑"之语,对于古代中国当政者而言无疑意义重大。只是从当政者的立场看,"冤抑"与土地纠纷之类"民事性诉讼"却风马牛不相及。事实上审判官即便受理并解决了"冤抑"之情的告状,他也未必就意识到这是在"申冤"。在官方史料的民事性判决中几乎见不到"申冤"一词。所谓"冤抑""申冤",本来就是不该用在土地纠纷、"欺压"是非之类简单诉讼公书中的用语。尽管如此,但为什么诸多告状都非得用"冤抑"一词呢?笔者认为这点非常重要。

笔者认为,民事性诉讼中"冤抑"申诉形式的形成过程,与民事秩序无关的制度性背景起着作用。当政者重视的事态以及与此相关的政策,总是和民众需求有一定差距,但民众又无力去改变当政者的政策,为了自身利益,民众只能顺着官方的思路间接地来处理问题。申诉"冤抑",就是该处理方式的一个表现,如实地反映了当时社会的诉讼形态。

为了证明这一点,本文从研究积累深厚的清代上溯至明代进行探讨,因为明代"冤抑""申冤"观念和相关的政策方针更为清晰明了。清代虽然基本沿袭了明代制度,但在政策方针上满洲王朝独有的政治思想也占一定比重,并明显地反映在所继承的明代制度中,所以有些问题就会比较复杂。

在以下第一部分中,将论述明朝的政策非常重视消除"冤抑",而另一方面却把民事性诉讼作为与"冤抑"无关的事件冷漠对待。第二部分论述朝廷致力于发现和救济因"冤抑"而受苦的民众并出台了系列制度,但关于民事性诉讼连受理理由和受理依据也没有明示。第三部分论述提起诉讼的民众在充分知晓官府的态度后,就有必要想方设法使当政者在诸多告状中受理自己的申诉,并获得有利的判决。文章最终试图说明官府以之为己任的职责与民众对官府的需求之间存在分歧,而该分歧不可调和的性质使得需求量最大的民事裁判的不安定性一直无法改善。

一、"冤抑之事"与"争论之事"

清初沈之奇所著《大清律辑注》中记载"有冤抑之事陈告为诉,有争论之事而陈告为讼"④。作为传统或在当时,"诉"和"讼"是否普遍作了区分权且不问,将"冤抑之事"与"争论之事"分开却明确体现了古代中国传统的诉讼观念。从孝妇蒙冤而致三年干旱的故事(《汉书·于定国传》)可以看到,假若无辜民众的冤抑没有昭雪,上天就会降下灾异以示警告,昭雪冤抑乃是当政者重要的职责。与此相对,对于单纯的争论性诉讼,较之正确审判更加重视"无讼"(《论语·颜渊篇》)。同样是来自民众的陈告,但对于当政者来说两者的分量却相差悬殊。

明初洪武帝颁布的政策就显示了对"冤抑"与"争论"截然不同的态度。认为减少冤抑是天子的职责,《皇明祖训》记载:"凡听讼要明。不明则刑法不中,罪加良善,久则天必怒焉。"⑤皇帝命令府县官要正确审理民人词讼⑥,要以"罪奸治顽,申冤理枉"为己任⑦,若法司受财枉法"有不申冤不理枉者"与犯人同罪。⑧ 洪武帝曾宣告,掌刑名者审断不当,"有不申冤不理枉者",如有知晓,定责以重罪。⑨

洪武帝认为,如果法司府州县官尽职尽责,民众岂有冤情,有冤案而不审理则是因为主管官员有问题,因此很早就设置了御史台和按察司御史台(后改称都察院、按察司)监察朝廷内外官僚。⑩ 而"辨明冤枉"就是监察御史、按察司的职责之一。⑪ 从监察官的职责设定以及其后颁布的条例来看,这里所谓的"冤枉",一般是指由于官员的过错或者腐败造成的冤罪。

洪武帝在设置监察机关的同时还进一步致力于解决民众的呈诉。洪武元年末,依照传统置登闻鼓于宫城午门外,并令监察御史一人监看。"府州县省官及按察司不为伸理,及有冤抑重事不能自达者",允许其击登闻鼓直接提起控告⑫,而且还规定监察御史应即刻申诉上奏,不许阻遏,违者治死罪。诉讼虽然原则上"皆自下而上",但如果地方官和监察的按察司不公审理,或由于"冤抑"无法通过正常的渠道申诉时,允许民众向皇帝直诉。除此之外,洪武帝不仅允许官员还允许普通民众直接上奏言事,关于"四方陈情建言,申诉

---

④ 沈之奇:《大清律辑注·刑律·诉讼》,开头上注。
⑤ 《皇明祖训》"祖训首章"。
⑥ 参见《明太祖实录》"吴元年七月丁丑"条。
⑦ 参见《御制大诰·开州追》。
⑧ 参见《御制大诰·官民犯罪》。
⑨ 参见《御制大诰·论官无作非为》。
⑩ 参见《明太祖实录》"吴元年十月壬子"条。
⑪ 参见《大明律·刑律·断狱》"辨明冤枉"条。此可谓继承了元代有"冤抑"可向御史台申诉(《元典章·刑部·诉讼》"称冤徒台察告")的制度。
⑫ 参见《明太祖实录》"洪武元年十二月己巳"条。

冤枉,民间疾苦善恶之事""不公、不法之事"⑬,原则上任何人都可以通过通政司进行控告。

但是关于登闻鼓,则规定"户婚、田土诸细事皆归有司,不许击鼓",民事性诉讼最初就被排除在奏诉对象之外。⑭ 而通过通政司的控告估计亦是如此。但是,奏诉的大门一旦打开,结果是各种各样的户婚、田土细事纠纷一涌而至。于是到了洪武末年,朝廷就以京城越诉案件数量剧增为由,颁布了有名的《教民榜文》,命"户婚田土斗殴相争一切小事"由里中的老人、里甲处理。朝廷认为京城越诉虽多,但归根结底都是户婚、田土类的小事,于是采取了事先排除的方针。

在元代,各种"婚姻、家财、田宅、债负"如果不是"违法、重事"的纠纷,也规定由社长"以理谕辨"。⑮ 理由是民事性诉讼不值得采取"妨废农务,烦紊官司"的正规审判程序,而《教民榜文》的方针估计就是继承了这一宗旨。

洪武帝认为,"户婚田土、斗殴相争"辨其曲直对于官吏来说绝非难事⑯,府州县解决不了并非审断困难,而是由于官吏的不法。如下文所述,虽然当政者对官吏的不法非常重视,但是认为"户婚田土、斗殴相争"的小事本该"相互含忍",即便是"受人凌辱之甚、情理不容",甲里、老人也能妥善解决,最初采取的就是不让官府受理的方针。⑰ 洪武帝允许民众奏诉的目的是为了救济重大且性质严重的事态,而民事性诉讼别说奏诉就连官府受理都不值。

那么,何谓重大且性质严重的事态呢? 首先,是指相对于"户婚田土"的"强盗人命"重案。放跑重罪犯固然问题最严重,不过奏诉所救济的主要对象是蒙冤受罪之人。朝廷为昭雪"冤枉",命令官员最主要的工作是慎重审理"死罪重囚",及时发现防止因冤罪或轻罪长期入狱而有可能横死狱中的"淹禁"事件发生。明代继承了前代在死罪处决程序上慎重的传统,洪武十四年(1381年),为"革天下刑狱壅蔽之弊"向各地派遣御史将重罪者送京师大理寺评议⑱,目的就是如该救谕所言"御史之职在司法申理冤狱",意在昭

---

⑬ 《诸司职掌·通政司》"通达下情"。
⑭ 参见《明太祖实录》"洪武元年十二月己巳"条。《明史》表现的是非大冤及机密重情不得击。
⑮ 《元典章·刑部·诉讼·听讼》"至元新格"。
⑯ 参见《御制大诰·奸贪诽谤》。
⑰ 参见《教民榜文》。
⑱ 参见《明太祖实录》"洪武十四年十月癸亥"条。

雪冤抑。这样做的理由就如俗话所说的"人命至重""人死不能复生"⑲那样，凡涉及人之生死问题上决不容忍官员的不法。《御制大诰》以极刑威慑官吏禁止受贿放走囚犯⑳，同时也三令五申严令禁止虐待囚徒和不正羁押。㉑

下面探讨当政者对贪官污吏虐民问题的态度。《教民榜文》指出六部以及府州县官府"儒士非真儒，吏皆猾吏"、为一己私利而"倒持仁义，殃害良善"是民众到京师越诉的原因。洪武帝认为，皇帝任命的官员以及官府名下行使权力的吏役贪污腐败、求私利鱼肉百姓是冤案发生的源头。《御制大诰》说，各地官吏榨取民财已经到了"民间词讼，以是为非，以非为是，出入人罪，冤枉下民，含冤满地"的地步。㉒ 因此，洪武帝规定，此类"含冤告诉无门"如因官吏从中阻挠导致下情不能上达者，一经发现将以极刑严惩㉓，同时若有布政司及府州县官欺压民众，民众得以联名"赴京状奏"。㉔

不仅是官僚吏役，如果地方势力的"豪强""势豪"滥用权势欺压民众也都被视为恶性事件。洪武帝认为，这些"豪强"之所以能够专横霸道，不是与官府相勾结就是根本连官府也管不住，就其性质比单纯的官僚吏役贪污腐败更为严重。洪武帝曾下旨，如果城市乡村，有"起灭（耍手段歪曲事实）词讼把持官府或挑拨官吏欺压民众"的，民众可"赴京面奏"。㉕

对于上述诸事，通过皇帝命令的形式明文规定可以进行揭发，或是向皇帝提起直诉。当然，作为正规的诉讼程序即便是"冤抑"也应该遵循"逐级审理"的原则，禁止越诉㉖，但若事有缘由且又被认可的则可以免其罪责。作为实例，洪武帝曾下旨，免除因父亲无罪被捕被送京城，其子为救父越诉之罪的事例。㉗

对于不符合相关事由的越诉案件，洪武帝则多次出台了禁令㉘，洪武二十一年（1388年）的《教民榜文》就是为彻底解决轻微事件的越诉奏诉屡禁不止而出台的对策。

---

⑲ 例如《明太祖实录》"洪武十四年五月丙申"条的上谕。
⑳ 参见《御制大诰续编》"枉禁凌汉，刑狱，再诰刑狱"。
㉑ 参见《御制大诰三编·官吏长押卖囚》。
㉒ 参见《御制大诰·积年民害逃回》。
㉓ 参见《御制大诰·论官无作非为》。
㉔ 参见《御制大诰·民陈有司贤否》。
㉕《御制大诰·耆民奏有司善恶》。
㉖ 参见《大明令·刑令》以及《大明律·刑律·诉讼·越诉》。
㉗ 参见《明太祖实录》"洪武十五年十月癸卯"条。
㉘ 参见《明太祖实录》"洪武十五年八月辛巳"条、《明太祖实录》"洪武十五年十月戊戌"条、《明太祖实录》"洪武十七年四月壬午"条。

就这样,官府一方面积极地受理有关重大"冤抑"和作为其根源的官吏腐败、地方权势专横的申诉,而另一方面对民事性诉讼则持轻视或是无视的态度。这一立场直至永乐年间也没有多大变化。永乐六年(1408年),皇帝对经三法司复审后的三百余名死囚特地下了"若有冤抑许自陈"的谕旨。[29]永乐帝认为,三百余人未必人人皆得实情,若一人不实则死者含冤,所以要求从容审理,一日不尽则二日、三日,即便十日亦可,必使无冤。永乐帝的这一谕旨充分体现了明朝对冤抑中最为严重的"因冤至死"案件的官方见解。众所周知,永乐帝作为个人对违背自己旨意的人极其残酷,但作为国家的皇帝而言他既不希望也不允许有一个人"含冤"而死,亦有受理过冤罪者家属击登闻鼓鸣冤案件的事实。[30]

永乐九年(1411年),考虑到被关押在地方监狱的人即便有冤也很难击登闻鼓鸣冤,所以特地派遣官员复审[31],为防止轻罪"淹禁"的现象,还下旨审录囚犯。[32]

对于陈告官吏枉法和豪民横暴,永乐帝也一贯持积极的态度。对"有司分外科征,非理虐害,或豪势之家持强凌弱"的,许其告至官府,如果官府不理,则许其持《御制大诰》上京师呈告。[33] 永乐九年(1411年),屯军因在京师操练无法耕作,但卫官还是照收子粒(屯租),申诉后无人受理,迫不得已击打登闻鼓。结果,不仅屯军的奏诉得到认可,卫官受到了处罚,而且获得了"如因公事而妨农务,免征子粒"的圣谕。[34]

对于不涉及重大案情的一般性诉讼,永乐帝同样采取尽量不予受理的方针。永乐元年(1403年)再次确认了越诉禁止令,之后的永乐三年(1405年)重申了《教民榜文》的该项规定。[35] 但从重复颁布禁令可以推测,这些禁令并没有取得什么实效。到了永乐二十二年(1424年),"顽民赴京越诉,及逮问不实者十之五六"[36],于是规定,若是不重要的奏诉皆交由巡按御史、按察司审问。尽管奏诉最终都得以受理,而来京越诉的数量却并未减少。

㉙ 参见《明太宗实录》"永乐六年十一月丁巳"条。
㉚ 参见《明太宗实录》"永乐七年六月甲辰"条。
㉛ 参见《明太宗实录》"永乐九年四月癸巳"条。
㉜ 参见《明太宗实录》"永乐九年十一月丙子"条、"同十二月辛丑"条。
㉝ 参见《明太宗实录》"永乐九年正月甲子"条。《明太宗实录·永乐二十年》亦载"比年各处闲吏群聚于乡,起灭词讼,扰搅官府,虐害平民,为患不小"并采取对策(《明太宗实录》"永乐二十年八月壬寅"条)。
㉞ 参见《明太宗实录》"永乐九年九月壬午"条。
㉟ 参见《明太宗实录》"永乐元年二月癸丑"条、《明太宗实录》"永乐三年二月丁丑"条。
㊱ 《明太宗实录》"永乐二十二年五月戊子"条。

为了防止户婚、田土类小事的越诉,永乐十年(1412年)规定,对于"虽认可其所诉为事实,但按律(越诉事体之罪)当处笞罪"的越诉者免除其笞罪,并授给北京周边田土使其耕作。朝廷认为"奸民好讼是无恒产",所以将北京周边多余之地让他耕作,亦可开发土地,乃一石二鸟之策㊲,正如因知县平均赋役"民用无扰,诉讼亦简"㊳所表述的那样,认为民事性诉讼繁多的根本原因在于贫富差距。如果当政者认为大多数诉讼都是因无恒产而无恒心的民众万般无奈才提起,那么也就当然不会认真受理这类诉讼。

二、"重罪"与"细事"的政策

明中叶以后,在制度上对民众诉讼中可能存在的"冤抑"案件采取更加积极的措施,而对于单纯的"争论"继续保持漠视态度。

州府县以上的官员每天必须将消除冤狱铭记心上。时任应天巡抚的海瑞曾命令各府州县对所有囚犯不论"其有否诉状、有否本院(巡抚)批行"皆应详细审问,若有冤情要即刻报告。㊴ 作为原则,"民之父母官若瞻前顾后坐视冤假错案,何以称民之父母",海瑞更是要求下属即使没有"诉状(反诉状)""批行(命令下属对案件进行的审理)"也要调查,因为冤抑一般通过向同一府州县提交新的诉状(想必当时官员更替频繁)或是向巡抚、巡按提交诉状(包括转发回来的奏诉)受理,常有不知申诉方法或申诉之路受堵而无辜含冤蒙屈的可能。明代中期,以死刑犯为主要对象,定期对全国囚犯统一进行审录(再审),积极减少冤抑的制度成立。

京师每年审录罪囚始于天顺三年(1459年)。㊵ 每年霜降之后,刑部、都察院、大理寺三法司共同复审重囚,即"朝审"。此前是各地每逢灾年奉命复审重囚。这是基于"天降灾谴,是感多用刑罚不当"㊶的天人感应思想,其宗旨是促进发现隐藏的冤罪。地方的罪囚审录在成化初年成为定例,并经成化期逐渐完善,最终作为一种制度得以确立。㊷

㊲ 参见《明太宗实录》"永乐十年正月辛亥"条。
㊳ 《明太宗实录》"永乐十五年三月丙申"条。
㊴ 参见海瑞:《备忘集·续行条约册式》。
㊵ 参见《明宪宗实录》"天顺八年十月甲申"条。
㊶ 《明英宗实录》"正统八年六月丁亥"条引翰林院侍讲刘球的上奏。
㊷ 以下,关于作为审录制度以及它的副产物的法律解释的统一,参见拙稿(A)《明代裁判機関の内部統制》,载梅原郁编:《前近代中国の刑罰》,京都大学人文科学研究所1996年版;拙稿(B)《明律運用の統一過程》,载《東洋史研究》第58卷第2号,1999年。

在该制度下,巡按御史和都司、布政司、按察司以及分巡道、分守道一同对其管辖之下的各衙门收押的罪囚进行复审。每年,州府县官都要将在监囚犯的审讯记录全文资料整理成案卷,对囚犯逐个预审,并分别注明"情真"(无误)、"矜疑"(有酌情量刑的余地或有疑点)或者"亏柱"(误判)。确属"情真"无异议者,仅送书面报告而不移送囚犯。虽系"情真"但提出异议的囚犯和"矜疑""亏柱"的囚犯,须提取犯人并寻齐证人,确认囚犯本人无误后送交巡按会审场所。

以巡按为核心的会审官员参照案卷,再次提审囚犯和证人。会审结果也分为"情真""可矜""可疑"以及"亏柱"等情形并报告朝廷。对于"可矜""存疑"以及"冤柱"的,需要说明理由请求减刑或者释放。对于死囚,判定"情真"的上报朝廷,经三法司审议之后由皇帝裁决定刑。如果已确定为死刑的囚犯下次巡按会审依然判为"情真"的将被执行死刑。但实际上除罪大恶极的犯罪外,巡按一般不愿签发行刑命令,即使签发了行刑命令后,只要临刑前申冤也可以再次审录,由于没有临刑申冤次数限制,也有同一死囚审录了几年(根据情形甚至是几十年)的现象。期间当然也有不少瘐毙狱中者,但也有经多次审录,"情真"判定逐渐动摇最终列入减刑对象的事例。

每年的审录活动需要花费很多的劳力和财力。到了成化后期,在每年的会审之外又设立了每五年一次由刑部、大理寺派遣官员进行同样的审录制度。五年一次差官审录派遣的是详熟刑名的官吏,以期比每年的会审更加谨慎。也就是说,在通常审判制度之外新设置实施了高成本的审录制度㊸,而支持设置实施这一制度的就是把发现并纠正冤假错案作为官员责任的这样一种精神。

反复细致地复审重罪死囚也促进了律例解释的统一及贯彻实施。审录中要解决的问题不仅是事实认定,还包括律例解释和适用错误。从当时的审判记录看,当时一般官吏对律例用语及适用规则大多不甚了解。嘉靖九年(1530年),派遣到南直隶进行审录工作的刑部郎中应槚等曾指出,通常审理案件的官员都对律例"随意解释,恣意引用",上奏请求对他们进行指导。事实上,政策上统一律例解释并贯彻普及律例适用标准始于其后的万历年间,而在律后附以官方解释则要推至清代以后。但是,朝廷严格律例适用的方针

㊸ 另外,犯人的生活费原则由自己负担,贫穷拿不出钱的人由官费养活。一旦犯人累积,囚粮就会成为地方财政的负担。但是,即便如此,主张严格使用死刑执行的人,仅限于像张居正这样的政治家,而且成为批判的对象。即使是"情真"的死刑犯,比起故意杀人而施加压力,寻求囚粮的筹措方法的做法被看做更符合良知[参见前注拙稿(B),第59页]。

现于确立审录制度的明代后期,并逐渐得以实现。

只是以上政策都仅对重罪死囚,对于笞、杖刑之类轻罪以及连笞杖刑程度都不到的民事性诉讼,除了想方设法减少其数量外,看不到其他更重要的政策动向。众所周知,里甲、老人担任轻微审判的制度一直没能确立,明中期州府县成为公认的地方基层审判机关。而这并不是因为政府重视民事诉讼,仅是里甲、老人的审判机能没能发挥应有作用的缘故而已。上至皇帝、朝廷高官,下至府州县官,依旧保持轻视民事性诉讼的姿态。嘉靖八年(1529年),两淮巡盐御史朱廷立曾对商人颁布禁约,其中"戒斗讼"就是提醒商人聚在一起容易引起纠纷,"往往因此发生斗殴、争讼,甚至家破人亡"㊹。他认为诉讼就是和斗殴同列的无谓争执,就是吵架,所以提起诉讼之前要冷静深入地分析其中是非利害"各宜忍让"㊺。这就是当时官员对民众最基本的教谕。

尽管大明律禁止"告状不受理"㊻,但实际上,毫无疑问告状受理与否全由负责官吏决定。其理由如同"禁讼则民有抑郁之情,任讼则民有拘系之苦"㊼所言,是更多地考虑到受理案件所带来的弊害。"民间疾苦,没有比株连更甚"㊽,一旦卷入官司不但累及他人,更何况万一被长期羁押或就此瘐毙,那就成了一桩典型的"冤抑"。所以从致力避免"冤抑"的立场看,不受理非重罪诉讼也有正当理由。

拒绝受理造成的问题就是非但没能减少诉讼反而增加了越诉。有司不受理户婚、田土诉讼或者审断不公势必导致越诉民众增加,如果处理不善,"书类繁杂落入奸人之圈套,更甚者妨税粮纳入无益国家"㊾,从全局来看造成国家损失。

明末佘自强从地方官的立场出发,劝地方官员尽量受理诉讼。首要理由就是如果不准理会,导致越诉盛行反而徒添缠绕,而第二点理由居然是"不要

㊹ 嘉靖《盐政志·朱廷立禁约》。
㊺ 薛应旗:《方山薛先生全集·公移七·晓谕齐民》。
㊻ 《大明律·刑律·诉讼》"告状不受理"。但是,因为规定"斗殴、婚姻、田宅等事不受理者,各减犯人罪二等,并罪止杖八十",所以只适用于轻罪的民事案件,即使不受理实际上也不受罪责。
㊼ 吕坤:《实政录》民务卷三《有司杂禁》。
㊽ 《实政录》风宪约卷六《听讼》。
㊾ 台湾地区"中央研究院"历史语言研究所藏《大明成化年间条例》"成化十七年正月·越诉田土等项问罪通计起数将本等(管)司府州县官吏取招住俸例"。

害怕多受理案件"[50]。佘自强的第二个理由与明代特有的罚赎制度有关[51],在明代除了传统的收赎以外,从笞、杖刑到杂犯死罪,根据犯人财力,有通过当时规定的劳役(后改为纳银)赎罪的制度,所以科处赎罚越多官府收入越多。

佘自强认为,盖朝廷设立官府之意,原为民间分忧息争,使之一一和解,但今人却不知设立官府之意图,只知准状为取钱之媒,故为了避嫌不愿多受理,但如果心存公平、公正,无借机敛财之心,虽多准又何害。

可见当时以罚银敛财为目的的诉讼受理已成理所当然,反而出现为洁身自好不愿受理案件这等令人啼笑皆非的现象。定民纷止民之争原是官府本职,却竟然被忘记到需要特地确认的地步。

官府如果没有意识到定纷止争、促民"和解"乃是官府职责,那么地方官就会把审判作为是对民众的一种恩惠,甚至还会把受理诉讼看做是官府和民众讨价还价的一种手段。如前引吕坤曾经建议,对于未纳税者的告状即使再有道理、即使有上司批行也不要理睬,以此作为解决州县租税滞纳问题的方法。[52]

这种想法背后包含的观念就是,但凡诉讼大半是民事性诉讼,而正因为是民事性诉讼所以无关紧要。对于当事人来说,即使是民事性诉讼也是很切实的问题,因此才会有像越诉、诬告纠纷之类的申诉,而这一点朝廷当然也知道。成化六年(1470年)正月,兵科给事中官荣上奏[53],"各处刁徒"频繁诉讼,扰乱官府恼怒良民,究其本源都是些争夺"家财、田地"的琐事纠纷,提议遇到这类诉讼有必要尽量公正地审问斟酌,查看分产文书和买卖契约,如果确认分产后分居五年以上、田地买卖实卖过割年久的,不许强迫现所有者重复分与支付。这一提议后来被采纳并通达了各地方。

最主要的健讼原因是围绕土地财产的纠纷,作为抑制健讼的必要手段就是公正裁决。为此,最自然的想法就是设定统一标准,如果不管何时、何地申诉都同样判决,那么抱着侥幸心理反复无理诉讼之徒必然减少。史料能看到的仅仅是关于家产分割、田地买卖之后再次分割、支付等问题提出的"分居五年""实卖过割年久"这一大致的标准。但即便如此,如果将这些具体标准通过大量民事案例积累整理,并整合形成民事法的体系在全国统一适用,或许就能有效地防止"健讼"。

但实际上,有民事性审判具体判定标准的案例很少,而且未见普及贯彻

---

[50] 佘自强:《治谱》卷四《词讼门·准状不妨多》。
[51] 参见〔日〕滋贺秀三:《中国法制史論集》,创文社2003年版,第232—235页。
[52] 参见《实政录》民务卷四《征收税粮》。
[53] 参见《大明成化年间条例》"成化十九年十二月·分定家产重告者立案不行例"。

的迹象。上述案例也只是因成化十九年(1483年)山东一知州上奏各地实际审判没有照章办事才结合同类案例进行的通达。(54) 和重罪案件不同,民事案件除了有上司批行之外,既不需要上报审判结果,也不存在类似重囚审录的统一复审。对于经常诉讼的问题,只是偶尔有官员意识到才会提出一些权宜对策,但在通传之后并无确认各地是否照章办事之法。正如有人说,像《大明律》笞罪规定几乎从来没有被引用过一样(55),对于一些轻罪案件并没有严格的适用律例。如果从一开始就没有认真贯彻律例,那么律例解释、适用统一、新案例整理等就更无从谈起。对照追求判决统一的重罪案件,事实上,民事案件的审判一直不被重视,全凭地方官员的自由裁量。

三、申诉"冤抑"的必要性

如果有人要到官府陈告,那么就有必要对上述政府方针以及该方针下官府的态度心领神会,选择对自己有利的方式陈告。特别是民事性诉讼这类"细事",因为一直没有统一标准,很有可能根据诉讼对方当事人以及诉讼方法不同,结果有很大差异。因此,在诉讼方法上下工夫的余地很大。

明初以来一直被视为问题的奏告和越诉,确实有人是因为下级机关不予理睬不得已而为的因素,但也有很多是为求得对自己有利的结果而采取的战略。尽管禁令再三,但奏告依然盛行,原因在于奏告哪怕是被当做户婚、田土之类的小事遭到拒绝,也会比一开始就从下级机关诉讼更有效果。

奏告案件如果不是事关重大就会发给巡按、按察司,他们往往又会发给地方衙门来审理。越诉也是一样,很多批行至属下的地方衙门。因此,虽说是奏告或者越诉,就实际审理的地方而言,大多与按照通常程序向州府县起诉的相同。(56) 但是,地方官对于经奏告然后发回下面审理的案子在审理时常常会偏向于原告方(57),奏告方在审理开始时就占据了优势。不仅仅是奏告,向上级机关越诉也是一样。吴遵在《初仕录》里面说,审理上级发回的案子

(54) 同上。这个事例整理成文并收录在弘治的《问刑条例》中。

(55) 参见《实政录》风宪约卷六《提刑事宜·听讼》。

(56) 然而,有时上司自己亲自动手,也有不是批行到当地州县而是其他州县的。在这种情况下,案发地的地方官有可能干预(刘时俊《居官水镜》卷三《告示类》"桐城到任禁约"中"禁越诉以免拖案……如词批本县,先行责治,后方虚心问理。如上司亲提,或批行别县,本县亦不即解发,仍申请原词批县,追出刁唆之人,并本犯枷号重责、痛惩之后,亦与虚心问理")。

(57) 参见《皇明条法事项类纂》卷三十九"在外告革前及不干己事照在京立案不行……发落例"。

时"亦不可阿承上司偏护原告以长刁风"(58)。

审理本身并非不公平,但州县官员对待自己受理的"自理"案件和从上司处发来的"批行"案件确有差别。因为上司批行的案件不能耽误,须比自理案件优先审理。审理也须慎重,自然也就要花费时间。(59) 不仅是在对当地州县官员有不满的情况下可以奏告和越诉,还是可以一开始就推动诉讼进程的有效手段。(60)

为此,很多时候是与案件无关的人也来积极参与奏告和越诉。除了奏告外,唆使他人陈告、代作虚伪告状之人存在已久,还有与事件并无直接关联的人却来代替原告起诉的。洪武时期明令禁止过这类事件(61),特别是到了明代中叶,奏告、越诉多次成为取缔对象。例如天顺元年,对与本人无关(不干己事)或以赦前事言告者,或是因琐事申诉歪曲事实、诬告十人以上的,或是以建言为由把小事情捏造成重大案件上奏的,雇人送文书的,受人之托送达文书的,"连同本犯主使教唆,捏写本状之人"一并严厉惩处。(62) 正统期到成化期,多次出台这样的禁令并再三强调。(63)

这些禁令最终被收入弘治《问刑条例》的条文,"代人捏写本状教唆或扛帮赴京,及超巡抚、巡按并按察司官处,各奏告叛逆等项机密、强盗、人命重事不实,并全诬十人以上者"充军。另外《问刑条例》还规定,"凡将本状用财雇寄与人赴京奏诉者,并兜揽受雇受寄之人"充军或发口外为民。

从这些条例来看,最迟在明代中叶就有人收受钱财来兜揽从代作告状到赴京师奏告之事。从"扛帮""兜揽"这样的用语可以推测,代告已经成为生意或者是作为一种合伙投资。(64) 而这类代告行业的存在让明初就有的奏告

---

(58) 吴遵:《初仕录·刑属·公听断》。

(59) 参见《治谱》卷四《词讼门·初到审讼》。

(60) 作为"上司人犯",被牵连进去的人的损失更加严重(《治谱·词讼门·上司词状》)。

(61) 《明太祖实录》"洪武十五年八月辛丑巳"条记载,洪武十五年,江西、两浙、江东的民众,代人起诉的很多,现已经禁止。洪武二十一年的《教民榜文》将拿与本人无关之事重新起诉的刁顽之徒作为惩罚的对象。

(62) 参见《皇明条法事类纂》卷三十九《禁约捏写词讼并吏典犯罪脱逃为民例》。同卷三十九"原籍词讼并告革前不干已事俱立案不行记载",天顺八年,近日见江西、浙江、广东、四川、湖广等地的恶劣的军民,把原籍的户婚、田土、私债、斗殴、抢夺、人命等事情,拿来到京师上奏,很多是大赦前与本人无关的事情(革前不干己事)。

(63) 正统八年(1443年),三令五申禁止越诉,对于违犯者及主使教唆、捏写本状者,杖一百、发戍边卫。这是对作为一种"申明"的以前禁令的再确认(《明英宗实录》"正统八年正月辛巳"条)。

(64) 夫马进在《明清時代の訟師と訴訟制度》(载梅原郁编:《中国近世の法制と社会》,京都大学人文科学研究所1993年版)中,谈到清代讼师的"包揽讼词"(第452—453页)。

繁多问题变得愈加突出。前引条例中将“奏告叛逆等项机密、强盗、人命重事不实,并全诬十人以上者”作为犯罪来处理,正是反映了这类奏告极端夸张、捏造过多的现象。“全诬十人以上”才作为犯罪,也就是说,诬告10人以下或者即使10人以上但部分内容属实的就不追究(65),可见这种现象太为普遍,历代官府“抓不胜抓”,最后只好不予理睬。

考虑到奏告的特征,这种夸张捏造盛行的事态也有其不得已而为之的一面。奏告原本只是针对投诉无门的“冤抑”或产生“冤抑”的官吏腐败、土豪横暴等这类重大问题诉讼时所允许的例外程序。所以为了演出“重大问题”,就有必要捏造叛逆或人命、强盗之重事,还要把很多人都卷进来显得饱受徒奸恶党欺压。而作为明朝当局,只要不是相当恶劣也都默认了这些把戏。

至明代中期,因为奏告比通常的诉讼进展顺利,所以奏告作为一条诉讼捷径,其中很多都是以代告为业的人操办,也逐渐形成了内容极端夸张、虚假捏造的固定的告状风格。

对于一般的诉讼,稍迟于奏告也开始出台同样的禁令。成化三年(1467年)出台了禁止“在外司府州县”诉讼恩赦前的事或与本人无关的事的命令。(66) 一方面,成化四年(1468年)对于奏告以外的诉讼,鉴于在数量上不可能把所有代作告状或是教唆的人都充军,而且刑罚欠均衡,所以作了减轻刑罚的修改。(67) 将别人的诉讼作为营利手段的人随处可见,而之所以能在各地活动,也是因为朝廷没有太作为问题而已。

这样的诉讼职业者一般被称为“讼师”。(68) 被官府敌视的讼师不仅仅是代作告状,他们还精通审判的结构,用欺诈的方法歪曲是非,为了使雇用自己的诉讼当事人更有利,从暗中操作审判。能具备这样的知识和实力的讼师当然人数有限,也不是谁都雇用得起。可是当时一般打官司时首先必须提交的告状都要请专门代作人书写。

在中国古代很早就确立了受理书面诉状的习惯,但同时这样的书面诉状一般由当事人以外的人代写。《唐律》中规定,“诸为人作辞牒加增其状,不如所告者,笞五十”(69)。“辞牒”是其前条规定的“告事辞牒”,即告状。按照当时的识字率,大多数人要请他人写告状,也有可能官府常设了类似后代的

---

(65) 弘治十七年(1504年),出台了关于争户婚、田土、钱债等一切私事诉讼,牵连到七八十人以上的,不管虚实都必须受理的法令(《大明律直引》所载“问刑条例”)。

(66) 参见《皇明条法事项类纂》卷三十九“在外刁顽驾(架)空告诉并不干已事……断结例”。

(67) 参见《皇明条法事项类纂》卷三十九“在外诬告十人以上者……问发边远充军例”。

(68) 关于讼师,参见注(64)所引夫马进论文。

(69) 《唐律疏议・斗讼》“为人作辞牒加状”。

“代书”。代书者写的内容与申诉者自身的申诉不一样，是因为代书者对内容进行了修改。(70) 也就是说，在当时代书者一般并不按告诉者自身的叙述，而是按照自己的想法来撰写诉状。

元代官府设了“状铺”代写告状，令其“书写有理词讼，使知应告不应告之例”。“书状人”往往根据谢礼的多少来决定早写晚写，写富人的告状是“运用修辞，捏造事实，即使没道理也写成似乎有道理”，写穷人的告状则“即使有情有理也省略，要紧的事情说得含糊”(71)。代书人常与官府交往，并且精于诉讼又实际处理大量诉状，比起平日无缘诉讼的一般人，对审判中符合“情理”的事情和“紧要”的事情更详熟。代书告状的人又多鱼龙混杂，当然也会有人把代书作为“摇钱树”，代书告状时添油加醋也在所难免。

清代也有公设的代书并始终存在，但明史料中经常出现的代作告状者，基本上都是一些官府不承认的代书。当政者敌视的虽然是通晓审判内幕的讼师，但据明末的佘自强说(72)，江南州县提出的告状多数出于“流棍、卜算者之手”，他们按“门类底本”书写词状以此得钱为生。因此“谎状无情十张而九”。即当时的告状多数是从事占卜等行业、串行各地的人作为副业作成。其中虽会读写但并非精通诉讼，仅依照参考书作成的告状在当时占据了多数。

上文所提及的“门类底本”就是所谓的“讼师秘本”一类。以《萧曹遗笔》为代表的讼师秘本从嘉靖到万历初开始广泛流传，出版了很多翻刻本和再修本。(73)《五车拔锦》《三台万用正宗》等日用类书也有所采录，讼师秘本被以各种形式汇编后充斥民间。参考讼师秘本采录的文例和用语集书写，“谎状无情”占了大半也在所难免。讼师秘本所教的皆是远离所诉讼之事实的极端措词。如果参照这样的底本采用极端措词的告状“十张而九”的话，就说明这已成为当时告状的一般样式。

讼师秘本的告状样本本来是一部分涉讼者故意采用吸引官府眼球的词汇著成。其广泛流传的后果就是状词“非耸动视听不被受理”(74)，并成为一种普遍现象。于是称不上“讼师”的“境外无名人士”并非有意识地，只是认为告状理应如此书写，就按着范本罗列了“谎状无情”。

讼师秘本的用语最大特点是“刺激性”“挑衅性”，这一点一目了然。但

---

(70) 参见刘俊文:《唐律疏议笺解》，中华书局1996年版，第1665—1666页。

(71) 《元典章·刑部·诉讼·书状》“籍记吏书状”。

(72) 参见《治谱》卷四《词讼门·告状投到状之殊》。

(73) 参见〔日〕夫马进:《訟師秘本〈萧曹遺笔〉の出現》，载《史林》第77卷第2号，1994年。

(74) 参见注(73)所引夫马进论文，第31页。

是这样具有“刺激性”“挑衅性”的用语并非单纯的夸大想要申诉的事实，而是具有独特的方向性。

明末的日用类书《五车拔锦》(75)体式门在“珥笔文锋”中收录了撰写告状的方法。以该史料为例，便可十分清楚写告状时应该强调的方向性。该史料载录的“硃语”即作为词状宗旨的常用套语分为“土豪”“斗殴”“婚姻”“奸情”“户口”“钱债田产”“财本”“人命”“贼情”“官员”“乡宦”“吏书皁快”“地方交(教)唆”几种类型。“婚姻”“户口”“钱债田产”等民事纷争的理由和“斗殴”“人命”等犯罪行为中作为起诉的理由可以理解，但特别的是，“土豪”“官员”“乡宦”“吏书皁快”等作为起诉特殊对象时的分类占了一定的比例，尤其是“土豪”被放在分类的开头，所载的用语数也很多。

再来看“土豪”类告状文本的文例，“前段”是以某人本恃强横，不遵法纪，结讬衙门，鱼肉民众，互相包庇开始。“后段”总结为前记恶者聚众持械，强闯民宅，家中什物劫掠一空，以致全家流离失所，生死不保。所谓“土豪”就是勾结官府集结手下，采用暴力方式威胁一般人的生命财产之徒。总而言之，就是国家警戒的“豪强”“势豪”等地方势力。

看来地方官、吏役、地方势力经常被作为被告或是与被告勾结的反面角色。《萧曹遗笔》的“硃语”在列举对方当事人的称呼时，首先是“衙门类”的“酷官”“虐官”，列举了官僚、吏役，其次是“乡宦类”“大户类”，“平人”和“亲戚关系”则放在了后面。现实中与其说是以官吏和大户为对象的纷争比平人和亲戚关系的多，不如说只要有可能把官吏和大户都告上的就会尽量把他们扯进来。

即使诉讼的直接理由不是官吏的不公正或土豪的横行霸道，也似乎要加上体现这样背景的词语，即便是作为最常见的诉讼理由的户婚、田土，在书写文书时亦如此。例如在“婚姻类”中：歹毒之人觊觎小人妻子貌美，屡起坏心，图谋通奸未果，光天化日率爪牙强抢为妾，导致良民丧失配偶，情况紧迫实难原谅；在“钱债田土类”中有：家父远行，恶党之徒见小人无可依靠遂仗富行奸，强迫小人写空买卖契约书，唤心腹流氓某某作证人，率手下指示佃农，在田地做记号夺取田租，绝小人一家衣食之路。情况严重不能忍耐。(76)很多“率手下”强夺取他人妻女财产的必定是“土豪”干的坏事。

如前所述，民众的诉讼中，准许奏告的是备受重视的重大“冤抑”和作为

---

(75) 东京大学东洋文化研究所藏。由汲古书院作为《中国日用類書集成》第一、二卷影印刊行(1999年版)。

(76) 参见《五车拔锦·体式门·珥笔文峰》。

其原因的官僚、吏役的不法以及与之勾结的土豪的横行霸道。作为官府，"申冤平反上下有责"(77)。一旦发现冤情官府必须受理。所以，即便仅仅是民事性纠纷诉讼，只要和官吏、土豪的不法相关联就可以申诉冤抑。即使诉讼的名目不是"土豪横暴"，只要称被告人为"豪恶""刁豪"等，用"率众""强霸""恃伊豪势"等类似的语句来点缀，就能够通过暗示以皇帝为首的当政者存在他们警戒的社会性压迫，从而引起对告状的注意使案件得到受理。(78)

诉讼的程序从投告状开始，根据告状决定受理或者不受理。有些情况下，在这个阶段官员就会作出相当于简易判决的裁断，所以告状非常关键。清初的黄六鸿指出，没有知识、不能读写的民众肯定雇人代为写告状，往往是"伤一牝彘，辄以活杀母子为词"——明明是伤了一只怀孕母猪，诉状里会写成"活杀母子"，所以观其讼牍，就是皋陶也要被激怒，但讯其口供，就是包公也会无可奈何地发笑。(79) 当时，一般习惯是用极端的夸张手法撰写告状，而在审理时再口述实情。明末的佘自强指出，初告和后来的投文在事情的重大性上相差悬殊，后来投文所述小事才是真事节，要据此审理。(80) 不论自理还是上司的案件，若是对告状较真，那恐怕人人会被问诬告徒罪(81)，说的就是上述告状的风格。

告状内容与真正诉讼内容不一致虽是个问题，但从诉讼一方看，如果告状不能使官员动情，那连讲真话的机会都没有，也是事出无奈。总之只要告状准理，即使是田土、钱债之类的"细事"，也能恳求官府主持公道。所以告状是打开官府诉讼之门的钥匙，特别是受人之托的代书，如果官府看完告状而不准理的话实在讲不过去，所以底线就是官府能够准理。

因此，相比表明争论的事实和主张，告状更重要的作用在于让官府准理案件。《萧曹遗笔》中作为撰写词状的要领是：让人乍一看立刻为我方不能坐视，然后必能为官府受理。(82) 如果是这样的话，势必要看透官府关心之事，并且顺其心思控告对方的罪行或者给予其这样的印象。事实上，专门的讼师不止局限于官府的一般的倾向，更会探查具体现任官员的意旨所向，然后见机行事。佘自强说，刁民害人，"每视官府意旨所向，如官府清淤田，即以漏报

---

(77) 《实政录》民务卷三《有司杂禁》。

(78) 一般为了申诉受理，需要讼师的代作呈词（参见注(64)所引夫马进论文，第456、457页）。

(79) 参见《福惠全书·致代书》。

(80) 参见《治谱·词讼门·告状投到状之殊》。

(81) 同上。

(82) 参见《萧曹遗笔·法家管见》。

淤田，假首害人。如官府清军屯税契，即以漏屯漏税，假首害人，故状不可轻信”。(83)

只要有申诉冤抑或者暗示冤抑的可能性，就涉及官府的基本责任。即使十之八九是虚妄之事，但对于官员来说，本管内民有冤屈哪能坐视，即便对自己的审判有自信，也很难确信视线外的胥吏、衙役以及地方权势是否胡作非为。一旦官府为了慎重起见本着确认的态度受理告状的话，诉讼的第一难关就攻克了。作为原告，如果多少受到些仗势欺压，那么在审问时能够申诉，即便欺压本身不实，也能把自己认为有理的原本的诉讼宗旨讲出来。所以比起肯定作为“重事”受理的人命、抢劫案件，被彻底轻视的民事案件更有必要演绎成“冤案”。

一般的民事性案件的告状通常把重点放在偏离诉讼主题的暴力欺压上，其实这与诉讼主题无关，是想方设法要让官府受理的权宜之计。为了使一张诉状得以受理，就必须在行文中增加让官府感到必须受理的内容。既然民事纠纷一般作为“细事”不受重视，那么需要给官府留下印象的并非诉状是否符合情理，而是“重大冤抑”。

这样的花招一旦有效，势必大部分诉状都会申诉“重大冤抑”。因为当时的诉状并非体现原告自身的言辞，而是受雇的代书遵循范本写成。

结　语

在近现代的市民社会，民事审判之所以被认为具有重要意义，是因为它担负着保护每个市民权利的重大使命。但是，在古代中国却不认同该类审判的意义和重要性。民事性纠纷对于民众的生活来说其深刻意义不言而喻，但是在古代中国却不存在把审理这类纠纷看成是公权力的主要义务之一的政治思想。于是，古代中国的民事诉讼当事人就有了认为他们的申诉本来就是不值得认真受理的小事这种特有的心理弱点。

另外，关于人命强盗等重罪、无辜民众的冤罪和官吏土豪欺压民众的诉讼，则备受重视甚至皇帝也亲自干预。虽然同样是来自民众的诉讼，但在当政者看来，却与民事性诉讼有着截然不同的差异。而这种差异仅仅是事情重大性上的差异，并未视作根本性质上的差异，至少在诉讼程序上没作区别。于是，为了引起当政者对自己诉讼的关注，提起民事性诉讼的当事者一般尽

(83) 《治谱·词讼门·状不可轻信》。

可能把诉讼与当政者重视的问题挂钩。基于上述缘由,作为申诉方法就是牵扯上易与民事纠纷有牵连的地方权势的横暴,编造因受其欺压之害而蒙受"冤抑之情"。辗转各地的专业代书的存在,更促使了这样的申诉方法的广泛普及。

  笔者认为,古代中国民事性诉讼中申诉"冤抑之情"的案件多,与其说是显示了民事秩序的应有形态,不如说是当事人将其改换成非民事性案件的结果。这一现象显示了民事性诉讼作为民事性诉讼起诉的正当性之薄弱。即使确信自己受到了不当对待,也不能被保证有向官府起诉的正当性。为了确保受理只好附和当政者的思维,但案件一旦被受理并能进入到审理阶段,那么展开的主张就未必仅限于写入词状的"冤抑之情"。事实上,很多民事诉讼都是无论从社会地位上还是财力上看都没有明显差距的同类人之间产生的纠纷,即使从户婚田土案的判牍来看,以一方滥用有利地位欺压另一方作为决定案件关键的判决也并不多见。[84]

  佘自强认为,关于田土诉讼的审判"虽风俗不同,天理人情,大约所争不远,在人审酌之耳"。[85] 按照天下共通的"情理",由审判官吏按照其自身的认识进行审理,也就是说,作为断案的依据是审判官吏的良知。那么所谓的"良知"又是何物呢?或许即使查看很多的判例也只能是推测出大致方向。如果在每个审判前没有明示所应依据的具体标准,且事后也没有对此进行探讨的话,当然就不可能形成统一标准。这就使民事性审判的判决容易出现偏差,结果就是促使期求侥幸的诉讼多发。

  虽然民事性诉讼对于民众来说有着重要的意义,但却被官府所轻视。这种轻视导致审判的不确定性,而不确定性又引发更多诉讼。不断地以原本与民事诉讼无关的"冤抑之情"起诉的现象,既是民事诉讼正当性观念没有形成的表现,也是其结果。

---

  [84] 例如,明末的颜俊彦的《盟水斋存牍》中所见的与"讼债""争产""争田""争继"有关的判语等。同书中针对"土豪"与"衙蠹"之罪的判语和户婚、田土关系的判语分别进行分类、载录。我们可以看出,当时认为土豪和胥役利用社会的立场作恶事,与一般的民事纠纷问题的性质是不同的。

  [85] 《治谱·词讼门·田土》。

区别流品:17世纪中国的奴婢身份、法律与司法对待*

〔法〕施振高(Claude Chevaleyre)** 著 朱潇*** 译

1910年,清政府决定在帝国范围内"禁革买卖人口"。以我们今天的说法,就是试图禁止所有形式的"贩卖人口"(trafficking in human beings),并消除区分"良民"与"贱民"流品的古老身份等级划分。晚清政府颁布这一符合现代化的法令,一方面向西方展现自己成为现代文明国家的意愿,另一方面也不违实现仁政这一传统理想。这个现在已被遗忘的法令尽管也设置条款禁止买卖倡优、妾媵,但其主要目的显然是针对另一种人,也就是明清时期被赋予了各种称呼的"奴婢"(西方汉史学家称为"bondservants")。1910年的法令确实主要用于解放奴婢:通过禁止贩卖儿童为奴婢及将那些仍为奴婢之人的社会地位转变为"雇工人"来实现对此种特定人

---

* 本文原题为"Distinguishing between master and bondservant: status, law, and judicial treatment of bondservants in 17th century China",发表于2011年亚洲研究协会(A. A. S.)年会,是关于中国明清时期奴婢身份与地位的长篇博士论文之节选。对此更成熟的观点可见Claude Chevaleyre, "Acting as Master and Bondservant: Considerations on Status, Identities, and the Nature of 'Bond-servitude' in Late Ming China", in *Labour, Coercion and Economic Growth in Eurasia, 17th-20th Centuries*, edited by Alessandro Stanziani, Leiden: E. J. Brill, 2012, chap. 9.

** 施振高,法国高等社会科学院(E. H. E. S. S.)近现代中国研究中心(C. E. C. M. C.)博士候选人。

*** 朱潇,中国政法大学2011级中国法律史专业博士研究生。

群的明显抑制。①

值得注意的是,自1910年至20世纪的前半期,向西方民众介绍该法令的学者和传教士一致将其解释为在中华帝国"废除奴隶制度"(slavery abolition)的法令。② 而且若通读世界废除奴隶制的历史年表,有时也能发现中国在1910年"废除奴隶制度"的记载。③ 的确,本法令的作者们都将其视为西方废除奴隶制活动的延续。④ 然而,这种解释至少引发两个问题。第一:什么是奴隶制度?目前看来给这一术语下精确的定义是困难的。第二,考虑到今天没有历史学家认为奴婢就是中华帝国晚期的"奴隶"(除非我们将奴隶视作任何人身依附关系的含混同义语),我们要如何定义和描述奴婢的身份,并确定这种奴役关系的本质呢?

回到若干世纪之前,在17世纪中期,奴婢在历史事件中由暗转明。由于晚期明帝国的社会混乱,他们在众多省份发动叛乱,从山东到广东,在几十年中成为分散而又严重的社会动荡的根源。他们的叛乱受到了当时学者以及现代历史学家的关注。20世纪以来,以若干知名的历史学家为主导,中国史学界对奴婢问题进行了长期而资料翔实的研究,然而其探讨始终是从历史唯物主义的角度进行的。奴婢作为研究对象本身,还不如作为研究晚明社会本

---

① 第一次关于在中国废除"奴隶制度"的提议是由两江总督周馥(1837—1921)在1906年"大闹会审公堂案"后提出的。此提议见于光绪三十二年二月十日的《禁革买卖人口折》[参见《周悫慎公全集》(第5册),《奏稿》(第4卷),第1—4页],由若干建议构成,而最终由宪政编查馆大臣和硕庆亲王奕劻等人完成,并于1910年初由皇帝批准[参见《宪政编查馆奏会议禁革买卖人口旧习办法折》,载《清末民初宪政史料辑刊》(第3册),北京图书馆出版社2005年版,第1—19页]。一些报纸文章证明这一法令在1910年初付诸执行。它也被整理吸收入法,如1910年《钦定大清现行刑律》曰:"凡旗下从前家奴,不论系赏给、投充及红契、白契所买,是否数辈出力,概听赎身放出为民……未经放出及无力赎身者,概以雇工人论……"关于清末政府废除奴隶制的过程,参见周永坤:《中国奴隶制的终结及其意义》,载《北方法学》2010年第3期,第138—144页;又见Claude Chevaleyre, "Under Pressure and out of Respect for Human Dignity: the 1910 Chinese Abolition", in *Distant Ripples of the British Abolitionist Wave: Africa, the Americas, and Asia*, edited by Myriam Cottias and Marie-Jeanne Rossignol, Trenton: Africa World Press,尚未出版。

② 例如,最早由爱德华·威廉姆斯(Edward Thomas Williams)于1910年翻译成英语,发表于《美国国际法期刊》1910年第4期第4号,其标题为"奏请上谕中华帝国宪政委员会建议废除奴隶制度,皇帝诏令批准并十项法规确保执行"。也可见 Marinus J. Meijer, *The Introduction of Modern Criminal Law in China*, Batavia: De Unie, pp. 22-23。

③ 相关参考书目可见 Michael Howard and Wm. Roger Louis, (eds.), *The Oxford History of the Twentieth Century*, Oxford: Oxford University Press, 1998, p. 364。

④ 例如,沈家本曾引用西方国家("泰西欧美各邦")的强大来强调中国"落后",由此来呼吁废除奴隶制度。他希望清政府能够通过促进"尊重人格",获得发展而走上现代化的道路——他说,使中国赶上西方国家——以此对抗西方国家批评与侵犯中国主权。参见沈家本:《禁革买卖人口变通旧例议》及《删除奴婢律例议》,《历代刑法考·寄簃文存》(第1卷),第2037—2047页。

质或中国历史周期性的史学工程的工具性要素更有价值。也因此，吸引着历史学家注意的，是奴婢的物质生活条件、他们被奴役或解放的方式、他们的职业、经济身份、他们所受压迫的程度，等等。换句话说，关于奴婢的典型研究主要聚焦在他们的经济与法律地位，其研究方法从未远离马克思主义历史分析模型。⑤

这些研究为第一手材料的构成，为进行卓有成效的辩论，为形成详尽而坚实的知识创造了条件。然而，唯物主义研究方法以及将西方研究方法与分类视为普遍性的参照对象，也限制了我们理解中华帝国晚期奴役的性质。

第一，重温现代西方历史，尤其是奴隶制度的历史，我们发现它极大地受益于计量史学的贡献。然而，当试图将西方研究方法和分类应用于中国奴隶制度的历史时，人们很快面临着无法获得可靠数据的窘境。奴婢的数量，他们在帝国中怎样分布，他们实际进行经济生产的比例，这些都无从知晓，我们要如何正确评估他们在生产关系中的位置呢？⑥

第二，在探索奴隶制度的形式时，西方史学家通常坚持研究其法律地位的必要性。⑦ 罗马法对奴隶和自由人有相对应的定义，而中国法没有，后者只有如何对待的规定。⑧ 中国律令明确规定，作为"贱民"的最大组成部分，奴婢受到了高度的歧视和边缘化。例如，他们不得与普通人结婚；当他们犯罪时，刑罚会机械地加等；而当他们成为犯罪的受害者时，对罪犯的刑罚则会减等。这种歧视性的法律待遇引发了多方位思考。其中，著名明史学者吴晗的观点最为极端：基于杀死一头牛或马所得的处罚与杀死一名奴婢所得的处

---

⑤ 关于奴婢的现代研究由陈守实首先发起［陈守实：《明清之际史料（一）》，载《国学月刊》1927 年第 3 期，第 101—110 页；《清初奴婢——明清之际史料（二）》，载《史学与地学》1927 年第 4 期，第 1—15 页］，谢国桢、傅衣凌、吴晗以及许多其他史学家紧随其后。

⑥ 数据分析是传统唯物主义研究的基础。但是奴隶制度不能还原到"生产"关系和唯物主义思想中去。它也不是一种简单的"社会"或法律地位。最近许多学者也强调，即使在"真正的"奴隶社会中，奴隶会占据许多社会功能（包括享有声望者）；他们不是完全地缺乏力量，遭受泯灭人性的剥削和压迫；他们很少专门分配给生产功能。这种"异常情况"构成了对"人类历史上最坏的剥削形式"这种传统定义的挑战。关于传统定义很难阐明历史与人类学现实的好例子，可见 William Gervase Clarence-Smith, "The Embarrassing Institution", in *Islam and the Abolition of Slavery*, Oxford: Oxford University Press, 2006, pp. 1-21. 关于奴隶制度的一般定义可见 Orlando Patterson, "Slavery", *Annual Review of Sociology*, 1977, vol. 3, pp. 407-447; 也可见 Youval Rotman, "Approches théoriques", in *Les esclaves et l'esclavage*, Paris: Les Belles lettres, 2004, pp. 25-52。

⑦ 这些是法国社会学家阿兰·泰斯塔（Alain Testart）著作中的例子。参见 Alain Testart, *L'esclave, la dette et le pouvoir*, Paris: éditions Errance, 2001, p. 24。

⑧ 例如公元 529 年《查士丁尼法典》（Corpus iuris civilis）中包含的"人的权利"（De jure personarum）。

罚相同这一事实,他认为奴婢的法律地位是"私人的财产",不会具有比牛马更高的价值。⑨ 但是,各种歧视以及无法律能力并不构成"法律地位"。帝国的律令在颁布时就默认百姓对其概念、价值和类别了然于胸。这些律令是为了维护社会秩序,故而只告知这一秩序的存在与执行,而不是秩序的性质。因此,他们告诉我们如何对待奴婢,而不是他们是什么。

第三,从经济与社会地位的角度出发,画面也不清晰。如果基于某些理由,学者们关注奴婢的物质生活条件,他们遭受的压迫与剥削,以及他们在生产中的角色,学者的发现所揭示的种种物质分配情况还是不能在奴婢的身份及其经济功能与社会地位之间建立起近似的对应关系。奴婢并不构成一个独立的"社会阶层",不存在与其身份相对应的固定的活动和经济角色。他们所享有的财富、声誉以及文化水平完全不一致。从他们的经济活动或者物质状况来看,奴仆们无法与其他等级之人相区别。有些奴仆有权力、财力、影响力并且有教养;而另一些则被剥削、贫穷且目不识丁。他们的生活环境、职业以及被奴役和解放的途径都不一致。⑩ 因此,与其关注无限大的经济与社会配置,重新考虑并研究奴婢的共同点可能更有成效。

奴婢的第一个共同特征是他们在法律范畴中的一般身份是"贱民"。然而,相对于"良民",什么人是"贱民"?该问题并不容易回答:无论律令还是其他法律法规都未曾解释这种身份包含哪些人,他们来源于何处。尽管如此,明清时代的法律清楚地显示除了雇工人(尽管该身份在本范畴提出是有问题的),奴婢是该身份的主要成分。其他的群体如"倡优""皂隶""丐户"或"乐户"在法律和习俗上也被视为贱民。有关贱民的律令主要针对的是奴婢,也有小部分针对雇工人。这是因为,相对于其他的贱民,这两种贱民与主人(雇主)存在人身隶属关系。律令的作用是维护特定的社会秩序,巩固家庭的凝聚力和结构,它自然会关注那些给家庭带来威胁的破坏行为。因此,要正确理解明末清初奴婢的生活状态,关键在于分析哪些是与奴婢相关而被认为威胁家庭和社会结构的行为。我们的研究发现,人们关于个人的人身堕落与污辱这一观念,以及主奴关系的性质这两个问题是关键。

---

⑨ 参见吴晗:《明代的奴隶和奴变》,收入《灯下集》,三联书店1960年版,第76页。
⑩ 在17世纪,中国的文学作品和历史资料中有很多虐待家仆以及奸淫婢女的例子,但是也有很多描写被主人完全依靠的强大奴婢的例子。后者中有一些是能为其主人献身的家仆,有一些是拥有大量财产的人,有一些是自耕农、民兵、税吏、簿计员、商店老板,甚至在罕见的情况下是小官吏。有一些是家生的奴婢,其他是被父母卖掉或者被绑架的孩子,还有一些是自己卖身的。他们的奴婢身份可能是终身的和世袭的,也可能只是暂时的。一个人可能因为债务或贫穷、逃避租税、寻求保护、避免惩罚、没钱成亲或购买坟地而成为奴婢。

正如笔者之前所提到的,法律不会对贱民所受的隔离待遇进行解释。另外,表达歧视的主要方式似乎是将他们驱逐出科举考试。在笔者看来,这种驱逐构成了中国社会阶层之间的巨大断裂。而且在理论上,这种断裂比士大夫与百姓之间的区别更加稳固、更加基本。贱民阶层并没有被正式禁止接受教育、参加考试、成为官吏。律令并没有这样的规定。但是其他的官方文件和私人笔记说得很清楚,倡优、皂隶和奴婢决不能入学和参加科举考试。相关法规至晚由明太祖⑪与明正统皇帝⑫颁布,在 16 世纪末 17 世纪初常常被学者引用,如伍袁萃指斥当时入学的奴仆,"名奴婢则与倡优隶卒为一律,而不得厕于士流"。⑬

但是,这种驱逐的性质是什么?明代法律对此保持沉默。不过根据笔者搜集到的资料,贱民的身份似乎植根于个人的堕落与污辱的概念之上。这种堕落源于一种污染,而这种污染是由卖淫等活动或隐含着血液、尸体以及犯罪的职业所引起的,或者来源于犯罪行为和身体损伤。如此,明初统治者将奴婢的身份限定为已审罪犯,并将蓄奴的特权限制为官吏就不再令人惊讶了。这种情况很清楚地出现在良贱成婚、立嗣违法、典雇妻女之律,以及出现在反复将由于贫困与战乱而被奴役者放免为自由民的规定上。⑭ 然而,明代建国者的初衷很快就被弃之不顾,蓄奴之风蔓延到社会其他阶层。尽管如此,人们还是普遍认为贱民及奴婢身份是与其个人的堕落相联系的。

虽然不洁、堕落和无耻是贱民的共同特征,但奴婢与主人的独一无二的关系将其与其他贱民区分开来:没有主人,就不会有奴婢。

主人与奴婢的绑定关系的首要特征是它理论上是在互助互惠的基础上产生的。儒家正统学说不承认仅仅基于利益而征服他人的行为的有效性。因此,被我们称为"剥削"的行为隐藏于或多或少的真诚仁慈以及家长式的花言巧语之下。为构成这种关系,儒家思想中的"义"(英文通常翻译为"righteousness")是至关重要的,因为它是人类美德——"仁"的必然结果,恰

---

⑪ 1384 年:"乡试,其学官及罢闲官吏、倡优之家、隶卒之徒、与居父之母丧者,并不许应试。"[参见《明会典》(1587 年)(卷七七),第 2 页(《文渊阁四库全书》版本)];又见《明太祖实录》(卷一六〇),第 2468 页]

⑫ 1449 年:"不许滥收倡优隶卒贱品之人。"(参见《明英宗实录》第 183 卷,第 3560 页)

⑬ 参见伍袁萃:《林居漫录》(1607 年)(第 2 卷),第 5 页,收入《续修四库全书》第 1172 册;管志道:《从先维俗议》(1602 年)(第 2 卷),第 61 页,收入《四库全书存目丛书》子部第 88 册。

⑭ 参见 1372 年关于解放在战乱中成为奴婢的儿童的法令之例[参见龙文彬:《明会要》(1887 年),中华书局 1956 年版,第 950 页]。

与个人私利——"利"相反。不过,"义"并不仅仅是一个抽象概念:它也巩固所有的契约与非血缘家族关系。在现实生活中,当妻、妾、养子或奴婢进入家庭,他(她)便加入了基于互利互惠和"义"而结合的相应关系。经由大家庭权威的改造,他(她)融入了作为妻、妾、子或奴婢的新角色,从而使其品行更符合社会的预期。

儒家社会秩序的本质讲求"名分",要求做到"名副其实",这来源于儒家"正名"思想。在主人与奴婢的关系上,"主仆名分"这一特殊词汇传达了社会所期许的两者的行为举止。而"名分"和"义"又是相互补充、密不可分的观念。⑮ 如果说"名分"是以人身控制为基础的、严格的等级制度的来源,而"义"则暗示着一种真实的互惠主义。奴婢必须努力工作,"安分",并且恭敬温顺。在现代史学家强调奴婢生活条件的剥削性和残酷性时,这个方面在很大程度上被强调了。但是主奴之间的关系并不是单向性的。如果社会期待奴婢有奴婢的样子,它也希望主人出于同情和互惠像主人那样作为。明末的很多道德规范文本对此都有叙述,尤其是家规、族约,以及道德论著。这些规范不仅坚持要满足奴婢的衣食需求,还敦促主人出于"仁""义",以及贫富之间的互相依存,同情怜悯他们,对待他们富有感情,视其为自己的子女。例如,王孟箕甚至认为奴婢不需要主人也能生活("凡人家道稍温,必蓄仆婢。彼资我之养,我资彼之力,盖相依而成人家。彼既有力,何处不可依人,而谓彼非我则无以为生者误也"),并强烈要求时人以仁慈之心对待奴婢,因为他们更需要奴婢而非奴婢需要主人,最后他进一步指出,他们是"同类"。⑯

这种出于互惠原则的道德要求被嘲笑为虚伪的家长式的花言巧语;其目的在于加强对人身的控制,或者仅仅是对某些下属给予实用主义的关心,保证其具有足够的安全感来为自己提供有效的服务。大多数情况下,可能仅仅是这样。

然而,互惠原则的有效性是可以通过细致的考察明末清初的司法档案来得出的。案件卷宗为了解当时的社会现实打开了一扇宝贵的窗口。同样,在众多涉及奴婢的案例中(如毛一鹭的《云间谳略》、祁彪佳的《按吴亲审谳稿》以及吴宏的《纸上经纶》),平等互惠不是一种完全的抽象概念。有足够的证

---

⑮ 这种互补性和相互依赖性在"干名犯义"这一法条中可见权威表述[见高举编:《大明律集解附例》(1610年)(第22卷),修订法律馆1908年版,第30—31页]。主要关注犯罪者的身份,该法律尤其规定禁止奴婢、子女指责其主人、父亲,破坏家庭的等级和团结是最严重的犯罪之一。

⑯ 参见王孟箕:《王孟箕家训》,载陈弘谋:《五种遗规》(1772年),《四部备要》(第267册),中华书局1936年版,第1页。

据表明,如果关系并无实质内涵,且主仆双方均无应有的适当行为,奴婢对于其主人的依附关系可能松懈并破坏。举例来讲,如果裁判官须处理涉及可疑的或有争议的奴婢身份案件,他们往往都采用以下论据:假如能够证明奴婢和主人长期拥有各自独立的户籍,而主人对此并无异议,则不论其分居原因为何,即使存在相关卖身文书,现实中的主奴关系都将视为无效。由此可见,对实际情况的考察重于契约,如果实际中的主仆关系不被承认,那么一个人凌驾于另一人之上的正式及道德上的关系也不被承认。现实的关系和它本质上的互惠特征在17世纪的中国地方裁判官眼中是重要且必须的。⑰

笔者并非试图说明奴婢是非歧视性的,它的确是经济压力和人身支配的后果。在大多数情况下,这很可能是极严重的剥削与不平等。但主奴的关系并不是很多史学家所坚持的单向剥削。在这个不平等的权力游戏中,奴婢并不是完全脆弱和无力的:当主人放松了对奴婢的控制,后者就可能借由"既成事实"而在这场权力较量中占优势。相比于日常生活,在法庭对峙时,社会身份和对其双方的道德要求可能超过了经济因素。这种与双方身份相适应的道德并不只是一个空泛的概念,而要求在现实中也必须真实地体现出来。

总而言之,仅仅从生产和经济关系的角度来研究中国在17世纪的奴婢制度限制了我们的视野,将其仅仅局限于物质分配,而不是放在奴役形式的内在特质上。⑱ 如果不是刻意去追求西方史学中相应概念的话,奴婢是否应该被称为"奴隶""农奴""奴仆"或任何其他的名称都是次要的。笔者主张重新全方位思考中国的奴婢制度,将其视为不同于西方的一种制度现象的特例。对它的研究能够启发我们对人身束缚与奴役的普遍机制的认识。而这能够全部或起码是部分的,通过使用判例以及对主奴关系特征进行深入调查来得出的。

---

⑰ 在明末清初的司法案例中能够发现基于互惠互利的主奴关系而作出判决的好例子,如祁彪佳的《按吴亲审檄稿》[收入杨一凡、徐立志主编:《历代判例判牍》(第4册),中国社会科学出版社2005年版];毛一鹭的《云间谳略》[收入《历代判例判牍》(第3册)]。

⑱ 尽管曾试图澄清和限制它。

清朝法规范中的"财产关系图像"[*]
——以住房及田土为例

陈惠馨[**] 著

前　言

　　本文将探讨清朝法律如何规范人民住房及田土买卖等关系,并分析最近出版清朝契约文书,希望借此描绘清朝"财产图像"。本文所分析的清代法律主要为《大清会典事例》《大清律例》《户部则例》及有关人民间住房、田土等买卖或典当的契约文书。

　　本文舍弃从近代欧陆发展出来的民法概念,分析清朝有关人民住房或者田土买卖或典当等事务的相关规范。清代虽然在法规范体系没有发展出欧陆民法概念与法典体系,但是,清朝法规范本身有一套自成系统规范人民居住房屋或田土等相关事务的规则。这个规则在清朝并不称为民法,它有自己另外的体系。因此,如果研究者要以当代民法概念,论述传统中国是否有民法典或习惯法等法规范时,很容易导致对清朝相关法规范的体系的误读或误解。近日美国及法国汉学家开始对过去法制史研究者以中国是否有民法典

---

　　[*] 本论文曾发表于2012年3月17、18日在台湾政治大学举办的第八届东亚法哲学年会,此次发表有许多修正。
　　[**] 陈惠馨,台湾政治大学法学院教授。

或习惯法等角度,分析并检验传统中国法律制度的研究取径开始有所批评。①

1986年中国大陆通过的《民法通则》及2007年通过的《物权法》或者1930年代订定、目前仅在台湾地区施行的"民法"(总则编)有关物的规定以及"民法"(物权编)有关不动产的法规范,主要是继受欧洲近代的民法典体系的思维。当代不管是大陆还是台湾地区的法律人在思考房屋或田土等的法规范时,一定从民法的体系出发。但是,清朝在1900年开始立法继受欧陆民法典之前,自有一套处理今日民法典所规范事务的法规范体系。② 笔者从法社会学角度认为,法学者或法制史研究者有必要对于中国、日本和韩国,从19世纪末到20世纪之间不断学习并继受欧陆(以德国、法国)的民法体系的成果进行研究。尤其有必要了解一般人民(尤其是非法律专业者)是否对于这套外来的民法(以债编、物权编为重心)规范结构、概念、体系与具体规定有所了解与接受。如果有,那么了解与接受的情形为何?如果没有,原因何在?而要进行上述研究,则有必要先对传统中国,尤其是清朝有关人民住房及田土买卖等法规范体系进行了解。

在行文之前,笔者想要说明:今日我们所熟悉的1896年《德国民法典》或者法国1804年《拿破仑民法典》,都是18世纪以来这些地区法学研究者及立法者共同合作发展出来的新的法规范体系。在上述两个法典被订定之前,德国或法国有关今日被定位为不动产的法规范(尤其针对房屋、土地等事务)主要是以意大利北部发展的罗马法学说(称为普通法或者一般法)、不同地区的习惯法为主。本文企图分析清朝在继受欧陆西方民法体制之前,法规范如何处理今日属于民法不动产的相关事务,尤其是人民住房与田土交易。笔

---

① 美国汉学家曾小萍(Madeleine Zelin)在2004年的文章中强调,清代的成文律例虽然没有发展出类似西方的成文民事法,但清朝政府对于财产权的运作相当支持,认为向来中国法制史研究者对于清代财产权运作的分析有待商榷;另外法国汉学家巩涛(Jérôme Bourgon)教授在2009年的著作中也强调,在欧洲大陆,特定习惯被提升为地区习惯法并在民法中加以规范,但是在中国虽然很早就有成文法但并不用欧陆的方式处理类似欧洲民法的相关事务。参见Madeleine Zelin,"Rights of Property in prewar China", in *Contract and Property in Early Modern China*, Standford University Press,2004, pp. 17-36;巩涛:《失礼的对话:清代的法律与习惯并未融汇成民法》(uncivil Dialogue:Law and Custom did not Merge into Civil Law under the Qing),邓建鹏译,载《北大法律评论》第10卷第1辑,2009年,第89—120页(尤其是第120页)。值得我们深思的是,为何这样的反省在21世纪才逐渐在汉学家的著作中出现。

② 《物权法》第2条规定:"因物的归属和利用而产生的民事关系适用本法。本法所称物,包括不动产和动产。法律规定权利作为物权客体的依照其规定。本法所称物权是指权利人对特定的物享有直接支配和排他的权利,包括所有权、用益物权和担保物权。"这个规定与台湾地区所继受自德国民法有关物权的规定几乎相同。

者必须强调"财产"一词并非清代法律体系的用语,这个用语在近代西方国家也是很晚才开始出现。本文开始分析财产权观念在欧陆的起源及发展,尤其是在德国的发展,希望呈现西方也是在晚期才发展出当代民法法典体系,并借此说明不用西方民法概念分析清朝法律的正当性与合理性。传统中国社会跟任何其他社会一般,对于人与人之间的财产关系有其自成体系的规范,这个规范系统、对象、形式或概念究竟在清朝有无变化或其状况为何,是本文所着重分析之处,笔者希望通过分析清朝的相关法规范描绘清朝的"财产关系图像"。③

本文分为四个重点,第一部分探讨欧陆近代有关"财产观念"的论述与规范,主要以德国为主;第二部分分析清朝统治下的财产制度;第三部分从清朝田土相关"契"内容描绘清代私人间财产关系图像;第四部分从清朝田土相关"契"分析清朝政府在人民买卖或典当田土、房舍时,其角色与意义。

一、近代欧陆有关"财产观念"的论述与规范
——以德国为主

为了脱离清朝是否有民法体系的论述脉络争议,本文先探讨西方民法制度存在的先决条件,也就是"财产观念"的论述与规范,主要探讨德国的发展情形。现代"财产权"或"财产"概念作为法规范名词,出现在西方17、18世纪之际。1690年英国哲学家John Locke(1632—1704)提出有关私人财产的概念,主张每个人有权主张私有财产权。这个主张对于当时由封建主及宗教领袖主导的社会是一个大挑战。根据Locke的主张,如果人民可以累积其财富,那么将更有生产力;并主张人们为了保护自己的生命、自由与财产,所以愿意受到政府规范的管制。④

在德国关于财产权的讨论也是起于17世纪德国现代国家理念产生之后。德国在现代国家的统治形态形成以前,与其他欧陆社会一样,人与人之

---

③ 梁治平提到,"在中国运用法律来实施统治是一种极其久远的传统,秦汉以来,每一个朝代都有大量的法律典章流传下来"。参见梁治平:《清代习惯法:社会与国家》,中国政法大学出版社1996版,第14—15页。

④ 在许多西方关于财产权的讨论中,John Locke 的私有财产权的讨论对于西方近代私法的发展具有重要意义。参见 Mathew H. Kramer, *John Locke and the Origins of Private Property-philosophical Explorations of Individualism Community and Equality*, Cambridge University Press, 1997/2004, p. 213; Steven Pressman, *Fifty major economists*, 2. edition, Routledge, New York, 2006, p. 14.

间的财产关系主要依据封建采邑制度分配。⑤ 17、18世纪开始才有讨论有关人民土地拥有与使用权,并将财产的权利区分为完整财产权、上财产权(Obereigentum)及下财产权(Untereigentum)。当时的论述主要分析贵族(Adel)作为地主拥有土地的全部财产权,可以、如何将全部财产权区分为上、下财产权并分配给不同的人的现象;例如农民取得农地使用权为下财产权,而农地的管理者则拥有上财产权。⑥

1794年《普鲁士一般邦法》(Allegeines Landrecht fur die Preussischen Sttaten)在立法时,根据上述的论述与原则对于财产权加以规定。《普鲁士一般邦法》规定,财产权的拥有方式包括完整财产权、上财产权(Obereigentum)及下财产权(Untereigentum)或者使用财产(nutzbare Eigentum)。根据规定,完整财产权主要由贵族或少数有特权的农民拥有。拥有完整财产权者可以将他的财产权分给不同的人。有人取得上财产权,有人取得下财产权。《普鲁士一般邦法》的规范主要针对德国17、18世纪时期还存在的采邑制度(das Lehnsverhältnis)的财产关系而订定(das Lehnsverhältnis)。⑦ 而《普鲁士一般邦法》在规范中如此订定人与人的财产关系,主要希望将社会中人与人的关系从采邑的封建关系走向国家与人民间的关系。此时,还看不到1900年生效的《德国民法典》区分债权与物权等财产权关系的法规范内容。当时,在社会中,私人与私人发生财产纠纷时,主要以罗马法的理论或日耳曼法的习惯等共同法处理。

18世纪中叶开始,德国地区有许多邦国开始订定民法,企图以成文、一般的法律规范私人与私人的财产关系。而在德国地区各邦国开始订定民法典的同时,几位重要的德国民法学者,开始讨论"财产权的意义"。他们讨论的财产权概念与1794《普鲁士一般邦法》的财产权概念不同。

1842年萨维尼在他的《罗马法系统》中说明财产权是独立的绝对权利,它不受传统的伦理规范(Sittlichkeit)的限制。财产权不是指由国家公权力对于人民债务请求的帮助,是一个私法体系制度,并非属道德范畴(kein sittli-

---

⑤ 有关德国现代国家出现及封建采邑制度的发展,请参见陈惠馨:《德国法制史——从日耳曼到近代》,中国政法大学出版社2011年版,第245—257页、第164—167页。

⑥ 参见 Guido Harder,"überwindung und Renaissance des geteilten Eigentums - Versuch einer historischen Einordnung des gesonderten Gebäudeeigentums des DDR Rechtes",收于 orum historiae iuris 在1998年8月3日的电子版,载 http://fhi. rg. mpg. de/articles/9808harder. htm,2012年2月1日访问。

⑦ 同前注。

cher Bestandteil）。⑧ 1856 年德国的民法学者普希塔（Georg Friedrich Puchta）教授在他所出版、非常畅销的《潘德克顿》（Pandekten）一书中强调，财产是一个依法被置于所有人全然控制的有体物。⑨ 1868 年影响《德国民法典》的制定非常重要的 Bernhard Windscheid 教授在他的《潘德克顿教科书》中提到，财产权是对于物的全然权利。⑩ 上述这些关于财产权的理念后来被纳入德国民法财产权的定义中。《德国民法典》第 903 条规定："物之所有权人在不违反法律获第三人的权利下，得自由依其想要的程序处分其物并排除任何干涉。"⑪1929 年公布的《中华民国民法典》第 765 条规定："所有人，于法令限制之范围内，得自由使用、收益、处分其所有物，并排除他人之干涉。"显然受到这样的财产权概念的影响。

相对于德国，传统中国从秦朝以来，统治的形态已经从封建社会发展成郡县或州县制度。在郡县与州县制度下，国家有不同于封建社会财产权制度规划。而传统中国的财产权制度在清朝统治时期是否有不同的发展，值得进一步研究。从今日的文献内容观察，清朝不断地在其统治中国时强调其制度主要延续明朝制度，但是，从实际的角度分析，清朝以少数民族入关，以少数统治多数的处境来看，其在法规范上必然会有所变迁。而与财产制度最大的变迁或许可以从清朝政府给予王公、贵族或旗人在土地及房屋占有上的优势加以分析。笔者从《大清会典事例》与《大清律例》及清朝各院部会"则例"的内容，发现清朝作为一个专制且结构紧密的皇权统治体系，其对于人民财产的拥有与使用，有非常不同于欧洲封建或欧洲近代国家的规范。

虽然清朝政府在统治末期（1902 年），企图通过继受欧陆法律体系，变法自强并因此在中国引入欧陆民法体系，但当时的立法者或许没有了解，欧陆民法体制背后，有一套不同于清朝的财产权理念与架构。如果没有将西方这

---

⑧ 参见〔德〕萨维尼（Friedrich Carl Von Savigny）：《当代罗马法体系》（System des hewtigen Römischen Rechts）（第 1 册），Berlin：1840 年版，第 331 页以下。

⑨ 原文为："财产权是对于有体物的全然控制权。"Das Eigenthum ist die volle rechtliche Unterwerfung einer Sache, die vollkommene rechtliche Herrschaft über einen körperlichen Gegenstand。参见乔治·佛里德里希·普赫塔（Georg Friedrich Puchta），Pandekten，Berlin：1844 年第 1 版；本文字取自第 8 版，1856 年版。

⑩ 参见 Bernhard Windscheid，《潘德克顿教科书》（Lehrbuch des Pandektenrechts），Berlin：1862 年版，第 167 页。原文为："Das Eigentum ist die Fülle des Rechts an der Sache……"

⑪ 《德国民法典》第 903 条第 1 项规定原文如下："物的所有权人在没有违反法律或危害第三人权利下，可任意处分其物并排除他人的干涉。"（Der Eigentümer einer Sache kann, soweit nicht das Gesetz oder Rechte Dritter entgegenstehen, mit der Sache nach Belieben verfahren und andere von jeder Einwirkung ausschließen）

套财产权理念与架构与清朝社会原有的财产制度加以融合或调整,想要通过订定类似欧陆的民法典,改变社会私人与私人间的财产关系,将是缘木求鱼,无济于事。而或许清朝末年的政府并未真正想要改变当时社会中的财产关系,也因此清朝在变法过程中从未积极参考德国或其他欧洲国家在17、18世纪时,各种有关从封建采邑制度进入现代国家体制时,财产制度与财产理论变迁的对话。因此,有可能清朝虽然引进西方民法典的制度,企图用新的规范处理私人与私人间的财产关系。但由于社会有关财产制度的规范依旧停留在旧有传统体制的体系中,也因此清朝的变法并没有改变社会中的财产关系。

二、清朝统治下的财产制度
——以人民住房及田土制度为中心

本文认为,在讨论清朝法规范的财产图像之前,有必要先了解清朝统治时的财产制度。清朝政府在1644年以异族进入中国中原地区进行统治时,对于当时明朝财产状况的处理,值得研究。从清朝取得统治权初期的几个诏令可以了解,一开始,清朝采取继承明朝体制的策略,以明朝后继者的角色统治中国。清朝统治者的企图可以通过顺治元年(1644年)《定鼎建号诏》[12]、顺治二年(1645年)《平定陕西诏》[13]及《平定江南诏》的内容加以了解。[14] 分析清朝《大清会典事例》《大清律例》《户部则例》等法规范可以发现,清朝在统治中国268年的时期,逐渐从《定鼎建号诏》《平定江南诏》所宣称制度逐渐改变,尤其在关于满人与汉人财产拥有制度部分有很大的变革。本文着重对清朝统治时期人民住房与田土财产制度的分析。

(一)清朝入关之际,承认人民在明朝时期拥有土地的现状

顺治元年(1644年)的《定鼎建号诏》,针对钱粮征收政策订定条例。从条例的内容可以了解,清朝统治者对于当时明朝人民所拥有的地亩基本上采取承认的立场。该条例规定如下:

> 地亩、钱粮俱照前朝会计录原额,自顺治元年五月初一日起按亩征,凡如加派辽饷、新饷、练饷召买等项,蠲免。其大兵经过地方,仍免正粮

---

[12] 《定鼎建号诏》又称为《登极诏书》,载《大清诏令八卷》(清钞本·卷一),第1—26页。

[13] 《平定陕西诏》公告于顺治二年四月十日,载《大清诏令八卷》(清钞本·卷一),第27—44页。

[14] 《平定江南诏》公告于顺治二年十二月二十日,载《大清诏令八卷》(清钞本·卷一),第45—90页。

一半。归顺地方不系大兵经过者,免三分之一,就今年一年正额通算。⑮

《定鼎建号诏》上述条例的内容也在顺治二年(1645年)的《平定陕西诏》《平定江南诏》中出现。其内容如下:

> 陕西通省地亩、钱粮自顺治二年正月为始,止征正额。凡加派辽饷、新饷、练饷、召买等项,悉行蠲免,其大兵经过地方,仍免正银一年。归顺地方,不系大兵经过者,三分免一。西安等府州县,遭寇焚掠独惨,应听抚按官察明。顺治二年钱粮,应全免者,全免;定半征者,半征。⑯

> 河南、江北、江南等处,人丁、地亩、钱粮及关津、税银、各运司盐课,自顺治二年六月初一日起,俱照前朝会计录原额征解,如有官吏加耗重收,或分外科敛者,治以重罪。凡加派辽饷、练饷、剿饷、召买等项,永行蠲免。即正项钱粮,以前拖欠在民者,亦尽行蠲免。⑰

从这些条例内涵可以看出,清朝刚开始统治中国时,基本上延续明朝对于人丁、地亩、钱粮的记录,也就是"前朝会计录原额"。承认现状,包括人民拥有的"地亩",人民也因此要缴交所拥有地亩的钱粮。通过这些条例,清朝宣誓对于明朝土地制度的承认。而清朝统治的时代,从《省例》某些记载可看出拥有土地与钱粮的关系。例如在《福建省例》收的"告恃衿抗粮式",说明拥有土地的人民应该缴税,否则将受到处罚。"告恃衿抗粮式"内容如下:

> 某府州县某人为恃衿抗粮事。某人现有田地若干顷亩,应纳银、粮若干,倚恃绅衿,抗不完纳,致某受比、赔累。乞准拘究。上告。⑱

(二)清朝针对发生在明朝之际,人民间的财产纠纷采取保护"小民"政策

顺治元年(1644年)的《定鼎建号诏》针对明朝统治时期人民间的债务纠纷,采取保护小民政策。清朝在《定鼎建号诏》中要求"司官"对于"势家、土豪"举放私债的纠纷,不许代为追比。其条例规定如下:

> 向来势家土豪举放私债,多取利息,折准房屋,以致小民倾家荡产,甚可痛恨。今后有司官不许听受贿嘱,代为追比,犯者以违制重论。⑲

---

⑮ 《大清诏令八卷》(清钞本·卷一),第1—26页。
⑯ 《平定陕西诏》,载《大清诏令八卷》(清钞本·卷一),第27—44页。
⑰ 《平定江南诏》,载《大清诏令八卷》(清钞本·卷一),第45—90页。
⑱ 参见《福建省例》,目前收于《台湾文献丛刊》第199,参见 http://club.xilu.com/wave99/replyview-950484-19495.html,2012年11月3日访问。
⑲ 参见《定鼎建号诏》,载《大清诏令八卷》(清钞本·卷一),第1—26页。

这个条例的内容呈现清朝接收明朝政权之初,对于明朝时期的"势家、土豪"举放"私债"国家并不承认的政策。因此,在《定鼎建号诏》内规定"司官"不得"听受贿嘱",帮助"势家、土豪"向欠钱的"小民""代为追比"。《定鼎建号诏》强调不管是"多取利息"或"折准房屋",都不承认。

类似的条例规定也在《平定江南诏》中出现:

> 各地方势豪人等、受人投献产业人口、即骗诈财物者、许自首免罪、各还原主如被人告发、不在赦例、仍追还原主。[20]

在《平定陕西诏》及《平定江南诏》中甚至有类似免除人民对于政府或军队的债务的条例。例如,《平定陕西诏》的条例:

> 该省工部四司料银、匠价银、弓箭撒袋折色银两、盔甲腰刀本色钱粮,自顺治二年二月为始,从前逋欠在民者,相应尽与蠲免,以苏民困。自本年二月以后,应征钱粮俱归户部,其顺治二年额数,照户部丁地钱粮事例,照数一体蠲免。[21]

《平定江南诏》也有类似规定:

> 明季军兴缺乏,行一切苟且之政,立借富斛贪等项名色巧取财物,最为弊政。除,已征在官外,其余拖欠未完者,悉兴蠲免。[22]

上述这些条例呈现清朝接收明朝政权之际对于当时人民财产关系的处理政策。但是清朝实际进行统治之后,开始发展其他更有利于统治者的财产制度与措施。这些制度与措施显示出清朝政府对于人民既有财产状况的不尊重。清朝各种有利于自己统治状况的制度设计,显现出其缺乏对于人民既有财产状况的尊重。下面将分析清朝在统治初期,如何在京城或外省地区要求满人、汉人分居的政策。

(三)京城兵、民分住政策并在外省建立满城

清朝进关之际,在顺治元年(1644年)的《定鼎建号诏》条例中,一方面宣示其对于明朝时期人民田亩所有状况的尊重,但同时为了统治需要,清朝政

---

[20] 参见《平定江南诏》,载《大清诏令八卷》(清钞本·卷一),第45—90页。
[21] 同注⑭。
[22] 同注⑮。

府开始采取京城兵、民分住及在外省建立满城的制度。㉓ 而这些制度的施行造成人民既有的居住状况及房舍拥有状况受到侵害。

顺治元年(1644年)的《定鼎建号诏》条例中提到"京都兵、民分居"政策,其内容如下:

> 京都兵民分城居住,原取两便,万不得已,其中东、西、中三城官民,已经迁徙者,所有田地,应纳租赋,不拘座落何处,准蠲免三年,以顺治三年十二月终为止。南、北二城,虽未迁徙而房被人分居者,所有田地应纳租税不拘座落何处,准免一年,以顺治二年十二月中为止。㉔

这样的兵、民分城居住的政策在整个清朝统治时期均存在。㉕ 除《定鼎建号诏》条例宣示外,顺治五年(1648年)八月再次谕令户部等衙门,要求北京内城的汉民搬到外城居住。谕令内容如下:

> 京城汉官、汉民,原与满洲共处。近闻劫杀抢夺,满、汉人等,彼此推诿,竟无几时,以此光景,何日清宁。此时参居杂处之所致也。朕反复思维,迁移虽劳一时,然满、汉皆安,不相扰害,实为永便。除八固山投充汉人不动外,凡汉官及商民人等,尽从城南。其原房或拆去另盖,或买卖取偿,各从其便。㉖

为了补偿人民迁移之苦,顺治皇帝特命"户、工二部,详查房屋间数,每间给银四两……"㉗这个谕令呈现出,表面上清朝宣示尊重人民既有的财产状况,但却基于其他目标,对人民既有的财产状况不尊重。也因此理所当然下令:"凡汉官及商民人等,尽从城南。其原房或拆去另盖,或买卖取偿,各从其便。"所谓"各从其便",是指人民有选择将"其原房或拆去另盖,或买卖取偿"

㉓ 关于清朝满城的建设,参见朱永杰:《密云清代"满城"发展脉络及其文化资源保护利用研究》,载 http://www.bjpopss.gov.cn/bjpssweb/n33136c24.aspx,2012年2月29日访问。此系北京学研究基地自设"清代北京密云'满城'历史地理研究"项目。文内提到:"满城经过了严格认真的设计。城内街道非常规整、笔直,以十字形走向为主,南北东西贯通一起。这些街巷把全城分成了许多块状区域,一方面中心十字街把城内分成四个大的方块,另一方面小十字形的街巷又将每一方块区域分开来,使得十六个佐领各司其所,四千八百七十二间兵房排列其间、整齐有序。城内按照八旗方位共分为十六片区域,彼此对称协调,井然有序。而且,满城内部从功能角度来说,又可分为衙署区、兵房区、官庙区、教育训练设施区和其他设施区,布局合理规范。"

㉔ 参见《大清诏令八卷》(清钞本·卷一),第1—26页。

㉕ 参见张群:《中国古代的住房权问题》,载北大法律信息网,2012年2月3日访问。

㉖ 参见赵书:《正白旗满族习俗管窥》,载 http://www.manzu8.com/bbs/dispbbs.asp?boardid=38&Id=1933&page=4,2012年2月3日访问。

㉗ 同前注。

的可能,但却没有不搬离的选择。

除此之外,根据研究指出,清朝入关之后,曾经进行多次圈地,将无主荒地归入八旗军统治的政策。顺治元年(1644年)颁布圈地令,以安置入关的满族诸王、勋臣,并解决八旗官兵生计。当时所占土地,包括明代皇庄及大量民田。顺治二年(1645年)九月,清廷再次进行第二次圈地令,顺治四年(1647年)进行第三次圈地。㉘ 这三次圈地占有了非常多的土地。㉙ 清朝的史惇在《恸余杂记》中写到:"圈田所到,田主登时逐出,室中所有,皆其有也。妻孥丑者携去,欲留者不敢携。其佃户无生者,反依之以耕种焉。"㉚

从今日法律观点看,清朝圈地政策与满、汉分居土地政策,并不符合当代法律制度对于人民既有财产权利的尊重。当代法律制度下,政府仅在非常严格的条件下,例如一定程度的公共利益的考虑,才能对人民的财产加以征收,并且政府在征收人民财产时,必须通过立法并经过一连串依法行政程序,符合比例原则、必要性原则等标准给予人民一定补偿。如果用这样的标准看,清朝在统治中国时,在京城将汉人从内城强迫迁往外城的政策,不符合现代法律保障人民财产权的精神。

(四)《钦定大清会典事例》对于特定身份者使用房舍或土地的规定

在讨论清朝具体的土地、田宅政策之前,有必要了解清朝,甚至明朝以来,传统中国对于人民使用土地、田宅的设计。这个设计就是仅有具备一定身份者,例如皇室的人、一定的官吏等,可以拥有政府提供的特定土地或房舍。这些特定身份者不一定享有特定房屋或土地的所有权,但是他们却可以享有长期使用该房屋或土地的权利。如果从这样的角度观察,生活在明朝或清朝社会的人民,要努力得到的不是拥有房屋或土地的所有权,而是取得可以享受国家房屋或土地权利的身份。如果用这样的观点分析,那么18世纪发展于欧陆的"绝对财产权",不当然会在清朝社会被接受;也因此,当代民法所重视的私人财产制度自然不会出现在清朝社会。

《钦定大清会典事例》规定,清朝有特定身份者,拥有可以使用国家各种财产的权利。下面尝试从清朝法规范分析特定身份者拥有使用房屋或田土的权利状况:

㉘ 参见《清圣祖实录》(卷一二)。
㉙ 参见郑天挺:《清史》,知书房出版集团2003年版,第186—191页;另参见雷大受:《清初在北京地区的圈地》,载《北京师院学报(社会科学版)》1981年第4期。
㉚ 参见明末清初之史惇所著《恸余杂记》之记载。《恸余杂记》(1卷),收于《四库禁毁书丛刊(史部第72卷)》(重印本),北京出版社2000版。

1. 皇帝拥有最大的使用房屋与土地的权利。从《钦定大清会典事例》卷九六二—九六六的内容可以了解清朝皇帝使用的空间有多大,这些空间包括紫禁城、重华宫、建福宫、宁寿宫等各种宫殿及各种进行大祀与中祀等举行祭祀活动的坛庙。㉛ 这些宫殿占地之广超越近代其他国家的国王拥有的皇宫,更不用说皇城的概念更是广泛。今日任何人到北京城,从紫禁城的规模就可以想象清朝皇帝个人及跟他居住的人可以使用的空间面积。除此之外,在紫禁城之外的圆明园、颐和园、景山宫等地及各个避暑山庄的空间也超越当代人的想象。㉜

2. 《钦定大清会典事例》卷八六九规范了跟皇帝有一定身份关系的亲王、郡王等居住府第房屋的规制。㉝ 例如《钦定大清会典事例》卷八六九《府第房屋规制》内明定:"崇德年间,亲王府制:正屋一座,厢房两座,台基高十尺,内门一重,在台基之外,均绿瓦,门柱朱鬃,大门一重,两层楼座,其余房屋均于平地建造。郡王府则大门一重,正屋一座,厢房两座,台基高八尺,在台基上,正屋内门均用绿瓦……等。"在同卷中也对贝勒、贝子府及镇国公、辅国公府的规制有所说明。不同等级的府第可以取得的土地与房屋面积及格局各有不同。从今日北京还存在的王府规模,可以想象清朝时期,国家重要财产由谁掌握、使用。㉞

3. 清朝政府提供所有旗人的居住所。清朝对于满族的旗人住居有所规定。为了避免满族、蒙古族及汉族人民间的冲突,对于满州八旗、蒙古八旗和汉军八旗的派驻所有明确规定。清朝对于八旗军调派地点的规定非常明确,例如满族八旗如在京城居住,要在靠近皇帝较近的内城居住。如果在外省,则应住在所谓的"满城"。他们在清朝政府所划定的地区内,可以根据身份高低取得各种不同的居住空间。这些居住空间,主要由清朝政府免费提供,甚至由政府负责修缮与整理。㉟ 《钦定大清会典事例》卷八六九记载顺治十一年议准,八旗官员、兵丁均要照分定地方居住,如果遇到调旗更地,也可以准许买屋居住。原则上八旗中,汉

㉛ 另外参见故宫博物院编:《钦定内务府则例二种》,收于《故宫珍本丛刊》第297册《清代则例》(第1册)(共5册),海南出版社2000年版,第193—194页、第199—232页。从中可以了解清朝的皇帝及皇帝的子女们所拥有住房与土地使用状况。

㉜ 参见《钦定大清会典事例》卷八六二—八六五《工部》。

㉝ 参见《钦定大清会典事例》卷八六九《工部》。

㉞ 参见《钦定大清会典事例》卷八六二—八六五《工部》,其中提到:紫禁城居皇城之中,垣周六里;另外提到皇子住房360间、皇孙住房121间。

㉟ 参见张群:《中国古代的住房权问题》,载北大法律信息网,2012年2月3日访问。

军与蒙军人数较少,主要还是满人。为了旗人的居住所建的官房往往在数千间左右。[36]

4. 对于担任一定官职的人给予一定的房舍。《钦定大清会典则例》卷一二六《工部》的标题包括营建、宅第、官寝。在内容中可以看到清朝对于王公贵族及各种担任官职的人给予优厚的居住环境。《钦定大清会典则例》提到,顺治五年准"一品官给屋20间;二品官15间;三品官12间,四品官10间,五品官7间,6—7品官则4间,8—9品官3间"。[37] 而武官例如护军、领催、骁骑等也比照文官获得"给屋"待遇。[38] 除了京都的官员,在各省的文武官员,各直省、道、府、州县、佐杂等官,学政,各种武职人员等也都有衙署或营房、官房可以居住。[39]

上述这些规定,保障了清朝的王室、旗人、官吏及各种在政府担任一定工作者的居住空间。清朝政府不仅提供居住空间,而且负责这些空间的维持与修缮。这些取得特定身份与职位的人,也会随着职位或身份的提高而有更为优渥的住居条件。仅有那些在社会上没有特定身份与职位的人民,例如一般农民、商人等,才有需要自己建房或拥有土地耕种的必要性。而根据法律规定,一定身份与职位的人可以居住的房舍或取得的土地,甚至穿着、出入坐的车都受到一定的限制。

(五)《大清律例·礼律》对于官民居住房舍的规定

《大清律例·礼律》中对于人民使用房舍、车子、服装及器物的规模都有明确规定。官与民因为他们的官职或地位,房屋建筑格局各有不同,基本上有一定的格式,受到一定的限制,违反限制规定者都将受到法律制裁。

《大清律例·礼律·服舍违式律》规定:

> 凡官民房舍车服器物之类,各有等第。若违式僭用,有官者,杖一百,罢职不叙。无官者,笞五十,罪坐家长。工匠并笞五十。(违式之物,责令改正。工匠自首,免罪,不给赏)若僭用违禁龙凤纹者,官民各杖一百,徒三年。(官罢职不叙)工匠杖一百。违禁之物并入官。首告者,官给赏银五十两。若工匠能自首者,免罪,一体给赏。

[36] 参见《钦定大清会典事例》卷八六九《工部》。

[37] 参见《钦定大清会典则例》卷一二六《工部》。

[38] 参见《钦定大清会典则例》卷一二六《工部》,第6232页。

[39] 参见故宫博物院编:《钦定工部则例三种》,收于《故宫珍本丛刊》第297册《清代则例》(第4册)(共5册),海南出版社2000年版,第104—108页、第113—124页。

根据薛允升所著《读例存疑》的说明,这条律文虽然渊源于明律,但却在雍正三年(1725年)经过删定,小注是顺治三年(1646年)添入。㊵ 清朝在雍正三年(1725年)时,更增加例文对于官民的房舍、车马、衣物标准有更加详细的规定:

> 房舍、车马、衣服等物,贵贱各有等第。上可以兼下,下不可以僭上。其父祖有官身殁、曾经断罪者,除房舍仍许子孙居住,其余车马、衣服等物,父祖既与无罪者有别,则子孙概不得用(服舍违式例文二)。㊶

这条规定呈现出在清朝一定身份地位的人可以拥有的房舍、车马、衣服等规格。这跟欧陆16到18世纪出现的警察法规对于一定阶层人民的服装与住所规模与形态的规范相类似。㊷

《大清律例·礼律·服舍违式律》的例文也沿习明令,限制官民房舍不许施用拱门及重檐。同时对于不同身份的职官可以有多大的房舍有明确规定。规定如下:

> 房舍并不得施用重拱、重檐,楼房不在重檐之限。职官一品、二品厅房七间九架,屋脊许用花样兽吻,梁栋、斗拱、檐桷,彩色绘饰。正门三间五架,门用绿油兽面铜环。三品至五品,厅房五间七架,许用兽吻,梁栋、斗拱、檐桷,青碧绘饰。正门三间三架,门用黑油兽面摆锡环。六品至九品,厅房三间七架,梁栋止用土黄刷饰。正门一间三架,门用黑油铁环。庶民所居堂舍,不过三间五架,不用斗拱彩色雕饰。㊸

《大清律例》有关《服舍违式律》的规定基本上是延续明朝规范。但是清朝为了因应其作为异族统治中国的特别处境及对于旗人的重视与优待,有许多其他特别规定。清朝政府虽然在1900年前后,尝试改变当时的法规范,希望学习欧陆的民法体制,但由于不了解欧洲在17、18世纪从封建采邑制度走向专制国家体制时,配合社会变迁所产生的有关财产及财产权制度的论述与理论情形,清朝终究无法真正继受欧陆民法的精神。

㊵ 参见薛允升:《读例存疑》,第435页。

㊶ 这条例文原来是明令,在清朝于雍正三年(1725年)改定。参见薛允升:《读例存疑》,第436页。

㊷ 有关欧洲警察法的讨论参见江玉林:《欧洲近代初期的"博理警察"与"警察学"》,收于政治大学法学院:《法文化研究:继受与后继受时代的基础法学》,元照出版有限公司2011年版,第165—180页。

㊸ 参见薛允升:《读例存疑》,第437页。

三、从清朝人民的"契"内容分析清代私人间的财产关系图像

这几年来,有关清朝田土相关契证资料的出版非常丰富。本文将利用田涛、〔美〕宋格文、郑秦所编《田藏契约文书粹编》及张德义所著《中国历代土地契证》等书中所收藏的清朝田土契等数据进行分析,借此描绘清朝私人间财产关系图像。㊹

(一) "契"所呈现的田土、房舍变动形态与内容

上述两本书所收藏的契呈现出清朝与土地有关财产变动的形态:包括买卖、出典、出租、赠等;而与田土有关的财产包括:土地、基地、房屋、铺面楼房、山林、树、园等。下面列出两种契的内容。

1. 卖地契的内容与形态

在康熙三十年(1691年)的契中我们看到清朝卖地契的内容及契的形态如下:

> 立卖地人李程淳,因为年老、年荒,度日不过,今将自己村南下平地一段,东西畛,东西至道,南至赵丕基,北至李巍年,四至分明,计地四亩整。立契卖予本户李日辉永远承业。中人言定价钱丝银一十二两,即交无欠,毫无缺少。恐后无凭,故立卖契存照。一概画字银,淳一面承担。
>
> 康熙三十年十一月初七日立契人李程淳(押) 村南圪领头祖业四亩分孙浚巍年、程牧
>
> 中人:李日高、程瑜、昆年(加盖:休宁县印)。㊺

㊹ 这两本书分别为田涛、〔美〕宋格文、郑秦主编的《田藏契约文书粹编》(中华书局2001年版)及张德义著《中国历代土地契证》(河北大学出版社2009年版)。《田藏契约文书粹编》一书是将田涛先生所珍藏的大量传统民间契约文书,精选出约千件汇编而成。这些文书始自明代永乐六年(1408年),并历经明、清、中华民国时期到1969年为止,长达五百多年,包括约150个县市。全书共分为3册。参见田涛教授说明:http://wupeilin.xxlnm.fyfz.cn/art/1043386.html。至于《中国历代土地契证》一书则涵盖中国各省、市、区不同时期的土地契证。参见郝毅生与王亚西的说明:http://weilaiwansui.blog.hexun.com.tw/64806597_d.html,2012年2月13日访问。

㊺ 参见田涛、〔美〕宋格文、郑秦主编:《田藏契约文书粹编》,中华书局2001年版,第9内序号16的契。此为安徽、休宁地区的契。王旭在《中国传统契约文书的概念考察》一文中分析《田藏契约文书粹编》的内容,认为这本书中收藏的"契"文书有两个特点:(1) 其交易方式涉及广泛,有卖、买、赠、典、换、转典、借、出佾、当等。(2) 交易所涉及对象包括土地、房屋、山、院、树、园、树等,并认为清朝的契与不动产交易有密切关系。本文收于《上海政法学院学报》2006年第4期。

通过这份契,我们看到各种参与契的订定过程的人士,在契中所出现的"中人"应该具有确定契内容真实性的功能。这些人应该属于 M. Zelin 所谓的"民间自我维护的体制"的一种。㊻

2. 地方地契内容与形态的相似性

不管是田涛、〔美〕宋格文、郑秦所编《田藏契约文书粹编》还是张德义所著《中国历代土地契证》中所收集的清朝不同地方的地契,其内容有很大的相似性。基本上都记载了与下面这个契相类似的内容:

> 立典契人胡常义因乏手不便,今有祖遗白地一段计数十一亩,此地坐落国祯在瓦宅村南南北(垄),东至张姓,西至王姓,南至顶地,北至横地,四至分明。今同说合人情愿典与胡文魁名下承种为业,共合典价钱三百一十九吊整,其钱当日交足并不欠少,言明三年,钱到许赎,如有舛错,有典人一面成管。恐口无凭,立典契为证。
>
> 光绪二十九年三月初六日
> 　　中保人　　王平世　胡玉山　牛景福　常吉
> 　　立典契人　胡常义　国祯
> 　　书字人　　胡印川。㊼

3. 从旗人间卖房契内容与形态看旗人的特殊地位

在田涛、〔美〕宋格文、郑秦所编《田藏契约文书粹编》一书中可以看到少数旗人与旗人间房屋买卖的契约。从这些契约内容可以了解旗人在清朝的特殊地位,也就是清朝旗人名下房屋根据法律规定,原则上仅能卖给旗人。从这些契的内容也可以发现旗人所拥有的房屋面积或间数跟一般清朝人民买卖房屋的面积与间数的差异。从目前出版的文献中所附旗人卖房契内容可以发现旗人能够拥有的房屋的面积与间数都比一般人多许多。下面是其中一份契的内容:

> 正白旗包衣盛保管领下拜唐阿春岱,有房三十一间,坐落崇文门内单牌楼头条胡同路北地方。今卖与厢白旗满州德特赫佐领下闲散人吉祥名下,价银一千零五十两。此房倘系未行扣完官银之公产,及重复典卖,亲族人等争执等情,俱系内管领盛保、领催四十七、卖主春岱同保。

㊻　Madeleine Zelin,"Rights of Property in prewar China",in *Contract and Property in Early Modern China*,Standford University Press,2004,pp.17-36.

㊼　参见张德义:《中国历代土地契证》,河北大学出版社 2009 年版,第 171 页。此为湖北地区的契。

此照。纳税银三十一两五钱。乾隆三十二年十一月　日

　　立卖契人　春岱(押)

　　　领催　四十七(押)

　　内管领　盛保　内副管领　华廉布(押)

　　(满文略)　(加盖:左翼管税关防)。㊽

(二) 契的内容所呈现清代田土、房舍买卖、典押各种面向

对目前出版的文献中有关清代田土或房屋契的内容进行分析,其包含下列几个重点:

1. 契中出现的人物、人名及这些人在契中的功能

在当代契约中,主要出现的人为契约双方当事人,例如买者或卖者,或者抵押人或抵押权人的名字,并由双方当事人在契约书中签名或盖章。在清代田土的契中画押或签名的人,主要是中保人或者出卖人或出典人或者书字人。

分析本文前面所列光绪二十九年(1903 年)三月初六日典契,可以看到中保人先签名,共有四人,分别是"王平世、胡玉山、牛景福、常吉",其次则是立典契人胡常义(至于国祯为何人,无从知悉)。而第三个在契中署名的人是"书字人"。

有趣的是,这些契中,出卖人或出典的人并未在契中签名,仅在契内的文字中会说明出典土地者的名字。例如,本文上述所列康熙三十年(1691 年)十一月卖地契中买地的"李日辉"与光绪二十九年(1903 年)三月典地契中的"承种为业的胡文魁"都没有在契中画押或签名。

这种仅由"契"的特定参与者(中人、书字人、出卖人)签名的形态与现代一般民事契约的形态并不相同。现代的民事契约必须是出卖人与买受人双方签名。为何清朝契的内容中不是由买受人签名,值得进一步分析。笔者认为,这或许是因为在清朝"契"的目的主要在于证明有这样的出卖或出典行为,尤其要确定出典人或出卖人是出于自愿的,没有受到他人的逼迫。因此,许多"契"的内容提到"恐后无凭,卖契存照""倘有一切违碍,卖主一面承担。恐后失凭,故立死契永远为凭,言过割事,一并在内,字照实""倘有亲族及邻争竞,一切违碍,卖主一面承担。恐后失凭,故立死卖契,永远存照用实"㊾、

　㊽　此系清乾隆三十二年(1767 年)正白旗春岱在北京的卖房契,收于田涛、〔美〕宋格文、郑秦主编:《田藏契约文书粹编》,中华书局 2001 年版,第 20 页。

　㊾　田涛、〔美〕宋格文、郑秦主编:《田藏契约文书粹编》,中华书局 2001 年版,第 14—15 页。

“恐口无凭，立典契为证”“自典之后，如有指房借贷官银私债暨远近亲族人等争竞等情，俱有中人一面承管。恐后无凭，立典房契执为据，三面言明一典三年为满，钱到全价回赎，大修两家，小修典主自理”等文字。(50)

2. 清朝的“契”中对于土地、房屋的界址的描述具体明确

从几份契的内容，可以看到关于土地或基地、房屋的大小及坐落所在地的描述方式。例如：

(1)“今有祖遗白地一段计数十一亩，此地坐落国祯在瓦宅村南南北(垄)，东至张姓，西至王姓，南至顶地，北至横地，四至分明。”

(2)“今将自己村南下平地一段，东西畛，东西至道，南至赵丕基，北至李嶤年，四至分明，计地四亩整。”

(3)“今将自己村内所分祖业一方。东至李庆霄，西至李本谦，南至李友颜，北至本周。四至分明，计地四厘五毫。”(51)

(4)“今将自己杨赵弯店房一座。共房三十三间，作为六分，东至万顺号，西至孙绍普，南北店内店外俱系兰正文地，四至分明。计房六分之三出契卖予李柱永远承业，价银四百两整。”(52)

上述对土地、房屋的描述方式，显现出清代显然是一个人口移动性小的社会。人与人之间的关系非常固定与熟悉，因此对于土地的描述往往以固定的人名为主，显示当时缺少类似当代以地号等看似客观却脱离人与人关系的土地描绘方式。但是，对于清朝当时的人民而言，或许清朝这样的描述更为明确且清楚。从契内文字往往强调“四至分明”可知，对于当时的人民而言，这种关于土地、房屋的描绘是具体明确的。我们从出版的文献中记载的契中发现，如果土地或房屋的买卖牵涉京城地区的土地或房屋时，契内描述的方式显然有所不同。其方式例如：

(1)“有房三十一间，坐落崇文门内单牌楼头条胡同路北地方”；

(2)“有房二十三间，坐落东单牌(娄)楼新开路地方”。(53)

---

(50) 参见张德义：《中国历代土地契证》，河北大学出版社2009年版，第171—172页。

(51) 同上书，第171页；田涛、〔美〕宋格文、郑秦主编：《田藏契约文书粹编》，中华书局2001年版，第9、14页。

(52) 此系道光三年(1823年)的契，收于田涛、〔美〕宋格文、郑秦主编：《田藏契约文书粹编》，中华书局2001年版，第49页。

(53) 田涛、〔美〕宋格文、郑秦主编：《田藏契约文书粹编》，中华书局2001年版，第20页、第22页。

3. 属于旗人的房子仅能卖给旗人

前面提到,《田藏契约文书粹编》中收藏的几份在北京旗人间的契的内容显示,某些房屋的买卖仅能存在某些特定身份的人之间。例如北京地区,旗人的房屋仅能卖给旗人。这种旗人的房屋仅能卖给旗人的现象是否存在于整个清朝统治时期,需要进一步研究。这些"契"的内容如下:

(1) "正白旗包衣盛保管领下拜唐阿春岱,有房三十一间……今卖与厢白旗满州德特赫佐领下闲散人吉祥名下,价银一千零五十两";

(2) "厢白旗满州佐领明德,有房二十三间……今卖与本旗满州德特赫佐领下闲散人双寿名下,价银七百二十两"。

从一份清乾隆四十六年(1781年)的买房执照的内容可以看到,在北京某些官房是可以买卖的,只是买的人仅能是官员、兵丁及柏堂阿等人。这些人还可以通过"坐扣奉饷,并缴纳现银,认买在案"。㊾

4. 从"契"了解清朝的货币使用与土地、房舍价格情形

在《田藏契约文书粹编》及《中国历代土地契证》两本书收集的"契"中发现,不同时代"契"所提到的付款方式各有不同。另外,"契"内的金额如果是康熙、乾隆年间,所出卖土地或房屋的价格相对较低。但到了嘉庆、道光年间,出卖的土地或房屋的价格相对高一些。究竟是这两本书所收的"契"有此现象,还是清朝在时代变迁中,土地或房屋的价格不断上涨,值得更深入进行研究。下面将以《田藏契约文书粹编》所收集的"契"说明当时土地或房屋买卖的价格:

(1) 清康熙五十七年"同中人言定价钱丝银一十五两";

(2) 乾隆四年"时值卖价纹银五十二两五钱整""钱丝银一十五两""时值卖价纹银三两五钱整明";

(3) 道光三年"价银四百两整""计永价钱八千一百文整";

㊾ 本内容取自清乾隆十六年(1781年)在北京翰林院编修吴裕德的买房执照,其内容如下:"执照总管内务府官房租库,为给发暂照事。照得本府奏准鬻卖官房,准令官员、兵丁、柏堂阿等人坐扣奉饷,并缴纳现银,认买在案。今据翰林院编修吴裕德,呈买宣武门外椿树头条胡衕官房十六间,价银六百四十两。先交过一半房价银三百二十两,其余一半价银三百二十两,照例做为十季,每季扣银三十二两,末季扣银,秋季起按季坐扣俸银之处,咨行户部在案,相应给发暂照。此项房价银两,俟扣完时再行换给实照。须至报照者。乾隆四十六年六月十九日 给库(加盖:官房租库之印)。"本执照收于田涛、〔美〕宋格文、郑秦主编:《田藏契约文书粹编》,中华书局2001年版,第26页。

(4) 道光十一年“卖价纹银一千四百两整”(55)。

在《中国历代土地契证》中所收湖北地区的“契”，其呈现的价格方式如下：

(1) 光绪二十九年的典契中“共合典价钱三百一十九吊整”；

(2) 光绪三十四年直隶典当房契官纸和契尾中“言明典价北洋龙站人洋三百五十元正”(56)。

四、清朝政府在人民买卖、典当田土过程中的角色：通过“契尾”确认征税

究竟清朝政府在人民有关田土买卖、典当的关系中所扮演的角色如何，值得深入分析。本文综合《田藏契约文书粹编》及《中国历代土地契证》两书所收集的“契”的相关文书发现，多数文书列有清朝政府某些单位，例如各省承宣布政使司的相关意见。如果将这些数据与《福建省例》《治浙成规》的内容综合分析，可以得到下面几个结论：

(一) 清朝政府在人民买卖房屋或者田土时，主要关心国家税收问题

在清乾隆四年(1739 年)八月山西省太平县的柴淜卖地连二契的内容中，可以看到山西等处承宣布政使司的意见。在这份契中，山西等处承宣布政使司于乾隆六年(1741 年)二月回复给太平县的意见可以看出，清朝政府对于“契”最关心的是契税的问题。山西等处承宣布政使司，回复太平县“请复契尾”的文书内容提到“请复契尾”是“会例”，主要目的在于“杜私征捏契”。而“会例”的形成是“蒙巡抚山西、太原等处地方、提督雁门等关军务、兼理云镇、都察院右副都御史、记录七次觉罗石案，验准户部咨广东司案，呈户科抄出本部提覆，广抚扬奏前事，仰司官吏查照咨案，奉旨内事理。钦遵即便转饬各属，查照旧例复议”(57)。

在这份公文中，提到清朝政府对于人民间田土“契”的处理方式如下：

> 契尾由司编号，给发该地方官，粘连民契之后，填明价值银数、钤印给发，令民收执。并严禁书吏不得借端勒索，致滋扰累，仍将用过契尾，

---

(55) 田涛、〔美〕宋格文、郑秦主编：《田藏契约文书粹编》，中华书局 2001 年版，第 10、14、48、53 页。

(56) 张德义：《中国历代土地契证》，河北大学出版社 2009 年版，第 171—172 页。

(57) 田涛、〔美〕宋格文、郑秦主编：《田藏契约文书粹编》，中华书局 2001 年版，第 15 页。

每于岁底,报司查核,所收税银,饬令尽收尽解,倘有隐匿不报情弊,即行查明,详请题参施行……(58)

《田藏契约文书粹编》所收的各种契中往往可以看到加盖有“县”及“承宣布政使司”的印。(59) 而在清乾隆四年(1739 年)八月山西省太平县的柴涉卖地连二契的契尾有下列文字:“计开:业主柴存义,置买平坡地三亩两分,价银五十二两五钱,纳税银一两五钱七分五厘。右给付柴存义　　准此 太平县　乾隆六年二月二十二日。”(60)类似山西等处承宣布政使司的契尾说明,可以在咸丰年间于浙江及河南的契中看到,例如咸丰六年(1856 年)浙江鄞县王立方卖地连二契契尾及同治四年(1865 年)河南涉县崔文泽、崔文江卖地连三契的契尾看到。(61)

光绪三十四年(1908 年)一份“典当房契官纸契文”中可以看到后面列了一个“典契章程”其部分内容,强调契与税的关系如下:

牙纪□分府张发苇渔课官中刘成深再批每年给李姓纳地租钱七吊文曾姓代收此照。典契章程列后

——典当田房契尾契纸,均应查照正税定章一律办理。

——凡民间典当田房自立契之日起,如逾三个月定限,不照章投税或串通牙纪以多报少隐匿税价,一经查出或被告发,定即重罚,仍责令照章补税。

——定例典当田房,原主如不回赎准其转典,嗣后,如有辗转出典者,每易一主须由最后承典之户另立契纸,照章投税粘用司颁契尾,其旧典契尾应粘于新典契之后,以备查考,无论转典更易数主,均应照此办理。

——向例田房卖契每契价制钱一千,合银一两,今典契亦应照办,至此项税银承典之户如愿交钱,应照该处市价折收,不准多取分文,如愿交银,听其自便。倘书史牙纪藉端多索,准花户控告,查实究办……(62)

---

(58) 参见田涛、〔美〕宋格文、郑秦主编:《田藏契约文书粹编》,中华书局 2001 年版,第 15 页。

(59) 其他有这种情形的契,请参见田涛、〔美〕宋格文、郑秦主编:《田藏契约文书粹编》,中华书局 2001 年版,第 16、21、23、25、37、38 页(以上是江西省各县的契)及第 39、46、67 页(以上是浙江省各县的契)。

(60) 田涛、〔美〕宋格文、郑秦主编:《田藏契约文书粹编》,中华书局 2001 年版,第 15 页。

(61) 同上书,第 67—68 页,第 83—84 页。

(62) 张德义:《中国历代土地契证》,河北大学出版社 2009 年版,第 173 页。本典当章程共有 10 条,在此仅列出其中 5 条。

（二）清朝政府对于"典卖契式"格式与内容的规范

从目前出版的各种清朝"契"的书籍中，可以发现不管发生在山西、河南、浙江甚至江南的契，其内容与格式有一定的相似性。究竟在清朝这么幅员广阔的国家，如何能够做到这样的一致性，或许可以从各地方省例及诉讼书状中看出。例如从《福建省例》及《中国历代土地契证》中，可以看到清朝政府如何通过"典卖契式"或官契契文指导、影响人民所运用的契的格式。例如在《福建省例》中看到（田宅例）收有"典卖契式"，其内容强调"合同契式"应该如何书写。仅列出其内容如下：

> 一件设立合同契式、晓谕遵照、以杜假捏、以息讼端事。乾隆二十五年二月，奉巡抚部院吴宪牌：照得民间典卖产业，全以原契为凭。而呈官剖断，亦以契券为据。闽省词讼，半由田产契载不清，以致雀角纷争。且闻闽省典田者不立下契，以致取赎无券，徒滋口舌。㊅

《福建省例》并颁发"契式"如后：

> 立典契某人云云（听凭民间俗例开写），今将祖传或自置某县某都某图民（屯）田几号土名某某等处，共计几亩几分，年载租谷米若干，应纳钱粮若干，本色米若干，托中典与某姓某名处为业，得价银若干两（何戥何色或系纹广）。其银即日全数收明。其田听凭典主对佃收租管业，推收入户，完纳粮色。此田面约几年为限。限满之日，听某备照契载银两赎回，某处不得以粮经过割等词揩留。如无银取赎，仍听某处管业云云（听凭民间俗例开写）。今欲有凭，邀同中见人等当场写立合同上下典契一样各一纸，典主执上契，原主收下契，各执一纸为照。㊆

在《中国历代土地契证》一书中，则可以看到雍正十一年（1733年）由江南江宁布政司奉旨颁用契纸，并说明：

> 奉安抚部院准：户部议覆河南总督　田奏议，凡绅衿民人置买田房山场产业，布政司刊刻契纸契根给发各州县，载存契根，听民买用……㊇

光绪三十四年（1908年）的一份典当契中也强调其系参考"官契契文"，其格式如下：

㊅　《福建省例》，收于《"中央研究院"汉籍电子文献·台湾文献丛刊》一九九《福建省例·田宅例（九案）》"典卖契式"，第442—443页。

㊆　《福建省例》，同前注。

㊇　张德义：《中国历代土地契证》，河北大学出版社2009年版，第49—52页。

立典契人仁厚堂今因无钱使用,情愿将自己房/地四亩四分间/亩,坐落城北庄邵家庄处,南至车道,北至车道,东至于善昌,西至魏永盛,四至分明。邀同原郭云等官中崔星斋共同议明实价纹银/京钱四百六十千,当交不欠。典给齐文堂名下以三年为限,仍照原价回赎,如欲绝卖,另换官契投税,倘有违碍情弊,由出典者全管。恐后无凭,填写官契为证。⑯

　　同样,在光绪三十四年(1908年)的"典当房契官纸契文后"列的"典当章程"10个条例中有强调官契的重要性,其内容为:

　　——民间典当田房务须责令概用司印官纸写契收执,为据此项官纸每张由承典之人交纸价制钱一百文,于成契之日统交官中,准由该牙每张扣留二十文,如敢多取定即严惩。

　　——民间典当田房,如不用司印官纸写契,事后有人告发,经官验明事在新章以后者,照典价之数罚一半入官充公,仍令改写官纸照章纳税粘尾,如系新章以前典契免其补税以示区别。

　　——官牙领出司印官契纸遇民间典用,不准该牙纪勒掯不发,例外多索之数加百倍罚款,不清暂行监禁。⑰

　　上述资料显现,清朝政府有一套让人民在订定各种契的时候,运用相同的格式与内涵,达到在清朝统治下各地区人民所用的契的格式与内容具有一定相似性的制度。

结　　语

　　本文所分析的清代财产制度,显现出国家对于人民可以拥有的田土、房产有一定的限制。另外,从清朝各种田土、房舍相关的"契"中可以看到,清朝对于人民买卖或典当田土、房舍、基地等事项,基本上让当事人自行订定"契"。清朝的法规范仅强调"契"要列有"中人"或"书字人",以便发生纠纷时可以确定双方在定"契"时没有被强迫或有虚假的情形,这与当代民法体系对于给予人民对于拥有的财产有自由处分的规定有一定的相似性,基本上都承认人民可以自主地订定"契",并承认其效果。

---

⑯　张德义:《中国历代土地契证》,河北大学出版社2009年版,第172、175页。
⑰　同上书,第173—174页。

"契"的效果在清代甚至高于政府收藏的《鱼鳞册》。在清朝官箴书《治浙成规》中有一份"禁丈量补造鱼鳞册事"记载,这个记载提到:"……原丈量久经奉禁,且民间田产执业,皆以金印契卷为凭,又有每年纳银完粮州县用印串票为据。其鱼鳞册之存司者,民间皆不得一见,及州县录存者亦将束置高搁……"⑱由此记录看来,清朝人民间的财产关系主要是依据人民之间订定的"契"作为证据,政府除了关心纳税问题及用"官契"或通过《省例》倡导"契"的内容与格式之外,并不积极介入民间关于田土买卖事务。在明代具有重要意义的《鱼鳞册》在清朝已经逐渐失去其重要性。⑲

清朝有关田土等财产制度的法规范架构,看似与现代西方民法主张契约自由原则有一定的相似性,但是,在讨论这个相似性之时,必须注意到清朝整体的财产制度,尤其在田土、房舍政策规划与设计思维方面与近代西方欧陆民法体系非常不同。本文希望通过分析《大清会典事例》《大清会典则例》《大清律例》《福建省例》《治浙成规》及现存出版的文献中所收录的清朝各种"契"的内容,描绘清朝私人间财产关系的图像,借此发展有关清朝私人间财产关系的研究与描述方法。

---

⑱ 《治浙成规》,收于官箴书集成编辑委员会编:《官箴书集成》(第6册),黄山书社1997年版,第327—330页。

⑲ 关于此一部分学者有不同意见,参见林文凯:《"业凭契管"?——清代台湾土地业主权与诉讼文化的分析》,载《台湾史研究》第18卷第2期,2011年,第1—52页。其中注13提到鱼鳞册图在清代仍保留其重要性。

传统中国法中的"戏杀"与"疏忽"*

〔英〕马若斐(Geoffrey MacCormack)** 著　陈煜*** 译

前言　过失与疏忽

传统中国法中的杀人罪分为五种,按罪行的严重程度由高到低依次为:谋杀、故杀、斗杀、戏杀和过失杀。① 此种分类早在秦汉时期即已形成并为此后主要王朝的法典所采用。现代的研究者们试图在西方法律中找出相对应的概念,有时会将"戏杀"和"过失杀"这样两个中国法律术语等同于"疏忽"。在笔者看来,这种看法是错误的。中国传统法中的这一划分独树一帜,其中每一个概念都有其适用的前提条件。如欲按图索骥,将这些术语一一归入西方法律关于杀人罪的分类中去时,则不仅会致人误解,且属罔顾事实。因此,我们必须找到合适的英语词汇来表达出这些概念的真正涵义,将之翻译成英语时,应当抓住其最原始、最本质的意思。当然,中、英语文之间最微妙的差异,恕笔者也无法将之一一传神地表达出来。

我们首先用英语来阐释汉语中"过失杀"的含义。"过失"这一术语的本质含义更接近于英语中的"accident",而不是"negligent"。在日常的习惯用法中,这两个词是可以互换的,但在法律范畴内,却有着本质的区别。当我们说一个人"negligent"时,就意味着这个人主观上存在过错,他没有尽到其应该尽到的注意义务。而当我们说一个人"accidental"时,则意味着行为人主

---

* 本文原题为"Xi Sha(Killing in a game) and Negligence in Traditional Chinese Law",载 The Journal of Comparative Law 6(2)(2011)。
** 马若斐(Geoffrey MacCormack),阿伯丁大学教授。
*** 陈煜,中国政法大学法律史学研究院副教授。
① 此外尚有两类辅助性的划分方式,即将杀人分为误杀和擅杀。

观上没有过错。从这个观点上来看,"过失"最恰当的翻译应当是"accidental",而非"negligent"。

中国主要王朝(唐、明、清)的刑事法典都用同样的语言界定了"过失"的含义,即"耳目所不及,思虑所不到"。它表达了一个纯粹的事实,在整个过程中行为人并未存在疏忽。如果行为人视听未到或者压根儿没有想到他人会在场,结果致人死亡,这样的行为一般就会被认定为"过失"。因此"过失"排除了主观上的过错。明清律学家的律注中即清晰地指出了这一点。明代晚期的高举在其对明律的注释中明确地指出,若初无害人之意,而偶致人死亡者,是为"过失"。[②] 清律对此有着更为详尽的注疏,清代最重要也最有影响力的律学家之一——沈之奇在其《大清律辑注》(最早刊刻面世于1715年)中[③],重申了高举的观点,也认为"过失杀"乃偶然所致。他对此还进行了补充,认为虽然行为人无意加害于他人,然而毕竟其行为导致了他人的伤亡,故而不能完全免责,犹须向受害家属支付一笔赔偿金以赎其罪。沈的结论在于:该责任径直建基于行为和结果的"因果关系"之上,而不是行为人主观的"过错"之上。[④]

其次我们来探讨一下,试图将"过失杀"归类在西方杀人罪分类中会存在什么问题。法典条款以及注释中所举的例子表明:"过失"无疑包含有"疏忽"的因素。《唐律》第339条中律疏内举了这方面的例子,如数人共举重物,而力所不制,导致有人伤亡[⑤],显然其中存在疏忽。但即使发生了伤亡的结果,其存在的疏忽却无关罪的出入。与定罪相关的是行为人力所不制的客观事实,而无需争论他究竟应不应该参加到共举重物这样的活动中去。

因此,我们应当来检讨一下西方学者将中国传统法中"过失杀"等同于西方法中的因为疏忽大意致人死亡的"negligent killing"所引起的争辩。卡

---

② 参见高举:《大明律集解附例》(1585),成文出版社1969年版,第1508页。

③ 关于沈之奇的辑注,参见 Chen. FC, "The Influence of Shen Chih-ch'i's *Chi-chu* Commentary upon Ch'ing Judicial Decisions", in Cohen. JA, Edwards. RR, and Chen. FC (eds) *Essays on China's Legal Tradition*, Princeton University Press, 1980, pp. 170-221。

④ 参见沈之奇:《大清律辑注》,法律出版社1998年版,第690页;PLF *Le code annamite* "*Vietnamese Code*" Chengwen volume II, 1967, p. 224 (此书的翻译并不完全确切)。另见麦考密克的评论,See MacCormack. G, "Issues of causation in homicide decisions of the Qing Board of Punishments from the eighteenth and nineteenth centuries" (73.2) *Bulletin of the School of Oriental and African Studies* 285, 2010, pp. 293-294。

⑤ Johnson. W (1997) *The T'ang Code. Volume II. Specific Articles* Princeton University Press, p. 384. 同样的例子也规定在《明律》第315条(Jiang Yongling, *The Great Ming Code. Da Ming lü*, 2005, p. 174)及《清律》中的第292条[Jones. WC, *The Great Qing Code* (Clarendon Press, 1994), pp. 278-279]。

尔·宾格尔(Karl Büger)在1950年发表的一篇论文中首次明确地提出这一辩题⑥,他仔细地区别了"耳目所不及,思虑所不到"与"耳目所不能及,思虑所不能到"两者含义上的差别。他认为只有在后一种情形下,才能算是过失,也就是加害人不能听到和看到受害人,也不能想到会伤害到受害人。他认为类似的内容在唐律及其后的法典中也有规定,要求"行为人可以预见并防止加害结果的发生,并且应当照此去做"⑦。宾格尔从规定过失杀的条款及其疏议所举的例子中得出结论,要想构成此罪,行为人必须"因为自己的某些行为,譬如射箭、投掷砖块、爬树等,而使受害人处于危险的境地之中"⑧,最终致人伤害或死亡。他并且认为"表面上,经典的中国法希望行为人远离危险的境地,如果在合法的情形下或者从事的是正当的职业,而使他人处于危险之中,那么行为人需要加强其注意义务"⑨。这样说来,过失杀也就意味着行为人没有尽到其合理的注意义务,而必须对因自己的疏忽大意导致他人死亡负有责任。

宾格尔教授对中国法律文本的解读有过度诠释之嫌。即使律中所载的例子透露出过失杀当中存在行为人未尽到其注意义务这一情节,也并非立法者的初衷。他们并未打算将疏忽作为归责的不可或缺的要件。问题的焦点集中在行为人客观上是否"耳目所不及,思虑所不到",这些事实有的可以和西方法律概念"negligent"相对应,有的则不能。然而是否存在疏忽大意并不是中国立法者和司法者关心的问题。他们关心的问题其实很简单:杀人事实是否可归入到相应的种类中。

詹妮弗·奈波尔斯(Jennifer Neighbours)在其关于杀人罪研究的中国法论文中将过失杀列在"刑事上的疏忽"这一条目下,她认为过失杀应包含两个方面的含义:一是纯粹的意外;二是因为"不小心的疏忽"所导致的死亡。⑩

---

⑥ Bünger. K(1950),"The Punishment of Lunatics and Negligents according to Classical Chinese Law"(9), *Studia Serica* pp. 1-16. 此文后收入 Bünger. K, *Quellen zur Rechtsgeschichte der T'ang-Zeit. Neue, erweiterte Ausgabe, mit einem Vorwort von Denis Twitchett* "Sources on Tang Legal History. New Expanded Edition, with a Forward by Denis Twitchett" Steyler Verlag,1996,pp. 377-396.

⑦ Bünger *Quellen*, supra,p. 395. 有趣的是,有些西方译者或评论者在界定"过失杀"时错误地将"能"字加入进去:Alabaster, E *Notes and Commentaries on Chinese Criminal Law*, Chengwen, p. 350;Johnson, *T'ang Code II*,1968,supra p. 383; Meijer. MJ, "Review of *Studies in Ch'ing Law* by Nakamura Shigeo"(LXVI) *T'oung Pao* 348,1980, p. 350;MacCormack. G, *Traditional Chinese Penal Law*(Edinburgh University Press,1990), p. 185.

⑧ 同上书(Bünger *Quellen*, supra),第392—393页。

⑨ 同上书,第394页。

⑩ Neighbours. J, *Criminal Intent and Homicide Law in Qing and Republican China*,University of California Doctoral Dissertation, pp. 27-40.

虽然作者对过失杀进行了概念的再界定,然而这一做法仍旧属于用西方法学眼光来对待中国法律材料,从而存在误读。奈波尔斯援引清代刑部的案例有意识地将过失杀扩大到疏忽致人死亡的范围,但这并不意味着刑部有意对过失杀这一概念作出扩大化的解释。刑部面临的问题不是客观上是否存在疏忽的事实,而是这一案件到底应该归在五种杀人行为的哪一种当中。这样情形就一目了然了,既然不能将这一案件归入"谋杀""故杀"之列,也无法归入"斗杀""戏杀"之列(或者说找不到其他任何可以援引的杀人罪法条),所以唯一的可能就是将之归入在非故意杀人的"过失杀"之列。⑪

"戏杀"和过失杀一样,被西方人归类在因疏忽大意致人死亡的"negligent killing"之列。⑫ 但是这一归类也不比上述西方人关于过失杀的归类更恰当,戏杀并不像"无过错责任"的过失杀那样令人易懂。即使是中国的立法者与司法官员也无法轻易地说清戏杀和过错之间的联系。在中国悠久的法制历史中,法典中关于戏杀的规定及归类经历过重大的演变。秦汉律中,戏杀似乎与过失杀归在一类,这一类型的杀人罪行是可以通过金钱来抵赎的。但是到了唐朝,立法者对于戏杀的态度发生了变化,他们似乎更愿意将戏杀和斗杀归在一类,其当处的刑罚较之赎刑要严重得多。本文试图从立法与司法政策的角度,结合传统最高司法机关的案例,来勾勒出戏杀曲折演变的历史。我们用的材料主要是清代刑部的案例汇编,部分因为此乃笔者兴趣所在,部分也因为此中材料异常丰富,我们可以据此得出刑部对待戏杀的态度,以及戏杀成立的种种要件。

一、历代关于戏杀的法律规定

规定过失杀和戏杀最初的法律条款,可以从颁行于公元前 186 年的汉律当中找到。汉律记载:"过失及戏而杀人,赎死;伤人,除。"⑬从该法典中另一条,我们可以发现赎金的数额,"赎死,金二斤八两"。⑭ 这么多数量的赎金大

---

⑪ 在江(Jiang)译的明律当中,"过失杀"(第 315 条)被翻译成"疏忽大意致人死亡"(但江没有翻译注释)。*Great Ming Code*, supra p. 173.

⑫ Wallacker. BE, "The Chinese Offence of Homicide through Horseplay"(1), *Chinese Studies* 259,1985,p. 315. 奈波不斯的书中第 47 页更是将"戏杀"理解为西方法中的"放任杀人",这些观点我们将在下文中的"戏杀的理论依据"部分予以讨论。

⑬ 《张家山汉墓竹简(二四七号墓)》(公元前 186 年的汉代法典),文物出版社 2001 年版,第 137 页(第 21 号简)。

⑭ 同上书,第 150 页(第 119 号简)。

概是偿付给官府,而非受害人家属。⑮

　　此类关于过失杀和戏杀的规定,特别是戏杀仅仅用金钱即可抵赎的规定,到底在历史上运行了多久,确切的时间我们不得而知。但从东汉时期应劭所著的《风俗通义》曾提到的一件轶事中⑯,我们可知,至少在公元1世纪末,这种规定依旧风行于世。据该书载,大约在公元75年,某家办婚宴,有一客人酒后与新郎相戏,将新郎捆绑起来,并用笞杖捶打,又悬其足趾,致新郎死亡。事发到官,法官(鲍昱)⑰判决认为:酒后相戏,原其本心,无相害之意,宜减死罪。自然加害人需要用一笔金钱赎罪,这样的赎罪金可能还是没入官府当中。

　　然而,将戏杀与过失杀同等对待的做法到西晋时即已终结。颁行于公元286年的西晋律中对于戏杀的规定就和此前法律有很大的不同。戏杀致人死亡者须处3年的徒刑。⑱晋代著名律学家张斐在其《注律表》中对"戏"作了明确的界定:"两和相害谓之戏。"⑲这里提及的"相害"也许是我们区别晋律过失杀和戏杀的线索。这一术语暗示着戏杀中存在暴力加害,在众人角力之中,总有参与者试图胜过其他人一头,如同斗杀中的情形一样,存在伤害的意图以及使用了暴力,故而戏杀更接近于斗杀。而在过失杀中,至少在行为人和受害人之间则不存在相害这一要素。⑳

　　张斐对此概念的界定为晋律所采纳,同样为后来的唐律所继受。公元753年颁行的《唐律》第338条就将戏杀和斗杀归在一条当中,自然斗杀须处以绞,而戏杀则比照斗杀减等处罚。唐律规定,诸戏杀伤人者,减斗杀伤二等,处徒三年。如致人死亡或者手持金刃等锐器,或在危险之地相戏㉑,则只

---

　　⑮ Hulsewé. AFP, *Remnants of Han Law. Volume I. Introductory Studies and an Annotated Translation of Chapters 22 and 23 of the History of the Former Han Dynasty* (Brill,1995), p.205. 但他关于赎刑的论文写作于汉简(公元前186年的法典)出土之前。

　　⑯ 参见应劭:《风俗通义》,Centre franco-chinois d'études sinologiques, p.107;李昉:《太平御览》,中华书局1960年版,第3785页;Wallacker, "Homicide through Horseplay", supra pp.268-289;Hulsewé, *Remnants of Han Law*, supra p.253。

　　⑰ See Crespigny. R, *Biographical Dictionary of Later Han to the Three Kingdoms (23-220 AD)* (Brill,2007), p.14.

　　⑱ 参见《太平御览》,中华书局1960年版,第2877页;程树德:《九朝律考》,中华书局1988年版,第244—245页;Wallacker, "Homicide through Horseplay", supra pp.271-272。

　　⑲ 房玄龄等:《晋书》,中华书局1974年版,第929页。

　　⑳ 前揭程树德《九朝律考》第108页中就有一个例子,表明这种案件是按照晋律来判决的。Wallacker, "Homicide through Horseplay", supra pp.271-212.

　　㉑ 张斐的律表中同样提到了寻常游戏和严重危险性游戏的区别,参见前揭《晋书》,第928—929页;Wallacker, "Homicide through Horseplay", supra p.271。

能减斗杀伤罪一等,处流三千里。㉒ 此条的"疏议"中更是强调戏杀必须符合"终须至死和同,不相嗔恨而致死者"这一要求。㉓ 相反,《唐律》第 339 条依旧规定过失杀"以赎论"。㉔《唐律》第 5 条规定了赎金的数额,死刑需赎铜 120 斤。根据《唐律》第 483 条的疏议来看,此赎金当赔付给受害人的家属。㉕

到了元代,这一情形又发生了很大的改变。据《元史·刑法志》的记载,我们可知,元律规定:诸幼小(年 15 岁以下)自相作戏,误伤致死者,不坐。但须赔银给死者家属。㉖ 该《刑法志》还提及元律规定:诸戏伤人命,自愿休和者听。㉗ 案件最终似乎转变成了赔偿的问题,赔偿的多少取决于加害人和死者家属协商的结果。但是在某些特殊的情形下,法律上的处罚又会有所不同。譬如在两人作戏争物的情形下,一人放手,一人失势跌死,放者不坐。㉘ 但如果以戏与人相逐,致人跌伤而死者,其罪徒,仍征烧埋银给死者家属。㉙《元典章》中记载了 1285 年的一个案例,显示了其他情形下戏杀所处的刑罚,即两人斗拳,一人打死另一人,则致人死亡者当处杖刑 97 下,并征烧埋银 50 两给死者家属。㉚ 而发生在 1280 年的一个案例,则提及在一艘船上的嬉戏活动中,一人落水溺亡,事发到官,官府援引唐律关于戏杀的规定,判决人犯徒刑,但最终杖责 107 下,并赔烧埋银 50 两了事。㉛

因此元代法律似乎对戏杀采用了一种实用主义的态度,有时倾向于接受汉律的规定,聚焦于赎金的偿付上,但有时又倾向于接受唐律的规定,将重心放在案情本身之上。明律则基本接受了唐律的规定,更将戏杀比照斗杀来处理。清律继承了明律的做法。所以到了明清律中,汉代将戏杀比照过失杀来处理的做法,彻底被将戏杀比照斗杀来处理的做法所取代。当然,戏杀和过失杀两者存在的相似性,仍旧会给法律的适用带来很多麻烦。

㉒ 1 里约等于 1 英里的 1/3。
㉓ Johnson, *Tang Code II*, supra p. 382.
㉔ Ibid, pp. 383-384.
㉕ Johnson 在翻译唐律时,相关的"疏议"部分并没有翻译。Johnson, *Tang Code II*, supra p. 553。
㉖ 参见宋濂等:《元史》,中华书局 1976 年版,第 2678 页;Ratchnevsky, P, *Un code des Yuan. Tome quatrième* "Yuan Code Volume Four"(Institut des hautes études chinoises,1985), p. 105. 儿童犯罪所处赎刑的情况,参见《元史》,第 2607 页;Ratchnevsky, P, *Un code des Yuan* "Yuan Code" (Leroux,1937), p. 21。
㉗ 参见《元史》,第 2678 页;Ratchnevsky, *Code des Yuan IV*, supra p. 302。
㉘ 参见《元史》,第 2678 页;Ratchnevsky, *Code des Yuan IV*, supra p. 303。
㉙ 参见《元史》,第 2678 页;Ratchnevsky, *Code des Yuan IV*, supra p. 305。
㉚ 参见《元典章》第 42 卷;Wallacker, "Homicide through Horseplay", pp. 277-278。
㉛ 参见《元典章》第 42 卷;Wallacker, "Homicide through Horseplay", supra p. 277。

《大明律》第 315 条第 1 款规定,凡戏杀、误杀者,各以斗论绞,而该条第 3 款则规定,对过失杀人者,准斗杀论依律收赎。㉜ 明律早期(15 至 16 世纪)的注疏一般认为若因戏致死,即使其中并不存在杀害的故意,行为人也应知道该行为导致伤害的可能性。此点与打人致死几无二致,故应以斗杀论处。㉝ 而明律晚期的注疏则对此有着更为详尽及指导意义的讨论,而最全面的注疏出自王樵与王肯堂父子的律学作品,刊行于 17 世纪初期。王氏父子首先认为:戏虽与殴不同,旁人虽与敌手不同,但其死亡实由我下手,故各以斗杀论。接着,他们又界定了"戏"的概念:"戏"谓以堪杀人之事为戏,如比较拳棒之类,明许相击搏以角胜负。如晋律中张斐所谓的"两和相害"㉞,即言其足以相害而两相和以为之,并非出于不意,故以斗杀论(而不以过失杀论)。

王氏父子在注疏中还提及因不解此意而误断案件的事例。譬如有两个人各带酒在深堑边并行相戏,甲用扇将乙戏打,不防乙转身跌落堑下身死。事发到官,官司问以戏杀。但是官司不知此并行堑侧,两人原无相害之心,一扇偶击,非同戏杀之具。

由此,王氏父子得出了一个很重要的结论:并行相戏的"戏"字,与律文中的"戏"字,原不相同。两类"戏"的本质区别在于,一种戏当中存在角力,比如两者相搏击以角胜负,此种戏方为"戏杀"之戏;而另一种不存在角力,纯属嬉戏以打发时间,这种戏乃是"过失杀"中的戏。所以王氏父子认为在上述案例中,用扇击乙的甲,应该被定为过失杀,对其处赎即可,而不该照戏杀判处绞刑。㉟

《清律》第 292 条沿袭了明律关于戏杀的规定,但又有重大变化。在律文起首"凡因戏"之后,将明代律学作品中对"戏"的概念界定用小字体(律文中

㉜ 参见《明律集解附例》第 1505—1506 页;Jiang, *Great Ming Code* supra pp. 173-174;See also MacCormack. G, "The T'ang and Ming Law of Homicide" (XXXV), *Revue internationale des droits de l'antiquité* 27, 1988, pp. 60-63。

㉝ 参见张楷:《律条疏义》,载杨一凡主编:《中国律学文献》(第 1 辑第 3 册),黑龙江人民出版社 2004 年版,第 310 页;雷梦麟:《读律琐言》,法律出版社 1999 年版,第 355—356 页。

㉞ 同注⑲。

㉟ 参见王樵、王肯堂:《大明律附例笺释》,载杨一凡主编:《中国律学文献》(第 2 辑第 4 册),黑龙江人民出版社 2005 年版,第 533—535 页;其部分解释亦见于高举:《大明律集解附例》,成文出版社 1969 年版,第 1507 页。See also Wallacker, "Homicide through Horseplay", supra p. 279,他进一步引用明律的注疏,强调在游戏双方都同意的前提下,游戏中存在角力和比试是构成戏杀的必备条件。

夹注)的方式在律文中表现出来:"以堪杀人之事为戏,如比较拳棒之类。"㊱原本只是明代律学家私人对"戏杀"的概念界定,至此变成了一个法定解释。从清代刑部的判例(下详)中我们可以清楚地发现,这一变化给戏杀的构成增加了实质要件。我们从沈之奇的清律注疏中更能明晰戏杀的构成要件,正是这些要件,将戏杀和过失杀区分开来。构成戏杀,必须满足两个条件:一是行为人以堪杀人之事为戏;二是行为人以"和"相害,而非彼此怀有仇怨。所谓"以堪杀人之事为戏"的情形,乃是参加人必须明知嬉戏有致死的可能性。所谓"以和相害",则指参加人明知有死伤的风险仍自愿参加。从嬉戏能致人死亡的这一特点来看,此类游戏多半属于那种打打杀杀的游戏。因此,无论是行为的主观方面还是客观方面,都与斗杀极为相似。

沈之奇的注疏中最有意思的是他还提到了行为人明知会有死伤的风险仍参与其中这一要件,正因为明知可能会致人死伤而仍进行,所以对戏杀人者以斗杀论处绞刑,才有了理论上的依据。大体上,对沈之奇而言,行为人明知行为的风险而仍"以堪杀人之事为戏"的情形,与故意杀伤人的情形,两者并没有太大的差别,这点和西方法谚中所谓的"对自愿者不构成侵害",不啻有天壤之别。

沈之奇对明代律学注疏中的另一个观点也进行了重申,他同样认为戏杀中的"戏"和普通杂耍嬉戏中的"戏"原本不同。诸如甲、乙互掷瓜果,此一行为本身不足致人伤亡,然而乙为躲闪甲掷来之物而不慎跌倒殒命,则应认定甲为过失杀而非戏杀。我们可以想象,这种细节性的差异必定会给刑部带来诸多认定上的困难,关于这一点,我们将在后文详叙。㊲

尽管明清律将戏杀和斗杀放在一条中加以规定,均处以绞刑。但律文仍然认为戏杀较之斗杀尚不如后者严重。故而在秋审之时,戏杀拟绞的题本呈送到皇帝勾决时,常常例减为流。

虽然斗杀也可能减为流刑,但不会自动例减,而必须建立在法司对相斗

㊱ Jones, *Great Qing Code* supra p. 278. 相关法条见薛允升的《读律存疑》, *Du li cunyi*, "*Doubtful Points on Reading the Substatutes*" (Chinese Materials and Research Aids Center, 1990), p. 848。

㊲ 参见沈之奇:《大清律辑注》,法律出版社 1998 年版,第 689—691 页;Philastre, *Code annamite II*, supra p. 223, p. 229. See also Wallacker's treatment of the Qing commentaries "Homicide through Horseplay", supra pp. 280-283. 但认为清代已经迅速地从"客观归罪转化到主观归罪",这样的说法又太过了(p.281),对此的批评见 Neighbours, *Criminal Intent*, supra p. 51 n51。

情形再行细剖的基础上。㊳ 1758年首次入律的一条附例规定,戏杀拟绞之犯秋审时例减为杖一百、流三千里。从而使得戏杀减刑有了法律上的依据。㊴

二、清代刑部对戏杀案件的认定

我们研究18世纪中期至19世纪晚期的刑部判例㊵时,即可厘清法司在戏杀案件中所持的诸种观念,包括:什么才是"戏杀"中的"戏"?什么叫"和"?"戏"与死亡结果之间存在何种因果关系?"戏"在何时不再意指"嬉戏"而转变为"斗"?参加嬉戏者因其"自身行为"殒命又该如何归责?若嬉戏导致旁人(非参与者)死亡又该如何处理?此外,还有一点值得深思,我们是否可以从对刑部判例的分析中,归结出"戏杀"的理论依据呢?

(一)"戏"的特征

《清律》第292条律文中小注对"戏"的解释为:"以堪杀人之事为戏,如比较拳棒之类。"㊶但让司法官员尤感困难的是,若嬉戏中有人死亡,如何辨别其是否属于律中所指的以堪杀人之事为戏。毫无疑问,如果按照小注中所举之例,比如甲、乙两人比较拳棒,甲很容易伤及乙,若乙因此死亡,则甲很明显属于戏杀。

但问题是,在很多情形下,并不容易辨别。有一起案例发生在1749年,该案中,A与B持镰刀打闹,A以刀柄戳B小腹,B以刀刃挡之,结果伤及A之喉部,A因伤致死。审理此案的地方督抚两次将此案拟为"过失",看起来他们似乎认为手持镰刀大闹不同于比较拳棒。但刑部坚决批驳了此点,刑部指出,戏杀之"戏"不仅仅限于比较拳棒,镰刀因其刀锋之锐,持之以戏无疑

㊳ 有关在戏杀案中的宽厚处理情形,see the remarks of Buoye. T,"Suddenly Murderous Intent Arose: Bureaucratization and Benevolence in Eighteenth-Century Qing Homicide Reports"(16.2),*Late Imperial China* 62,1995,p. 69。

㊴ 参见薛允升:《读律存疑》,第249—250页。See also the remarks of Neighbours *Criminal Intent*,supra pp. 205-206。

㊵ 我们将在下文中用到以下判例集:
(1)丁人可:《刑部驳案汇钞》,载杨一凡编:《历代判例判牍》(第6卷),中国社会科学出版社2005年版,第3—278页,下引该书简称为《刑部驳案》。
(2)《刑事判例》载前揭《历代判例判牍》(第6卷),第413—650页,下引该书简称为《刑事判例》。
(3)全士潮:《驳案汇编》,载前揭《历代判例判读》(第7卷)。
(4)祝庆祺编:《刑案汇览》(成文版)。
(5)吴潮、何锡俨编:《刑案汇览续编》(文海版),下引该书简称为《续编》。

㊶ Jones,*Great Qing Code*,supra p. 278。

属于戏杀。且无论是用手用足还是别用他物，只要可堪杀人，均能构成戏杀。㊷

刑部就这样建立了两条标准来判断一个行为是否属于戏杀：一是行为人凭借体力或技巧，在嬉戏中以手足致他人死亡；二是行为人凭借可能致人死亡的工具，在嬉戏中致某一参加人死亡。尽管刑部作了如此界定，但地方督抚并不情愿在嬉戏致人死亡的情形下判人死罪。他们仍倾向于将此定为过失杀。

在两起因掷石游戏致人死亡的案例中，督抚都认为情形要较戏杀来得轻微。

一起发生在1786年，一群男孩在地上竖起一个十字架作为靶子，然后向之投掷石块来比谁投得更准。其中一人投石时，误中了一名正在奔近标靶的小孩，结果致其殒命。督抚将此案定为过失杀，因为虽然嬉戏中发生了死亡结果，但这个游戏本身却不在“以堪杀人之事为戏”之列。刑部虽然没有直接指出向标靶掷石块是否属于“以堪杀人之事为戏”，但仍坚持正是误投石块的行为导致了旁人的死亡，故应根据相应的律例㊸规定，判处行为人绞监候。㊹

另一起发生在1807年的案例，再次将投石块致人死亡可否构成戏杀这一问题暴露出来。只不过在这起案例中，两名男孩是向河中漂浮之物投石块。其中之一误将石块击中另一名同伴的胃部，致使后者因伤殒命。督抚依旧认为向水中浮物击石的行为本身不足以致人死亡，不同于比较拳棒，故不应以戏杀论。㊺ 刑部批驳了督抚的观点，坚持认为投掷石块近似于比较拳棒，亦属可堪杀人。并且刑部还特别提到了一点，即投石游戏中，双方可能当面对掷，就像比较拳棒一样，均属“脸对脸”的行为。所以，对投石致人死亡者仍应按戏杀处绞。㊻

以上两起案例中所用的石块为砖块或稍大一点的鹅卵石。刑部的判决结果使得石块作为“可供杀人之具”，自1749年起成为成案通行，故而如有人在嬉戏中投掷石块致人死亡时，依戏杀论绞。从中我们可知掷瓜果不在该条所说的掷石块之列，因为其不属于“可供杀人之具”。沈之奇在对清律“戏

㊷ 参见《刑部驳案》，第167页。

㊸ 游戏中误杀旁人的条例见后注(97)。

㊹ 参见《刑事判例》，第563—564页，另见后注(99)。

㊺ 他们也排除了过失杀的适用，因为这个案件也不在“过失”（耳目所不及，思虑所不到）之列，于是比照第295条关于向有人居住之处投掷砖石的规定对案犯以流论处。

㊻ 参见《刑事判例》，第573—575页。

杀"条的注疏中即指出了此点。⁴⁷

要界定哪种戏属"以堪杀人之事为戏"并不总是那么容易的。踢球之类的游戏就给法律的适用造成困难。在 1803 年的一个案例中,正在踢球之人不意误踢到一旁人的睾丸上,致其死亡。督抚们并不认为小儿寻常玩耍的踢球游戏能致人死亡,故对肇事者以过失杀论处。刑部不认可此种判决,刑部辩称尽管球本身并非可供杀人之具,但在此过程中行为人用到了腿,这可以援引 1749 年的通行成案,所以应以戏杀论绞。⁴⁸

在 1819 年的一个案例中,刑部遇到了更为特殊的情况,后来用与上述相同的理由来最终定谳。该案中,A、B 两人在河边嬉戏,各持一头上包铁的蒿杆拍打水面,来比谁溅起的水花更大。A 不慎将蒿杆击中 B 头部致其死亡。刑部最后将 A 定为戏杀,理由同于 1803 年的踢球案,刑部认为用足踢球和持蒿拍水两者情形在本质上是相同的。蒿杆在此与踢球中用的腿原理上是一样的,虽然作为"物"两者不属同一种类,但两者均能援用 1749 年的法律规定中的第 2 款来定谳。⁴⁹

有时游戏中致人死命之具本身就被法司用作罪名成立的证明。在 1787 年的一个案例中,A 在杂耍中顶着一根杆子边走边向旁观者 B 进行挑战,看看谁能将杆顶得平稳,就表示谁的力气更大。B 虽然表示拒绝,A 仍将杆子给了 B,B 无奈顶杆,体力渐渐不支,此时 A 用力拉了 B 一下,B 失去平衡跌倒,杆子从天而降,正好打在 B 身上,B 因此殒命。刑部同样批驳了督抚将此案以过失杀论的意见,而认定为戏杀。但并没有在此行为是否属于"以堪杀人之事为戏"上多费口舌,而是理所当然地认为这一案件中所顶的杆子本身就足以表明这是可供杀人之具,与"比较拳棒"当中的所用之棒是一样的。⁵⁰

我们再来考察一下与以上情形不同的案例,在这些案例中,行为人以推搡打斗为戏,这种情形乍一看很难判断是否属于以"堪杀人之事为戏"。第一个要举的案例发生在 1750 年,该案中,A、B 两妇人在其雇主的厨房内帮佣,两人互相打趣嬉闹,其中 A 压在了 B 的头上,B 试图挣扎起身,不巧其膝盖顶到了 A,A 因此受伤而死。督抚认为两妇女互相嬉闹的行为本身不足以致人殒命,遂以过失杀论赎,刑部虽经批驳,而督抚仍坚持己见,并进一步辩

---

⁴⁷ 参见前注㊳。
⁴⁸ 参见《刑案汇览》,第 2062 页;Wallacker,"Homicide through Horseplay",supra pp. 289-292(另见后注⑩)。在其后的 1825 年的案例中,刑部采用了同样的做法,参见《刑案汇览》,第 2062—2063 页;Wallacker,"Homicide through Horseplay",supra pp. 304-305(见后注㊷)。
⁴⁹ 参见《刑案汇览》,第 2063 页;Wallacker,"Homicide through Horseplay",supra p. 303。
⁵⁰ 参见《刑事判例》,第 567—569 页。有关这一案例,另见后注㊆、注㊄、注㊉。

称,当B给予A致命的一击时,此时她们的行为已经不能再视为嬉戏。刑部最终仍坚持死亡是因嬉戏造成的,并且暗示因膝盖相抵致人受伤表明了这种情况属于“以堪杀人之事为戏”。这表明此事实可完全援用1749年的法律规定中的第1款,判决戏杀至为恰当(绞监候)。(51)

第二个案例则发生在1777年,A邀B参加一角力游戏。A趴在B的背上,按住B的颈项往下压,B为求脱身而挣扎,在此过程中显然受了点轻伤,经过包扎,大体无碍,然而B感觉伤势渐轻,就撤掉了绷带。伤口受到感染,B因此两日后不治身亡。督抚根据律例中有关“保辜”的规定(52),将肇事者拟以流刑。刑部驳回了督抚的判拟,坚称该案中伤情较重,因为仅过两天B就身亡了,所以不能适用关于“保辜”的规定。刑部要求督抚进一步详拟,于是督抚改拟戏杀论绞,方为刑部认可。其间并未提及该案中的行为是否属于“以堪杀人之事为戏”。从中我们可以推论出刑部将按压颈项的行为与以斗拳致人死亡的情形同等对待。(53)

此事过去数年之后(1786年),又发生了一起案件。该案中,A正蹲在湖边抓剥青蛙,B悄悄走到A的后面用手蒙住A的双眼要A猜其为谁。A询问B但B拒绝作答。A试图挣扎脱身,不意手中剥蛙刀误中B,致B受伤并于数日之后身亡。督抚拟以过失杀论处,但遭刑部批驳,后者认为应以戏杀论。虽然情形看起来并不像“以堪杀人之事为戏”那般明确,但刑部可能认为刀子本身就证明其为可供杀人之具,遂因此以戏杀论。即使该刀子并未运用于嬉戏当中,仅是A试图挣脱B的控制时不小心才扎到B,但仍无法摆脱戏杀之嫌。(54)

而在1810年的一个案例中,A与B嬉闹时趴在B背上紧抱住B,为了脱身,B扭动身躯并用头部抵A的胃部,A因此受伤而亡。刑部驳回了督抚过失杀的原拟,而认为应以戏杀论。简短的驳词中并未提及其是否为“以堪杀人之事为戏”,然而刑部似乎认为,B在挣脱A搂抱时其抵到A胃部的头,与

(51) 参见《刑部驳案》,第168—169页。

(52) 参见《读例存疑》,第900页,该条提到“保辜”制度,规定如果在打斗中,一方致另一方轻伤,后者在规定的“保辜”期限中身亡,前者一般免死,但要被处杖一百并流三千里之刑。参见关于“保辜”制度,See MacCormack. G, “The *Pao Ku* System of Traditional Chinese Law” (XXXV. 4), in *Chinese Culture* (December 1994), pp. 36-41。

(53) 参见《续编》,第15—17页。

(54) 参见《刑事判例》,第561—562页,另见后注(70)、注(74)。

能致人死亡的身体其他部分(如臂、腿)是一样的。(55)

直到次年(1811年),刑部才明确地指出嬉闹(粗鲁的和混乱的游戏)致人死亡的情形应该适用戏杀而非过失杀,并且详尽地阐释了个中理由。此事源于一名御史的奏请,他在一系列重要的上奏之中提及要对戏杀、过失杀这一法条作更为正确的区分,明确何者当属戏杀,何者当属过失杀。(56) 刑部遂阐明,“戏杀”条中所谓的“戏”,特指“以堪杀人之事为戏”的种种行为。这一简单的术语在定义何者为“可供杀人之具”上是宽泛的,可以是手足或类似刀具等任何具有潜在致人死亡之物。随后刑部解释道:虽然戏杀和过失杀当中都不存在杀人的故意,但两种情形下行为人的主观方面依旧有着很大的不同。在“戏杀”的情形下,行为人耳能听,目能视,思虑亦能到,他们可以清楚地判断自己的行为可能会发生致人死亡的后果。所以在这种情形下,应当对杀人者按斗杀论绞。反之,与“戏杀”情形不同,在“过失杀”的情形下,行为人耳目所不及,思虑所不到,因此对杀人者比照斗杀以赎论。

还有一案引起了刑部的特别关注,在该案中,A与B扭打嬉戏,A从后面紧抱住B,想看看B有没有办法挣脱。B抬腿后踢,结果踢中了A的睾丸,致A死亡。刑部注意到,既然B已经知道其被A抱住了,那么就不好再说他耳目所不及。而且,他抬腿后踢时,怎么可能不知道这样会有致人死亡的风险?所以,A的死亡结果并不在B的预料之外。地方督抚此次作出了正确的判决,以戏杀论绞。(57) 皇帝由此谕令嗣后再遇此类案件,即循此办理,永著为例。(58)

另外一起因在游戏中身体对抗而致人死亡的案例发生在1817年。该案中,A与B嬉闹调笑,彼此揪住对方的脸,不意A突然移动了一下头部,B反应不及,其指甲插进了A的左边眉骨,A因此受伤而死。刑部同样对此以戏

---

(55) 参见《刑案汇览》,第2060—2061页;Wallacker, “Homicide through Horseplay”, supra pp. 292-293, 对此提出了批评,认为并没有显示这种情形具有危害的可能性。

(56) 具体情形另见注(94)。

(57) 参见《刑事判例》,第76—78页;《刑案汇览》,第2058—2059页;Wallacker “Homicide through Horseplay”, supra pp. 297-298. 另见注(109)。

(58) 关于“通行”,see Bodde. D and Morris. C, *Law in ImperialChina. Exemplified by 190 Ch'ing Dynasty Cases. Translated from the Hsing-an hui-lan. With Historical, Social, and Juridical Commentaries*, University of Pennsylvania Press, 1973, p. 152。

杀论,明确认定调笑亦为"以堪杀人之事为戏",而指甲亦属可供杀人之具。⁵⁹

最后我们再来看一个发生在 1833 年的案例。该案中,A、B、C 三人一起扮马作戏,A 扮作马的头部,B 扮作马的身体,而 C 则扮作骑手,骑在 B 的身上。B 以头顶 A 以促使 A 向前,A 被顶后向前急奔,不慎失足摔倒,连带着 B 和其身上的 C 一起跌倒,导致插在 B 腰间的旱烟杆正好戳进 C 的鼻孔里,致 C 受伤身亡。刑部侍郎认为扮马作戏不过是一玩笑而已,并非"以堪杀人之事为戏",所以建议按失杀论赎。他似乎将这一行为理解为纯粹的嬉戏而非戏杀之"戏",以便为肇事者开脱,让其免于死罪。然而整个刑部并不同意他的看法,认为应以戏杀论,因为该"戏"中逐次存在推搡、奔跑、绊倒等情形,已经足以构成"以堪杀人之事为戏"的条件了。刑部的意见暗示在该案中的可供杀人之具并不是旱烟杆(直接致死的工具),而是 B 的头,因为 B 用头顶 A,导致作为马头的 A 失足跌倒,引发了 C 的伤亡。所以正确的处理乃是以戏杀论绞。⁶⁰

这些就是将嬉戏过程中出现的推搡、扭打等行为都视为"戏杀"行为的判例。我们再来对比一下另外一类同样是嬉戏致人死亡但却以"过失杀"论处的判例,看看两者有何不同。在 1798 年的一个案例中,A 正端坐着,B 这时站到 A 的肩膀上,并要求 A 站起来走动走动。当 A 站起来时,B 站立不稳,从 A 肩膀上跌落下来,受伤而死。督抚拟以戏杀论处,但遭到刑部批驳。刑部强调要判处戏杀必须具备两个前提:一是行为必须是"以堪杀人之事为戏";二是行为人原无相害之心。在剖析了本案案情以后,刑部强调此处是 B 主动提出相戏的,他提出了让 A 站立并走动的点子,后者不过是照 B 的要求去做罢了。刑部因此得出结论,此案中 A 很明显没有伤害 B 的故意,这一事实完全在过失杀"思虑所不及"的概念范畴之内,故依律收赎即可。

乍一看刑部这一理由是不充分的,它对于构成戏杀的第一个条件("以堪杀人之事为戏")只字未提,而仅强调第二个条件("原无相害之心")。正

---

⁵⁹ 参见《刑案汇览》,第 2060 页;Wallacker "Homicide through Horseplay", supra p. 302. 关于此一案例另见后注⑦。刑部也引用了 1815 年的相关案例(See Wallacker, "Homicide through Horseplay", supra pp. 301-302),在该案中,A 从 B 的身后抱紧了 B 的双臂,B 在摆脱过程中扬起右臂,碰巧打在 A 的耳朵上,致使 A 受伤身亡。该案中刑部同样驳回了督抚过失杀的拟判,坚持以戏杀拟绞。

⁶⁰ 参见《刑案汇览》,第 2061—2062 页;Wallacker, "Homicide through Horseplay", supra pp. 307-308, 此案另见后注⑦。此案的处理与 1741 年的一个案件相似,在后案中,两人鸡奸时一人误被另一人用丝巾勒死,转引自 Meijer, MJ, "Homosexual Offences in Ch'ing Law"(LXXI), T'oung Pao 109, 1985, p. 112. 遗憾的是,笔者没有办法查到原文。

如 Wallacker 指出的那样,用"原无相害之心"来区别"戏杀"和"过失杀"是难以让人信服的。除"斗杀"和"谋杀"外,其余杀人罪行都缺乏相害之心。然而刑部用 A 缺乏加害的意图和 A 是秉承 B 的意思行为这两点作出裁决,可能已经很明显地表达了一种不同的观点:即 B 的死亡事实上是其自身行为所致[61],A 不过是一个消极的执行者而已。就此点而言,刑部可能早就认为没有必要去界定 A、B 所从事的究竟是何性质的行为了。[62]

在 1826 年的一个案例中,A 与 B 在一条小船上共饮,皆有醉意。A 后仰跌倒,B 将之扶起意欲促其再饮,A 扭头以示拒绝。而 B 酒后站立不稳,一头栽向 A,致使 A 受伤而死。这一行为该归在哪一种杀人罪中?这个问题让刑部很是头疼。督抚拟以过失杀论处。负责此案的刑部司官第一次驳回了督抚的意见,而认为此酒后之戏当按戏杀论处。这一看法又遭到了整个刑部的反对,因为在此案中即不存在"斗",也不存在"戏",但尽管如此,负责此案的该司仍旧坚持以戏杀论。于是刑部更为全面地举出其反对的理由,认为 B 试图劝 A 再饮酒的行为并非属"以堪杀人之事为戏",B 的搀扶、A 的扭头、B 的栽倒、B 撞到 A 等一系列行为,与比较拳棒之类的身体对抗,不具有可比性。刑部并且发现,在戏杀的情形之下,行为人所从事的多属对抗性或竞争性游戏,这类游戏可以导致伤害的发生。负责此案的该司也援引一先例以为论据。在该先例中,A、B 两人共饮,B 酒醉睡去,A 将之唤醒劝其再饮。B 答曰如 A 能将其拉起立直,则将再饮。当 A 试图如此而行时,他栽向 B 并将 B 撞到,B 因此受伤身亡。自然,在该成例中 A 被论以戏杀。刑部承认该司所引的先例与比较拳棒相似,因为 A、B 都同意进行身体上的对抗(即 A 试图拉起 B,而 B 则进行抵制)。但现在这个案子与此先例迥异,因为 A、B 之间没有就游戏行为达成一致。所以本案应当维持督抚所拟过失杀的原判。[63]

看来刑部和负责案件的该司(即首先驳回督抚意见的司官)之间分歧的焦点在于:刑部认为 A 和 B 没有就游戏行为达成一致。A 仅仅是单方面地想邀 B 再饮。之前所讨论的搀扶、扭头、栽倒、撞倒等一系列行为与比较拳棒不具有可比性的论断,其实可用其不属"以堪杀人之事为戏"一言以蔽之,刑部并不认为这些外在行为可能致人死亡。

我们可以将此案与 1875 年的一个案例相比较。在该案例中,A 背着一

---

[61] 有关此点,参见本文第三部分。
[62] 参见《刑事判例》,第 571—572 页;Wallacker, "Homicide through Horseplay", supra pp. 287-289. 关于此案例亦可参见后注[108]。
[63] 参见《刑案汇览》,第 2053—2055 页。

捆柴火，停下来稍事休息。这时B从后面拍打A的肩膀并向A的颈项呼气。A急忙转身，背上所背之柴掉落在地，其中一根打到了B身上，B因此受伤身亡。刑部认可督抚原拟的过失杀判决，因为A转身的行为并不意味着他要参与嬉戏，而只是对B拍打及呼气行为的本能反应。尽管B意在戏耍，但A并未同意，也从未参加进来，而且他显然也没有伤害B的意图。B受伤同样可以被视为是因其自身行为所致，刑部认为此种情形是在“耳目所不及”概念范畴之内。如果A自愿地参加进那种粗鲁混乱的嬉戏中去，那么就会被认为是“以堪杀人之事为戏”了。(64)

在1833年的一个案例中，A和B受雇于一家酿酒作坊，两人相嬉，正当B在一个大缸中洗脸时，A向B的脸上扔烂泥。两人遂互相朝对方泼水，A试图躲闪，就向酒糟废渣堆奔去。B追赶A，不慎失足跌倒在废渣堆中，受伤身亡。刑部举出了两点理由，以证明此案应以过失杀论拟而非戏杀：第一，在B身死之前，A因为要躲避泼水而已经结束了嬉戏(65)；第二，这一行为与比较拳棒不同，其本身并不能致人身死。这点似乎表明泼水并不像比较拳棒那样能致死人命。缸中之水也不是可供杀人之具。我们可以将之与沈之奇辑注中提到的投掷瓜果的例子(66)相比较，在沈之奇所举之例中，瓜果同样不构成可供杀人之具。(67)

但仍旧有两个案例让人困惑。第一个案例发生在1759年到1768年之间，该案中，A未经其友B的同意，就将B的幼子带回自己家中，欲令此子与A之幼子相伴玩耍。A用臂弯挟持B之子顺河中石阶过河，但B之子从其臂弯滑落，掉进河中，溺水身亡。尽管督抚原拟以过失杀论处，但刑部却认为这种情况更类似于“戏”。要找出刑部所持的理由殊为不易。似乎他们将A挟B之子去和A之子玩耍这一情形归入A与B之子相嬉之列，而将顺石过河的行为归入“以堪杀人之事为戏”之列。(68)

第二个案例则发生在许多年之后的1840年。A有用带走及隐藏妇人B的小孩来和B开玩笑的习惯。一次A将熟睡的B的小孩藏在一个蓄水的猪圈附近。小孩醒来，十分惊恐，滚进了猪圈，溺水身亡。督抚拟以过失杀，理

---

(64) 参见《刑案汇览》，第5007页；Wallacker, “Homicide through Horseplay”, supra pp. 313-314。

(65) 关于游戏已经结束的论断亦可见后注(87)。

(66) 参见前注㊲。

(67) 参见《刑案汇览》，第4345—4346页；Wallacker, “Homicide through Horseplay”, supra pp. 308-309。

(68) 参见《刑事判例》，第557—558页。

由是A与B在嬉戏而非与孩子嬉戏,且藏孩子本身不构成"以堪杀人之事为戏"。刑部回复称,这一死亡后果乃是在"戏"的过程中发生,故应以戏杀论而非过失杀。而且,《清律》第292条中的所称的"比较拳棒",仅仅只是举例说明什么是"戏",而非将"戏"的表现囊括无疑。此案中,A必定清楚猪圈中的水足以使人溺毙。所以死亡的发生不仅仅根源于其与B之间的"戏",A对B之子所做的行为本身就足以致其死亡。故即使A被认为是和B嬉戏而非跟B之子戏,但仍可援用律例中关于游戏误杀旁人的规定对之加以定罪。然而刑部在该案中将A与B的玩笑行为,等同于A与B之子的玩耍行为。与之前许多处理绑架儿童的案件相同,刑部在此将"戏"作了较大幅度的扩张解释。(69)

从以上对相关案例的分析中,我们可以得出两点主要的结论:第一,尽管律例中已经对"戏"作了较为严格的概念界定,意指身体对抗一类的行为,但在实践中,法司往往会对之作出较大幅度的扩张解释。任何行为,即使如玩笑嬉闹等,只需两相同意,就和角力对抗一样,都能构成法律上所谓的"戏"。第二,所谓"以堪杀人之事为戏"中的"事",法司同样会对之作扩张解释。比较拳棒之类很显然属于堪杀人之事,除此之外,任何其他具有潜在危险性的行为,比如踢球或使用砖石、刀刃等危险之具,均属"事"的范畴。即使只是在寻常嬉戏中出现的身体对抗行为,诸如拖拽、推搡或者搂抱等,也在此列。

(二)关于同意

上文所引案例有个地方让人倍感奇怪。很多时候,甚至在行为人尚且不知他人是否愿意与己一同游戏的情形下,他们的行为也会被刑部认定为"戏"。比如上文提到的1786年那个案件,A正坐在湖边抓剥青蛙,其友B出其不意从后蒙住A的双眼,这并不意味着A、B双方都同意进行游戏或者参加角力对抗。(70) 而在1787年那个案件中,当A顶着杆子向围观者B挑战,要B顶杆,B虽然表示过拒绝,但刑部仍认定为"戏"。(71) 在1840年那个案件中,A通过将B的孩子藏于蓄水猪圈附近的方式与B开玩笑,结果导致孩子的溺亡,在这一案件中,无论是妇人B还是B的孩子,都没有同意与A相"戏",但刑部照样以戏杀论。(72)

---

(69) 参见《续编》,第2943—2946页;Wallacker, "Homicide through Horseplay", supra pp. 309-312;Chen, "Influence of Shen Chih-ch'i's *Chi-chu* Commentary", supra pp. 185-187. 有关此案亦可见后注(72)、注(80)及注⑪。

(70) 参见前注(54)。

(71) 参见前注㊿。

(72) 参见前注(69)。

在一个含有开玩笑性质的案例中,刑部坦承了其对这一问题的看法。此案发生于1813年,一名药师配了一块含壮阳药物的面饼,打算送给其新婚的连襟使用,后者并没有接受,面饼遂被弃置桌上。后来,该连襟的两个弟弟看到了面饼就取走了它。其中一人吞下了整块面饼,毒性发作而亡。督抚将该药师比附《清律》第295条"向有人居止宅舍投掷砖石"条拟流。刑部驳回了此判拟,而强调如果有人是因"戏"而亡,则对肇事者应以"戏杀"论。"戏杀"之成立,并不要求行为人共同参加并彼此合作。换言之,就算只有一方在开玩笑,也能像比较拳棒一样,归入到"戏杀"之列。而不必要求所有人都知道游戏的存在或者就参加游戏达成合意。[73]

(三) 因果关系:衅起于戏

只有在游戏和死亡结果之间存在联系,即要么起因于游戏,要么是游戏行为本身导致受害者死亡的情形下,"戏杀"才能成立。这样的因果关系有时很明显,比如在拳击时打死对手,就属此种情形。但更多的时候则存在疑问:死亡真能是技术性概念"戏"中的行为所致吗?死亡原因是否更应该是"过失",甚至是"斗",而不是"戏"?为了解决此类难题,尤其是在发现督抚的原拟存在错误的情形下,刑部常常以"衅起于戏"为由来加以处理。这样,它有时就希望强调,既然衅起于戏,那么就应以"戏杀"论,而非"过失杀"。下面我们来看几个例子。

在1786年的那个剥蛙案中,正是B从A背后蒙住A的双眼,A急于摆脱B而没有注意到手中的剥蛙刀,从而导致B的死亡。刑部驳回了督抚的"过失杀"拟判,因为此案事实不在过失的范畴之内。所以,必须适用别种杀人罪规定来处理。从此以后,只要衅起于戏,均以"戏杀"论处。[74] 同样的理由也用在下述案件之中:1787年之案,即顶杆者挑战一围观者并强要其顶杆以较量气力案件[75];1813年之案,即药师制壮阳面饼来和新婚连襟开玩笑结果让连襟之弟误食身亡案件[76];1817年之案,即两人嬉闹中一人指甲插进另一人眉骨致其死亡案件[77];1825年之案,该案中数人踢球,一人不慎踢中另一人胃部致人身死[78];1833年之案,该案中,三人扮马作戏,一人摔下,导致骑在最高

---

[73] 参见《刑案汇览》,第2065—2066页;Wallacker,"Homicide through Horseplay",supra pp.299-301.关于此案另见后注[76]、注[100]。

[74] 参见前注[54]。

[75] 参见前注[50]。

[76] 参见前注[73]。

[77] 参见前注[59]。

[78] 参见前注[48]。

处之人摔倒时鼻孔正中后面之人腰间的旱烟杆因此伤亡[79];1840年之案,该案中一人以藏一妇人之子的方式与该妇人开玩笑,不意却让妇人之子于猪圈溺毙身亡。[80]

但是有时,"衅起于戏"这一理由也会被用在不同的场合,出现在刑部驳回原拟为"戏杀"的驳词当中。1761年发生了一个奇特的案件。该案中,A正在与一个远亲的妻子通奸,不想该妇人之夫突然闯入。A情急之下,从妇人身上起来,手指扣到了妇人心窝,导致妇人受伤旋即身亡。督抚原拟以"过失杀"论。刑部反对,指出尽管此案衅起于戏谑,A也确无杀人之意,但妇人致命之伤却是A造成的,故而应该以"斗杀"论,以偿妇人之命。督抚复称因通奸处死较之因戏处死要重,故而建议对案犯以"戏杀"论绞。刑部依旧驳回此议,并进一步解释其由,尽管通奸之罪不同于斗殴,但本案情形与打斗致伤有相似之处。衅原非由戏,故而A应以斗杀论绞而非以戏杀论。[81]

在其他一些案件中,刑部常常用"虽曰衅起于戏,显有争斗情形"一类套语作为其裁决理由。这就意味着虽然加害者和受害者以游戏开始,但游戏过程中双方发生了口角争斗,于是行为的性质就改变了。1768年发生的一个案例就属这种情形。该案中,一船户A夜里点了一个灯笼挂在船上,这时他的一个朋友B跳上船并试图去抓灯笼,A为阻拦而紧抓住B,B在挣扎中跌倒受伤,数月后因伤而亡。督抚原拟以过失杀论,理由是没有证据可以证明此过程中存在争斗。刑部批驳了此观点,理由是B最后的跌倒、受伤、死亡都起因于A的紧抓。虽然衅起于戏,但显然其中有争斗情形。最终,督抚改以斗杀拟绞。[82]

而在1782年发生的一个案例中,有两个年轻人,其中一人携带一把雨伞,两人为这把雨伞而互相争抢嬉戏。双方各握住伞的一端,其中一人突然用力推了一下,致使另一人倒地受伤,旋踵而亡。刑部发现,虽然衅原起于戏,但抓抢雨伞导致的推搡和跌倒,表明两人之间存在争斗,所以应以斗杀论绞。[83] 与此相似,在1792年的一个案例中,A在与B的嬉闹中抓住了B的睾丸,B挥拳示威并以拳相击,结果打在了A的膈肌上,致A受伤并于数日后身亡。督抚认为,此衅虽起于戏,但B的挥拳示威并以拳相击,表明了当中存在

---

[79] 参见前注[60]。
[80] 参见前注[69]。
[81] 参见《刑案汇览》,第2056—2057页。
[82] 参见《刑事判例》,第558—560页。
[83] 参见《刑事判例》,第560页。

争斗情形,故而应以斗杀论绞,刑部及皇帝都认可此一判决。㊽

在有的案件中,玩耍最终很明显地转变成了争斗,刑部自然将之作为斗来处理而不是戏。在1806年的一个案件中,一个7岁的男孩A在抓蟋蟀玩,遇到了同龄男孩B,两者遂一同玩耍。B向A争要蟋蟀,A不肯给,B就打了A的手臂然后逃跑。A遂在B后面追,并推到了B,B因此受伤后不治而亡。刑部认为该案一开始毫无疑问是戏,但在开始争蟋蟀时,情形就发生了变化,因此对A应以斗杀论处。㊾

从下面两个案例中可以知道,原来属于衅起于戏该以戏杀论处的案件,有可能最终会以故杀或者过失杀论。一个是1794年的案例,该案中A绕到B的背后,揪住了B的辫子,看其是否能挣脱。B让A放手,遭到A的拒绝,于是B就转身卡住了A的咽喉,大声吼叫以显示自己的打斗能力。A因此受伤旋踵而亡。督抚原拟以戏杀论,但刑部不怿。刑部认为究竟应拟以戏杀还是故杀,要看当中是否存在侵害的故意,还得看伤害的严重程度。本案中尽管口角起因于戏,似乎并不存在杀害意图,然而在该过程中却出现了致命的重伤,这一点又意味杀害意图的成立。督抚被要求重新检视相关证据,该案最终似乎以维持戏杀的原判收场。㊿

另一个是上文已经讨论过的1833年的案例㊼,该案中,有两人受雇于一酿酒作坊,互相泼水嬉戏。一人逃避,另一人追赶时不慎失足跌倒受伤而亡。刑部认为该案虽然也属衅起于戏的情况,案犯最初不过欲躲避水泼,决无害人之意。受害者跌倒伤亡正是案犯思虑所不到。故该以过失杀论而非戏杀。

(四)因自身行为而殒命的情形

即使在游戏中出现参加者殒命的情形,刑部仍要判断此"事故"是否因其"自身行为"所致。在前面介绍过的案例中,我们亦可看出刑部在裁决时已经注意到了此点。㊽ 有时刑部会明确地提到"咎由自取"一类的理由。我们所知的这类判词最早出现在1759年。该案中,A和B在河边嬉戏,互相朝对方泼水。A转身时,跌落深水溺毙。刑部批驳了督抚戏杀的原拟,理由是A之身亡乃咎由自取,因此应对B以过失杀论。㊾

㊽ 参见《刑事判例》,第569页。
㊾ 参见《刑事判例》,第572—573页。
㊿ 参见《刑事判例》,第570—571页;另见后注⑩。
㊼ 参见前注㊼。
㊽ 参见前注㊽。
㊾ 参见《刑部驳案》,第171—172页;《刑事判例》,第567页;Wallacker, "Homicide through Horseplay", supra pp. 285-286。

我们可以将此案与稍后的 1787 年的一个案例相比较。后案中，A 在杂耍中顶着一根杆子向一围观者 B 进行挑战，B 虽然表示过拒绝，但最终仍接过了杆子，没有顶稳。A 之前未理会 B 的拒绝，此时又猛拉了 B 一把，B 失去平衡跌倒，杆子从天而降，正好打在 B 身上，B 因此受伤殒命。督抚初以过失杀论拟，但最终接受刑部的意见，改拟戏杀，即便如此，督抚仍指出受害人致命伤乃"自行顿伤"。⑩ 督抚在此所举这一条件颇为有趣。我们是否应该理解成该督抚对刑部改拟戏杀的要求持有保留意见？可能正因为督抚认为受害人之伤由自身行为所致，所以才会在最初对案犯以过失杀论。虽然最终督抚对刑部意见采取了让步，但可能心中仍无法释怀。当然，我们也可以选择从另外一个角度来看待这一条件。从某种意义上说，可能 B 的确是自行顿伤，因为他没有抓紧杆子，但这一事故却是 A 和 B 嬉戏产生的后果之一，B 毕竟是在 A 的要求之下才接过杆子。因此，B 的死亡仍可归结于游戏本身所致。

1811 年，一名御史向皇帝上了一封奏折，辩称两起归在戏杀罪名下的秋审案件应该归入过失杀罪名之下，因为这两起案件中都不存在侵害的意图。其中的一起案件中，A 和 B 相嬉戏，A 从 B 背后抱住 B，要挑战看 B 能否挣脱。B 接受了 A 的挑战，站起身来，用左肘向后击 A，导致 A 胃部受伤，A 因此殒命。另一起案件中，A 和 B 正在拾粪，当 A 蹲在地上时，B 从背后压在了 A 的肩膀上并要求 A 站起来。A 同意并挣扎着意欲站起，在此过程中，其头部顶到了 B 的胃部，导致 B 受伤而亡。⑪ 皇帝注意到两起案件中都缺乏争斗的情形，且不存在侵害的意图。

这名御史援引了两起先例来阐明其主张。第一个发生在 1798 年，该案中 A 应 B 的要求蹲下来，让 B 站在其肩膀上，B 要看看 A 能否站起来。当 A 起立时，B 摔下来受伤身亡。⑫ 第二个发生在 1759 年，该案中 A、B 在河中互相泼水嬉戏，A 躲闪时不慎跌落水深之处溺亡。⑬ 皇帝注意到在这两起案例中，受害者都是自行失足致毙。

该御史还引用了一个案例，该案中 A 正在练剑，并未注意到旁边有人，结果导致误中该旁人致其死亡。刑部对此以过失杀依律论赎。皇帝在这些先

---

⑩ 参见前注⑩。
⑪ 这些案例亦可见 Wallacker, "Homicide through Horseplay", supra pp. 295-296。
⑫ 参见前注⑫。
⑬ 参见前注⑧。

例的基础上得出结论,该御史所奏的两起秋审案,应该归入过失杀的名下。㉞

关于因自身行为而殒命的情形,我们最后再来看一个发生在1840年的案例。该案中,A要和B比试游泳,不想游至水深之处溺毙。刑部批驳了督抚戏杀的原拟,刑部认为要构成戏杀,受害人必须死于同伴之手。如果是自毙致命,怎能要求他人偿命?本案中,除非B曾经抓住A的手臂并往外推,导致A跌落深水溺毙,才有可能构成戏杀。刑部恰当地指出,此案A是在与B相戏的过程中自行毙命,而非属于戏杀。当然,在考查了所有的情形之后,刑部引《大清律例》第386条"不应为"条从重论,对案犯杖八十。㉟

刑部对此案的处理表明其之所以排除适用戏杀,是因为死亡的结果与游戏行为之间缺乏因果关系,而是由受害人自身的过错所致。受害人因自身行为殒命这一事实就把死亡结果与游戏行为之间的因果关系切断了。更确切地说,则是案犯的行为和受害人死亡结果之间缺乏客观上的因果联系。

(五) 误杀旁人的情形

1735年,律后新附了一个条例,用来处理因戏误杀围观者或旁观者的情形。该条规定当上述情形发生时,对肇事者比照斗杀律减一等论处。㊱ 由于在"斗"的情形下误杀旁人按律当绞监候,故在"戏"的情形下误杀旁人照此减一等就意味着流三千里。然而,在1770年,该条例得以修改,加大了对因戏误杀旁人的刑罚力度。修改后的条例规定:凡因戏误杀旁人,以戏杀论绞监候。㊲ 故在此条例修改之前,法司在处理因戏误杀旁人的情形时,可能倾向于按"过失"论。薛允升对修改后的条例颇为不满,认为因戏误杀旁人而要偿命,实在太过严厉了。他指出,"戏"之危害性较之于"斗",显然要轻得多,因为在"戏"的场合下,既没有侵害的故意,也没有争斗的情形(而争斗至少还有伤害的意图)。㊳

即使在此条例修改之后,督抚依旧倾向于将因戏误杀旁观者以过失杀论。在一个1786年的案件中㊴,几个男孩向一个靶子扔石块,不想靶子旁冲

㉞ 参见《刑事判例》,第575—576页;《刑案汇览》,第2058页;Wallacker,"Homicide through Horseplay", supra p.296。

㉟ 参见《续编》,第2946—2949页;Wallacker,"Homicide through Horseplay", supra pp.312-313。

㊱ 参见刘海年、杨一凡主编:《中国珍稀法律典籍集成》(第1卷),科学出版社1994年版,第356页。

㊲ 参见《读例存疑》,第851页。

㊳ 同上。

㊴ 参见前注㊹。

过来一个小男孩,致使其中石而亡。督抚以“过失”论,但刑部认为这种情形不属“耳目所不及,思虑所不到”,而应适用因戏误杀旁人例。同样的理由还适用于下列两案:1803 年之案,该案中,正在踢球之人不意误踢到一旁观者的睾丸上,致其死亡。(100) 1813 年之案,即药师给新婚连襟送壮阳糕饼的案例(101),督抚原打算比照向有人行止宅舍内投掷砖石条免除药师极刑(拟流),但刑部据此修改后的条例将之驳回。

但在另一个案例中,刑部认可了督抚以过失杀论的原拟。该案例发生在 1824 年,一名球类游戏中的参加者不小心将球踢飞,砸到了突然从后面过来的一旁人,致使其受伤而死。游戏者因为专注于游戏,以至于根本没有看到受害人。(102) 于是刑部认为这属于“耳目所不及,思虑所不到”,因此认定督抚原拟的过失杀正确无误。(103)

三、戏杀的理论依据

前已述及(104),西方学者试图从西方刑法或者侵权法的角度来探索“戏杀”成立的理论依据。沃拉克(Wallacker)认为是“疏忽”(105),而奈波尔斯则认为是“‘放任’,即行为人明知自己的行为可能会带来伤害的后果,仍‘纵容’这种结果的发生”(106)。在西方法律中,“疏忽”和“放任”引发的法律后果是不同的,虽然两者都意味着没有尽到必要的注意义务,但后者却意味着行为人在明知会发生危险的情形下仍全然不以为意。因此,对于“戏杀”的归责原则,沃拉克和奈波尔斯各执一端。

事实上,将西方刑法或侵权法理论生搬硬套进对戏杀的研究中是无益的。

---

(100) 参见前注㊽。

(101) 参见前注(73)。

(102) 有趣的是,在之前的一个案例中(参见前注(58)),争论的焦点却与此不同,该案将焦点集中在游戏的参加者是否被球撞到致死(而非旁观者是否被球撞致死)。

(103) 参见《刑案汇览》,第 4343—4344 页;Wallacker, “Homicide through Horseplay”, supra pp. 303-304。

(104) 参见前注⑥至注⑪。

(105) Wallacker, “Homicide through Horseplay”, supra p. 315. 他似乎是接受了中村茂夫(Nakamura Shigeo)的看法,而后者跟梅耶(Meijer)一样,将戏杀的责任建立在行为人没有尽到注意义务的基础上,参见 Meijer, “Review of Studies in Ch'ing Law”, supra p. 351. 沃拉克亦承认其得益于中村茂夫的著作。

(106) Neighbours, *Criminal Intent*, supra p. 47.

首先，中西法理迥异，不加批判地"拿来主义"可能会得出奇怪的结论。比如，奈波尔斯所用的"放任"一词，她当然了解这一概念和故意相关，但是她忽略了一个事实，那就是在西方法律中，"放任杀人"被视为与"故意杀人"同义。如果这一概念运用于中国关于杀人罪的分类中，那么结果将是"戏杀"更近似于"故杀"，而非"斗杀"。

其次，刑部在认定一案是否属于戏杀时，既没有用"疏忽"也没有用"放任"这样的术语来加以解释。刑部强调在戏杀中行为人的主观方面为：故意与明知。正是考虑了这样两个标准，我们才能一方面将戏杀与过失杀相区别，一方面将之与斗杀相区别。18世纪末的判决只用故意一个标准来区别不同种类的杀人罪。1794年，刑部指出戏杀和故杀的区别取决于行为人有没有杀人的故意。在这种情形下，戏杀（不同于故杀）被认为是原非本心，也就是说行为人并没有杀人的故意，甚至连侵害的意图都没有。[107] 但在1798年时，刑部又指出区分戏杀与过失杀的一个标准是看其中是否存在侵害的故意。在这种情形下，戏杀（不同于过失杀）又被明确地界定为有侵害之意。[108] 看起来这和其四年前的说法自相矛盾。刑部的判决中也确实出现过自相矛盾的话。在甲案中刑部将戏杀比照故杀来处理，强调故杀中存在杀人（或侵害）的故意这一界定标准。而在乙案中刑部却将戏杀比照过失杀来处理，又强调戏杀中存在侵害的故意这一界定标准。虽然刑部没有明说，但是我们需要明白，故杀中的故意和戏杀中的故意，不可一概而论。前者直接的意图就是杀人，而后者只是意图证明自己的力量或技巧比别人更胜一筹，或者（诸如开玩笑的情形）只是意图让别人感到困窘或不便。

刑部既将故意作为区分各种杀人行为的标准，这一标准自然存在模糊之处，不过在后来的司法实践中，这种模糊渐渐得以消除。在1811年的一个案例中，刑部认为戏杀和过失杀都缺乏必要的故意，这里的故意指的是杀人或侵害他人故意。区分戏杀和过失杀的标准不在于有无故意，而在于其是否知道。要构成戏杀，行为人得知道其行为可能会给他人带来死伤的后果。[109] 1826年，刑部认定戏杀必须是行为人知道行为可能会带来致害后果，但属无心过犯。此话在某种程度上为循环论证，但它似乎表明了参加潜在危险性游戏的当事人，是知道自己的行为可能会引发事故（致人死伤）的，尽管他们的

---

  [107] 参见前注⑧6。

  [108] 参见前注⑥2。这一明显自相矛盾的说法遭到了 Wallacker 的批判，参见 Wallacker, "Homicide through Horseplay", supra p. 289。

  [109] 参见前注⑤7。

确没有害人的故意。⑩ 通过前述 1840 年的那个案例,刑部再一次澄清了过失杀和戏杀的区别,刑部指出该案中行为人藏匿了小孩(与其母亲开玩笑),并无淹死小孩的故意,但他应当知道藏匿之处附近之水足以溺毙该小孩⑪,所以对案犯应以戏杀论处。

  刑部所得出的戏杀的理论依据,实际上在清代有影响的律学家沈之奇的注律之作中已经阐述过了。"(戏杀)言知其足以相害,而两相和以为之,则其杀伤非出于不意,故以斗杀伤论。"⑫沈之奇如是说。

---

  ⑩ 参见《刑案汇览》,第 2054 页。
  ⑪ 参见前注㊈。Ch'en, "The Influence of Shen Chih-ch'i's *Chi-chu* Commentary", supra p. 187,正如我们所预料的那样,奈波尔斯将此称之为"结构性同意"原则,也就意味着刑部事实上想将这类案犯按照故意杀人来处理,只是不便说出来罢了。
  ⑫ 同上书,第 186 页。

清朝初期的"恤刑"(五年审录)*

〔日〕赤城美惠子** 著 张登凯*** 译

前　　言

　　自古以来,中国官僚制度高度发达,司法事务为统治行为中之一部分,由皇帝及其官僚执行。① 审理从最下端的州县开始,根据刑罚之轻重,由一定的上级机关下达终局决定。例如,清朝的死罪、流罪、徒刑与笞杖等案件,分别由皇帝、刑部、总督巡抚与州县作出最终决定。② 对于已逾下级机关可决定范围的案件,应作成处理原案,有时也连同罪犯、证人一同解送至上级机关,以仰其判断。然而,除非下级机关报告状况,否则上级机关仍无法掌握案件。为此,汉代以降,上级机关屡派官员至下级机关,监察其司法行政③;通过"录囚徒""虑囚""审录"等集中审理的程序,而得以执行司法监察。上级机关官员所到之处,可直接审理收监之罪囚。倘有未结事案(长时间者,称为"滞狱"),可迅速结案。若为冤罪,可改正刑罚("平反")。本文所研究之

---

* 本文原题为《清朝初期における"恤刑"(五年審録)について》,载《東洋文化研究所紀要》第152号,2007年。
** 赤城美惠子,日本帝京大学法学部讲师。
*** 张登凯,日本京都大学大学院法学研究科博士生。
① 以下有关中国裁判制度论述之基础,系参考滋贺秀三氏之研究(〔日〕滋贺秀三:《清代中国の法と裁判》,创文社1984年版)。
② 迄事案完结为止,视案情之轻重,以决定应受几级的审理。前揭注①一书中,滋贺秀三氏称之为"必要的复审制"。
③ 参见〔日〕滋贺秀三:《清代中国の法と裁判》,创文社1984年版。又,唐代监察制度之相关论考,参见〔日〕岛善高:《唐代虑囚考》,载泷川博士米寿纪念会编:《律令制の諸問題——瀧川政次郎博士米寿記念論集》,汲古书院1984年版。

"恤刑",即属司法监察系统中的程序之一。

就广义而言,原先的"恤刑",有"持哀悯以下刑罚"之意。惟迄明代后期以及清代初期,则专指特定之程序。如下所述,《大明会典》中,即立有"恤刑"一项:

> 国朝慎恤刑狱,每年在京既有热审,至五年又有大审之例。自成化间始,至期刑部题请,敕司礼监官会同三法司审录。南京则命内守备会法司举行。其矜疑遣释之数,恒倍于热审。其在外,则遣部寺官……各奉敕会同巡按御史行事。④

复次,"恤刑"在清初康熙朝的《大清会典》中,则为如下说明:

> 国朝尚德缓刑,于每年热审外,又有恤刑之例,五年一举行之。无非慎重民命之意也。自顺治元年始,至期题请,命部寺法司各官,会同审录。其在直省者遣部寺官奉敕分往,同抚按诸司详审。矜疑遣释,恒倍于热审之数。其间时行时止,出自特恩。⑤

"恤刑"的共通点,两史料皆说明系五年一度,就为数颇多之罪囚,执行减刑或释放之程序;若在北京,则由三法司(即刑部、大理寺与都察院)会同审理;若为地方各省,则由大理寺、刑部派官,会同该地巡按御史或巡抚,各自集中并行审理。从每五年实施一次的条件来看,对象为在京监狱者,称"五年大审",若系地方监狱,则称"五年审录"。⑥

在地方司法行政监察系统的完备过程中,明朝创造出"五年审录"的程序。谷井阳子氏认为,自正统六年(1441年)起,由中央司法机关派员至地方监狱,审录罪囚,从此数度派员。然而,当时并非定期派员,从司法监察之目的来看,实不无疑问。为提升其实效性,自成化十七年(1481年)起,改为"五年审录",并在之后持续施行。⑦ 另外,进行地方改革的同时,京师的五年大审程序亦趋完备。明代时,诸如"朝审""审决"与"热审"等程序,亦渐趋完备。"朝审",系以京师的秋后处决死囚为对象,在行刑之前再度审理;审决程序为立秋时,以地方死囚为对象,主要由巡按御史进行(即清代"秋审"之

---

④ 万历朝《大明会典》卷一七七"恤刑"。
⑤ 康熙朝《大清会典》卷一三〇"恤刑"。
⑥ 万历朝《大明会典》卷一七七"恤刑"。
⑦ 参见〔日〕谷井阳子:《明代裁判機構の内部統制》,载〔日〕梅原郁编:《前近代中国の刑罰》,京都大学人文科学研究所1996年版。此外,尤韶华《明代司法初考》(厦门大学出版社1998年版)则略述明代的司法程序。

渊源);至于在酷暑时期进行的"热审"程序,其效果则类同恤刑。⑧

明清易代后,清朝亦引进这些程序。惟仅恤刑一项,旋于康熙初期废止,至于其他程序,仍继续施行。雍正《会典》虽继受康熙《会典》之记述⑨,迨乾隆《会典》,已不见"恤刑"一项。⑩ 至于清朝中后期的嘉庆、光绪《会典》,虽有"恤刑"项目,然究其说明,有"停刑"(停止执行一定时期的刑)、"减刑"(炎暑时,减免执行杖罪以下的刑,即所谓"热审")、"停遣"(停止解送一定时期军流发遣等罪犯)、"停勾"(停止秋审勾决)、"减等"(给予秋审中重复审理之一部分罪犯减刑)、"大赦",实已不含"五年大审""五年审录"在内。⑪

明朝行之有年的恤刑程序,历经朝代更迭,复由清朝所用,从而,通过恤刑程序,应可产生一定的效益。然而,清朝在短时间内为之一变,旋即废止恤刑程序,其理由究竟为何? 探讨其原因,或许可以成为了解清朝(特别是清朝初期)司法体系特征的关键之一。

探究此问题最直截了当的方法,莫过于考察当时有关恤刑存废的议论。然而,恤刑存废的背景,究竟有何种讨论,由于欠缺康熙初年的相关史料,实无从得知。为此,本文第一部分首先把梳恤刑程序的引进原委。在引进时的众多讨论中,或许得以了解当时官员对于恤刑所寄予的期待,以及恤刑所带来的问题。第二、三、四部分,利用相关的上奏史料,依序整理、介绍顺治十二年起恤刑的施行情况。分析恤刑程序是否依原定计划进行、是否存在问题,以期明确恤刑的理想面与现实面。另外,与恤刑约同时引进的热审与秋审,迄清末为止,仍为之所用,第五部分即探讨热审、秋审与恤刑间的关联性,以考察恤刑的废止。通过以上方法,间接探讨恤刑存废的相关背景。

又,本文引用史料部分,倘为不甚明了或有所阙漏之处,则以"□"表示。

---

⑧ 就明代审录程序的分化现象进行讨论者,有陶安あんど的《明代の審録——罪名例の伝統に見る朝審と秋審制度》[载《法制史研究》(50号),2001年]。

⑨ 雍正朝《大清会典》卷一九四"恤刑"。

⑩ 乾隆朝《大清会典》。其中虽有"钦恤"项目,但未言及恤刑。

⑪ 嘉庆朝《大清会典》卷四三"凡恤刑之典",及光绪朝《大清会典》卷五六"凡恤刑之典"。应源于乾隆朝《会典》中"钦恤"一项。另《清国行政法》引用嘉庆朝《会典》的记述指出,"所谓恤刑,指停止刑罚之执行,或减轻刑罚,若为免除者,皆出于国家之特典"(第五卷,第190页),认为恤刑乃包括各种程序。

一、恤刑程序的引进始末

随着清朝攻克北京,统治体制亦逐渐完备。其中,汉人官员期待清廷沿袭并施行前朝旧例。譬如明朝实施有年的各种程序、律例的作成颁布、在京朝审、在外秋审等。⑫ 经官员奏请,随即重获实施的恤刑即属其中之一。

> 顺治元年复准,恤刑官员应五年一差,慎选廉明者差往。⑬

惟此恐为暂订计划而已,与实际的实施并无直接联系。

其后,顺治四年(1647年),大理寺卿王永吉奏请实施五年审录,王永吉奏道:

> 臣等窃惟,好生者天地之大德,钦恤者尧舜之至仁。故大禹泣罪,成汤解网,自古圣明之君,无不以尚德缓刑为首务……清律未颁之前草昧初开,既恐在外有司治乱用重,有伤天地之元和,即今颁律以后,复恐拘牵文法附会刻深,重违衷矜之本意。殊不知,律虽一成情原百出。舜典曰罪疑惟轻。又曰与其杀不辜宁失不经。欧阳修曰断狱者求其生而不得则死之。钦哉钦哉。惟刑之恤哉。自古已然矣。近考前代有恤刑一差,分行直省,逐起审录,听断明允,自多全活。我皇上御极以来,尚未举行。伏乞敕下刑部查明旧例。

由于皇帝的仁德与哀悯,得以减轻刑罚,乃继受古来"圣明之君"的宗旨。惟在外官员仍反以严罚而治,故应设法怜恤,救济在外狱囚。在此,王永吉主张应施行前明曾经实施的恤刑。亦即,王永吉所期待者,乃恤刑若得以实施,则能发挥恤刑理念中强调清朝统治正统性的效果。对此奏请,刑部以实施为前提,加以具体探讨。

> 该臣等看得。恤刑五年一差往例开载甚明,乃辨明冤枉必可行而不可易者。况皇上御极肆年克宽克仁,则恤刑一政照例修举。如寺臣所请,是诚皇上、皇叔父摄政王钦恤之至意也。查例省直拾五处,臣部差郎

---

⑫ 与清律编纂过程相关之研究,参见〔日〕谷井俊仁:《清律》,载〔日〕滋贺秀三编:《中国法制史——基本史料の研究》,东京大学出版会1993年版。与清朝引进朝审、秋审有关之研究,参见拙稿:《可矜と可疑——清朝初期の朝審手続及び事案の分類をめぐって》,载《法制史研究》(54号),2005年;《"缓决"の成立——清朝初期における監候死罪案件処理の変容》,载东京大学东洋文化研究所:《東洋文化研究所紀要》(第147册),2005年。

⑬ 康熙朝《大清会典》卷一三〇"恤刑"。

中员外拾参员、大理寺寺正副二员,状乞敕下臣部查应去官员并地方具题,前去各省直恤刑,用广皇仁之浩荡耳。

最后,顺治帝(及摄政王多尔衮)下达"□着该部查应差官具题"之旨⑭,并裁可刑部上奏。综观以上流程,清朝的皇帝与官员们似乎为了实施恤刑,而有所行动。但可以推测,最终并未有具体的实施。究其理由,倘审录程序已经实施,何以无法在各种现存档案史料中,确认与恤刑有关的史料。且其后有关实施恤刑的奏请,也反复不绝。

其中,规定从顺治八年(1651年)起算,每五年派遣官僚,亦即顺治十二年(1655年)起,开始举行恤刑。此项决定之经纬虽然未详,但顺治十年(1653年)刑部尚书李化熙的具奏中则有所言及:

> 十年四月条奏,慎刑五事。一、恤刑之道宜速。查会典每年热审外,五年又一大审,谓之恤刑……前经臣部题请,奉旨以顺治八年为始,五年一遣。但现在直省刑狱,难保无冤,如必待顺治十二年再遣,转恐不得同沾泣罪解网之恩。请自今年始,即遣廉干官员分行直省,照例矜恤……疏入,下部议行,惟恤刑仍遵前旨。⑮

李化熙指出的"难保无冤",或许对狱因而言,由于未循正当程序处理,因而遭科处比实际刑罚更重的冤狱问题;以及事案未行处理,以致长年搁置的滞狱问题。李化熙提前实施恤刑一奏,虽未经认可,但悬而未决的问题,依旧存在,无论是否施行恤刑,都不能置之不理。因此,顺治十一年(1654年)一月七日,刑部郎中刘芳声就畿北各府重囚,已向北京报告之事案仅有五件,等候总督、巡抚、巡按御史等裁决的事案,竟达二三百件以上的情况,向上奏请,认为应订立各问刑衙门向北京报告重案的期限。⑯ 对此,皇帝回答如下:

> 据奏,畿北各府重犯狱情,未经京详,竟至二三百起,多系元二年旧

---

⑭ 《第一历史档案馆内阁题本北大移交顺治朝刑罚类》(以下简称《北大移交》)20"顺治四年十月四日·刑部尚书吴达海等具奏"。该史料系就王永吉等奏请之刑部复奏。其他如《世祖章皇帝实录》卷三四"顺治四年十月辛未(10月4日)"条,以及《清史稿》卷一四四等史料中,亦有因王永吉之奏请,而决定实施恤刑之相关记述。

⑮ 《清史列传·李化熙传》。

⑯ 《中央研究院内阁大库档案》(以下简称《内阁大库》87140)"顺治十一年一月七日·刑部郎中刘芳声具奏"。原文为:"臣奉命审决畿北,据各府解到重囚全册,京详在案者止有五起,余系督抚按批行候决,顺、永、保、河四府共计不下二三百起……问刑各衙门,凡遇拟定重案,设立限期通行京详,倘有沈阁不奏者,许臣查出违限远近,直行参究。"另刘芳声认为,"查全招系顺治元二三年者极多。彼时当初创事鲜□、□州县印官或系代庖,或系委署,以故招词中游移参错,情罪多有未协",乃滞狱的原因。

案,招词参错,情罪未协,以致沈滞狱底无由申理。承问各官好生可恶。着察议具奏。以后各督抚及问刑衙门,一应狱情文卷未结,得务作速审明,不得延缓重滋冤狱。如再有久不奏详的察来处治。刑部知道。⑰

在此,为解决滞狱问题,皇帝乃言明延迟处理的事案应予处罚,用以督促官员应尽速处理。惟未定有具体的罚则,或许仅系训示规定而已。迄顺治十一年(1654年)下半年度,仍有数件上奏,报告援用该谕旨以审理旧案⑱,可想见该谕旨已发挥一定之效果。

对此,早有论者提出反论,认为恤刑方为解决滞狱的最佳办法。一月十四日,刑科给事中陈忠靖具奏道:

> 但苏理之法,贵遣专官。凡外省大小狱情,事无专属,时无限期,所以有案已决而仍未京详、案未决、而并沈狱底。即督抚严行督催□必由州县而道厅上下往返,动经岁月,恐终不能起拾年之积滞而使之立清也。惟速举恤刑之典,方有实效。盖恤刑京官也,既无瞻徇,且责有专属,又有限期,自无稽迟。查恤刑之典,昨岁奉旨着十二年举行。但蚤行一日使奄奄狱底之民蚤沾一日之仁。否则一岁之迟,恐死于囹圄桁杨者,已不能复沐浩荡之洪慈矣。⑲

"苏理之法",指从滞狱中拯救狱囚,或者整理滞狱的相关对策。⑳ 亦即,陈忠靖认为,先前为解决滞狱而作成之决定,系在通常程序中,严格限制处理期限。然就通常程序本身而言,仍会延伸出事案处理的责任归属、处理期限未臻明确等问题;即便督抚催促后,倘州县与道厅间几经驳回,不免旷日废时,最后仍出现滞狱的情况。相较于此,恤刑京官不受周边言语的影响,得以自由判断,且责任归属与期限相当明确,处理事案不致延迟,从而得以解除滞狱的问题。陈忠靖之奏请,虽不得而知是否为直接之契机,惟终于决定实施

---

⑰ 同注⑯《内阁大库》87140。此外,从引用该谕旨之具奏中,得知下旨时间为顺治十一年(1954年)一月十日(参照《明清档案》A20-58"顺治十一年七月七日·江宁巡抚周国左具奏")。

⑱ 例如同注⑰《明清档案》A20-58 与 A20-61"顺治十一年七月十日·河南巡抚亢得时具奏"。

⑲ 《明清档案》A18-105"顺治十一年一月十四日·刑科给事中陈忠靖具奏、贴黄"。陈忠靖称,"臣办事垣中,见刑部湖广司郎中刘芳声有苏理沉狱一疏,奉旨着督抚及问刑衙门将一应未结文卷作速审明。仰见皇上好生至德,虽解网泣罪□□过也",显见为衔接刘芳声之奏请,及皇帝对该奏请之裁可,陈忠靖因而提出此奏。

⑳ 其根据为刘芳声之上奏。同注⑯《内阁大库》87140刘上奏标题为"为苏理沉狱以广皇仁事"。

顺治十一年（1654年）的恤刑㉑，同年五月，亦定妥恤刑官以及派任的地方。㉒

当时，官拜都察院左都御史的王永吉，配合恤刑的施行，提出五项与施行计划有关之建言。其中，王永吉主张，通过与中央三法司之间的关系，派遣刑部、大理寺之官员到各地方，有其效益。

> 京详不许瞻狥也。十年以来督抚按问过凌迟斩绞重罪，已转京详，及奉旨下三法司核议者，刑部、都察院、大理寺满汉官，止照原招参酌情罪分别轻重引律上请，本犯未曾对案，岂能全无冤枉。今恤刑逐起亲审，傥口供与原招不符，自当代为昭雪。若差去司属瞻顾堂官不肯翻驳京详，听科道官指实纠参。庶内外一秉虚公出入俱称明允矣。伏候圣裁。㉓

三法司应审理巡抚所检送的死罪案件。惟仅依书面进行审理，并非全无冤枉之可能。不如改由恤刑官前往各地方，对罪犯为首的关系人等，听取情事并加以审理，或许得以拨乱反正。王永吉如此之说法，乃希望发挥恤刑的作用，以改善中央层级处理所延伸的问题。

然而，在寄予恤刑诸多期待的同时，八月，大学士范文程等官员，发起反对实施恤刑的声浪：

> 差遣恤刑，仰见我皇上慎重刑狱视民如伤至意。臣等伏思，前议遣满汉大臣巡方，虑有扰民而止。今四方水旱灾伤，又纷纷见告，民生困苦益甚。诚恐差出各官不无烦扰，亦应暂行停止。其见监重囚，请敕各该

㉑ 顺治十一年（1654年）四月十四日，以实施恤刑为前提，奏请恤刑官的选定基准与审理计划[《世祖章皇帝实录》卷八三"顺治十一年四月癸酉"条；以及《明清档案》A19-89"礼科右给事中王廷谏具奏"]。在此之前，应已决定实施恤刑。

㉒ 《世祖章皇帝实录》卷八三"顺治十一年五月丁未（5月18日）"条，原文为："遣刑部郎中刘玉佩往直隶、刘世杰往江南、萧家芝往浙江、吴颖往四川、王度往湖广、笪重光往陕西、霍炳往河南、刘芳声往广东、孙允裕往山西、杨兆鲁往山东、大理寺左寺正桑芸往福建、右寺正宁承勋往江西，恤刑。"

㉓ 《明清档案》A19-107"顺治十一年四月二十九日·都察院左都御史王永吉具奏"。本文节录自该奏请的第三款。至于其他款项，如第一款就恤刑官的选定规则，认为决定不应凭在任期间长短，而应选出廉明才干数员，然后擎签选出。第二款则提出恤刑官员与巡抚之关系；由于巡抚难以自驳原先裁可的事案，故应由恤刑官独力判断。事案是否可矜、可疑，请皇旨夺后，始告知巡抚矜疑之情事，并由该巡抚存案。第四款中认为，本次恤刑程序结束后，有五年未能实施恤刑，故不得隐匿、遗漏现正审理或未结事案，应在本次程序中处理完成。第五款则着眼于土贼、叛党，可能因地方守把、捕快的捏造、诬告而遭陷害，且牵累甚广，务必细加研审。

巡抚详慎推勘，勿似向来因循，如有可矜可疑者，即具本请旨定夺。㉔

范文程认为，由中央派员至地方，将为地方带来莫大的负担。为不使苦于灾害的民众增加更多负担，故不应派遣恤刑官。㉕ 然而，若不派遣恤刑官，地方监狱囚犯的苦难，恐因滞狱的问题而延宕不决。有鉴于此，范文程认为，倘有此情事，则由地方巡抚代替恤刑官，进行严密而慎重之审理，亦可解决。此见解经认可后，暂停实施顺治十一年（1654年）的恤刑。

其后，数名官员忧心恤刑无法实施，亦题请实施恤刑，例如有"倘有水旱之灾害，则因实施恤刑，将充满和气，消灭灾害"之意见，或者"即便委诸各省官员，其因事务繁多，不当然仅进行司法事务；又有拘泥成案之弊，可能得出无法期待解除滞狱之结果"等意见。㉖

此等运动随后奏效，因此，如下节所述，终依原定计划，于顺治十二年（1655年）实施恤刑。

二、恤刑之具体程序

（一）程序架构

顺治十二年（1655年）七月十日，恤刑官的选定及分发的地方，终告确定。

> 遣大理寺左寺正柯士芳往直隶、右寺正宁承勋往广东、刑部郎中刘士杰往江南、王度往江北、吴颖往福建、陈丹往陕西四川、萧家芝往山西、刘允灿往山东、霍炳往江西、员外郎侯方夏往浙江、方享咸往湖广广西、

㉔ 《内阁大库》118178"大学士范文程等具奏"（日期不详）。至于具奏时点，《清史稿》中未特别明示（卷二三二《范文程传》）。《清史列传》为顺治十一年（1654年）八月（卷五《范文程传》），《世祖章皇帝实录》则于"八月三日"条中记有该奏，并"从之"（卷八五"顺治十一年八月庚申"条）。

㉕ 谷井阳子氏研究指出，明代审录之际，地方增加的负担亦为其中一大问题。同注⑦同氏论文。

㉖ 顺治十二年（1655年）一月二十八日，刑部员外郎吕慎多奏请实施恤刑时道："去年因水旱之后，荒残堪悯，恐致烦扰，差而暂止。臣以为行此大典，则和气充盈，灾珍潜消，可无复虞水旱也。"另外，刑部郎中王度亦于一月二十四日称："乃当鼎革后，刑狱繁滥，致干天和。恤刑大典，奉旨十二年举行。因臣同官刘芳声以畿辅沈狱三百余起入告，部复俞允即行。会逢灾伤见告，奉旨暂停仍勅督抚速滞狱。伏思，直省刑名各有经管犹□官按视者，一恐省员诸务业杂，一恐省员偏执成案。故嵩官面讯早结。"皆引用自《明清档案》A23-99"顺治十二年七月二十二日·刑部尚书图海等具奏"（就吕慎多及王度奏请，刑部所作之议奏）。对于以派遣恤刑官，将带来地方与民众重大负担为理由，应停止派员的论调，王度认为，若能减少随行胥吏的人数，亦可降低地方负担。

周茂源往河南,恤刑。㉗

能力有无与在任年资,自属选定恤刑官时应加以考量的因素。另外,由于"即所题各司员外,除本司郎中已经奉差不便重差者,原以司事需人办理故也"㉘,不再从同一清吏司重复派员,亦为选定之前提。

敕谕系由皇帝分别下达至各恤刑官处。台湾"中央研究院"即藏有数件敕稿及恤刑官返还之敕谕㉙,笔者以山西恤刑官的敕谕为例(圆圈阿拉伯数字为笔者所加),并依序检讨如下:

皇帝敕谕刑部山东司郎中萧家芝
① 朕以刑狱重大民命攸关,虑有冤枉致伤和气。兹特命尔前往山西,会同巡按御史,督同各府卫等衙门掌印及理刑官,遵照该部节题事理,即将见监一应轻重罪囚,从公审录。
② 死罪情真罪当者,照旧监候听决,情有可矜罪有可疑及事无证佐可结正者,具奏处置。若系原问官故入人死罪,会同巡按题参。流徒以下俱免追究。充军人犯,除解发着伍外,其余不分曾否详充及虽经定卫尚未起解,如有应释应减者,会同巡按酌量议妥奏请,不得竟自发落。又军罪有不用全例摘引例文,及不分首从滥坐者如未发遣,即附入矜疑疏内,题请解释。杂犯死罪准徒五年者,并已徒而又犯徒,律该决讫所犯杖数,总徒四年者,各减去一年,例该枷号者就便释放。其余徒流等罪,各减等审拟发落。笞罪放免。凡赃犯除侵盗官银五十两粮一百石以上者,照旧监追。如还官银不足五十两并入官给主百两以上各赃,监追至五年,或正犯身故逮及子孙勘无家产者审实具奏开豁。各处查盘坐赃追赔银粮草束,亦听查勘正犯存亡、家产有无,具奏裁夺。
③ 每一府事完,即便奏请,不必等候通完。
④ 审过重囚,奉有钦依饶死者,抚按官即遵照发落。如有二司等官,故违钦恤,敢为翻异,致人于死者,刑部察访参奏。
⑤ 所至知府执属官礼,庭参免行跪拜,同知以下俱照常行礼。录囚

㉗ 《世祖章皇帝实录》卷九二"顺治十二年七月壬辰(7月10日)"条。
㉘ 《明清档案》A23-102"顺治十二年七月二十三日·广东道监察御史焦毓瑞具奏"。刑部尚书刘昌于选定恤刑官时,因违反选定要件,不公遴选出同乡官员。此史料系弹劾刘昌之上奏。
㉙ 目前可确认之敕稿有二:《内阁大库》166494(日期不详)与《明清档案》A23-94"顺治十二年七月十九日"。倘以内容判断,前者应作成在先,且有修改之痕迹,颇耐人寻味。此外,尚存有山西(《内阁大库》103985)、山东(同103974)、陕西与四川(同108347)、河南(同108331)等与恤刑相关的敕谕。

听断,毋信左右采访,毋拘督抚按成案,毋偏徇原问,毋拘碍京详,毋将大计贪赃问革官吏及举监生员大奸大蠹已结正者,出脱辩复。其拨给吏典,务要严加钤束,毋令作弊生事。

⑥仍遵题定入境出境日期,先具不违揭帖,送部察考,恪遵限期,竣事复命。

⑦该部查前后所奏,部复依准改驳件数多寡通行考核,具奏处分。仍听堂上官不时体访。如在差不谙刑名,行事乖方者,不待差满即行参奏降黜。

⑧尔受兹委任,宜明允存心虚公断事,可矜可疑详加推勘,大冤大枉立为伸理,仰体朕钦恤至意,方称任使。如轻忽民命,颠倒是非,纵役招摇,徇私鬻狱,国宪具存,必不轻贷。尔其慎之。故谕。

顺治一二年八月一二日

1. 恤刑命令之下达与负责区域

敕谕中,分别有各地地名,以命恤刑官各往所负责的地方恤刑。如前所述,审录的负责区域,有直隶、广东、江南、江北、福建、陕西与四川、山西、山东、江西、浙江、湖广与广西及河南等地,各置一名专责的恤刑官。由于本次恤刑以地方为对象,故未针对京师监狱实施。㉚

明会典中,就每一恤刑官负责区域之记载为:

> 其在外,则遣部寺官,分投审录,北直隶一员,南直隶、江南北各一员,浙江、江西、湖广、河南、山东、山西、陕西、四川、福建、广东、广西各一员,云南、贵州共一员,各奉敕会同巡按御史行事。㉛

官员负责区域方面,清朝虽循明朝前例,但分配仍各有不同。其中,由于云南、贵州当时尚未纳入清朝版图,自非审录的对象。然而陕西与四川、湖广与广西,何以仅各派恤刑官一员前往。究其理由,顺治十二年(1655年)一月二十四日,在选定恤刑官之前,王度对于恤刑官的分担有如下提案:

> 原题十二省用官十二员,江南、四川亦各一员。乃四川事简较江南不啻什百,往例江南按差学差皆二员,而蜀省久归秦督。臣愚以为恤差

㉚ 为避免混乱,顺治十二年(1655年)虽停止监候秋审人犯之处决,但一开始即未包括京师的朝审人犯(参见同注⑫拙稿《"缓决"的成立——清朝初期における监候死罪案件处理の变容》)。这同时表示,顺治十二年(1655年)的恤刑,仅以地方为其对象。

㉛ 万历朝《大明会典》卷一七七"恤刑"。

亦宜并归秦差,即以蜀省所减之官分恤江南。㉜

决定恤刑官负责分配的同时,虽不得而知是否已采用此提案,但部分官员认为,由于陕西、四川、湖广、广西等地区事案较少,故审案不需耗费过多劳力与时间;由一位恤刑官负责数省,或许即反映此种认识。然而,并不因此将所剩人员,改派至事案较多的地区。若一并考量前述不重复自清吏司派遣郎中与员外郎的方针,中央除有原先的平常业务外.,若通过恤刑,多数事案将涌入北京;而事案处理中心之刑部,又因此缺乏人手,则不免失之允妥。

恤刑官审录时,与各地方负责的巡按御史,同时率领各府衙等衙门的掌印与理刑官,审录当时所有在监的罪囚。惟巡按御史可能因另有公务,而难以同席审录。刑部因而奏请,并获得裁可:倘巡按御史无法共同审理时,则仿明制,许恤刑官单独会同府州县官员审录,以期恤刑官能够确实应对。㉝

2．各罪囚之处置

若死罪囚的审录结果为"情真罪当",也就是罪情并无不明确之处,且经判断后,与死罪相当,则持续收监。倘系"可矜""可疑",亦即处以死罪,可能有罪情可悯或产生疑义的情况,以及无相关证据、证人,从而无法判断的情况,则应报告该事案要旨,听候指示。另外,充军罪犯,倘非护送途中,而应予释放、减刑,则奏请适当之处置。同时,若有节录、引用拟罪时适用的律例,而不取全文;或者拟罪不分首从等程序未完备的情况时,则奏请释放。如此一来,死罪、充军罪最终仍须由皇帝裁夺。至于杂犯死罪以下,由恤刑官与巡按御史机械式地减免其刑罚。另就赃犯方面,若系讨论正犯是否存在与其家产情况,以决定是否免还该赃时,则仍须奏请,并仰候皇帝之裁可。

3．审录单位

从审录报告书提出的时点观之,并非于全部审录终结后随即提出,而系命每一府审录终结后各自提出。由此推测,审录之运作,应以府为基本单位。

4．审录后死罪囚之处遇

经审录由皇帝认可减免死罪之罪囚,巡抚、巡按御史应遵照旨意,予以减刑或释放,禁止其恣意执行死刑。

㉜ 同注㉖《明清档案》A23-99。

㉝《北大移交》1305"顺治十三年五月十六日·刑部尚书图海等具奏":"直省恤刑大理寺等衙门左寺正臣柯士芳等奏前事,奉有刑部速议具奏之旨。刑部复议,照旧会典开载,若御史别有公务,誊同所在有司审录,仍移文会同巡按御史可也,等因具题,奉旨依议行,钦此。"在较早的敕稿中,亦提及此规定(参见注㉙《内阁大库》166494),但实际的敕谕中,却删除此规定。

5. 实施审录的方针

敕谕中,定有知府以下之官员向恤刑官执礼的方式。身兼恤刑官的刑部郎中、刑部员外郎与大理寺寺正等,由于皆为汉人官僚,其官品应在知府之下㉞;惟恤刑官乃奉皇帝敕谕,应率知府以下之官员进行审录,为明确各自之立场,故敕谕中定有执礼的相关规定。此外,考虑到恤刑官可能与原审或相关官员共同审理,以及恤刑官原先隶属刑部、大理寺等情形,亦可能造成审录之实施障碍。其原因在于,恤刑官审理事案时,其中亦可能有曾参与审理的官员。特别如原案经督抚审理判断,或业已作成,并送达北京的情形,北京的刑部、大理寺已审理完毕的情形时,恐拘泥于上述情形,进而影响公正之判断㉟,故在敕谕中,乃ወ许应"录囚听断,毋信左右采访,毋拘督抚按成案,毋偏徇原问,毋拘碍京详",以进行审录。

6. 期限之遵守

恤刑官应报告其入、出境之日期,俟结束所有行程回京后,所受之敕谕亦应归还皇帝,以为复命。惟敕谕中并未言及期限,康熙朝《大清会典》中规定如下:

> 直隶:六个月
> 山东:八个月
> 山西、河南:九个月
> 浙江、江西、江南、江北:十一个月
> 福建、广东:十二个月
> 陕西与四川、广西:十四个月

另外,从"出京之后,按地远近,分别限期"之记载来看,期限之起算,以恤刑官自北京出发时为准㊱;待恤刑官结束返回北京复命,所有行程始告结束。例如江北恤刑官的日数明细如下:

> 臣奉敕命审录江北原限十一个月内,除照按臣入境出境一百一十

㉞ 根据《历代职官表》,顺治十二年(1655年)、十三年(1656年)的郎中与员外郎之官位,分别为满州郎中三品,蒙古、汉军与汉人郎中为正五品;满州员外郎四品,蒙古、汉军与汉人员外郎则为从五品。至于满州、汉军之大理寺寺正(后改称寺丞)为四品,汉人寺正则为正六品。其他如知府为正四品,知州从五品,知县则属正七品。

㉟ 顺治四年(1647年)检讨恤刑是否实施时,即指出此等担忧[《世祖章皇帝实录》卷三四"顺治四年十月乙酉(10月18日)"条]。另顺治十一年(1654年)王永吉的条奏第二、三款,亦指出同样的忧虑(同注㉓《明清档案》A19-107)。

㊱ 康熙朝《大清会典》卷一三〇"恤刑"。

日,及巡行道路四十日,共计五个月,臣按临办事仅六个月。㊲

如此,共计有北京往返各地的所需日数、省内各地移动之日数,以及订立审录所要的日数。相较于此,明代之审录期限为:

北直隶:三个月

山东、山西、陕西、河南:四个月

江南、江北、浙江、江西、福建、湖广:五个月

四川、两广、云贵:六个月㊳

清朝预期规定时间,为明朝的两倍以上。未能确认清朝究竟以何种基准,制定上述之期限。或许为提升审录的实效,考虑当时的社会情势,并参考明代之实际成果,故而延长期限。

7. 恤刑官受处分与否之可能性

恤刑官并非实施审录后,即为已足。恤刑官所报告之可矜、可疑、改拟等事案,经北京刑部(然诚如后述,实际上之审理,乃当初九卿詹事科道等官之会议,其后改为三法司)的审理,根据依准、乃至改驳件数之多寡,来评价恤刑官之能力,且可能依照改驳的数量,给予处分。

8. 期许审录的公正化

派遣恤刑官恤刑,乃为体现皇帝之有德,并非只与恤刑官的个人评价问题有关。故绝不宽待虚应故事者,以期恤刑官得以慎重审录。

(二) 实际的恤刑程序

从八月底(8月25日前后)开始,接获敕谕的恤刑官,开始出发到各自负责的地区。㊴ 由于北京至各地的远近互异,抵达时间亦不尽相同。恤刑官抵达后,旋即开始进行审录。从顺治十二年(1655年)起,迄顺治十三年(1656年)的审录,乃实施的核心时期。

如四川恤刑官陈丹在报告书中所称:

> 臣至四川,移准按察司回称,顺庆、龙安二府属,并无罪犯,惟保宁府

㊲ 《内阁大库》88000"顺治十三年五月十七日·刑部郎中王度(江北恤刑官)具奏"。

㊳ 万历朝《大明会典》卷一七七"恤刑"。

㊴ 赴福建审录的恤刑官吴颖,报告其抵达福建一事(《明清档案》A25-110"顺治十三年一月二十七日"):"职本菲材,谬膺钦恤之命,差往福建审录。职凛奉敕谕,于顺治十二年八月二十五日陛辞,即星驰就道,已于十二月十五日至浦城县受事。"此外,负责江北审录的恤刑官结束所有行程,返回北京后,归还敕谕时的上奏中(《内阁大库》89457"顺治十三年十一月四日·刑部郎中王度具奏"),亦提到:"臣于顺治十二年八月二十五日钦奉敕谕,前往江北审录。今照事竣,所有原领敕谕一道理合进缴。为此具本亲赍,谨具奏闻。"

属阆中县见监一起盗贼打死人命事绞罪一名杜启伦,潼川府属盐亭县见监一起生活打死人命事绞罪一名何应等因,准此行据阆中、盐亭二县,解到前项二起囚犯并各原卷干审人证到臣。臣谨会同巡按御史高民瞻,督同保宁府知府项锡胤、理刑推官帝式、阆中县知县吴道煌,署盐亭县事保宁府通判杨芳等,从公审录。⑩

审理乃依下列步骤进行。首先按察司作成应审录事案的清册;虽无法得知作成之详情,惟可推知,在恤刑官抵达以前,业已通过各府命令各州县提出狱囚清册。恤刑官则依照按察司提供的清册,从各州县召集罪囚和证人。此外,参考迄今为止的所有裁判记录,直接与巡按御史、知府、府的理刑推官,以及罪囚收监的州县知州、知县,共同审理。该报告书中亦称,所辖保宁府及潼川府的审录,乃同时进行。在其他史料中,也有集中邻近数府罪囚审理的报告⑪,并不一定在此审理中,仅就一府各自进行审录程序。

虽无法从该史料得知明确的审录场所,然诚如前述,由于规定日数包括省内各地的移动日数,足见并非恤刑官在省城中,集中罪犯,加以审理;反之,应系恤刑官至各府城中,由所属州县召集罪囚后,进行审录。为贯彻恤刑程序,恤刑官势必亲临监狱查察,惟相关史料付之阙如。若考虑上述程序的流程与时间限制,恤刑官应无法直接巡视所有监狱。

各州县监狱中,所有收监的罪囚,皆属审理的对象。以山西恤刑官报告为例,审理之后,经判断为矜疑,而应报告之的人犯,或者业已减刑的人犯数量,分别为:

斩绞情可矜疑改拟罪犯:78名
杂徒减等审拟发落犯人:9名
徒罪减等审拟发落犯人:8名
杖罪减等审拟发落犯人:20名

---

⑩ 《北大移交》1417"顺治十三年九月十五日·刑部尚书图海等具奏"。该史料乃就恤刑官报告为可矜的罪囚,三法司审理结果之上奏文。

⑪ 例如,《明清档案》A27-51"顺治十三年五月",刑部员外郎方亨咸(湖广、广西恤刑官)奏称:行据湖广衡州府经历司及所属桂阳州并衡阳等县,永州府经历司及所属道州并零陵等县,宝庆府经历司及所属邵阳等县,郴州及所属永兴等县,各将见监一应轻重罪囚、连原行文卷、干审人证,解送到职。照得巡按湖南监察御史胡来相别有公务,相离地远,职谨督同衡州府知府范明宗、理刑推官杨于先及所属桂阳知州刘见龙、衡阳等县知县王名世等,永州府知府黄中通、理刑推官赵裔昌及所属道州知州高攀龙、零陵等县知县刘方至等,宝庆府知府张惟養、理刑推官朱应升及所属邵阳等县知县王在珏等,郴州知州邓源瀗及所属永兴等县知县周浑等,逐一从公审录。

笞罪、枷号、豁赃:根据各州卫的报告,无[42]

据此,斩绞情可矜疑改拟罪犯的罪囚人数,相当出众。若杂徒以下的罪囚,已受机械式地减等,则上述数据自应包括所有已经受审之罪囚;但经判断为情真罪当的死罪囚,则不在此列。亦即,就数量而论,审录对象多半指死罪囚而言。也由于死罪囚应逐一审理,故成为实际上审录的主要对象。而死罪囚人数之多,原因究系为何?

当时的死罪,依下列步骤进行处理:事件发生后,一开始由州县审理,依序解送到上级机关、进行复审,嗣经督抚及巡按御史之审理,乃向北京报告;北京的三法司复审后,始由皇帝裁可。倘皇帝的裁可为“立决”,则命令在各该地方执行,执行命令送达该州县后,随即执行死刑。倘裁可为“监候”,则命巡按御史再次审理、具奏;俟巡按御史上奏后,复经三法司之复审与皇帝之裁可,乃下命执行减刑或“秋后处决”。经命秋后处决的罪囚,巡按御史于同年霜降后、冬至前,在地方召开会审,审理若判断为情真(与执行相当)者,则执行死刑;若系矜疑(与执行减刑相当),则应上奏,其中,虽情真但罪情不甚重大者,则以“监候”处理。[43] 史料上,经巡按御史再审理及具奏,只有等候北京结果的事案,方为恤刑之对象。[44] 如此一来,当时处理死罪案件需花费许多时间,亦需将罪囚长期留置于监狱。故恤刑的对象,以死囚为多,或许为其中原因之一。

最为直接的原因,莫过于滞狱问题,亦即处理程序无所进展,监狱中的死罪囚因此日渐累积。现存史料中,恤刑官向中央报告矜疑、改拟的死罪案件,有上溯至顺治元年(1644 年)之事案,即便已逾十年,该事案仍未完结,罪囚仍留置于监狱。诚如前述,为解决滞狱问题,曾于顺治十一年(1654 年)下命,事案应迅速处理,只是陈旧事案,仍然残存未决

斩绞死罪中,罪犯若经恤刑官认为矜疑或改拟而上奏,则由北京的九卿詹事科道官(以下简称为“九卿会审”)会同审理。其后,由三法司取代九卿会审之审理。至于未处理的陈旧事案,则根据恤刑官之报告,送达中央。此具有公开延迟处理的事案意义,而相关官僚亦需受当然之处分。皇帝对此问

---

[42] 《北大移交》1295“顺治十三年五月六日・刑部郎中萧家芝(山西恤刑官)具奏”。该史料为山西结束审录时,所提出的报告书。亦记有矜疑、减刑的罪犯姓名。

[43] 同注⑫拙稿《“緩決”の成立——清朝初期における監候死罪案件処理の変容》。

[44] 同注㉛所揭之事案。

题,虽下命"有年久不结的该督抚案等官,着吏部察议具奏"㊺。惟从各该事案发生开始,直到恤刑审录止,倘耗时越多,则督抚按等官员交替越甚,犹虽确认应负责之官员㊻,或者只能处分相当人数的官员。最后,于顺治十三年(1656年)七月,下达恩赦,予以免议。㊼

三、恤刑中的矜疑事案及其处理

恤刑中,何种事案应下如何之判断?可资利用、分析的恤刑事案,系恤刑官向中央报告的矜疑事案,但未包括经恤刑官判断为情真的事案。或许有欠周全,以下仅就矜疑事案,加以整理考察。

【事案1】 顺治元年(1644年)十月二十九日,孔自恩并其弟孔自爱、村人张一第等,因亲戚娶媳,俱赴贺喜饮酒。归途中,孔自爱与张一第互骂,孔自恩在后听得不合,赶上将张一第踩殴。张一第急跑回家,躲上崖窑。随后赶到的孔自恩,拾砖块向其右耳根狠砍,导致张一第跌落崖下,当场死亡。

最初审理的介休县,将孔自恩与孔自爱分别拟以斗殴杀人之绞罪,及余人之杖罪(收赎),解送至汾州府。汾州府认为,死因究系因殴致死,抑或是失足,应臻明确,从而命孝义县复审。孝义县以"自恩将砖块随手摔去,误中一第之头。一第避砖,酒醉腿软,堕落窑崖,伤其性命。虽是堕崖伤命,亦因避砖而致之死"为由,照原先介休县所拟,分别拟孔自恩为绞罪,孔自爱以助殴改徒,解送至府。汾州府再命平遥县为复审,平遥县仍旧支持介休县之拟罪。至此,汾州府始解送上级的道,嗣经巡抚、巡按御史审理,巡抚以"将砖块随手摔去误中"措词暧昧为由,认为死因应臻明确,而予以驳回。从而县、府再行解送,最后,巡抚、巡按御史始详允(讨论内容不明)认为:孔自恩处以监候,孔自爱处以徒刑。惟恤刑官认为,死因全无确证,且孔自恩供称其仅掷击砖块一次,何来伤痕四处,供述与验尸结果不符,并非信狱(足以让人信服之

㊺ 《明清档案》A26-1"顺治十三年二月十三日·直隶巡抚董天机具奏"。九卿会审倘审理中有陈旧事案,则应"查案内有元年者,有六七年者,该督抚按未经题结,应请敕下吏部查议可也"(同注㉝史料,《北大移交》1305),向上奏请,或许为因应此意见,皇帝因而下命。

㊻ 同注㊺《明清档案》A26-1,根据刑部提案,长年未结事案之问题,应由督抚按查核历年经手接管各官员的职名。直隶巡抚董天机认为,历任督抚按会审,虽不知曾否具题,但自己到任之后,处理进度未曾落实。至于本次所指进度落后之事案,皆已结案准备上奏;恰逢实施恤刑,故而作罢。并将多年不结案件,相关之历任官员名单,造册提出。

㊼ 例如,有《内阁大库》119896"顺治十三年十月三日·刑部尚书图海等具奏":查案内有元二年者、有三四年者、其迟报各官,应送吏部议处。查系顺治十三年七月恩诏以前,应免议。

裁判),故提出疑异。㊽

【事案2】 朱敬宇与王之让(已监故)于崇祯年间,盗牛两头,业经拿获收监。后因叛军来袭,朱敬宇与王之让越狱逃亡;顺治二年(1645年),乘局势混乱之时,与冯老汉(已正法)、赵琰、赵八(盗首,已监故)同伙,屡次强夺。顺治二年(1645年)闰六月十三日,侵入段雪家时,夺取驴两头、牛一头、银十五两及旧衣等物。惟朱敬宇仅分得银一两,其余则由王之让、冯老汉、赵琰等分赃。其后,彼等更洗劫四十余户,随后已逐一逮捕到案。

滁州萧知州将朱敬宇拟以强盗得财之斩罪,解送滁和道,惟滁和道以"招情繁冗失序,引拟未妥,出入所关,尤宜详详"为由驳回,命和州再行审理。和州的卢知州认为,"强盗已行得财,而分赃无几,以法揆之,宜无生理",解送滁和道。滁和道并向总督、巡抚及巡按御史,报告此意见。在此,督抚按驳回并命复审,人犯依旧收监。恤刑官以为,朱敬宇盗牛系狱,其后越狱一事,罪属轻微,另王之让所供称历经四十次强盗的犯人当中,未举朱敬宇的姓名,且冯老汉供述前后反复,从而得知,朱敬宇于顺治二(1645)年,因强盗所得银一两一事,实乃无中生有。最后,特别强调该事案发生时,正值清朝招抚江南之际,以大赦前之事案为由,报告该事案应予"矜释"。㊾ 至于滁州"萧"姓知州与和州"卢"姓知州者,据《江南通志》所载,前者为任期自顺治二年(1645年)起,至五年(1648年)止的萧管,后者则为任期自顺治二年(1645年)起,至三年为止的卢汝□,由此推算,拿获朱敬宇以及审理之时期,应为顺治二年(1645年)至三年(1646年)左右。

【事案3】 顺治五年(1648年)七月十三日,吴茂、高昌借口施愈为贼,围殴施愈,而陈盛亦入伙。经吴茂一阵痛打后,施愈死亡。吴茂、高昌或恐遭其亲兄施懋出告,八月四日,高昌在村中偶遇施懋时,伙同吴茂,将施懋扭送村外僻处,动手将施懋抛进河中,俟施懋溺死后,并焚尸烧毁。

该事案中,原先推问官问拟吴茂、高昌擅杀律徒三年,陈盛为从徒二年半,然遭巡抚或巡按御史驳回。进而改拟吴茂、高昌依同谋共殴人致死下手律绞罪,陈盛依元谋律徒罪,仍遭驳回。最后,则拟吴茂、高昌依谋杀人造意律斩罪,陈盛依从而不加功徒罪;然在收受裁可之前,高昌于顺治八年(1651年)十月六日在监病故,是故按察司改拟吴茂造意下手斩罪,陈盛扭殴加功绞罪,以此向巡抚、巡按御史报告,惟仍遭驳回。其中,吴茂又于顺治九年(1652

㊽ 同注㉝史料,《北大移交》1305。
㊾ 《明清档案》A28-74"顺治十三年八月八日·刑部郎中王度(江北恤刑官)具奏"。

年)一月二十二日在监病故,所以将陈盛原先的绞罪,改为首谋者之斩罪。由于浙江的恤刑官在途中死亡,改由巡按御史代为进行审录。就此事案而言,巡按御史认为,因元凶吴茂、高昌毙死狱中,故改拟陈盛为死罪,然两命已有两抵,故陈盛不应为死刑。(50)

以上节选各例,属于较为早期之事案。经归类为矜疑事案,而向上报告者,有如下特征:其一,就事实认定的问题而言,可能出现各该事案无确定之证据与证人,以及无法拟罪定案之情形。越属早期的事案,当然越可能存在此种问题。其二,即便罪情已臻明确,但拟罪仍可能迟迟无法定案。如事案3中,首先讨论该案究系该当擅杀、同谋共殴人致死抑或谋杀人。但在审理过程中,由于二首谋先后身亡,原先经认定为从犯之陈盛,从而成为首谋者。此亦属解释上所衍生的问题。另在事案2中,也无法决定拟罪。若罪情无误,确为强盗得财,惟考虑该犯分得的部分,实难以援律拟罪,量刑问题是为其三。如前所述,顺治四年(1647年),王永吉奏称"即今颁律以后,复恐拘牵文法附会刻深",所指或许即此。确证不存在、解释不明确,乃至律例所示的量刑,与诸官员认定各该事案的罪之轻重,产生微妙的分歧,交错影响下,拟罪的确实性由此沦丧。这些问题,也是上级机关驳回下级机关成立之拟罪的原因。另外,由于存在这些问题,倘对于自身之拟罪不抱信心,可想见特别如督抚等上级机关,将缓办此种事案,而优先处理判断上较简单之事案。此外,考虑到恤刑中以死罪案件为多,而或许在要求重大事案如死罪案件等,应慎重处理的情况下,此种倾向也因此更趋显著。

恤刑官以迄今进行的裁判记录为本,直接审理罪犯,若能确认上述情事,则改拟具体的犯罪、刑罚(51),并表明不应执行死刑;或者判断属于"矜"或"疑"之理由,说明应给予何种处遇。

至于中央应如何判断恤刑官所报告之事案?有可能立即认可其减刑之执行,亦可能不予认可。倘为前者,可能系肯认恤刑官之附带理由(52);但也可

---

(50) 《明清档案》A32-27"顺治十五年二月·浙江巡按御史王元曦具奏"。

(51) 例如《明清档案》A27-47"顺治十三年五月二十九日·刑部郎中侯方夏(浙江恤刑官)具奏"中,由于欠缺确据确供,汪三八从原先的强盗已行得财(斩罪),改拟为强盗已行而不得财(流罪,照律准徒)。同样,厉天甲经判断无杀害之意思,乃误触被害人致毙,故从原先的斗殴杀人(绞罪),改拟过失杀伤人(绞罪、依律收赎)。

(52) 例如,事案1的孔自恩即因"但查原招,堕窑伤命,死不尽由于殴",而减刑为杖一百流三千里。

能作成与恤刑官不同之其他理由,而予以减刑。㊳ 至于后者,则可能做出与原拟相同,即应执行死刑之判断;亦可能保留判断余地,命巡按御史再行审理。倘属后者,则不免棘手,兹举事例如下:

【事案4】 孟三耀因孟承玉、孟承祯、孟承禄三兄弟高声念佛一事,与彼等产生口角,故向县衙提出告诉。顺治八年(1651年)十月十四日审明后,责治孟承祯,并命其向孟三耀(其为生员之故)服礼。孟承玉兄弟不服县之裁决,孟承玉遂与兄弟商量,乘十五日孟三耀外出之时,将其杀害,果于该夜,杀害回家途中的孟三耀。

原拟认为,孟承玉应依谋杀人造意律,处以斩罪。惟就目前为止的裁判程序中,关系者证言互异,亦无确证及凶器;且兄弟两人因谋杀人从而不加功,判处流罪,已死于配发途中(或者配发地)。以此为由,恤刑官认为实属矜疑,并向上报告。然而,九卿会审认为,原招有目击孟承玉埋伏等候,以及当日与被害人同行之证人,听到孟承玉声音之证言,从而罪证确凿,显系挟怨杀害。另外,兄弟二人于配发后死亡,"配发事结之后",依律不许抵偿㊴,职是之故,如原拟"斩监候该巡按御史再行亲审具奏处决",具题上奏,并经裁可。㊵

【事案5】 十三岁之武大姐看戏夜归,苏调燮将其拉入空房强奸。虽武大姐叫喊,但苏调燮以杀死恐吓。

原拟以苏调燮强奸幼女,应拟绞罪,然恤刑官着眼于武大姐年已十三,异于幼女,故应依刁奸律,改拟为杖罪。九卿会审则认为,倘以十三岁之幼女遇杀死之恐吓,理应无力抵抗,从而本案仍应判为强奸,并举事关风化,不便减拟一事,仍照原拟"绞监候巡按御史再行亲审具奏处决",并经裁可在案。㊶

【事案6】 丁国举伙同其父丁文德及金榜,谋杀丁长儿。

㊳ 大多数以事件发生于顺治十二年(1655年)、十三年(1656年)的恩赦前为由,故得以援赦。例如《明清档案》A30-56"顺治十四年一月",浙江巡按御史王元曦所奏梅春拱一案(故杀,真犯人已自白);同 A30-57"顺治十四年一月",浙江巡按御史王元曦所奏林球一案(共殴人致死,首谋者已监毙)、世裴一案(斗殴杀人,惟未见凶器)、蒋德之一案(谋杀人,因被害者伤势痊愈,故改拟谋杀人已行而不伤人)等。

㊴ 检讨是否适用之对象,为斗殴及故杀人律中的共殴人致死条例,至于本案之谋杀人是否适用,仍有待商榷。

㊵ 《明清档案》A29-63"顺治十三年十月·山西巡按御史高尔位具奏"。该史料为巡按御史受命再审具奏的报告文书。巡按御史认为,被害人与同行证人之证言,殊无疑义,故"一斩难宽"。

㊶ 《明清档案》A30-26"顺治十三年十二月·顺天巡按御史胡秉忠具奏"。该史料为巡按御史受命再审具奏之报告文书。巡按御史认为,观察沾有血迹的衣服,便能厘清武大姐有否遭强奸一事,故"律绞非枉"。

原拟丁国举为斩罪,丁文德、金榜为流罪,惟巡抚、道官屡次驳回,以致未结。恤刑官认为,事件发生于暮夜,无目击者,故屡经驳回;且此三人同口称冤,故矜请开释。然三法司却认为,先前审理时,三人已自认杀害之事实在案,何以在恤刑官审录之际,云无谋杀情由,明系狡辩。惟事关谋杀,故具奏命巡按御史亲审,以究察真情。(57)

【事案7】 张福溪之妾杨氏,因房屋修理费用,嗔怪王破脸。张福溪获知后,偕同表侄王寅、杨氏,一同将王破脸哄骗至家中,吊于梁上并施予暴行。更甚者,王寅用铁钉将王破脸的嘴巴撬开;让杨氏取来刀子后,将王破脸舌头割下,王破脸当场死亡。

原拟以谋杀人拟原谋之张福溪为斩罪,从而加功的王寅拟以绞罪,杨氏则拟以徒罪(收赎),仍未完结。恤刑官认为,王寅仅听从张福溪之命令,并无事前谋议之情,故应改拟威力主使以下手者为从律,减流刑为徒刑。三法司则以为,将王破脸诱来家中,乃至割下舌头,王寅、杨氏俱在旁加功,且恤刑官所云之王寅不曾加功一事,实与原招互异。事关谋杀,故具题命巡按御史应再行审理,以究明真相。(58)

若恤刑官以事案尚无确证、罪情不明确为由,奏请减刑,九卿会审和三法司可能接受其见解,而奏请减刑,从而不当然有究明事案真相的必要。

【事案8】 邓明儿等纠同侯宗孔,打劫顾道家财物,奸其义媳,抢其女妾。

原拟中,侯宗孔等各依强盗得财污人妻女者律,拟以斩罪。恤刑官认为,与赃物有关之确据,并不存在;被掳之妇女,亦未言及侯宗孔。且邓明儿等七名伙犯,俱经监毙,无法得其证言,是为矜疑,所以改拟流罪。三法司则上奏称,侯宗孔确为邓明儿等之伙盗,惟赃证未确,且伙盗俱毙,无凭质对;认为应如恤刑官所请,予以免死,杖一百流三千里。(59)

中央九卿会审(及三法司之审理)的判断,皆成为皇帝的参考意见。恤刑官之判断并非全受裁可;九卿(及三法司)参考恤刑官所提供之报告书,再比对恤刑官审理以前之供述、证言,俟确认罪情后,才判断是否改拟或执行减

---

(57) 《明清档案》A29-101"顺治十三年十一月二十七日·刑部尚书图海等具奏"。

(58) 《明清档案》A31-114"顺治十四年十一月·江宁巡按御史刘宗韩具奏"。此史料系巡按御史再审理后所提出的报告文书。嗣经再审,如巡按御史之呈详所示,张福溪将王破脸舌头割下一事,即便王寅、杨氏有助虐之情,但王破脸并无其他伤重之处,故无法判断为加功。(史料原文为:"若王寅撬口,杨氏递刀谳者,亦为发指,但例称助殴伤重者,方论加功,今验福溪举手割舌之外,并无别伤,此恤部所以有一线之矜也。"——译者注)

(59) 同注(57)《明清档案》A29-101。

刑。因此，可能出现以下情形：对于恤刑官判断无确证的事案，却认为证据确凿；或者恤刑官已出具矜疑减刑理由之各该事案，然中央却判断为不符律例。罪情既有所不明，揆诸其他情事，倘无法给予皇帝有说服力的意见时，三法司或许上奏，建议应重新审理该案，以确定其罪情。

重新究明罪情的巡按御史，有可能支持恤刑官之判断[60]，亦可能推翻恤刑官的判断。[61] 其中，皇帝对于恤刑官矜疑之奏，以及三法司可得减刑的判断，业已下达裁可之事案，若巡按御史认为该事案仍属情真，从而应处以死罪时，为确定该罪情，亦可能重新审理。[62]

若考虑恤刑的功能，在于弥补中央层级仅进行书面审查之缺漏，且中央并期待地方官员，进行无指望的平反。当然，上述仅为全部功能的一部分；惟中央官员的决议变更恤刑官之判断后，进而委由地方官员再行审理，或许已不同于原初的制度理念。此外，命地方官员再行审理，迄事案完结为止，势必花费更多时间，亦无法完全活用尽速完结未结事案的功能。也由于官僚制度亟须利用恤刑的情事，引发出这些问题。最后，应如何解开真相，才能使拟罪更加正确，以及应如何解释律例条文等法律上的知识，恐怕也因中央三法司官员不能达到一定共识，而带来莫大的影响。[63]

---

[60] 参见注[58]。另《明清档案》A32-80"顺治十五年五月"，浙江巡按御史王元曦所奏陈三十六一案中，在此之前，已认定陈三十六系强盗得财，但恤刑官以其不得财，且三法司所指，前后罪情认定互异，故命巡按御史重为审理。从而巡按御史说明从前何以判断为得财之理由，并加以表示不得财之见解。

[61] 《明清档案》A32-76"顺治十五年五月十五日"。陕西巡抚陈极新所奏马骡子一案中，该犯因谋杀堂弟，问拟死罪。嗣奉监候再审之旨，并经巡按御史再审情真，故题复秋后处决。恤刑官称并无确证，应列入矜疑。三法司则认为，前后招供大相悬殊，故上奏要求巡抚与巡按御史再加详审具奏，皇帝亦予以裁可。巡抚则在再审后的奏文主张，发现与伤痕一致的凶器，且具备目击证言，从而恤刑官的见解有误。

[62] 《明清档案》A34-26"顺治十六年闰三月二十日"。陕西巡抚陈极新所奏王守强一案中，原拟该犯谋杀人从而加功，但恤刑官认为，证人口供未见该犯加功等情，故为之矜请。三法司则上奏拟该犯谋杀人不加功律，减改流刑，援赦免罪，并得皇帝之裁可。惟巡按御史再审后，题复认为，该犯加功情真，仍照原拟绞罪。三法司则上奏称，自己已依恤刑官之议，判断该犯不加功，但巡按御史却云加功情真，前后所审情节不符，故应由巡抚再集合关系人，以确定该犯是否加功，并经裁可。其后再审的理刑官、按察使、巡抚等，皆判断该犯确实加功。

[63] 参见〔日〕谷井阳子：《明律運用の統一過程》，载《東洋史研究》第58卷第2号，1999年。谷井氏认为，明代通过五年审录等制度，意识到审判基准是否达成共识之问题。显然，为设立统一的审判基准，方进行变革。

四、恤刑程序中所出现的问题

(一) 地方程序中的问题

恤刑官在抵达负责地区(入境)时,结束负责地区之审录后从该地区出发时,以及返回北京结束所有行程,将敕谕归还皇帝之际,各应提出报告之上奏;惟并不因此即能够顺利进行恤刑。如前所述,恤刑程序的期限,已长于明代,但在规定期限内,仍有地方无法结案。江西恤刑官报告审录结束的日期,为顺治十三年(1656年)十一月二十日(64);江北、湖广与广西之出境日期,各为顺治十三年(1656年)九月十日(65)与顺治十三年(1656年)十一月四日(66),皆超过原先预定的日数[倘以顺治十二年(1655年)八月二十五日起算,江西与江北之预定结案日为顺治十三年(1656年)六月二十五日;至于湖广、广西,则系顺治十三年(1656年)九月二十五日]。

恤刑官若未能于预定期限内结案,可报告其要旨,要求延期。例如山东恤刑官即请求延期如下:

> 但东省,地方辽阔,陆府属旧例分为十四案,次第赴彼审理,每一案非二十日不能完局,每一府事完缮疏造册又需时日,案牍繁多,道路奔走,朝夕拮据,今五府之事将完,尚有济南一府州县三十处,方在审恤。臣恐钦限严迫,限内不能报竣,以致逾期取戾。谨据实上陈。伏请睿鉴量宽施行。(67)

对此,皇帝下达"刑部知道"一旨,并裁可刑部所提案的一个月延期。(68)江西恤刑官也以审理所需时间、相关文书作成时间与所辖府州县较他省为

---

(64) 《内阁大库》121308及150443"顺治十三年十一月二十日·刑部郎中霍炳(江西恤刑官)具奏"。

(65) 《明清档案》A28-134"顺治十三年九月十日·刑部郎中王度(江北恤刑官)具奏"。又江北恤刑官王度返回北京,将敕谕送返皇帝的日期,为顺治十三年(1656年)十一月四日(同注㊴《内阁大库》89457,该上奏中,有"该衙门察收"之批红)。

(66) 《内阁大库》88002"顺治十三年十一月四日·刑部员外郎方亨咸(湖广、广西恤刑官)具奏"。

(67) 《明清档案》A27-12"顺治十三年五月八日·刑部郎中刘允灿(山东恤刑官)具奏"。

(68) 《内阁大库》87517"顺治十三年闰五月六日·刑部尚书图海等具奏"。

多,进而省内移动费时等为由,请求延期,后准许延期三个月。⑩

此外,巡按御史或恤刑官本身之轮换,亦可能导致恤刑程序中断。

恤刑程序进行时,亦可能轮换巡按御史。恤刑开始之际,倘巡按御史另有公务,事前应已订立相关对策;惟巡按御史若已离开地方,相应的对策则未明定。为此,恤刑官应如何处置该问题,自应向中央询问。例如五月二日,江北恤刑官始知巡按御史返回北京一事,旋于五月十七日上奏禀明:恤刑程序结案期限急迫,迄新任巡按御史到任前,倘不尽速审理,则难以久待。⑩ 经命复奏之刑部,则以"照江南恤臣刘世杰例,会同有司速行审奏"具奏;闰五月三十日,"依议"一旨下达。江北恤刑官接获时,已届六月二十三日。⑪ 其间,审录乃呈现中断状态。而此问题,也可能发生在数个地方。

恤刑官本身造成程序中断的原因,包括在派任地病倒,乃至死亡,抑或是遭革职召回。据史料记载,派往河南的第一位恤刑官病倒后,派来第二位,却在审录开始前死亡。第三位新任的恤刑官,则于顺治十三年(1656年)十月二十五日从北京出发,顺治十三年(1656年)十一月十五日入境。⑫ 另陕西与

---

⑩ 《内阁大库》88041"顺治十三年八月十五日·刑部尚书图海等具奏"。江西恤刑官之具奏如下:"但江西,地方辽阔,所隶一十三府,而赣南尤远在天表距省城更有一千三百里,兼以水路迂回。每视一府,除行路不计外,其间阅招审囚缮疏造册,非一月不能竣局。此按臣共事五郡与臣朝夕靡宁,道府诸臣所目睹者也。今限期已届而竭蹶难周。伏乞皇上俯察江西道路之远、府郡之多,更倍于他省,敕部酌议量□宽展俾臣得免完职业,以广皇上浩荡之仁。合应奏请定夺。"本史料系针对恤刑官上奏所作之复奏。

⑩ 同注㉜《内阁大库》88000,具奏内容为"续于本年五月初二日,准按臣钟有鸣手本,内称奉旨下部在撤回之列,遵奉谕事,将凤阳会藁移复到臣,俾候新按。臣阅邸报,差员方在会议,新按履任无期。微臣钦限已迫似难久待。谨具陈情。伏乞敕部议复,以便遵奉施行"。

⑪ 同注㉕《明清档案》A28-134,"十三年五月十七日,具有按臣撤回一疏,奉旨刑部知道,钦此,随该本部堂题复,照江南恤臣刘世杰例,会同有司速行审奏等因,本年闰五月三十日奉旨依议,钦此钦遵,六月二十三日,备劄到臣"。

⑫ 《内阁大库》88031"顺治十三年十月三日·刑部尚书图海等具奏":"本部广东清吏司郎中周茂源呈前事。内开,职自奉命差往河南审录,业经审过开封、归德二府,于今年二月间□□汝宁府患病沉重,先行呈报在案。后经该□□题,蒙本部议复题差贵州司郎中李盈公接管,遵将审录关防,在境交代讫。"(史料本身系周茂源归还敕谕时报告之上奏文)另同史料119984,刑部尚书图海等具奏(日期不明,原档案留有贴黄):"该臣等议得。贵州司郎中李盈公差往河南恤刑染病身故,该督疏请前来。臣等查得,前山东恤刑官刘允灿,刑部题参,奉有未完恤案着该巡按御史审奏之旨,钦遵在案。查山东恤案,恤刑官审完五府未完一府。今河南审完止二府,尚有六府未经审完,相应遣官接代审录。除审完二府外,其未完六府秋决人犯,应暂停行刑,候恤刑官审录可也。"《明清档案》A29-90"顺治十三年十一月十八日·刑部郎中金镇(河南恤刑官)具奏":"臣本谫劣,谬蒙题差河南审录,奉有依议之旨。臣念切简书。于本年十月二十五日,陛辞就道,于十一月十五日,入河南彰德府境,随接分巡河北道臣杨春芳移送印信手本,差彰德府经历司经历洪寅赍交前恤臣封贮审录关防一颗,臣恭设香案拜领,望阙叩头谢恩讫。随即赴汝宁府审录。"

四川之第一位恤刑官因京察遭革职后,任命第二位赴任,但也在抵达前遭革职;第三位则于顺治十三年(1656年)十二月十八日奉皇帝敕谕,终于顺治十四年(1657年)一月二十九日入境。⑬

倘因恤刑官自身情况导致恤刑无法继续进行,则需讨论是否派遣新任恤刑官。如下列所举史料,第二位河南恤刑官死亡讣报送达北京后,随即展开讨论,如何派遣恤刑官前往。

> 臣等查得。前山东恤刑官刘允灿,臣部题参,奉有未完恤案着该巡按御史审奏之旨,钦遵在案。查山东恤案,恤刑官审完伍府未完止壹府。今河南审完止贰府,尚有陆府未经审完,相应遣官接代审录。⑭

根据该史料,山东恤刑官于奏请前述的期限延长后,方遭革职。至于济南府的审录尚未结案,则命巡按御史继续审录。此外,由于河南未经审录的府多达六处,故应派任新恤刑官前往审录。另如浙江,虽恤刑官病故,但刑部对于新派恤刑官往浙江一事认为:

> 该本部查得。浙省审完七府尚有未审四府,而浙省道路遥远。前山东恤刑官犯事,未审事件交该抚按审录,今应照此例请敕该抚按审录,定限四个月具奏,以凭核复可也。⑮

迄顺治十四年(1657年)六月十二日⑯,刑部方上此奏。然而,从恤刑开始起算,已将近两年,更不欲在派遣新任官员一事上花费更多时间。也许考虑应审录事案的分量或各地之距离,中止新任恤刑官之派遣确属合理。但俨然已与恤刑程序本来的旨趣大相径庭。

(二) 增加中央之负担

处理恤刑事案,已为北京各衙门带来莫大的负担与混乱。如前所述,送

---

⑬ 《内阁大库》120300,刑部尚书图海等具奏(日期不明,原档案仅留有贴黄):"该臣等查得。湖广司郎中陈丹差往陕西、四川恤刑,今京察已经革职,尚有陕西四府二镇未完,相应遣官接代审录。除审过陕西四府外,未审四府人犯应照河南例暂停秋决,听恤刑官审录可也。"同89287"顺治十三年十一月九日(揭帖)":"本部题。浙江司郎中赵宾差往陕西恤刑,今吏部咨称,赵宾以前任钱粮事革职,相应更差等因,呈堂。该臣等查得。浙江司郎中赵宾补差陕西恤刑未到既经革职,相应更差本部贵州司郎中刘缙尧前去,恭候命下,以便移揭内院,并咨兵二部,撰给敕书勘合火牌,差遣前去审录可也,等因,具题,顺治十三年十月二十六日,奉旨依议,钦此钦遵。"《明清档案》A30-62"顺治十四年二月四日·刑部郎中刘缙尧(陕西恤刑官)具奏":"窃惟,我皇上轸恤民命,补差恤刑不以职为疏,庸敕命审录陕西,敢不恪慎咨度以副任使。职于顺治十三年十二月十八日恭领敕谕,即束装就道,于十四年正月二十九日由大庆关渡河入境。"

⑭ 同注⑫《内阁大库》119984。

⑮ 同注㊿《明清档案》(即本译文)A32-27。

⑯ 同注㊿《明清档案》A32-27。

往中央的事案,不仅事实关系有所暧昧、解释迥异,甚至有量刑上的问题,因而有许多事案难以判断。此类事案相较于一般事案,需花费较多时间处理。例如刑部即有"此案招词繁冗,必须详阅定案,限内难以完结"之上奏。⑦

其次,将原先的九卿会审改为三法司审理的背景,乃为减轻三法司以外衙门的负担及程序的合理化。地方恤刑官开始向北京报告恤刑中的矜疑、改拟事案后不久,顺治十三年(1656年)五月十一日,都察院贵州道监察御史侯于唐提出废止九卿会审,由三法司会议取代的上奏。⑱

直省恤刑之遣,慎重人命,期在无冤。此皇上好生美德也。其矜疑减等奏报诸案,仍令九卿詹事科道等官会议,以酌情法之中。此又皇上平允至意也。然臣反复思惟,会议之举,甚□碍于众务,亦无补于刑名。不若专责法司要而不烦。

刑狱时为求慎重,故由九卿会审进行恤刑事案。然而,在各衙门处理事务的同时,实际上已成为障碍,在审理上毫无帮助。故应由三法司专责。侯于唐之所以如此主张,其理由如下:

按会典开载恤刑事宜,凡□□□□改驳件数,俱本部堂上官查核,是为□□□□明□。或虞其失出,则都宪主之,或虞其失□,则廷尉主之。是为三法司职掌明矣。即以议论裁决,官不可为不众,识不可为不广也。且各省招审揭帖独送法司详看其事件委曲,各衙门未经细检。若当下看揭恐失疏忽,若竟不看揭焉能悬断。至有舌端耳畔旁闻绪论,不知颠末,非凭臆争执,则一词莫赞,随众画题。

侯于唐认为,恤刑本为三法司主导。纵召开九卿会审,由多位高级官员加以审理,倘系三法司之官员,则可事先阅览恤刑官所送来之资料;至于三法司以外的官员,则首次在会审现场接触各该事案,自无法立即下达妥当的判断,仅单纯出席会审,徒费时间而已。

对此提议,经命议奏的刑部,于二十三日上奏如下:

各省恤刑旧制三法司会议,近奉有九卿詹事科道等官会议之旨。诚皇上慎重刑狱至意。但衙门各有职掌,每遇会议,而各衙门政务废弛必多。然或一二衙门稽□紧急公事,是日不得齐集,不便会议,当即传散。

---

⑦ 《明清档案》A27-19"顺治十三年五月十二日·刑部尚书图海等具奏"。此上奏系提出有关直隶之矜疑案件。

⑱ 以下讨论参见《内阁大库》86952"顺治十三年五月二十三日·刑部尚书图海等具奏"。

故道臣有照旧典归法司之请。相应□议前奉旨九卿詹事科道等官会议事件及□□□刑事件,应请敕下三法司,臣部司属、都察院御史、大理寺□□等官,互参详妥,臣等会同确议具复可也。

不仅各衙门的事务处理停滞,由于参加九卿詹事科道等官会议的衙门、官员众多,亦有可能无法齐集,进而会议本身无法成会。故刑部回复,除重大事案外,应仅由三法司审议即可。对于刑部上奏,则下有"今据尔部复称各衙门俱有公事不得齐集。以后仍着三法司详确核拟具奏,如有重大事情应会议者,仍请旨行"一旨。

中央层级之审理,不同于明制的三法司会议,而系九卿会审,其背景在于强调慎重审理。⑦ 此外,或许在情感上也将恤刑当成宽典,而大肆实施。⑧ 然而,审理前,未给予中央各衙门充分的资料与时间检讨。另外,为因应地方就矜疑与改拟不定期的奏请,会审亦需不定期举行。换言之,除平常公务外,中央各衙门可能还需参加存在这些问题的会审,实乃强加一定的负担。⑧

五、恤刑的废止与其他审录程序

顺治十二年(1655 年)之后五年,即顺治十七年(1660 年)亦实施恤刑,恤刑官出发到各地。其后,十一月六日,决定停止实施恤刑,并召回恤刑官。

> 户科给事中胡悉宁奏言。近奉有见在监候各犯概从减等之上谕。薄海内外皆蒙恩恤。其恤刑一差,不若敕部撤回,以见恩自上出。且省地方繁费,疏入。得旨,所奏是。凡待决重犯概行减等已有谕旨。其恤刑各官,着撤回。⑧

下此决定的前五日,十一月一日,阅览朝审招册的皇帝认为待决之囚甚众,"概行正法,于心不忍",遂命监候各犯,概从减等。⑧ 因此恩赦得以减刑

---

⑦ 皇帝命三法司审理的谕旨称:"前将恤刑事件令九卿等衙门会议,原以慎重刑狱。"(同注⑦《内阁大库》86952)

⑧ 自顺治十年(1653 年)起重新召开的朝审中,实施九卿会审,亦属理由之一。

⑧ 之后地方秋审事案,以及由九卿詹事科道等官会审等规定,则未见有恤刑程序所出现的混乱,并持续实施至清末。或许与该背景下,为追求程序更臻合理、圆满,而采取的方法有关。例如有设定地方督抚提出报告之期限;事先作成事案概要及督抚原案之"招册"后,发布至各有关衙门,以为参考资料;会审中,参考招册与刑部原案,进行议论;以八月末至九月间较短的时间,终结会审等方法。

⑧ 《世祖章皇帝实录》卷一四二"顺治十七年十一月丁巳(11 月 6 日)"条。

⑧ 《世祖章皇帝实录》卷一四二"顺治十七年十一月壬子(11 月 1 日)"条。

的对象,皆奉皇帝"秋后处决"一旨之罪犯,成为恤刑对象的罪囚,仅为其中极少数的一部分。然而,若给予监候人犯减刑,又通过恤刑程序减刑,碍难不致混乱。特别是地方上的程序,将更趋繁杂。综上理由,停止顺治十七年(1660年)的恤刑。

当然,此中止仅实施一次,乃临时措施。其后,未见派遣恤刑官的相关史料,惟康熙八年(1669年)却有论及废止五年审录之决定。

> 上以直省罪囚,旧遣恤刑官审录,今恤刑罢遣,遇热审时,有非实犯死罪者,宜具题减等,如在京法司例。命刑部通行直隶各省,永着为令。⑭

所谓"热审"者,指在热暑之时,对于在监罪囚减刑的程序,清朝亦沿明制,继续实施。⑮ 根据《大清会典》记载,顺治八年(1651年),以在京狱囚为对象,倘系笞杖徒流,为机械式的减等;审理死罪事案时,若判断为可矜可疑,则奏请定夺。顺治十年(1653年),扩及至地方监狱的狱囚,亦适用热审。其后,热审虽于顺治十八年(1661年)以降停止,迨康熙七年(1668年),再度复活,而有康熙八年(1669年)的上述决定。⑯ 从官员的立场来看,恤刑乃借皇恩之名,可从监狱放出新旧罪犯;对于狱囚而言,则为刑罚减免的大好机会。倘废止恤刑,两者皆失,故代替恤刑,给予如此的机会。实施理由虽不同于恤刑,但热审同样以皇恩为名,执行罪囚减刑,亦为人所瞩目。

然而,通过热审得以减刑者,仅真犯死罪以外的罪囚。但可否代替恤刑,对于死罪事案周济恩惠?

恤刑为死罪事案带来的效果,最值瞩目者,莫过于解除滞狱问题。北京的三法司与皇帝,有效掌握地方上所发生的死罪事案,并适当处理;冤罪问题可得解决,刑罚亦能依据妥当的量刑判断而执行。其中,虽有采取减刑措施之事案,惟不过属妥当量刑的结果而已。⑰ 换言之,在此方面,只要地方已向北京报告事案,基本上已无问题存在。惟作为恤刑的另一效果而言,为搭救狱囚中可能出现的矜疑者,亦需慎重地加以审理。在此,当时已开始整备的秋审程序,或许已代替恤刑,发挥一定的作用。最初的秋审,源于明朝执行死刑之际,派官前往;并划分死罪囚为情真与矜疑。换言之,秋审与恤刑程序,

---

⑭ 《圣祖仁皇帝实录》卷三〇"康熙八年六月癸酉(6月12日)"条。
⑮ 明朝热审的相关规定,参见万历朝《大明会典》卷一七七"热审"。
⑯ 康熙朝《大清会典》卷一三〇"热审"。
⑰ 岛善高氏于注③论文中,提到唐代的"虑囚",认为其主要机能,在于可消弭冤罪,速决滞狱问题。而刑罚减免,则属其附带效果。

从根本上原先即有所类似。从而,清朝实施恤刑时,乃停止秋后处决⑱;另外,顺治十七年(1660年),即便已派遣恤刑官,仍决定给予监候秋后处决人犯减刑,并以此为契机,终止恤刑。由此,亦能一窥官员与皇帝意图联结恤刑程序与秋审程序的动向。对于流刑以下的人犯,热审若能给予矜恤,并提供执行减刑之机会,或许秋审也给予死罪人犯矜恤,并提供一慎重审理的契机。

无论恤刑、热审与秋审,乃基于皇帝之仁德,审理罪囚并予以减刑,或者慎重审理,以期不产生冤罪,进而期待通过这些程序,得以发挥解除滞狱之作用。而适用各程序之罪囚,亦有些许重复。明朝如何实际操作,虽仍有不明之处,至少在清朝时,已加以整理、统合。

结　　语

为达理念与政治上的效果,并期待解除滞狱问题、防止冤罪发生,清朝引进恤刑。实际运用后,陈旧事案虽如同期待的效果得以解决,但另一方面,各种问题随之浮上台面,也为地方与中央带来出乎预料的负担与混乱。欲一鼓作气整理十数年未处理的事案,势必产生此种结果。笔者以为,此种莫大的负担与混乱,也是导致其后清朝无法积极适应恤刑的一大要因。

惟事实上,实施恤刑,的确有解除滞狱等各种效果。恤刑废止后,清朝从何获得这些效果?其中之一,乃热审与秋审等其他审录程序,已承接恤刑之任务。

此外,清朝并非一开始仅依赖恤刑,而希望借由日常的事案处理,以解除滞狱问题。恤刑一经实施,厘清负担以后,此种倾向恐趋明显。亦即,即便已重复实施数次恤刑,但毕竟只能应付一时,无法寻求根本的解决之道。毋宁以事案不积累为目标,并加以改善,或更为合理。倘事案拖延处理,皆给予相当之处分,则得以督促官员,应恪遵事案处理之期限。清朝也抱有此种想法,希望得以统整出一定的架构。

在此,深值提出者,为考成法。考成法乃就各案件定有处理期限,根据达成与否,给予赏罚。考成系统可督促官员,应尽速处理案件;在明代张居正的主导引进下,一时虽形同具文,然清朝亦继受该制。如先行研究所示⑲,清朝

---

⑱　参见注㉚。另外,一部分地区追恤刑结束后,亦停止"秋后处决"(参见注㉒、注㉓)。

⑲　参见〔日〕岩井茂树:《明末の集権と"治法"主義——考成法のゆくえ一》,载《明清時代の法と社会》编集委员会编:《和田博德教授古稀記念——明清時代の法と社会》,汲古书院1993年版。

复作成《处分则例》,并进一步将赏罚规定加以体系化。以考成法为主要研究对象的先行研究中,特别着重于征税方面;至于若干司法案件处理方面,则如所指,考成亦得以扩大适用。⑨

另外,为迅速处理事案,需具备法律知识;而对于法律知识,裁判承办人之间亦应有一定的共识。换言之,观察各该事案时,诸如要件应如何分析、适用何种律例、解送文书如何作成,较容易获得上司之裁可等数点,倘具备一定的共识,事案处理的效率亦随之提升。为取得法律知识的一定共识,清朝亦逐渐整顿,并刊行各种律例私注本与成案集。

当然,如清朝刑事上案件处理的期限整备问题、热审的展开等问题,仍待阐明,自不待言。与恤刑和清朝初期司法程序有关者,则于整理各要点后,亦应再加以考察。

【附记】本稿为平成十七年(2005年)科学研究费补助金[青年研究(B)]研究成果的一部分。

---

⑨ 参见〔日〕小野达哉:《清初地方官の考課制度とその変化——考成と大計を中心にして—》,载《史林》第85卷第6号,2002年。

清代秋审文书与蒙古[*]
——关于18世纪后半期—20世纪初蒙古死刑案件之处理

〔日〕高远拓儿[**] 著 白玉冬[***] 高雪辉[****] 译

前　言

统有广阔地域的清朝,其治下的族群多种多样。关于这些族群的人身统治,清朝制定的政策是按类区分人民。即在中国内地与满洲的州、县、厅持有户籍的"民人",隶属八旗的"旗人",在蒙古地区等地生活的"蒙古"等即为此。[①] 这种区分,亦反映于当时的裁判文书之中。特别是在刑事案件中涉及的犯罪人,与其姓名、年龄等并列,往往写上"某某县人""某某旗人""某某蒙古",明确记录有关犯罪人的所属情况。这种记录,是特定某一人物的标识,同时又是对适用于犯罪人的法律与司法程序有可能带来影响的重要的情报源。

以往,有关清朝司法案例的研究,着重关注的是人口规模大、保留有丰富

---

[*] 本文原题为《清代秋審文書と"蒙古"——十八世紀後半～二十世紀初頭の蒙古死刑案件処理について—》,载《東洋文化研究所紀要》(第157册),2010年。
[**] 高远拓儿,日本中京大学国际教养学部准教授。
[***] 白玉冬,内蒙古大学蒙古史研究所讲师。
[****] 高雪辉,日本系统公司电脑工程师。
[①] 这里所言的"蒙古",指的是察哈尔、热河等内属蒙古之民,以及被编入内外蒙古扎萨克旗的人们。其中包括外蒙古西部的乌梁海人,但不包括被编入蒙古八旗的蒙古人。与现代意义上的一般的"蒙古人"这一称呼含义相异,为避免二者相混,本稿特标记为"蒙古"。

史料的中国内地的民人问题。② 然而,为了从高处俯视并掌握清朝的法律制度,除民人外者为对象的问题之探讨,亦有必要推进下去,此不待言。其中,关于蒙古人主要的生活圈——清代蒙古地域的法律与裁判,已有岛田正郎氏与萩原守氏的研究成果。③ 这在非民人的族群世界之中,堪称研究最为深刻之领域。但涉及中央的重案审议的实际情况,以及与此密切相关的秋审问题时,仍存在不少尚未解决的问题。④

成为秋审对象的是,依据《大清律例》等的裁定结果,判决为"斩监候""绞监候"的地方上的死刑囚。论定对他们施行的刑罚,以及能否减刑的程序,即是秋审。秋审是以清朝诸法典特有的两种死刑划分体系——"立决"(判决后即刻执行)⑤与"监候"(判决后,等待秋审、朝审结果而执行)为前提而实施的。⑥ 可认为,在观察王朝制定的法律的渗透度与实效性这一点上,从秋审制度的实际运用情况,可捕捉到有价值的线索。

关于秋审与蒙古之关系,以往有两种意见并存。即怀疑其实效性的岛田

---

② 萩原守氏指出,以往的清代法制史研究,存在以中国本土问题为重点之倾向。参见〔日〕萩原守:《清代モンゴルの裁判と裁判文書》,创文社 2006 年版,第 32 页。

③ 参见〔日〕岛田正郎:《清代蒙古例の研究》,创文社 1982 年版;〔日〕岛田正郎:《清朝蒙古例の実効性の研究》,创文社 1992 年版;〔日〕萩原守:《清朝の蒙古例》,载滋贺秀三编:《中国法制史:基本资料の研究》,东京大学出版会 1993 年版;〔日〕萩原守:《清代モンゴルの裁判と裁判文書》,创文社 2006 年版等。另关于近年为止的研究史,参见〔日〕萩原守:《清代モンゴルの裁判と裁判文書》,创文社 2006 年版,第 39—45 页;乌力吉陶格套:《清至民国时期蒙古法制研究》,内蒙古大学出版社 2007 年版,第 3—11 页。

④ 关于秋审,已有众多专业论文刊出,但其多数为关注围绕中国本土民人问题之作(日本国内关于秋审制度的主要研究,参见〔日〕赤城美惠子:《日本における秋審研究の紹介と今後の課題》,载《中国史研究》第 47 辑,2007 年)。关于蒙古重案审议,利用乾隆二十年(1755 年)《刑科史书》的岛田正郎的《清朝蒙古例の実効性の研究》是先驱性业绩,但乾隆二十年(1755 年)前后时期的状况仍未明了。另《刑科史书》是记录各议案监候判决下达经过之书,(译者补充:其记录的)秋审问题有必要另作研究(〔日〕高远拓儿:《清代秋審制度と蒙古人犯——秋審招冊の関連事案を中心として—》,载中央大学东洋史学研究室编:《池田雄一教授古稀記念アジア史論叢》,白东史学会 2008 年版,第 400—402 页)。国外(译者补充:指日本以外)有郑秦的《清代法律制度研究》(中国政法大学出版社 2000 年版,第 294—296 页)与孙家红的《清代的死刑监候》(社会科学文献出版社 2007 年版,第 101—102 页)谈到蒙古秋审问题。但这些均以蒙古例等之规定类的介绍为重点,并非为触及真实情况之考察。

⑤ 关于清朝死刑制度之概况,参见〔日〕滋贺秀三:《清代中国の法と裁判》,创文社 1984 年版,第 23—26 页;郑秦:《清代司法审判制度研究》,湖南教育出版社 1988 年版,第 149—153 页;那思陆:《清代中央司法审判制度》,文史哲出版社 1992 年版,第 217—246 页。

⑥ 受到监候判决者之中,以拘禁在地方监狱的罪囚为对象而进行的审议称为秋审,以拘禁在北京的罪囚为对象进行的审议称为朝审。

正郎氏之说⑦,以及肯定其实施的郑秦氏之说等。⑧ 此前,笔者介绍了数起以蒙古为对象的秋审的具体议案⑨,但未能对其内容加以深层次分析。故本文之中,笔者以之前收集到的18世纪后半叶以降的蒙古秋审议案为素材,就(1)中央对蒙古死刑案件的判决程序,(2)蒙古的秋审问题,以上两个问题试加浅析。其中,第一部分介绍关系到秋审程序而制作的公文《秋审招册》,以及收录于这些公文中的蒙古秋审议案。之后,以第一章了解到的具体案例为线索,在第二部分就上述问题(1)、在第三部分就上述问题(2)进行考察。

一、《秋审招册》与蒙古人犯之议案

（一）秋审的程序与《秋审招册》

秋审的审议,决定适用于监候死刑囚的刑罚及其是否能够减免的问题。清朝中期以后,在中国内地,该审议是由地方向中央依次递报,即以所谓的复审形式进行。监禁在直隶以及其他各省的监候人囚犯,一年一次,按情实(适合执行)、缓决(延期执行)、可矜(适合减刑)归类⑩,由各省总督、巡抚以下的主管官员联名上报给中央原案。⑪ 中央则招集九卿、詹事、科道⑫等召开九

---

⑦ 参见〔日〕岛田正郎:《清朝蒙古例の实效性の研究》,创文社1992年版,第354—365页;〔日〕岛田正郎:《北方ユーラシア法系通史》,创文社1995年版,第75—78页。

⑧ 参见郑秦:《清代法律制度研究》,中国政法大学出版社2000年版,第195页。

⑨ 参见〔日〕高远拓儿:《清代秋審制度と蒙古人犯——秋審招册の関連事案を中心として—》,载中央大学东洋史学研究室编:《池田雄一教授古稀記念アジア史論叢》,白东史学会2008年版;〔日〕高远拓儿:《中央大学図書館蔵〈秋審招冊〉に見る非民人人犯の案について》,载中央大学人文科学研究所编:《档案の世界》,中央大学出版部2009年版;以及《清代秋審制度と蒙古命盗重犯》(法制史学会东京部会第255次会议口头报告,2008年6月)。

⑩ 关于情实、缓决、可矜的分类框架的成立过程,参见〔德〕陶安あんど:《明清时代の罪名例——"情"と法の合理性—》,载《東洋文化研究所紀要》(第141册),2001年;〔日〕赤城美惠子:《"缓决"の成立——清朝初期における監候死罪案件処理の变容—》,载《東洋文化研究所紀要》(第147册),2005年;〔日〕赤城美惠子:《可矜と可疑——清朝初期の朝審手続及び事案の分類をめぐって—》,载《法制史研究》第54期,2005年。另缓决、可矜的罪囚之中,有减刑赡养老弱双亲的留养制度。关于留养,参见〔日〕中村正人:《清律"犯罪存留養親"条考》[(1)、(2)],载《金泽法学》第42卷第2号、第43卷第3号;同氏:《清律"犯罪存留養親"条補考》[(1)、(2)],载《金泽法学》第45卷第2号、第46卷第2号,2000—2004年。

⑪ 关于地方秋审之程序,参见〔日〕高远拓儿:《清代地方秋審の手続と人犯管理——乾隆年代における提犯・巡歷・留禁の問題をめぐって—》,载《史学雑誌》第110篇第6号,2001年。

⑫ 九卿指的是六部、都察院、通政使司、大理寺的堂官,科道指的是六科给事中与十五道监察御史。另清代后半期的九卿会议上,除上列者之外,通常还有更广范围的官员参加。参见郑秦:《清代司法审判制度研究》,湖南教育出版社1988年版,第178页。

卿会议,众多官员认可地方提交的原案,或根据需要对其进行更正。该九卿会议的决议,提至皇帝处,经过皇帝的裁断之后⑬,当年的秋审审议即告结束。

在这一系列程序之中,尤其是在中央政府中被称为天下刑名总汇的刑部,分担与秋审相关的种种实际工作。由刑部完成、在九卿会议上分发给与会官员的资料,被称为《秋审招册》。⑭ 据笔者所知,东京大学东洋文化研究所、京都大学人文科学研究所、中央大学图书馆、东洋文库,以上四家机构藏有《秋审招册》实物。中国内地的普通议案,《秋审招册》往往记录如下三方面内容:

  (1) 议案基本情况(刑部内分担议案的清吏司,犯罪者的姓名、年龄、籍贯等)
  (2) 下达监候判决的经过
  (3) 地方秋审报告递送至中央政府的经过

如前所述,《秋审招册》是在九卿会议之前即已作好的公文,并未记录当年次的审议结果(皇帝的裁断)。其特色之一是,记录有作为秋审前提的判决程序的原委与结论。因此,如能够从该史料中找到以蒙古人罪犯为对象之议案,相信可成为探讨其判决过程的有价值的情报源。到目前为止,在笔者见到的收录于《秋审招册》的议案之中,包含若干个蒙古人罪犯议案。接下来,笔者将在下一部分介绍 21 件蒙古人议案的概要。这些议案,是从收录 18 世纪后半叶议案的东京大学东洋文化研究所大木文库藏《刑部直隶司重囚招册》(10 册)(以下略称《乾隆招册》)⑮,收录 19 世纪前半叶议案的京都大学人文科学研究所藏《各省秋审缓决情实·道光中招册》(13 册)(以下略称

---

 ⑬ 特别是对情实人犯实施勾决这一程序。勾决是按皇帝下达的执行命令或保留意见进行分类。关于勾决,参见〔日〕高远拓儿:《秋審勾決考——清代における死刑执行の手続一》,载《社会文化史学》第 40 号,1999 年。
 ⑭ 关于《秋审招册》,参见〔日〕伊藤洋二:《清代における秋審の実態》,载《中央大学アジア史研究》第 11 号,1987 年;〔日〕高远拓儿:《清代の刑部と秋審文書》,载〔日〕川越泰博编:《明清史論集——中央大学川越研究室二十周年記念》,国书刊行会 2004 年版。特别是关于各机构的收藏情况参见〔日〕高远拓儿:《清代の刑部と秋審文書》,载〔日〕川越泰博编:《明清史論集——中央大学川越研究室二十周年記念》,国书刊行会 2004 年版,第 128—130 页。
 ⑮ 《刑部直隶司重囚招册》是乾隆五十年(1785 年)秋审时所做之招册,如题目所示,是整理归纳刑部直隶司(直隶清吏司)所处理议案之招册(该史料现 2009 年,能够在"东京大学东洋文化研究所所藏汉籍善本全文影像资料库"上阅览全文)。另该《刑部直隶司重囚招册》不分卷,但各册封皮右下方标有 1—10 的整理编号。本文按此编号表示引用册数,但与影像资料库册数编号相异,故以括号内数字表示影像资料库册数编号。

《道光招册》)⑯,以及收录 19 世纪末—20 世纪初议案的中央大学图书馆藏《秋审招册》(179 册)(以下略称《光绪招册》)⑰中检出的。另,光绪三十二年(1906 年),清末官制改革时,刑部改组为法部。可以想象,自此之后判决为监候的议案,其判决前提之流程出现了相当大的变化。故本文对此类议案不予考察。

(二)《秋审招册》所见蒙古人罪犯议案⑱

【乾 1】《乾隆招册》第五(九)册所收《蒙古土谢图殴伤民人王声身死一案》

由土谢图(土默特贝子旗章京阿各木土佐领下蒙古)引发的这起人命案件,由直隶总督报至中央。在中央,刑部与理藩院、都察院、大理寺会审,依据《蒙古斗殴伤重五十日内死者将殴打之人绞例》(《蒙古律例·人命·斗殴杀人》)结案定为绞监候。⑲ 该判决案在乾隆四十九年四月二十二日(1784 年 6 月 9 日)由皇帝裁定,规定次年秋审时对该案件进行审议。土谢图在地方秋审时被判为缓决,其原案由直隶总督报至中央。

【乾 2】《乾隆招册》第六(十)册所收《嘎尔的殴伤民人陈添甲身死一案》

由嘎尔的(土默特旗章京扎木彦佐领下台吉巴拉克扎布管下蒙古)引发的这起人命案件,由直隶总督报至中央。在中央,刑部与理藩院、都察院、大理寺会审,依据《蒙古斗殴伤重五十日内死者将殴打之人绞例》(《蒙古律例·人命·斗殴杀人》)结案定为绞监候。该判决案在乾隆四十九年六月九日(1784 年 7 月 25 日)由皇帝裁定,规定次年秋审时对本案件进行审议。嘎尔的在地方秋审时被判为缓决,其原案由直隶总督报至中央。

---

⑯ 《各省秋审缓决情实·道光中招册》为道光三、八、十年秋审时所做招册。

⑰ 《秋审招册》为光绪十九、二十、二十四、二十五、二十九至三十三年秋审时所作招册。

⑱ 为方便起见,本文对抽自《秋审招册》的蒙古人犯事案,编上【乾 1】、【乾 2】等编号(各个事案,按监候判决下达的年月日顺序排列)。另该处所列蒙古人犯议案中,【乾 3】、【道 3】史料原文载〔日〕高远拓儿:《清代秋審制度と蒙古人犯——秋審招册の関連事案を中心として》,载中央大学东洋史学研究室编:《池田雄一教授古稀記念アジア史論叢》,白东史学会 2008 年版。《光绪招册》各议案原文载〔日〕高远拓儿:《中央大学図書館藏〈秋審招册〉に見る非民人人犯の案について》,载中央大学人文科学研究所编:《档案の世界》,中央大学出版部 2009 年版。祈请一并参考。

⑲ 本部分根据原史料记录,在下文内刑法适用之用词,括号内注表示(与其)相对应的《大清律例》《蒙古律例》《理藩院则例》等条目。另本文所利用《大清律例》为文海出版社 1964 年影印《大清律例会通新纂》,《蒙古律例》为文殿阁书庄 1936 年出版(国学文库第 32 编)《蒙古律例》,道光二十三年(1843 年)刊《理藩院则例》与光绪十七年(1891 年)刊《理藩院则例》,分别利用京都大学人文科学研究所藏本(道光本编号为史-ⅩⅢ-2-75,光绪本编号为史-ⅩⅢ-2-77)。

【乾3】《乾隆招册》第九(三)册所收《蒙古伦本扎伤民人李受章身死一案》

由伦本(正蓝旗察哈尔策林旺布佐领下闲散)引发的这起人命案件,由察哈尔八旗都统报至中央。在中央,刑部与理藩院、都察院、大理寺会审,依据《蒙古斗殴伤重五十日内死者将殴打之人绞例》(《蒙古律例·人命·斗殴杀人》)结案定为绞监候。该判决案在乾隆四十九年十二月十四日(1785年1月24日)由皇帝裁定。本案件的记录,以皇帝的判决下达给察哈尔八旗都统结束。

【乾4】《乾隆招册》第九(三)册所收《牧厂牧丁阿三被窃马十匹一案》

由萨木坦(右翼苏尼特多尔济佐领下台吉额林臣属下人)等五人引发的盗窃案,由察哈尔八旗都统报至中央。在中央,理藩院与刑部、都察院、大理寺会审,依据《应从重照偷窃马十匹以上绞例》,结案判决萨木坦为绞监候。[20] 该判决案在乾隆五十年四月九日(1785年5月17日)由皇帝裁定。本案件的记录,以皇帝的判决下达给察哈尔八旗都统结束。

【道1】《道光招册》第九册所收《根墩扎普扎伤小功服叔三巴扎布身死一案》

由根墩扎普(三音诺彦部落公扎木色楞扎布旗下台吉喇布坦属下人)引发的这起人命案件,由定边左副将军报至中央。在中央,理藩院与刑部、都察院、大理寺会审,依据《卑幼殴本宗小功叔死者斩律》(《大清律例·刑律·斗殴》"殴大功以下尊长律"),结案定为斩立决。该判决案依据道光八年九月八日(1828年10月16日)所下达的皇帝旨意,改判为斩监候,规定次年秋审审议本案件。九卿会审决定为情实,但皇帝未下达执行命令,根墩扎普被留置为监候。

【道2】《道光招册》第十册所收《阿勒什勒故杀李有一案》

由阿勒什勒(科尔沁郡王旗管下蒙古)引发的这起人命案件,由盛京刑部侍郎报至中央。在中央,刑部与都察院、大理寺会审,依据《故杀者斩律》(《大清律例·刑律·人命》"斗殴及故杀人律"),结案定为斩监候。该判决

---

[20] 史料原文记录"萨木坦应从重照偷窃马十匹以上绞例,拟绞监候秋后处决"。在审理本案的乾隆五十年(1785年)前半年之前,规定有乾隆二十四年(1759年)旧例"偷蒙古四项牲畜至十头以上者。首贼拟绞。就近在同知衙门监候。(中略)为从者。俱照例。鞭二百、罚三九牲畜。给付事主",以及乾隆四十二年(1777年)新例"蒙古人等偷窃四项牲畜。均不分首从。满十匹以上者。拟绞监候"。参见〔日〕岛田正郎:《清代蒙古例の研究》,创文社1982年版,第467—477页。看来,因本案件适用对从犯予以较重刑罚的新例,故增加"应从重"字样。另与办案对应的《蒙古律例》《大清律例》之条例,之后进行了修改,故未能直接见于前注所引文本。

案在道光九年七月十二日(1829年8月11日)由皇帝裁定,规定次年秋审时对该案件进行审议。盛京刑部侍郎向中央上报,地方秋审援引道光九年(1829年)恩诏,判决阿勒什勒为缓决,监禁二年之后减至流刑。

【道3】《道光招册》第八册所收《玛哈第瓦殴伤赵太身死一案》

由玛哈第瓦(土默特贝勒旗扎兰色伯勒箭上蒙古披甲)引发的这起人命案件,由热河都统报至中央。在中央,刑部与理藩院、都察院、大理寺会审,依据《斗殴伤重五十日内身死殴之者绞例》(道光《理藩院则例·人命·斗杀》),结案定为绞监候。该判决案在道光九年十一月二十一日(1829年12月16日)由皇帝裁定,规定次年秋审时对该案件进行审议。玛哈第瓦在地方秋审时被判为缓决,其原案由热河都统报至中央。

【道4】《道光招册》第十一册所收《萨尔鲁克纠合格宁库欧抢夺张元惊逾一贯银物一案》

由萨尔鲁克(三音诺彦艾曼贝子查克都尔扎儿旗下章京莽嘎儿佐领下人)引发的这起盗窃案件,由库伦办事大臣报至中央。在中央,理藩院与刑部、都察院、大理寺会审,依据《蒙古抢夺人财物赃至一百二十两以上者首犯拟斩例》(道光《理藩院则例·强劫·伙众抢夺分别拟罪》),结案判定首犯萨尔鲁克为斩监候,依据《蒙古抢夺人财物赃至一百二十两以上者为从例》(同上),判定从犯格宁库欧为绞监候。该判决案在道光九年十二月十八日(1830年1月12日)由皇帝裁定。本案件的记录,以皇帝的判决下达给库伦办事大臣结束。

【道5】《道光招册》第十三册所收《顾万智扎伤尹幅身死一案》

由顾万智(察哈尔蒙古旗人)引发的这起人命案件,由热河都统上报至中央。在中央,刑部与都察院、大理寺会审,依据《斗殴杀人者不问手足他物金刃并绞律》(《大清律例·刑律·人命·斗殴及故杀人律》),结案判定为绞监候。该判决案在道光十年三月三十日(1830年4月22日)由皇帝裁定,规定当年秋审审议本案件。地方秋审判决顾万智为缓决,其原案由热河都统报至中央。

【道6】《道光招册》第十一册所收《巴彦济尔嘎勒纠合扎布扣、齐旺达什抢夺民人张添和羊一案》

由巴彦济尔嘎勒(图谢图罕鄂依多普多尔济兼属下人)等人引发的这起盗窃案件,由库伦办事大臣报至中央。在中央,理藩院与刑部、都察院、大理寺会审,依据《蒙古抢夺牲畜十匹以上为首例》(道光《理藩院则例·强劫·伙众抢夺分别拟罪》),结案判定首犯巴彦济尔嘎勒为斩监候,依据《蒙古抢夺牲畜十匹以上为从例》(同上),判定从犯扎布扣、齐旺达什为绞监候。该判决案在道光十年四月五日(1830年4月27日)由皇帝裁定。本案件的记录,以皇帝的判决下达给库伦办事大臣结束。

【光1】《光绪招册》奉天第十八册所收《拉西殴伤康釜锄身死一案》

由拉西(黑龙江喀尔喀王旗属蒙古)引发的这起人命案件,由黑龙江将军上报至中央。在中央,刑部与都察院、大理寺会审,依据《斗殴杀人者不问手足他物金刃并绞律》(《大清律例·刑律·人命》"斗殴及故杀人律"),结案判定为绞监候。该判决案在光绪二十四年闰三月六日(1898年4月26日)由皇帝裁定,规定次年秋审审议本案件。地方秋审判决拉西为缓决,其原案由黑龙江将军报至中央。

【光2】《光绪招册》奉天第一册所收《卓蚁希诱拐唐氏致令羞愤投井身死一案》

由卓蚁希(西边外图木沁蒙古)引发的诱拐引起的这起人命案件,由黑龙江将军上报至中央。在中央,刑部与都察院、大理寺会审,依据《诱拐妇女被诱之人不知情绞例》(《大清律例·刑律·贼盗》"略人略卖人律条例"),结案判定为绞监候。该判决案在光绪二十四年十二月十九日(1899年1月30日)由皇帝裁定,规定次年秋审审议本案件。地方秋审断定卓蚁希为情实,其原案由黑龙江将军报至中央。

【光3】《光绪招册》直隶第六册所收《沈沥淋踢伤胡芪汰身死一案》

由沈沥淋(翁牛特旗蒙古人)引发的这起人命案件,由热河都统上报至中央。在中央,刑部与都察院、大理寺会审,依据《斗殴杀人者不问手足他物金刃并绞律》(《大清律例·刑律·人命》"斗殴及故杀人律"),结案判定为绞监候。该判决案在光绪二十五年二月二十日(1899年3月31日)由皇帝裁定,规定当年秋审审议本案件。地方秋审判决沈沥淋为缓决,其原案由热河都统报至中央。

【光4】《光绪招册》奉天第四册所收《得及得噶拉桑听从花里哑苏,伙同托克托呼、约木加下、花莲聚众肆逆,谋逼本管盟长色旺诺勒布桑保自缢身死案,额力登乌卓勒奉调守备统兵擅自逃亡案》

【光5】《光绪招册》奉天第九册所收(题目同上)

这两件,是关于由于士兵之反抗,致使哲里木盟盟长自杀这一重大事件之文书。在当地,以钦差大臣(兵部尚书)为中心进行审理。在中央,由刑部单独作成判决书。在这起事件中,有众多相关人员遭受处罚,特别是【光4】以额力登乌卓勒、【光5】以得及得噶拉桑(上述二人均为哲里木盟图什业图亲王旗下蒙古)为对象。前者依据《照随征兵丁私逃斩立决例上量减为斩监候》㉑(《大清律例·兵律·军政》"从征守备官军逃律条例"),判决为斩监候。后者按《奴婢谋杀家长与子孙同谋杀祖父母父母已杀者凌迟处死律》(《大清律例·刑律·人命》"谋杀祖父母父母律"),减罪两次之后,判决为斩监候。这些判决案在光绪二十八年五月十三日(1902年6月18日)获得皇帝批准,规定二人同在次年秋审受审。地方秋审断定【光4】的额力登乌卓勒为情实,【光5】的得及得噶拉桑为缓决,其原案由盛京将军报至中央。

【光6】《光绪招册》山西第七册所收《曼济致伤洛布桑哈尔察喝身死一案》

由曼济(阿尔泰乌梁海右翼总管瓦齐尔扎布旗下锦□牛录人)引发的这起人命案件,由科布多参赞大臣上报至中央。在中央,理藩院与刑部、都察院、大理寺会审,依据《斗殴杀人者不问手足他物金刃并绞律》(《大清律例·刑律·人命》"斗殴及故杀人律"),结案判定为绞监候。该判决案在光绪二十八年七月二十五日(1902年8月28日)由皇帝裁定。本案件的记录,以皇帝的判决下达给科布多参赞大臣结束。

【光7】《光绪招册》山西第七册所收《齐密特策业、彭楚克、姜布拉诺布抢夺牲畜十四以上,旺丕勒听从结伙十人以上抢夺一案》

由齐密特策业(车臣汗盟扎萨克桑赖多尔济旗下蒙古)等人引发的这起盗窃案件,由库伦办事大臣报至中央。在中央,理藩院与刑部、都察院、大理寺会审。依据《蒙古抢夺牲畜十匹以上为首例》(光绪《理藩院则例·强劫·伙众抢夺分别拟罪》),结案判定齐密特策业、彭楚克、姜布拉诺布三人为斩监候,依据《蒙古抢夺纠伙十人以上为从绞例》(同上),判定旺丕勒为绞监候。该判决案在光绪二十八年十二月二十二日(1903年1月20日)由皇帝裁定。本案件的记录,以皇帝的判决下达给库伦办事大臣结束。

【光8】《光绪招册》奉天第十三册所收《赵甸溃枪伤赵必身死一案》

由赵甸溃(蒙古达尔罕王旗下人)引发的这起人命案件,由盛京将军上报至中央。在中央,由刑部等依据《争斗擅将鸟枪施放杀人以故杀论故杀者斩律》(《大清律例·刑律·人命》"斗殴及故杀人律条例"),结案判定为斩监候(因史料污损,刑部之外参与审理的机关无法特定)。该判决案在光绪三十年三月六日(1904年4月21日)由皇帝裁定。本案件文书后半欠缺,判

㉑ 关于额力登乌卓勒刑法适用之用词,在二议案史料上出现混乱,此处整理后引用(【光4】为"照随征兵丁私逃斩立决例量减为斩监候",【光5】为"照随征兵丁私逃斩立决例上量减为斩监候")。

决为监候之后的情况不明。

【光9】《光绪招册》奉天第十一册所收《赫萌得偷窃马三十匹以上一案》

由赫萌得（土默特贝子旗下蒙古）引发的这起盗窃案，由吉林将军报至中央。在中央，理藩院与（刑部㉒）、都察院、大理寺会审，依据《偷窃蒙古牲畜三十匹以上不分首从均绞例》(《大清律例·刑律·贼盗》"盗马牛畜产律条例")，结案判决为绞监候。该判决案在光绪三十年三月十九日（1904年5月4日）由皇帝裁定，规定次年秋审审议本案件。地方秋审判决赫萌得为缓决，其原案由吉林将军报至中央。

【光10】《光绪招册》陕西第三册所收《毕克土木尔谋杀（王元）误杀张釜钰一案》

由毕克土木尔（土默特左翼札萨克贝勒车林纳木济勒旗下人）引发的这起人命案件，由库伦办事大臣上报至中央。在中央，理藩院与刑部、都察院、大理寺会审，依据《因谋杀人而误杀旁人以故杀论故杀者斩律》(《大清律例·刑律·人命》"戏杀误杀过失杀伤人律")，结案判定为斩监候。该判决案在光绪三十年十一月十四日（1904年12月20日）由皇帝裁定。本案件的记录，以皇帝的判决下达给库伦办事大臣结束。

【光11】《光绪招册》直隶第十册所收《喇嘛李苂戒谋杀白达拉玛一案》

由李苂戒（热河镶黄旗蒙古）引发的这起人命案件，由热河都统上报至中央。在中央，理藩院与刑部、都察院、大理寺会审，依据《谋杀人造意者斩律》(《大清律例·刑律·人命·谋杀人》)，结案判定为斩监候。该判决案在光绪三十二年（1906年）五月三十日㉓由皇帝裁定，规定同年秋审审议本案件。地方秋审判李苂戒为情实，其原案由热河都统上报至中央。

二、理藩院与三司
—— 中央关于蒙古死刑案件之处理

（一）死刑案件处理的三种类型——内地型、蒙古型、折衷型

较为人知的清政府通常的死刑案件处理程序是，刑部与都察院、大理寺会同，对各地的上报进行复审，再把得出的判决案上报给皇帝请求批准。刑

㉒ 本件史料原文记载"该理藩院等衙门奏前事内开。该臣等会同都察院、大理寺会看得"，很难认为曾存在三法司（刑部、都察院、大理寺）之中只有刑部不参与之情况。可认为，可能是在编制招册时，疏漏了"该臣等会同刑部、都察院、大理寺会看得"一文中的"刑部"二字。

㉓ 光绪三十二年（1906年）五月末日为二十九日，无三十日。看来，月日之中，一者有误。

部、都察院、大理寺合起来被称为三法司。该三个机构的堂官(长官)会审,被称为三法司会审。经由三法司会审的这一程序,主要适用于内地(中国内地与满洲)㉔的民人的立决、监候案件,经常作为清朝最典型的死刑案件处理程序而被介绍。㉕ 在此,暂称这种程序为内地型。

与此相对,关于以蒙古为对象的死刑案件,《蒙古律例》与《理藩院则例》等规定,除三法司外,掌管藩部实际事务的理藩院㉖也要参与。蒙古死刑案件的基本流程是,先由各地报告给理藩院,理藩院与三法司会审作出判决,其结果上报给皇帝请求批准。㉗ 在此,称这种程序为蒙古型。

在上一部分,总计对 21 起监候死刑案件进行了介绍。这些案件,在上述两种类型中,是依据哪一种进行处理的呢? 在 21 起案件之中,【光 4】、【光 5】因事件重大性而与平常案件处理不同,【光 8】因史料污损欠缺,未能彻底了解情况。若对上述 3 起之外的其余 18 起案件的判决过程进行归类,则可得到如下结论:

内地型:【道 2】、【道 5】、【光 1】、【光 2】、【光 3】

蒙古型:【乾 4】、【道 1】、【道 4】、【道 6】、【光 6】、【光 7】、【光 9】、【光 10】、【光 11】

折中型:【乾 1】、【乾 2】、【乾 3】、【道 3】

其中,归类为内地型的各起案件,在《秋审招册》的史料原文上明记"该刑部等衙门题前事内开。该臣等会同都察院、大理寺会看得"一文。并且,上呈给皇帝的判决案获得了认可。可见,这是以刑部为主体,限于三法司的审理。而蒙古型的各起案件,同样在史料原文记有"该理藩院等衙门题前事内开。该臣等会同刑部、都察院、大理寺会看得"一文。可见,这是以理藩院为主体,与三法司进行会审。从此例可知,这是按与蒙古例规定的程序不相抵

㉔ "内地"指中国本土与满洲(盛京、吉林、黑龙江)。有关裁判制度上满洲被视作内地,参见后面的【光 2】《卓蚁希诱拐唐氏致令羞愤投井身死一案》。该案明言犯罪地黑龙江为"内地"。

㉕ 前引注⑤所列研究,均为关于此程序之研究。

㉖ 关于理藩院在组织体系与司法方面承担的责任,参见〔日〕岛田正郎:《清代蒙古例の研究》,创文社 1982 年版,第 180—183 页;赵云田:《清代蒙古政教制度》,中华书局 1989 年版,第 55—63 页;那思陆:《清代中央司法审判制度》,文史哲出版社 1992 年版,第 149—150 页。

㉗ 《蒙古律例·断狱·凡死罪人犯札萨克等审讯报院》:"一、凡应拟斩绞之蒙古人犯,由该札萨克处审讯,声叙罪情,院报,由院会同三法司定拟具奏请旨。"道光《理藩院则例·审断·秋审会议》:"一、蒙古拟定死罪人犯,由各该处审明报院。由院会同三法司定拟具奏。其应监候秋后ди决者,归刑部秋审,会同九卿、科道拟议。"同《理藩院则例·审断·死罪人犯札萨克等审讯报院》:"一、凡应拟斩绞之蒙古人犯,由各札萨克处审讯,声叙罪情,呈报盟长。由盟长核转报院,会同三法司定拟具奏请旨。"(该两条在光绪《理藩院则例》亦无变更)

触的流程来处理实际案例。但此处需要特别注意的是,存在与上述内地型、蒙古型之任何一种类型不相适合的第三种类型。在上面归类为折衷型的4起案件中,史料上均见"该刑部等衙门题前事内开。该臣等会同理藩院、都察院、大理寺会得"一文。即会审与蒙古型相同,有四家机构参与,但需注意的是主体为刑部。这说明,主持对该案的会审,并负责起草向皇帝提交之文本的机构是刑部(因此,蒙古型的情况下,该职责应由理藩院负担)。

如此,根据清代后期案例,可明确得知,当时的蒙古死刑案件之处理,至少存在三种方式。接下来的问题是,这三种类型分别各自适用于何种情况呢?下面,笔者就此问题进行探讨。

(二)仅限三法司参与之类型——内地型

本部分讨论在中央仅限三法司审理,理藩院不参与的内地型的程序。首先,介绍一下内地型的具体案例,然后探讨该程序被选择采纳的条件。下面引用的是,被归类为内地型的【光2】《卓蚁希诱拐唐氏致令羞愤投井身死一案》。㉘

卓蚁希为图木沁㉙蒙古,来到了黑龙江,与唐氏丈夫六指尔相识并有来

㉘ 史料全文如下(段落由引用者划分。以下史料同):

奉天司一起。绞犯一名卓蚁希。年三十二岁。系西边外图木沁蒙古。该刑部等衙门题前事内开。该臣等会同都察院、大理寺会得。卓蚁希诱拐唐氏致令羞愤投井身死一案。据黑龙江将军恩泽等咨称,缘卓蚁希系图木沁蒙古,来至黑龙江,与唐氏之夫六指尔素识往来。六指尔出外庸工,卓蚁希常在六指尔家寄住。四月初八日,唐氏欲接女回家,令卓蚁希赶车同往。行至中途,卓蚁希见唐氏貌美,陡起淫心。当向唐氏称说,意欲拐逃前往原籍,作为夫妇,唐氏不从。卓蚁希用言恐吓。唐氏无奈跟随。卓蚁希将唐氏拐至客店打尖。唐氏趁卓蚁希出外,向店主哭诉前情。报经站官,将卓蚁希拿获,连唐氏一并送省。唐氏羞愤难堪,称欲自尽。经六指尔之弟时加防范,讵唐氏乘间投井殒命。报验审供不讳。查卓蚁希诱拐唐氏,不从,致令羞愤投井身死。例无加重治罪明文。卓蚁虽系蒙古,惟在内地犯事,应按刑律仍照本例问拟。除唐氏附请旌表外,卓蚁希合依诱拐妇女被诱之人不知情绞例,拟绞监候秋后处决。等因。光绪二十四年十二月十七日题。十九日奉旨。卓蚁希依拟应绞着监候秋后处决。余依议。钦此。咨行黑龙江将军,将卓蚁希监候。在案。

光绪二十五年秋审。据黑龙江将军恩泽会审得。卓蚁希前往依普奇屯,与小儿等种豆。即在素识之旗丁六指家中常住。六指之妻唐氏央求该犯,与其起赶驴车,前往东图莫台屯,接伊出嫁之女归宁。行至中途,该犯陡起淫心,即向唐氏言说,意欲将伊拐带回籍,作为夫妇。唐氏闻言不从。该犯即用强言恐吓。硬将唐氏拐,至塔勒哈站投店打尖。该犯出外饮酌之际,唐氏向店主哭诉前情。控经该站官人,将该犯捕获,拟将唐氏一并送省。正欲呈递间,讵唐氏羞愧难当,乘人不防,投井身死。有夫之妇欲霸为妻,用言恐吓拐逃,以致羞忿自尽。情状强横。蓄意淫恶。卓蚁希应情实。等因。具题。奉旨。三法司知道。

㉙ 图木沁一地不详。但在与黑龙江接壤的哲里木盟域内,现有图木吉之地名(《中华人民共和国政区标准地名图集》,星球地图出版社1999年版)。该地位于从黑龙江省进入哲里木盟的卓蚁希逃走路线之延长线上。图木沁(tumuqin)有可能指图木吉(tumuji)。

往。六指尔离家充当雇工,卓蚁希常寄住六指尔家。四月八日,唐氏为见女儿回娘家,遂让卓蚁希驾马车与其同行。途中,卓蚁希见唐氏容貌秀美,忽起淫心。对唐氏言诱逃至原籍结为夫妇,但唐氏不从。卓蚁希以言语胁迫,强拐唐氏至塔勒哈站投宿吃饭。乘卓蚁希外出饮驴马之际,唐氏向旅店店主哭诉事情的来龙去脉。(事情经过)报至塔勒哈站官员,(官员)捉拿卓蚁希,决定与唐氏一同送往黑龙江。唐氏羞愤难堪,言欲自杀。虽六指尔弟防范,但唐氏乘隙投井身死。

该案由黑龙江将军上报中央。在中央,以刑部与都察院、大理寺会审这一程序进行审理。在记录三法司判决案的题本上有如下一文:

> 卓蚁希虽系蒙古,惟在内地犯事,应按刑律仍照本例问拟。(中略)卓蚁希合依诱拐妇女被诱之人不知情绞例,拟绞监候秋后处决。

考虑到卓蚁希在内地犯法,使用刑律——《大清律例》之条文进行处置。无疑可认为,这是援引下面的《大清律例·名例律》"化外人有犯律条例"的前段之论理。

> 蒙古与民人交涉之案,凡遇斗殴、拒捕等事,该地方官员与旗员会讯明确,如蒙古在内地犯事者,照刑律办理。如民人在蒙古地方犯事者,即照蒙古律办理。㉚

卓蚁希一案,虽规定被害人不是民人而是旗人,但同属内地之民这点上是相通的。本案说明上述条例之规定在实际发挥作用,并且适用于斗殴、拘捕以外的刑事性色彩强烈的案件中,受人关注。进而言之,似乎可认为,本条款之论理,不仅规定了需要定罪用条款的场合,而且还规定了按何种顺序推进审理的手续方面的问题。即刚才介绍的内地型程序,原本是依据《大清律例·刑律·断狱》"有司决囚等第律"之规定的程序㉛,说起来应称之为刑律范畴之规定。而且,这次被归类为内地型的 5 起案件,案发地均在内地的可

㉚ 关于该条例,参见〔日〕仁井田升:《中国法制史研究 刑法(補訂)》,东京大学出版会 1980 年版,第 446 页;〔日〕岛田正郎:《清代蒙古例の研究》,创文社 1982 年版,第 93 页。另与本条主旨相同规定,亦见于《蒙古律例·断狱》"蒙古人在内地犯事照内地律治罪""民人在蒙古地方犯事照蒙古律治罪"条,以及道光与光绪《理藩院则例·审断》"蒙古民人各按犯事地方治罪"条。有关与该规定之重要性相关的判例收集之必要性,参见二木博史对萩原守《清代モンゴルの裁判と裁判文書》的书评《法制史研究》㊼,第 355 页。

㉛ 《大清律例·刑律·断狱》"有司决囚等第律","至死罪者,在内法司定议,在外听督抚审录,无冤依律议拟[斩绞情罪],法司复勘定议,奏闻"([ ]内为小注)。

能性很大。㉜ 涉及的案例,虽犯罪人是蒙古人,但属于蒙古例之外与理藩院管辖之外,可认为是专以刑律范畴之规定进行裁决的案例。

(三)刑部与理藩院、都察院、大理寺进行会审之类型——折中型

笔者亦首先介绍具体案例,然后探讨选择这一程序的条件。下面列出的是【乾2】《嘎尔的殴伤民人陈添甲身死一案》㉝的事件概要。

土默特人嘎尔的与陈添甲自前相识,并无隙。乾隆四十八年(1783年)二月,嘎尔的将一块田地给予民人白五,(白五)明言种植大蒜,收货后均分。七月五日,嘎尔的子敏珠尔路过该地,拔取三颗大蒜。见此,白五至嘎尔的家提出抗议。嘎尔的放言,因儿子被污蔑偷盗大蒜,土地不给予(白五)。白五未谈拢回家。途中,碰见陈添甲,就诉说了事情经过。陈添甲劝说道,(自己)同去赔礼息事宁人。于是,白五与陈添甲同去嘎尔的家赔礼。但嘎尔的认为诬赖自己孩子,不予理睬。陈添甲责骂,嘎尔的怒取木棍,殴伤陈添甲额头左侧。(陈添甲)倒地,仍继续责骂。嘎尔的又以木棍殴伤其左腿与左膝外侧。六日后,(陈添甲)死亡。

这起案件,由直隶总督报至中央。在中央,以刑部与理藩院、都察院、大

㉜ 【光1】为由黑龙江将军上报的黑龙江地域蒙古之案,可认为事件本身亦发生于同地。【光3】事案中明记"在内地犯事"。另道光期内的两案,均不适用蒙古例,而适用《大清律例》条文定罪。亦不见当时援引"蒙例并无治罪专条,应按刑律"这一蒙古例之痕迹。可认为,这是适用《大清律例·名例律》"化外人有犯律"条对"如蒙古在内地犯事者,即照刑律办理"之规定,两起案件事发地均在内地的可能性很大。

㉝ 史料全文如下:

直隶司一起。为报明事。绞犯一名嘎尔的。年三十五岁。系土默特旗章京扎木彦佐领下台吉巴拉克扎布管下蒙古。

据直隶总督刘峨审得。嘎尔的殴伤民人陈添甲身死一案。将嘎尔的依例拟绞。等因。乾隆四十九年二月二十七日题。闰三月初十日奉旨。三法司核拟具奏。钦此。该臣等会同理藩院、都察院、大理寺会看得。嘎尔的与陈添甲素识无嫌。乾隆四十八年二月间,嘎尔的将地一段给予民人白五,种蒜,言明成熟均分。至七月初五日,嘎尔的儿子敏珠尔从白五所种蒜地经过,将蒜拔取三颗。白五瞥见,前赴嘎尔的家理论。嘎尔的以白五诬赖伊子窃蒜,声言不与种地,白五并不与较而回。行至中途,与陈添甲撞遇,将前情述知。陈添甲劝令同往赔礼息事。白五即与陈添甲同至嘎尔的家赔礼。嘎尔的因其诬子为窃,置之不理。陈添甲用言斥骂,嘎尔的气忿隧取木棍,殴伤陈添甲囟门偏左,倒地。陈添甲仍骂不休。嘎尔的复用棍殴伤其左腿偏外并左膝偏外。延至初六日殒命。报验审供不讳。查嘎尔的系属蒙古且在外藩地方犯事。自应照蒙古例问拟。除白五拟杖外,查嘎尔的合依蒙古斗殴伤重五十日内死者绞例,拟绞监候秋后处决。查此案并无犯病展限。合并声明。等因。乾隆四十九年六月初五日题。初九日奉旨。嘎尔的依拟应绞着监候秋后处决。余依议。钦此。咨行直隶总督。将嘎尔的监候。在案。乾隆五十年秋审。据直隶总督刘峨审得。嘎尔的因陈添甲嗔其不理斥骂,该犯气忿用棍殴打,不期致伤陈添甲毙命。殴由被骂。死出不虞。情尚可原。嘎尔的应缓决。等因。具题。奉旨。三法司知道。

理寺会审之程序进行审理。刑部以下会审判决案写道:

> 查嘎尔的系蒙古且在外藩地方犯事。自应照蒙古例问拟。(中略)嘎尔的合依蒙古斗殴伤重五十日内死者绞例,拟绞监候秋后处决。

明记加害者为蒙古,且犯罪地点为外藩——蒙古地区之后,适用蒙古例之条文。本案的特点是,适用蒙古例之时,在记录犯罪人为蒙古之上,特别提到犯罪地点为蒙古地域。而且,就除上述【乾2】之外的折中型【乾1】、【乾3】、【道3】。而言,与上引判决案相同,适用蒙古例的斗殴杀人之条款。可认为,这些也是发生于蒙古地域之事件。上报这些案件至中央的,分别是:【乾1】、【乾2】的直隶总督,【乾3】的察哈尔八旗都统,【道3】的热河都统。看来,这些犯罪地点虽为蒙古地域,但属于与内地比较接近的长城沿线之地。㉞

另外,引人关注的是,上面介绍的【乾2】之另一特色,其加害者为蒙古,被害者为民人——即属于所谓的蒙民交涉案件。实际上,【乾1】、【乾3】在其史料上亦明记同样的当事者关系,至于【道3】,被害者据其姓名(赵太)而言,其为民人的可能性很大。即统观这些被归类为折中型的4起案件,可归纳出其共同之处为,这些案件均为在长城沿线蒙古地域发生的蒙民交涉案件。大体可认为,这正是适用折中型程序之条件。

(四)理藩院与三法司进行会审的类型——蒙古型

理藩院充当主体与三法司进行会审的蒙古型,共有9起案件归入此类。按上报给中央的官员之不同进行整理,这些案件可分类为:外蒙古驻防官报告的【道4】、【道6】、【光7】、【光10】(以上由库伦办事大臣);【光6】(科布多参赞大臣);【道1】(定边左副将军);长城沿线地带报告的【乾4】(察哈尔八旗都统);【光11】(热河都统);以及满洲地区报告的【光9】(吉林将军)。最后的【光9】,在案文中记录犯罪地点为"蒙界"。㉟ 大概是在外蒙东部与满洲交界地带犯事的犯人,因在吉林地域被捕(明记逮捕后"送县"),故由吉林将军上报此案。如将此案与其他由外蒙地域报告上来的案件合在一起,观察各案件中被害者的情况,如下所示:

㉞ 长城沿线之地这一表达方式略欠严密性。《秋审招册》中,多数情况下不明记案发地,仅依据这次收集的案例来明确指定折中型所及范围是很困难的。详论有待今后考证,本文姑且采用上述表达方式。

㉟ 《光绪招册》奉天第十一册《赫萌得偷窃马三十匹以上一案》:"赫萌得先未为匪。嗣该犯与在逃之于二成子遇道。贫难该犯起意偷马,于二成子允从。即于是月同伙二人各携绳索,偕至蒙界。见蒙古台吉色得勒吉家马群在彼放牧,与于二成子窃得杂色马三十匹,用绳联住,牵至空地,俟分各散。"

【道 1】蒙古（加害者亲属）
【道 4】未明记
【道 6】民人
【光 6】喇嘛
【光 7】民人
【光 9】蒙古台吉
【光 10】未明记

可见,案件中当事者关系多种多样,包括从加害者、被害者双方均为蒙古之案,至蒙民交涉之案。可认为,外蒙古地域的蒙古人犯罪案件中,不论被害者身份如何,均原则上按蒙古型程序进行处理。

另由长城沿线驻防官上报的两件中,【乾 4】被害者为牧场牧丁,【光 11】被害者为喇嘛。可认为,该两案中,被害者、加害者均为蒙古。据前部分考察,看得出在程序上,长城沿线蒙古地域发生的蒙古人间的案件被划定为蒙古型,蒙民交涉案件被划定为折中型。但在这次调查中,折中型的该类案例不包括光绪期的案例。此类划定是否延续到清末,有必要另作考察。

至此,如以图展示本部分讨论结果,可得到如下概念图:

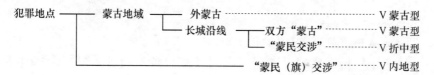

顺便提到的是,这个蒙古型的程序,不仅适用于加害者为蒙古的情况,有时亦适用于民人。《乾隆招册》第八（二）册所收《张玉库掷伤蒙古阿尔宾仓身死一案》,即为其例。山西汾州府平遥县张玉库杀害蒙古阿尔宾仓的该案言:"查张玉库虽系民人,但阿尔宾仓系蒙古且在蒙古地方犯事。自应照蒙古例问拟。"即明记被害者为蒙古,以及犯罪地点为蒙古地域之后,适用蒙古例的斗殴杀人条(《蒙古斗殴伤重五十日内身死者将殴打之人绞例》)。本案例是表明适用前引化外人有犯罪条例这一规定后半段——严格而言应是与此趣旨相同的《蒙古律例》断狱条文㊱——的珍贵案例。由此可以看出,其正与内地蒙民（旗）交涉案件构成对应关系。㊲

㊱ 《蒙古律例·断狱》"蒙古人在内地犯事照内地律治罪、民人在蒙古地方犯事照蒙古律治罪"条:"一、蒙古等在内地犯事,照依刑律定拟。民人在蒙古处犯事,照依蒙古律定拟。"

㊲ 另就蒙古地域民人之间的案件,以及内地蒙古人之间的案件,这次调查未能发现具体案例。关于这些案件之处理,有必要另寻案例进行考察。

三、蒙 古 秋 审

（一）蒙古秋审方式——围绕地方秋审之实施

不论采用内地型、折中型、蒙古型之中的任何一个判决方式，批准适合监候的因犯之判决案，并给予其功效的，是皇帝。通常的监候判决，由皇帝下达"某某应绞（斩）着监候秋后处决"字样的旨意。之后，该案件被转入秋审程序。

如在第一部分所提到，《秋审招册》中的议案之构成，通常分为如下三部。但从《秋审招册》抽出的蒙古人犯的议案中，有的包括、有的不包括第（3）条之记述。

  （1）议案的基本情况
  （2）下达监候判决的经过
  （3）地方秋审报告上报至中央的经过

如以有无关于地方秋审之记述为基准，对本文的考察对象蒙古秋审之案例进行归类的话，可分类如下（缺页造成史料后半段内容欠缺的【光8】除外）：

  A 附有关于地方秋审之记述的
  【乾1】、【乾2】、【道2】、【道3】、【道5】、【光1】、【光2】、【光3】、【光4】、【光5】、【光9】、【光11】
  B 无关于地方秋审之记述的
  【乾3】、【乾4】、【道1】、【道4】、【道6】、【光6】、【光7】、【光10】

对比上述 A、B 两组议案，可知二者之间具有相当明了的区别。那就是各地承接皇帝监候判决的官员是何种身份之问题。在 A 组中，直隶总督、盛京刑部侍郎、吉林将军、黑龙江将军以及热河都统受领皇帝的监候判决，他们在各地负责监候人犯之人身管理工作。在 B 组中，处于同一立场的是察哈尔八旗都统、库伦办事大臣、定边左副将军、科布多参赞大臣，这些均为在蒙古地域的驻防官。其中，A 组直隶总督至黑龙江将军的前四者为内地官员。据此，可得到如下对应关系：即内地官员负责管理的罪囚基本上附有地方秋审之记述，而蒙古地域官员负责管理之罪囚则无地方秋审之记述。而热河地区，虽民人行政与蒙古行政二机构并存，但仍是京畿之一部。可认为，热河都

统在此被视作内地官员。㊳

　　围绕地方秋审的《秋审招册》记述内容之不同,是如何反映不同类型秋审程序之内容的呢? 首先,A 类如招册所述,无疑是在各地制作秋审原案。可认为,归类为 A 类的各议案,按与内地民人议案相同方式进行处理。问题在于 B 类之处理。作为跟踪探讨 B 类议案之处理方式的案例,探讨一下【道1】《根墩扎普扎伤小功服叔三巴扎布身死一案》。㊴ 下面,笔者追述对这一议案的审议过程,进而对被监管于蒙古地域官员处的罪囚所实际进行的秋审过程,进行重新构筑。

　　根墩扎普与小功服叔(父亲之从兄弟)三巴扎布本无隙。道光七年十月十八日(1827 年 12 月 6 日),根墩扎普丢失马嚼,未能找到。根墩扎普的妹妹得里克说,三巴扎布在野外拾到的马嚼与根墩扎普所丢失的相似。于是,根墩扎普前往三巴扎布家,要求还给自己。但不凑巧三巴扎布外出不在家。根墩扎普告知其母亲,即刻取回了(马嚼)。三巴扎布回家听到这一事情,就去根墩扎普家,认为马嚼是自己捡回之物,欲立即取走。根墩扎普欲夺回,但三巴扎布不松手。于是,二人吵起架来。三巴扎布用手掐根墩扎普的脖子,

---

　　㊳ 关于在热河都统之下进行地方秋审一事,参见《刑案汇览》卷五九《刑律·断狱·有司决囚等第·道光七年说帖》"热河民蒙案件悉归都统办结"。该史料中谈到道光七年(1827 年)以前,热河进行地方秋审。

　　㊴ 史料全文如下:

　　　　山西司一起。斩犯一名根墩扎普。年二十七岁。系三音诺彦部落公扎木色楞扎布旗下台吉喇布坦属下人。该理藩院等衙门题前事内开。该臣等会同刑部、都察院、大理寺会看得。据调任定边左副将军格布舍咨报。根墩扎普扎伤小功服叔三巴扎布身死一案。缘根墩扎普与小功服叔三巴扎布素无嫌隙。道光七年十月十八日,根墩扎普失去马嚼,找寻无获。根墩扎普之妹得里克,以三巴扎布在野外拾得马嚼,与伊所失原物相似。根墩扎普随至三巴扎布家讨要,适三巴扎布外出。根墩扎普向其母告知,当即携回。三巴扎布回家闻知,亦至根墩扎普家,以马嚼系其拾来,即拿收欲走。根墩扎普向夺,三巴扎布不肯放手,致相争吵。三巴扎布用手搭住根墩扎普咽喉,连殴。根墩扎普冀其放手,一时情急顺拔身佩戴小刀向扎,致伤其左后肋。至十一月十三日殒命。报验info供不讳。查根墩扎普因被小功服叔三巴扎布用手搭住咽喉,连殴,一时情急,拔刀向扎适伤三巴扎布,殒命。核其情节,被搭情急,抵扎一伤,尚非有心逞凶干犯。惟死系小功服叔,服制攸关,仍应按律问拟。根墩扎普合依卑幼殴本宗小功叔死者斩律,拟斩立决。等因。道光八年九月初六日题。初八日奉旨。根墩扎普改为应斩着监候秋后处决。余依议。钦此。咨行定边左副将军,将根墩扎普监候。在案。

　　　　道光九年秋审。该臣等会同九卿、理藩院、詹事、科道等官会审。根墩扎普应情实。等因。具题。奉旨。这情实根墩扎普着复奏。册留览。钦此。据刑科掌印咨行给事中托明等题。为遵旨复奏事。奉旨。着候勾到。钦此。据掌陕西道监察御史宗文提通等题。为处决重囚事。等因。道光九年十月二十七日题。本日奉旨。根墩扎普着牢固监候。钦遵在案。

并殴打。根墩扎普为使其松手,情急之下拔出随身携带的小刀扎伤三巴扎布左肋部。(三巴扎布)在十一月十三日死亡。

本案件由定边左副将军上报至中央,经理藩院与三法司会审,结案出具判决案。但该案件最初按立决报至皇帝处,经皇帝指示,更改为监候议案。

> 核其情节,被掮情急,抵扎一伤,尚非有心逞凶干犯。惟死系小功服叔,服制攸关,仍应按律问拟。⑩ 根墩扎普合依卑幼殴本宗小功服叔死者斩律,拟斩立决。等因。道光八年九月初六日题。初八日奉旨。根墩扎普改为应斩着监候秋后处决。余依议。钦此。咨行定边左副将军、将根墩扎普监候。在案。

此处,由斩立决改定为斩监候,是依据《大清律例·刑律·斗殴》"殴大功以下尊长律条例"之一条"一,凡殴死本宗期功尊长,罪干斩决之案,如系情轻(中略)核其所犯情节,实可矜悯者,夹签声明㊶,恭候钦定",并非特例。在此更应关注的是,对从外蒙古地域呈报上来的蒙古人亲属间的杀伤事件,适用以中国法之家族概念为基础的殴大功以下尊长律及其条例进行处理。总之,监候命令之皇帝圣旨,被转送至定边左副将军处,根墩扎普被监禁起来,等候秋审之结论。

而归为 B 类的各议案之中,上述【道1】除外的 7 件,均以"咨行○○,将△△监候。在案"结束记述部分。之后的审议经过,无法继续探讨。既然是《秋审招册》之对象,肯定在九卿会审席上进行讨论。但史料表面上不能明确证明此点。但是,实际上《秋审招册》之一部分,包括秋审长达数年之议案。如属此类议案,可跟踪探讨监候判决后该议案的审议流程。根墩扎普之议案,正属此类。在前引"咨行定边左副将军、将根墩扎普监候。在案"之后,史料言:

> 道光玖年秋审。该臣等会同九卿、理藩院、詹事、科道等官会审。根墩扎普应情实。等因。具题。奉旨。这情实根墩扎普着复奏。册留览。钦此。据刑科掌印咨行给事中托明等题。为遵旨复奏事。奉旨。着候勾到。钦此。据掌陕西道监察御使宗室博通等题。为处决重囚事。等因。道光玖年拾月贰拾柒日题。本日奉旨。根墩扎普着牢固监候。钦遵在案。

---

⑩ 虽承认酌情考虑之事由,但因属晚辈损害尊长,故言依据制定严刑之律的规定。

㊶ "夹签声明"是指向皇帝报告时,以付笺注记酌情考虑之事由的程序。如根墩扎普一案中,"被掮情急,抵扎一伤,尚非有心逞凶干犯"之处,疑为注记。

据此可知,根墩扎普在道光九年(1829)秋审上,受到以九卿、理藩院、詹事、科道等为成员之会审,并被断为情实。此处值得关注的是,与一般的九卿会议(以九卿、詹事、科道等为成员)不同,该处能够证明理藩院的堂官也专此参加。㊷ 另外,亦值得关注的是,此处完全不能确认其前一阶段的工作——地方秋审原案以及报告的制作过程。九卿会议后的复奏、勾决(勾到)是对情实人犯采取的通常的处理手续,勾决之程序决定是否处决该人犯。根墩扎普的情况是,免予下达执行命令,皇帝下达指示"着牢固监候",将其置于监候。㊸ 因本案件处理方式如此,故跨年于第二年才接受秋审。道光十年(1830)秋审时所做的文件,即为上述《秋审招册》之议案。

若根据本案之内容,关于前述 B 组,可推定出如下审议程序。即关于在蒙古地域官员处被管押人身的监候人犯,在地方处理阶段,不进行制作秋审原案的地方秋审㊹,其秋审审议专门在中央进行。㊺ 除通常的参加人员之外,理藩院的堂官也参加中央的九卿会审,其基本过程与其他议案几乎相同。其中,亦有可能包括免予死刑,被监禁数年的罪囚。看起来可认为,虽然地方的参与是有限度的,但至少从国家机构整体而言,清代后期仍推行具有一定实效性的以蒙古人犯为对象之秋审。

另不进行地方秋审,不意味着蒙古地域官员完全不参与秋审之"实务"。虽属清末完成,但通过《乌里雅苏台志略》月咨言"应入秋审斩绞人犯,每年四月造册咨行[刑部·理藩院]"㊻,《科布多政务总册》事宜则简言"每年四月办理秋审案件"㊼,可认为,这可能是在进行有关各自地域监候人犯的收监情况等的预备报告。

㊷ 规定上可见到理藩院堂官参加蒙古秋审之会审。如道光《理藩院则例·通例》"秋审上班"有"届日,本院堂官赴天安门外朝房、会同大学士、九卿、詹士、科道等官会审"等。

㊸ 在根墩扎普一案中,采取双重的缓和措施——从立决至监候,从情实至监候的留置。这样的处理方法,作为同时期案例,绝不特殊。虽然在法律上重视亲属关系的名分而设置严厉的惩罚,但在实际应用上,在经由皇帝(译者补:核审)时,适当斟酌罪状减缓执行这一措施,在同时期中国本土的服制命案处理上频繁出现。本案说明,19 世纪前半期,外蒙古之案件按与中国本土同样的应用原理来处理,引人关注。关于秋审的服制命案处理,参见〔日〕赤城美惠子:《清代服制事案関する一考察——秋審手続を通じてみたる》,载《東洋文化研究所紀要》第 155 册。

㊹ 可认为,不进行地方秋审(译者补:这一形式),也适用于在蒙古地域官员之下受管理的民人罪囚。如,处理民人在库伦所犯放火事件的《光绪招册》山西第七册所收《段城澄谋财放火尚未延烧房屋一案》,与其他蒙古案例相同,招册内容欠缺地方秋审之记述。

㊺ 可认为,对该人犯下达监候判决时的文件,在中央存储于刑部等。而对未实施地方秋审的囚犯,是以这些文件为基础进行秋审的。

㊻ 新修方志丛刊本(台北学生书局 1967 年影印版。引文中的[ ]表示夹注)。另乌里雅苏台为定边左副将军驻在地。

㊼ 《科布多史料辑存》所收(书目文献出版社 1986 年影印版)

（二）蒙古秋审的免死减刑

以蒙古人犯为对象的秋审，当其作为具有实效性的制度发挥作用时，随之会产生一些现实的问题。即通过秋审判处的囚犯分为两种：一种是死刑犯；另一种是非死刑犯。前者暂且不论，而后者的处理，即便在中国本土也成了一个很大的问题。在整个清代，随着这些非死刑人犯数量的增加，管理上的问题[48]，以及关于对这些犯人的减刑政策等问题[49]，经常被提到朝廷议题上来。关于清代蒙古地域的监狱制度，其详细情况尚不明了。但关于蒙古人犯的免死减刑问题，乾隆三十七年（1772年）九月，理藩院奏准的条例有如下规定。其中，有关人命案，规定有蒙古例特有的家畜罚或是发配往内地等措施。

一、凡伤人致死，拟绞缓决之蒙古重犯，遇恩诏减等后，仍照蒙古律[50]罚取三九牲畜，给付尸亲完结。如照数无获者，即发山东、河南等省，交驿站，充当苦差。[51]

关于盗窃、抢劫等案件的减刑之规定，例如道光八年（1828年）《缓决三次减等章程》的《减发河南、山东驿站当差》，以及《减发云、贵、两广驿站当差》两款中，列举了《蒙古偷窃牲畜》之议案。[52] 即此处发配内地亦是其基本措施。而且在《缓决三次减等章程》中可了解到，根据发配地的远近，对减刑后的处置划定差别。例如，"蒙古偷窃牲畜二十匹以上为从"的，发配往河南、山东，"蒙古偷窃牲畜三十匹以上为从"的，发配往云南、贵州、两广。

另《刑案汇览》所载道光十年（1830年）说帖，记录有经过秋审后发配往内地的蒙古犯人，从发配地逃出并再次犯罪的事例。[53] 除此之外，根据道光

---

[48] 特别是高远拓儿《清代地方秋審の手続と人犯管理—乾隆年代における提犯・巡歴・留禁の問題をめぐって—》（载《史学雜誌》第110篇第6号，2001年）讨论了围绕中国本土秋审之罪囚管理问题。中村茂夫《秋審余滴》（载《愛大史学》第8号，1999年）及赤城美惠子《清朝朝審における緩決人犯の減等について》（载《法史学研究会会報》第12号，2008年）则论及未执行死刑而增加的罪囚问题。

[49] 关于秋审人犯的免死减罪等问题，参见〔日〕赤城美惠子：《清朝朝審における緩決人犯の減等について》，载《法史学研究会会報》第12号，2008年。

[50] 此处"蒙古律"指的是康熙二十六年（1687年）之规定："凡打死人命应拟绞之蒙古等。遇赦免其绞罪。由免罪人犯。追罚三九牲畜。给付尸亲。"关于本条参见〔日〕岛田正郎：《清代蒙古例の研究》，创文社1982年版，第820—821页、第836页。

[51] 《蒙古律例·断狱》："缓决减等之蒙古人犯应罚牲畜无获。"

[52] 作为早于《刑案汇览》卷末《本部查办缓决三次减等章程》之事例，乾隆四十七年（1782年）缓决三次减等款条《蒙古抢窃什物未伤人》规定极边四千里。参见〔日〕赤城美惠子：《清朝朝審における緩決人犯の減等について》，载《法史学研究会会報》第12号，2008年，第10页。

[53] 参见《刑案汇览》卷五七《刑律·捕亡·徒流人逃·道光十年说帖》："蒙古拟绞减遣逃后抢窃拒捕。"

十二年(1832年)《蒙古遣犯病故应汇报理藩院》的记载,当时各省向理藩院就关于发配往内地的蒙古人犯的报告,每年"一二百件之多"。㊴ 当然,这一概数不是仅限经历秋审的犯人数字。但从中可看得出,道光年间的前半期间,蒙古犯人被发配往内地是习以为常的事情。岛田正郎指出,在嘉庆末年、道光初年以后,蒙古例中关于发配的规定"有了快速而显著地发展"。㊵ 在考虑内外蒙古的广阔地域上,监候人犯频繁出现之状况产生的时期——亦即随着蒙古人犯的免死减刑处理而发配往内地的事例频发时期这一问题时,上述指摘极富寓意性。本文以报自长城沿线地域的《乾隆招册》之议案,以及报自内外蒙古各地的《道光招册》《光绪招册》之议案作为讨论对象。可认为,将来通过解明本文中未能提及的自嘉庆年间至道光初年间的状况,能够就蒙古秋审之拓展,以及内地发配等问题,展开进一步深刻的讨论。

结　　语

本文通过对清代后期蒙古人犯议案之分析,对(1)中央上对蒙古死刑议案的判决程序,(2)蒙古秋审问题,进行了探讨。以下对阐明的事项,略加整理,权当结尾。

首先,通过对问题(1)之探讨,释清了清代后期存在三种处理蒙古死刑议案的判决程序。其中,内地型程序,仅限于三法司制作判决案,适用于在内地发生的蒙民或蒙旗交涉之案件。在此,不仅可确认到遵照《化外人有犯律条例》前段之论理——规定"如蒙古在内地犯事者,照刑律办理"的判决案,还可知该条文的论理贯彻到了司法程序面上。本文还指出,关于同一条文后半段的"如民人在蒙古地方犯事者,即照蒙古律办理"一文,能够找到与其相对应的具体案例。另外,本文确认到以理藩院为中心、会同三法司的蒙古型程序,广泛适用于外蒙古地域的蒙古死刑议案。而且还确认到,如案件的加害者、被害者双方均为蒙古的情况下,上述蒙古型程序还适用于长城沿线蒙古地域。除此之外,还存在蒙古型与内地型的折中型这一类型,这是刑部充当核心,与理藩院、都察院、大理寺进行会审的类型。可认为,这种折中型适

㊴　《刑案汇览》卷五九《刑律·断狱·有司决囚等第·道光十二年通行》:"蒙古遣犯病故应汇报理藩院。"

㊵　〔日〕岛田正郎:《北方ユーラシア法系通史》,创文社1995年版,第69页;关于嘉庆、道光之交可按蒙古例之崭新时代来处理之视点,岛田正郎的《北方ユーラシア法系の研究》(创文社1981年版,第342—352页)已详述。

用于发生在长城沿线蒙古地域的案件之中的蒙民交涉案件。前辈学者早已指出,关于清代蒙古裁判问题,应考虑地域间差异。㊳ 可以说,就这次探讨的结果而言,通过具体案例,了解到上述指摘的分析视角之正确性。

其次,关于蒙古秋审,以往围绕其时效性意见分歧。本文阐明,根据收到监候判决的地方官员之不同,其处理方式分为两种。就被内地官员管理人身的罪因而言,按与通常的民人之议案相同的程序处理;而就被蒙古地域的官员管理人身的罪因而言,不实施内地进行的地方秋审,可认为蒙古官员不参与判定秋审。以往,怀疑蒙古秋审之实施及其实效性的最大原因即在此。然而,关于未成地方秋审之对象的议案,朝廷中央亦进行审议。从分类处置监候罪囚这一侧面而言,以这些议案为对象的秋审,亦作为充分具备实效性的制度而发挥着作用。但其并非与内地秋审完全相同。即内地地方秋审办理"提犯会勘"㊲这一手续,至少形式上具备发现、更正冤案,以及多官会审等功能。进而言之,"提犯会勘"制度的仪式化,本身构成了宣示王朝权威的一个机会。另还可认为,中央对地方原案进行复审而带来的管制效果等,亦在发挥作用。有必要留意,以蒙古地域的罪因为对象之秋审,忽略了编入制度内的类似上述的种种机能。可认为,这是以贯彻清朝刑罚体系,即由划分死刑为立决与监候,划分监候为情实、缓决等之规定构筑起来的刑罚体系——的必要性为优先,并不是因为秋审制度被导入当地而引起。

据本文考察结果,可了解到如下内容。即清朝针对蒙古地区的司法程序,因犯罪地点、事件当事者的归属、负责官员等不同,以复杂的不同方式得到有效利用。其中的一大发现是,不论是在判决程序之中,抑或是在秋审程序之中,是否属于内地这一指标构成具备相当分量的条件。另值得注意的是,如同判决程序中的折中型,为易于选择提取交壤地带的交涉案件,清朝设定了中间型的处理框架。这样的组织体系,是清朝在掌握并控制交错生活与广阔地域内的族群集团时摸索出来的。而且,构筑这一体系的过程与背景,

---

㊳ 岛田正郎的《清朝蒙古例の実效性の研究》(创文社 1992 年版)与《北方ユーラシア法系通史》(创文社 1995 年版)留意到外藩、内属之别(译者补:分别)展开考察。另萩原守《清朝の蒙古例》(载滋贺秀三编:《中国法制史:基本资料の研究》,东京大学出版会 1993 年版,第 647 页)以及《清代モンゴルの裁判と裁判文书》(创文社 2006 年版,第 185 页)指出地域间差异之研究为今后课题。

㊲ 关于"提犯会勘"参见〔日〕高远拓儿:《清代地方秋审の手続と人犯管理—乾隆年代における提犯・巡历・留禁の问题をめぐって》,载《史学杂志》第 110 篇第 6 号,2001 年。关于秋审制度的诸理念与机能,参见〔日〕高远拓儿:《清代秋审制度の机能とその実態》,载《东洋史研究》第 63 卷第 1 号,2004 年。

其本身就是一个饶有兴趣的课题。笔者拟以这一制度之由来为今后研究课题,以此结束本文之讨论。

【追记】本文是 2009 年 4 月 18 日,笔者在九州大学召开的法制史学会第 61 次总会所作报告的改正稿。报告当日,得到了与会者各位雅正。在此谨表谢意。

"淆乱视听":西方人的中国法律观[*]
——源于鸦片战争之前的错误认知

〔美〕步德茂(Thomas Buoye)[**] 著 王志希[***] 译

过去两个多世纪以来,由于种种复杂的原因——包括文化的、思想的、政治的与经济的原因——西方评论者经常误解、误传或故意歪曲中国法律传统及司法实践。这一系列错误认知是在鸦片战争前形成的,那时,西方人针对那些关涉欧洲人的死刑判决进行了漫长的抗争;此后,人们对这些错误认知添油加醋并使之扩大。鸦片战争爆发前的几十年间,西方人对中国司法——尤其是在审理死刑案件时——的愤怒指责屡见不鲜。特别是西方版本的标志性案件,诸如1749年两个葡萄牙守卫杀死两个中国窃贼的案件、1773年本已被葡萄牙法庭宣告无罪的肆阁(Francis Scott)受到重审且最终被处决的案件、1784年"休斯女士号"(the Lady Hughes)上的一名因鸣放礼炮而误杀了两名中国人的英国炮手被处决的案件、1807年"海王星号"(the Neptune)的一名英国水手因误杀而被定罪的案件以及1821年"埃米利号"(the Emily)的一名美国水手遭处决的案件,这些案件为西方人以道义之名无休止地谴责中

---

[*] 本文原题为"Obfuscation and Obstruction: The Pre-Opium War Origins of Western Misperceptions of Chinese Law",载《"中国法律史前沿问题"国际学术会议论文集》(厦门,2011年)。本文中出现的专有名词,有原本的中文名或已有中译名的,从原本的中文名或已有中译名,且仅首次出现的时候加注英文;译者未找到其中文名或中译名的,则保留英文。——译者注

[**] 步德茂,美国塔尔萨大学历史系副教授、系主任。

[***] 王志希,香港中文大学崇基学院神学院基督教研究文学硕士生。

国刑事司法提供了丰富的素材。① 对西方批评家而言,中国人在这些死刑案件中的表现,就是整套中国法律可鄙的标志。更重要的是,这些经西方人演绎过的臭名昭著的案件,以及西方与清廷之间尖锐的司法管辖权争议,为一连串批评中国法律的人提供了修饰性的判准。这些受到歪曲的关于中国传统法律的表达,深深地铭刻在西方的大众想象、智识话语和政治修辞之中,乃至在有关21世纪中国的死刑与人权的讨论中,这些表达依然显而易见。就连费正清(John K. Fairbank)这样一位美国的中国学研究之父,也错误解读了德兰诺瓦(Terranova)案。② 甚至直到今日,我们还可以看到一些在其他领域可靠且博学的人士竟将历史上的法律实践与现今的法律实践混为一谈,而这种做法和过去那些贬损中国法律制度的做法如出一辙。③

西方人对鸦片战争前的法律冲突的误解影响深远,而导致这一误解的首要原因在于:他们没有质疑当时那些对"休斯女士号"案和其他富有争议的案件的描述;事实上,那些描述极不可靠,且是为了混淆视听并免除那些受指控的西方人的罪责而故意构思出来的。尽管最近的学术研究已更为全面而平衡地向我们叙述了这些事件,但是如今对鸦片战争前司法管辖权冲突的阐释,仍然过度频繁地从文化的角度进行,这些文化性的阐释贬低了清代法律实践的合理之处,无视18世纪的司法规范,并且忽略了官僚政治的重要作用。发生在18世纪广东的中外交流,在法律上含糊不清,在道德上也隐晦朦

---

① 幸运的是,在最近的学术文章中,这里所提到的每一个案件都重新被仔细考察。参见 Li Chen,"Law, Empire, and Historiography of Modern Sino-Western Relations: A Case Study of the Lady Hughes Controversy in 1784", *Law and History Review*, 27.1 (Spring 2009), pp.1-53; Joseph Benjamin Askew, "Returning to New Territory: The Terranova Incident Re-examined", *Asian Studies Review* (December 2004), pp.351-371; Glenn Timmermans, "Sir George Thomas Staunton and the Translation of the Qing Legal Code", Chinese *Cross Currents*, 2.1 (January-March, 2005), pp.26-57; Patrick Tuck, "Law and Disorder in the China Coast: The Sailors of the *Neptune* and an Affray at Canton, 1807", in *British Ships in China Seas, 1700 to the Present Day*, ed. Richard Harding et al (Liverpool: Society for Nautical Research/National Museum Liverpool, 2004), pp.83-97。

② 费正清以德兰诺瓦案为例,将清代与中华人民共和国的法律实践合并,并主张:"在帝国主义时代,英国以及其他国家在中国所宣称的治外法权,就是我们现在所说人权在当时的具体表达。"Askew 在他的文章中讥讽费正清不过是在重新咀嚼这一事件那些靠不住的描述。参见 Joseph Benjamin Askew, "Returning to New Territory: The Terranova Incident Re-examined", *Asian Studies Review* (December 2004), pp.351-371, p.351。

③ 对中国法律史无意的扭曲,延续至今。就在最近,2010年6月23日有一篇讨论中华人民共和国死刑的报告,它在其他方面很增长见识且富有启发意义,但在其中,美国公共电台(National Public Radio)的通讯记者 Anthony Kuhn 重复着几个世纪前的谣传,称"中国的传统观念,就是杀人偿命"。参见 Anthony Kuhn,"Executions In China Under Growing Scrutiny", http://www.npr.org/templates/story/story.php? storyId =127375392。

胧;司法管辖权的冲突以及西方人误解的起源,必须放在这样的语境中进行考察。作为纠正西方人错误认知的起步,本文将从死刑案件的官僚政治和审转复核程序的角度,重估围绕这些案件所产生的法律问题和政治问题,盼望提供新的洞见,以理解西方对中国法律错误认知的起源和长期存在的原因。中西双方在道德上和法律上所作出的妥协,证明西方批评家与清代中国法律原则的拥护者,二者所持的高尚原则是多么虚假。

一、清代死刑案件的裁判

作为一个阅读并分析过18世纪上千件"常规的"命案报告的历史学者,笔者发现,西方人指责清代的刑事司法反复无常、残酷、恣意,这与从卷帙浩繁的死刑案件记录中不难观察到的司法规范,极不一致。④ 当然,清代的刑事司法制度远非完美无瑕;但其对死刑案件的审转复核程序极其精密,无法不让我们留下深刻的印象。毫无疑问,在那些触犯了被清律奉为神圣的核心价值观——孝道或父权制——的案件中,刑罚极为严厉;然而,可追溯到两千年前的对中国法律的评注,始终如一地告诫,要慎用一切肉刑。⑤ 到了清代早期,追求仁慈的倾向已成为中国刑事司法的标志,它表明了一种对人类生命的真诚敬意。⑥ 清代官员很不愿意将死刑犯处决,即便在一个死刑犯经过了每年秋审的十个阶段并已被定为"情实"以后,也是如此。事实上,18世纪

---

④ 单单是乾隆统治时期(1736—1795年),就有成千上万的案件记录存留至今。在笔者对18世纪涉及产权的暴力纠纷所进行的研究中,从刑科题本的汇册中抽样的那些案例,与土地和借贷相关。整个汇册包括约5.6万个案件。关于刑科题本汇册的讨论,请参见下书的附录:Thomas Buoye, *Manslaughter, Markets, and Moral Economy: Violent Disputes over Property Rights in Eighteenth-century China*, Cambridge University Press, 2000。

⑤ 可追溯到周朝早期的《康诰》,是存留至今最古老的讨论司法的文献,它注意到了死刑不可逆转,故强烈告诫统治者须明智审慎地运用肉刑,并鼓励在有疑义的案件中用罚金代替肉刑。相似的,可追溯到战国时代的《吕刑》,也警戒慎用肉刑,并提倡仁慈。参见 Geoffrey Mac-Cormack, "The *Lü Hsing*: Problems of Legal Interpretation", *Monumenta Serica*, 37(1986—87), pp. 35-47。

⑥ 追求仁慈的倾向有正式的,也有非正式的。立法上的赦免——例如在清代,对那些在保护父亲时杀了人的嫌犯的赦免——被编纂、修订为例。正式的赦免,请参见 Thomas Buoye, "Filial Felons: Leniency and Legal Reasoning in Qing China", in *Writing and Law in Late Imperial China: Crime, Conflict, and Judgment*, edited by Robert C. Hegel and Katherine Carlitz, University of Washington Press, 2007, pp. 115-116. 非正式的赦免则表现在,许多命案报告的撰写,是为了在秋审时引发同情,并影响科刑的复核。关于命案报告的重要性,请参见 Thomas Buoye, "Suddenly Murderous Intent Arose: Bureaucratization and Benevolence in Eighteenth Century Qing Homicide Reports", *Late Imperial China*, 16.2 (December 1995), pp. 95-130。

中国刑事司法的困境就在于,一方面,被判处死刑的罪犯人数不断上升;另一方面,司法官员又很不愿意执行死刑判决。

这是清代刑事司法的历史实情,然而,在死刑案件中,绝大多数西方人还是会抵制中国的法律权威。整个18世纪,这些西方人越来越固执地抵制中国的司法管辖权。西方人对中国司法的反对和西方被告人不顺从的行为,与中国人在相似情形下的行为产生鲜明对比。然而,接下来要讨论的每一个声名狼藉的案件,都一律被西方人描绘成大冤案。在西方人的经验和谴责性的言词,与18世纪鸦片战争前中国的法律原则及实践的事实之间,我们当如何协调?对待涉及死刑犯罪的洋人的方式,是否与既定的清代法律程序和规范一致?事实上,从程序的角度看,从1743年后,对涉及西方人的死刑犯罪是作不同处理的,但在清代官员看来,这种变更是对西方人的让步。在考察这些变更之前,我们需简要地考察裁决与科刑的常规程序。

二、死刑案件复核:原则与实践

在明代(1368—1644年),死刑案件的复核是强制性的,且每年秋审要复核新近裁决、但被推后的死刑判决;清代则继承了这些法律程序。死刑案件⑦首先在县一级展开调查和审理,随后自动转到上一级司法机构进行复核,自府至省、中央政府,最终转至皇帝。犯各种各样的暴力罪行,会被处以死刑,但绝大多数死刑判决属于"监候秋后处决"的类型。实际上,多数死刑判决被提交到每年的复核中,使得对它们进行修改和辩驳成为可能。司法官僚机构也因此承担了极大的行政负担。在秋审的时候,最高司法机构的官员和皇帝对那些暂处以死刑的案件仔细斟酌,并在科刑上对宽恕和减刑的正式请求予以考虑。⑧ 四种可能的处理结果是:"情实""缓决""留养"和"可矜"。按照律法,任何一个罪犯,如果被连续三次给予"缓决"处理,那么对他的判决就会减为流刑。在实践中,成千上万个罪犯的判决会延期,有许多则会超出三年的年限。此外,有一些罪犯,连续十年在秋审中都被定为"情实",但处决迟迟未行,最终减为"缓决"。

乾隆朝(1736—1795年)中期,案件的积压已到了十分严重的程度。档案方面的证据还有待系统考察,但是,单以1765年为例,根据刑部的报告,

---

⑦ 有例外的是,涉及谋反、海盗和秘密结社的严重犯罪,须就地正法。
⑧ Marinus Meijer, "The Autumn Assizes in Ch'ing Law", *Toung Pao* (1984) LXX: 1.

"逾一万罪犯"处于缓决的状态。⑨ 同年,死刑的执行数目是2 863人。⑩ 两相比较可知,死刑执行与缓决的比例约是1∶4。⑪ 接连不断地给予缓决,使得那些屡屡接受复核的案件将整个法律制度堵住了。1765年秋审时,即便光是考虑死刑执行与缓决的数据,官员们就必须商议超过12 863个案件。这些在秋审的早先阶段经过复核的案件,已经没有新的证据可供考虑;而大学士刘统勋在乾隆三十四年(1769年)阴历七月三日的一份奏折中记载道,极少判决在秋审的第一次复核后得到改变。⑫ 对最终判决的执行,官方没有说什么,所以我们只能去揣测;但有一点很清楚,即不管原因是什么,总之成千上万个囚犯在监狱中年复一年地受着苦。

死刑犯罪的科刑与复核程序,也为观察清代中国的官僚政治提供了一扇独特的视窗。没有其他的公务,会受到比之更加严密的监督。每一个层级的司法机构,甚至包括皇帝,清律都为其详细规定了具体的责任;但是对绝大部分案件的科刑都只是暂时性的,这也给予了皇帝不受控制的特权,可以推翻任何一个司法判决。每次当清朝皇帝担心他的政府因自满情绪而裹足不前时,裁决死刑案件并对之科刑,就提供了一个公共舞台,这个舞台能几近完美地平衡皇帝的"官僚性的专制权力"。⑬ 施行死刑尤其被用来使皇帝能够维持其独占权力,以作为生死的最终裁决者。皇帝可以推翻任何一个裁决,因而能够引人注目地彰显他个人在整个官僚体系中的头等地位。当皇帝个人对一些案件有兴趣——正如乾隆皇帝在一些涉及洋人的死刑犯罪中所表现的那样——从广东到北京的官员们都会注意到。

三、死刑案件复核的未预后果

在原则上,双轨的强制复核制度,植根于对人类生命真诚的关切,但是这

---

⑨ 台湾地区"中央研究院"历史语言研究所藏明清史料,移会081898,《刑部》"乾隆三十年八月？日"。

⑩ Thomas Buoye,"Economic Change and Rural Violence: Homicides Related to Disputes over Property Rights in Guangdong During the Eighteenth Century", *Peasant Studies*, 17.4(Summer 1990), pp. 233-259, p. 252.

⑪ 许多被定以缓决或被处决的罪犯,其案件在之前已经接受复核,所以这些数据并不反映1765年发生的死刑案件实际数量有多少。

⑫ 台湾地区"中央研究院"历史语言研究所藏明清史料,026042。

⑬ 孔飞力(Philip Kuhn,或译孔复礼)在其论1768年妖术恐慌的出色作品中发展了这个概念。参见Philip Kuhn, *Soulstealers: The Chinese Sorcery Scare of 1768*, Harvard University Press, 1990, p. 187.

样的制度对中国刑事司法产生了一些没有预料到的后果。其中一个后果,可以称作"滞狱"。由于等待最终科刑的案件大量积压,许多罪犯因缓决而待在地方监狱里超过3年时间。地方监狱的状况,毫无疑问十分恶劣,所以我们可能会以为,羁留在监狱中不过是死刑以一种延长时间的形式出现;但档案证据却表明,许多囚犯在地方监狱中活了许多年。在清律中,地方官有责任确保被控死罪的囚犯的健康,而且无论什么时候,若被指控或被定死罪的囚犯死于地方监狱,大范围的侦查就会展开,侦查包括要求狱卒、同狱犯人和仵作来作证。这些报告显示,至少有一个囚犯滞留狱中受苦24年,至死未得到最终判决[14],而更多的囚犯则滞留狱中5年或者更长的时间。

强制复核的另外一个未预后果,是案件报告的精简化。[15] 在抽样阅读了乾隆朝六十年内的案件记录后,我们一定会对死刑案件报告的结构和内容发生的变化,留下深刻印象。报告愈发限定于那些在法律上不可或缺的案件细节。尽可能地减少证人的陈述,这使得法医学上的调查取证取得了一个新的重要位置[16],尽管法医学的手册也指出有一些疑难案件,在这些案件中,证人的证词至关重要。[17] 在证人证言不太可靠的情况下,案件报告愈发依靠实物证据,这或许可以视为对强制复核之重负的一种近代的回应。

精简案件记录,在人的心理上也产生了一种无法预料的影响,即很容易认出的"标准化"案件描述开始流行起来。尽管地方官很认真地记录基本的案件事实,并确定罪犯的罪行,但他们经常微妙地塑造了对死刑犯罪的描述。一位对死刑案件报告很有经验的读者,可以轻易认出那些会在秋审中带来宽大处理的关键段落和语词。通常而言,那些愿意合作并且比较顺从的罪犯,若不是故意犯罪或预谋犯罪,而且毫不含糊地承认其罪行并表达忏悔之心,

---

[14] 台湾地区"中央研究院"历史语言研究所藏明清史料,《刑科题本》46600"乾隆十四年阴历九月十六日"。

[15] Yasuhiko Karasawa, "From Oral Testimony to Written Records in Qing Legal Cases", in *Thinking in Cases: Specialist Knowledge in Chinese Cultural History*, Charlotte Furth, Judith T. Zeitlin, and Ping-chen Hsiung edited, University of Hawai'i Press, 2007:(101-22), pp.101-103.

[16] Daniel Asen,"Vital Spots, Mortal Wounds, and Forensic Practice: Finding Cause of Death in Nineteenth-Century China", *East Asian Science, Technology and Society: an International Journal* (2009) 3, pp. 453-474.

[17] Pierre-Etienne Will, "Developing Forensic Knowledge through Cases in the Qing Dynasty", in *Thinking in Cases: Specialist Knowledge in Chinese Cultural History*, Charlotte Furth, Judith T. Zeitlin, and Ping-chen Hsiung edited, University of Hawai'i Press, 2007, pp. 62-99, p. 85. 魏丕信(Will)描述来自一份仵作手册的一个案例,在该手册中,作者引用了一个疑难案件,该案中的法医学证据不具有决定性,地方官不得不完全依靠证人证词。

就最有可能获得怜悯。⑱ 而西方人所进行的阻挠和抵制,与这种中国被告的典型描绘相比,有着天壤之别。

面对死罪审判的中国人,有悔意是其得以存活的关键;相反的,试图含糊其辞或阻挠妨碍,就相当于确有罪行。按中国人的司法规范与预期,洋人用以抵制清代法律的策略,以及涉嫌死刑犯罪的洋人的行为举止,明摆着要么是不愿合作,要么是无悔改之心。像那些在"休斯女士号"案、"海王星号"案和德拉诺瓦案中被起诉的西方人那样固执抵抗的中国罪犯,是很少见的,连要找到这样一个案件都很难。在这几个臭名昭著的案件中,西方人密谋阻挠中国的刑事司法。西方人抵制中国主权的前科与清代司法政治的复杂性,导致涉及西方人的案件受到更为谨慎的审查,同时,判决也更为严厉。最终,在中国和西方,这些案件导致的后果虽截然不同,但苦痛却是相等的:双方不再相互信任。

四、管制夷众

到了18世纪,各省官员开始对以澳门为基地迅速发展的洋人团体表示担忧,这些团体中有许多人涉嫌确定无疑是非法的两类活动,即鸦片贩运和秘密传教。诚然,这些行为与清帝国禁止鸦片和基督教的诏令有违,不过却是发生在华洋之间的、小规模的危险的暴力冲突,才挑起了牵涉中国主权之基本权利的国际性争端。洋船上厌倦了海上生活的海员,在上岸放假的时候,多携有武器,并且常常醉酒;这些洋船越来越多,增加了暴力骚乱的潜在可能。⑲ 1736年,广东总督张溥,就洋船停驻于黄埔一事,向乾隆皇帝上奏。张溥指出,自从康熙二十五年(1686年)以来,便许可洋船停驻于黄埔,离广州不过五六里远。按张溥的说法,是户部这么许可的,为的是方便贸易和收税,但"顽固不化"⑳的洋人并不为此住处表示感激,反而常常与当地人斗殴。

---

⑱ Thomas Buoye, "Suddenly Murderous Intent Arose: Bureaucratization and Benevolence in Eighteenth Century Qing Homicide Reports", *Late Imperial China*, 16.2 (December 1995), pp. 95-130, pp. 81-86.

⑲ Patrick Tuck, "Law and Disorder in the China Coast: The Sailors of the *Neptune* and an Affray at Canton, 1807", in *British Ships in China Seas, 1700 to the Present Day*, ed. Richard Harding et al (Liverpool: Society for Nautical Research/National Museum Liverpool, 2004), pp. 83-97, p. 84.

⑳ 如任何一个中国官员所知,顽固不化就表征着目无法纪。康熙皇帝(1662—1722年在位)的《圣谕广训》第8条说:"讲法律以儆愚顽。"

张溥以"夷人"这一用语指称欧洲人㉑，但讨论到他们的不法行径时，又改用"鬼子"这一轻蔑语，这暗含了夷人有好有坏的分别。张溥指出，近些年，年年有超过 25 只洋船来到黄埔。这些商船携有 30 门火炮之多，而且洋人水手都配备有鸟枪。据张溥所言，"鬼子生性凶恶野蛮，不知善恶之分"。㉒ 他们每晚鸣炮，炮声回荡，连距离 10 里远的人都被吓跑。在中国官员眼中，航海 5 个月后上岸的那些拥有武装、道德败坏的洋鬼子，预示着灾难很有可能要发生。事实上，张溥报告说，近来一些拥有武装的鬼子，在寻找食物的时候，杀死了仑头村一个叫做莫伦忿的居民。由于这一切的骚乱与杀戮，张溥想要恢复从前的做法，即洋船只许在澳门出入。

在乾隆八年（1743 年），两广总督策楞会同广东总督王安国，请求调遣两名官员（一名同知与一名协助的知县㉓）和 100 名士兵到澳门维持秩序。㉔ 二人引证说明澳门在战略上和商业上的重要性：澳门这个地方居住有超过 3 500 名洋人和 2 000 名中国人，而且其中有"难驯"的番夷和大量"奸民"㉕所带来的难题；二人并以这些理由说明，目前的行政人员不足以管理和控制洋人。他们建议，为了"防微杜渐"，应派驻额外官员和军队来监督航运、控制洋人。为避免与洋人在死刑案件上对抗过于长久，策楞还提议，要精简洋人所犯之死罪在法律上的裁决和复核程序。有趣的是，这些修订一直等到两名葡萄牙守卫供认杀害两个中国窃贼一案发生后、乾隆皇帝严厉批评省级官员对这一审讯的处理时，才对洋人公开。

1749 年的事件导致对澳门夷众的管制直接紧缩，这一紧缩政策包括一项重大的刑事程序修订，是关于涉及西方人的死刑案件的。两名葡萄牙士兵逮捕了两个中国窃贼，后者当时正在闯入前者的家。㉖ 在羁押期间，葡萄牙人把两个罪犯打死，并弃尸入海。因司法管辖权问题而陷入僵局后不久，中

㉑ "夷人"这个术语，被翻译成"barbarian"（野蛮人），后来对"夷人"的使用成为英国和中国之间的一个外交问题；但"鬼子"一词是轻蔑语，就毫无疑问了。

㉒ 邢永福、吴志良、杨继波主编：《澳门问题明清珍档荟萃》，澳门基金会 2000 年版，第 99 页。

㉓ Par Cassel, "Excavating Extraterritoriality: The Judicial Sub-prefect'as a Prototype for the Mixed Court in Shanghai", *Late Imperial China* Vol. 24, No. 2 (December 2003), pp. 156-182, p. 166. 清廷会指派许多管辖区域的同知处理一些事务，其中就包括处理旗民所驻辖区的司法问题。

㉔ 邢永福、吴志良、杨继波主编：《澳门问题明清珍档荟萃》，澳门基金会 2000 年版。亦参见 Fu Lo-shu, *A Documentary Chronicle of Sino-Western Relations*(1644—1820), Vol. 1, University of Arizona Press, 1966, p. 176.

㉕ 根据语境，笔者猜测"奸民"是指"奸诈"的中国人。"奸民"一词与"良民"相对。

㉖ Fu Lo-shu, *A Documentary Chronicle of Sino-Western Relations*(1644—1820), Vol. 2, University of Arizona Press, 1966, p. 591.

国官员审理了该案,两名凶手被放逐至帝汶岛,在此处,二人将会受到葡萄牙法律的惩罚。中国省级官员和葡萄牙当局之间的妥协,让双方都挽回颜面,从僵局中脱身。省级官员对自己的权限似乎很有信心,还未收到北京方面的批准,就允许葡萄牙凶手离开了。

乾隆皇帝获知情况后,毫不含糊地表达了对该案件处理的愤怒。杀人行为本身就已足够严重了,而葡萄牙罪犯的行为——尤其是令人发指的弃尸入海——已经足够打消对一个中国人而言可予以仁慈对待的任何考虑因素。更糟糕的是,已经被定罪的凶手居然没有受到中国法律的惩罚。皇帝称广东巡抚岳浚的报告"荒谬至极"。乾隆指责说,仅有的可用证词竟来自"夷犯",而且乾隆注意到,"二人蓄意逃避招供"。㉗ 乾隆有一份声明后来被西方人引用,作为中国人对洋人歧视的证据,在这份声明中,乾隆宣称,应处洋人以死刑,就像一个中国人在同样情况下会被处以死刑一样。马礼逊(Robert Morrison)是一个以精通中国法而闻名的传教士,他错误地声称,皇帝要强调的是,西方人如果杀死一个中国人就必须被处决,而不考虑任何减轻情节。㉘ 马礼逊的失实陈述,成为西方人谴责清政府过于严酷苛刻的重要组成部分。更准确的阐释其实应当是,法律应平等适用于西方人和中国人。中国罪犯如果行了葡萄牙罪犯所行之事,一样会被处决。㉙

在接下来回应两广总督石色的诏令中,乾隆注意到,处理洋务须"恩威用得合时",但他主张,"其犯我大清基本律法,若仅因嫌恶困难而饶恕之,夷人将永无习得规矩之日"。㉚ 乾隆指责石色,称其为懦夫,并要求那两名葡萄牙人回到中国,接受清律审判。在第三封诏令中,皇帝对案件报告真实与否以及行凶者真实动机为何,产生质疑,并再次谴责当地官员与省级官员。乾隆承认,要再把罪犯带回中国是很困难的,所以他不再强求将罪犯引渡回来。乾隆的诏令是这样结束的:"嗣后遇有此等案件,不可徒事姑息,以长夷人骄纵之习,致滋事端。"㉛ 很显然,皇帝不满于此次司法程序为专案而设的性质,

---

㉗ Fu Lo-shu, *A Documentary Chronicle of Sino-Western Relations*(*1644—1820*), Vol. 1, University of Arizona Press, 1966, p. 186.

㉘ "Homicides in China", Chinese Repository, 3.1, 1834, pp. 38-39, p. 38.

㉙ Fu Lo-shu, *A Documentary Chronicle of Sino-Western Relations*(*1644—1820*), Vol. 2, University of Arizona Press, 1966, p. 591.

㉚ Fu Lo-shu, *A Documentary Chronicle of Sino-Western Relations*(*1644—1820*), Vol. 1, University of Arizona Press, 1966, p. 187.

㉛ Fu Lo-shu, *A Documentary Chronicle of Sino-Western Relations*(*1644—1820*), Vol. 1, University of Arizona Press, 1966, p. 188.

于是地方官员加紧对澳门的管制,以回应皇帝的不满,管制包括了公布1744年所批准的为洋人犯罪而设的司法程序。

省级官僚机构的纵容,以及乾隆对其官员的愤怒回应,使我们想起乾隆对1759年妖术恐慌的反应。㉜ 皇帝的谴责,不单单只是一个暴君龙颜大怒的例证而已。现代社会科学将潜在的议题贴上"代理难题"的标签,亦即在统治者的利益与统治者给予其权力的代理人的利益之间,有着不可避免的差距。正如孔飞力极具洞察力的关于1768年妖术恐慌的研究所表明的,严责省级官僚并维护帝王特权,都是早有计划的策略,这些策略表明更深层的皇帝对其省级官员的失望。如孔飞力所言,乾隆皇帝面临一个政治困局:"君主推测,地方官僚的利益总是要求其少报手头的问题,以降低失职的风险。"㉝ 乾隆明显怒气十足,并不容易消减。孔飞力总结乾隆的困境:"以往对官僚机构稳定、井然且可靠的控制,现在任何一个君王都难以维持。"㉞乾隆强令道,"须肃查夷目有否贿赂地方官",这表明其对官僚机构不信任程度之深。皇帝的怀疑可能是有充分根据的。㉟ 放任洋人杀害中国人,既是一个主权问题,也是一个正当性问题。皇帝必须防止人们产生这样的印象:他的政府无法或不愿惩处那些伤害其臣民的洋人。当地人对洋人的暴行义愤填膺,是民众对官员不满的重要来源。虽然省级官员可能很想在处理华洋之间的暴力行为时规避法律程序,但这些官员的行为,会受限于皇帝的监视及皇帝道德上的愤怒。

乾隆对前述两名葡萄牙士兵一案的反应是明显的指责,同时也清楚地表明,皇帝希望严格施行清律。省级官员建言,推行新的规则——即1749年的《协定条约》——以管制澳门的洋人团体,乾隆批准了。此12款条议包括了将审判被指控有死刑犯罪的洋人依照何种程序公之于众,这是策楞在1743年就提议过的。艾德华(Randle Edwards)简洁概括了该程序:

㉜ Philip Kuhn, *Soulstealers: The Chinese Sorcery Scare of 1768*, Harvard University Press, 1990.

㉝ Philip Kuhn, *Soulstealers: The Chinese Sorcery Scare of 1768*, Harvard University Press, 1990, pp. 128-129.

㉞ Philip Kuhn, *Soulstealers: The Chinese Sorcery Scare of 1768*, Harvard University Press, p. 227.

㉟ 参见 Anonymous, *Address to the People of Great Britain, Explanatory of Our Commercial Relations with the Empire of China*, Smith, Elder and Co., Cornhill, 1836, p. 27. 该讲演指出,1689年,有一份贿赂被用来掩盖一场调查,该调查是关于一个中国人在一场斗殴中被枪杀。西方人谴责中国人在法律问题中恣意而为时,频繁提到贿赂被用来掩盖命案;但在拥有武装的洋人表面上在寻找"食物",实则为掠夺,该掠夺以暴力冲突告终后,洋人倒实施了贿赂。

验尸报告、被告供述、证人证词以及初步拟定的判决,都应上报总督。总督复核上述文件,以确保正确适用法律,并命令知县连同葡萄牙人总督("夷目",即夷人的首领)一起,当着受害者家属和全体夷众的面处决罪犯。然后,中国总督将案件上报皇帝,并报刑部备案。㊱

犯死罪的洋人被剥夺了秋审的权利,这很明显有歧视意味,但这一变化在 1749 年的时候,并没有立即产生明显效果。从程序上说,这一修改加快了对涉及洋人的案件的处理。案件不必等待数年以求最终裁决,而能够在数周内判定,这样的速度对于死刑案件的复核而言,是史无前例的。更快地解决案件,除了可确保君王更直接的监督之外,也可以避免案件处于复核之下时所面临的漫长的外交冲突。假若考虑到中国以中断贸易为首要策略,强令洋人服从中国法律,那么新的司法程序则不仅有政治上和法律上的目的,也有经济上的目的。在乾隆统治的余下时间里,在洋人杀死中国人的死刑犯罪中,广东官员坚持中国对该案件拥有司法管辖权,毫不动摇。尽管公布于澳门的《协定条约》还有额外的管制措施,中国的重要官员还是认为,洋人尤其是英国人仍会造成持续的威胁。㊲

五、抵 制 清 律

洋人对死刑案件的审转复核以及对《协定条约》所要求的新程序有多少了解,无法确知。斯当东(George Thomas Staunton)和马礼逊㊳这两位洋人法律专家的评论表明,他们明白"监候秋后处决"的判决即等同于缓刑,但是,他们是否明白须好些年才会宣布初步的裁决,就不太清楚了。审转复核程序

㊱　R. Randle Edwards, "Ch'ing Legal Jurisdiction over Foreigners", *Essays on China's Legal Tradition*, edited by Jerome Alan Cohen, R. Randle Edwards, and Fu-mei Chang Chen, Princeton University Press, 1980, pp. 222-269, p. 228.《协定条约》还包括一项禁令,不许"劝诱"中国人成为基督徒。参见 Sir Andrew Ljungstedt, *An Historical Sketch of the Portuguese Settlements in China*, James Munroe & Co, 1836。

㊲　因为英人"既非朝贡者,亦非异族征服者",所以著名的两广总督阮元(1817—1826)将对洋人的处理视为"关乎安全和管制的问题"。阮元视英国人为"严重之威胁,并认为他们是最麻烦的洋人"。参见 Wei Peh T'I, "Juan Yuan's Management of Sino-British Relations in Canton 1817-1826", *Journal of the Hong Kong Branch of the Royal Asiatic Society*, 1981. 21:(pp. 144-167), pp. 144-145。

㊳　马礼逊在《中国丛报》中讨论了一个案件,他指出,等待秋审到来的拘押"通常意味着该囚犯的性命会被赦免"。参见 "Notices of Modern China: Introductory remarks on the Characteristics, the Present Condition, and Policy of the Nation; The Penal Code", *Chinese Repository*, 4. 1, 1835, pp. 17-29。

不像处决那样会对外公开，而在 1810 年斯当东翻译出清律之前，西方人对中国法律的认识是极粗浅的。相似的，他们能否领会到中国刑事法律在原则和实践之间有差别，也是很有疑问的。考虑到冗长的定罪和科刑的复核程序，大多数被判定有罪的人都很可能面临"滞狱"的遭遇。如果"平等对待"意味着反复的审讯和可能被不定期监禁的话，对中国刑事法疑虑重重的洋人，是否会为自己受到这样的平等对待而心存感激，是很成疑问的。讽刺的是，如艾德华所言，1743 年乾隆皇帝准许绕过审转复核程序，原意是对洋人让步，以免造成进一步的麻烦。㊴ 恰恰相反的是，斯当东和马礼逊这两位当时最博学、最有影响力的外国观察家却强调，洋人在死刑案件中遭受与中国人不同的对待。西方的评论者由此推测，洋人受到不正当的残酷对待。更重要的还在于，这两位洋人专家似乎都没有理解，一名被指控的凶手若想以误杀或无预谋杀人的理由避免死刑，最好就是顺从，并表达悔意。

回头来看，强迫洋人接受 1749 年的《协定条约》，以及 1759 年广东贸易体系㊵的建立，都可视为乾隆皇帝实施中国的司法管辖权之要求和继续有利可图的国际贸易之愿望之间的妥协。关涉死刑案件的司法管辖权的冲突，在 1773 年再度爆发，英国人肆阁被指控在澳门杀死了一个中国人。肆阁被逮捕，在葡萄牙法院受审，随后因证据不足而获释，但中国官员坚持 1749 年澳门《协定条约》下的司法管辖权，要求对方交出嫌犯在中国法院受审。在一些辩论之后，葡萄牙的头领交出肆阁，后者按澳门《协定条约》所确立的程序受审、定罪，最终被处决。英国对此表示强烈不满，而肆阁的死加强了英国人意图逃避中国司法管辖权的决心。英国的评论家把对肆阁的处决称为"司法谋杀"㊶，并在"休斯女士号"事件中，引用肆阁的遭遇，作为抵制中国刑事司法的正当理由。

（一）1784 年"休斯女士号"事件

1784 年涉及英国船"休斯女士号"上一个无名炮手的命案，和 1821 年涉及美国船"埃米利号"上一个名叫德兰诺瓦的美国水手的命案，一直以来被引述作为中国司法不公的最臭名昭著、最持久的例证。卓越的英国学者和美

㊴ R. Randle Edwards, "Ch'ing Legal Jurisdiction over Foreigners", *Essays on China's Legal Tradition*, edited by Jerome Alan Cohen, R. Randle Edwards, and Fu-mei Chang Chen, Princeton University Press, 1980, pp. 222-269, p. 229. 爱德华从乾隆谕令中引用"抚顺夷情"和"别滋事端"。

㊵ 所谓的广东体制，在禁止贸易的时期，将合法对外贸易限制在广州这唯一一个港口内。仅有官方授权的中国商人才获准从事商贸。这些商人也担任洋商的担保人。

㊶ Anonymous, *Address to the People of Great Britain, Explanatory of Our Commercial Relations with the Empire of China*, Smith, Elder and Co., Cornhill, 1836, p. 66.

国学者在他们的著作中都提及这些案子,用来说明中国法律多么不平等、不合理。㊷ 然而,这些案件作为中国司法恣意严苛的想象符号,近来重新被陈利㊸(讨论"休斯女士号"案)和 Joseph Askew㊹(讨论德兰诺瓦案)细致研究。陈利对"休斯女士号"案件进行严格的重新考察,他强有力并如律师般精准地证明了,在"休斯女士号"事件中,实际上声称"误毙"两名中国人的礼炮鸣放行为,无论是根据中国法还是英国法,都不能被定性为过失杀人。陈利仔细重建了围绕这一事件的背景和法律争点,说明东印度公司从一开始就歪曲了这一事件的法律争点和真实情形。㊺ 将"休斯女士号"事件描绘成是一场意外的英国官员,忽略了中国法和英国法都有规定的一个关键条件:"在中国法上或英国法上,'过失杀人'唯有在因**合法**行为造成**不可预见**之结果的时候,才可能成立。"㊻早在这一事件发生前几十年,在船上鸣放礼炮就已经为中国法所禁止。相似的,商务负责人史密斯(George Smith)多次拒绝交出炮手之后受到拘押,被阐释为一个例证,说明想象中的中国的连带责任原则。东印度公司将拘押看做一种"对一名未构成任何犯罪、也未被正式控告的欧洲人所施加的暴行,这与任何一种理性和正义的观念都相违背"。㊼事实上,史密斯先生之所以被拘押,是因为他不愿交出那名炮手,而并非为命案承担责任。

对"休斯女士号"事件的还原,揭示了东印度公司煽动性的修辞和挑衅的姿态,也揭示了,其实英国的考虑远超出手头的这个案件。陈利运用了"主权思考"这个术语来描述东印度公司更主要的目标:

㊷ "埃米利号"案的讨论,参见 John King Fairbank, *China Watch*, Harvard University Press, 1987, pp. 1-2;"休斯女士号"案的讨论,参见 Jonathan Spence, *The Search for Modern China*, W. W. Norton & Company, 1999, pp. 127-128。

㊸ Li Chen, "Law, Empire, and Historiography of Modern Sino-Western Relations: A Case Study of the Lady Hughes Controversy in 1784," *Law and History Review*, 27.1(Spring 2009) pp. 1-53, pp. 12-16.

㊹ Joseph Benjamin Askew, "Returning to New Territory: The Terranova Incident Re-examined", *Asian Studies Review* (December 2004), 28, pp. 351-371.

㊺ Li Chen, "Law, Empire, and Historiography of Modern Sino-Western Relations: A Case Study of the Lady Hughes Controversy in 1784," *Law and History Review*, 27.1(Spring 2009), pp. 1-53, pp. 12-16.

㊻ Li Chen, "Law, Empire, and Historiography of Modern Sino-Western Relations: A Case Study of the Lady Hughes Controversy in 1784", *Law and History Review*, 27.1(Spring 2009), pp. 1-53, p. 13.

㊼ Li Chen, "Law, Empire, and Historiography of Modern Sino-Western Relations: A Case Study of the Lady Hughes Controversy in 1784", *Law and History Review*, 27.1(Spring 2009), pp. 1-53, p. 19.

到18世纪晚期的时候,东印度公司在努力扩张其在中国的经济利益方面愈演愈烈,而这一努力,要求保护英国人不受中国法规制。对于迅速扩张中的大英帝国的代理人而言,延伸帝国主权至它在海外的国民,对他们的文化优越感、帝国的尊严、商业利益及政治利益而言,至关重要。[48]

最终,英方交出了该炮手(有趣的是,任何文献中都没有明确提到这名炮手的名字)。尽管英方的文献称,英方得到保证,该罪犯不会被处决,然而该炮手还是在《协定条约》所设计的司法程序下受审、定罪,最终被处决。英国人怒不可遏,但再一次地,他们对此毫无办法。中国方面的记录很清楚地显示,对此案件,乾隆皇帝也有直接的兴趣。"不像地方官员,似乎经常更喜欢将地方骚乱的影响降至最低,清廷更关注的,是如何长期有效地治理洋人和中国臣民。"[49]有趣的是,"休斯女士号"事件之后,一直到2009年之前[50],再也没有英国人在中国受审并被处决。

(二)德兰诺瓦案

Askew基于对该案件若干记录的仔细阅读,强有力地论证了,美国水手德兰诺瓦的确用橄榄瓦坛击打在船上的这名妇女,导致她失足掉到水里淹死。Askew分析了德兰诺瓦的辩护,这些辩护完全依赖于德兰诺瓦自己的证词及其同船外国海员的证言,Askew证明,西方广泛接受的此事件的那个版本,显然与物证和所有中国证人的陈述不同。然而,正如"休斯女士号"事件一样,对此事件完全一面倒的阐释,长久影响着西方学者。更重要的是,Askew对该事件的复原,清楚地表明,西方人一开始是用混淆和阻挠来回应该事件;直到后来中国官员施压,西方人才妥协下来。最终,"休斯女士号"事件中的英国人和德兰诺瓦案中的美国人,都交出了被指控的嫌犯,而英国人和美国人在贸易被中止后,又为嫌犯成为中国司法不公的"牺牲品"而哀悼。正如在早前的事件里,中国官员所正确设想的那样,经济利益是西方人的最高目标。

---

[48] Li Chen,"Law, Empire, and Historiography of Modern Sino-Western Relations: A Case Study of the Lady Hughes Controversy in 1784", *Law and History Review*, 27.1(Spring 2009), pp.1-53, p.10.

[49] Li Chen,"Law, Empire, and Historiography of Modern Sino-Western Relations: A Case Study of the Lady Hughes Controversy in 1784", *Law and History Review*, 27.1(Spring 2009), pp.1-53, p.30.

[50] 讽刺的是,阿克毛·沙伊克,一个巴基斯坦出生的英国商人,在2009年12月29日因贩毒而受到处决。

（三）“海王星号”案

还有一个案件值得一提，它在西方对于中国司法不公的冗长叙述中被忽略了。如“海王星号”案所揭示的，鸦片战争前的中国，一个洋人被控杀人，不必然会被处决。该案也反映了，若西方人配合调查，且犯罪情节许可，地方司法官员愿意对犯罪行为轻描淡写。1807 年，52 名来自“海王星号”的英国水手与外国工厂附近的中国居民斗殴，一名中国人后来因伤死亡。不像“休斯女士号”事件那样，这一次，东印度公司承认有人要为此受惩罚，并且也十分配合。东印度公司自作主张进行了两次调查，但都没有最终认定一个要为中国人的死亡负责的人。与中国官员持久的谈判，导致“在程序上完全没有先例的妥协”。(51) 英方同意指出一个名义上的罪犯，名叫 Edward Sheen，中国地方官同意，在审判后只会对之处以罚金。此外，诉讼在英国商行进行，而 Sheen 一直由英方看管，直到案件终结，并且到那时，Sheen 将回英国接受惩罚。在“海王星号”案中，中英双方互相配合，迅速完结此案，也如先前所同意的那样，Sheen 被处以罚金并许可重返他的船，而中止的商贸也恢复了。

在 Sheen 前往英格兰之后，英国人才清楚，中国官员扭曲他们自己的法律原则和实践到什么程度。斯当东这位东印度公司的雇员、外交官、政客和知名的中国法学者，当他得到一份致皇帝的案件报告副本时，才知道包括总督在内的官员“串通起来呈递了一份假报告”，这份报告将那名中国人的死亡描绘成一场意外。(52) 斯当东后来写道：

> 这么多人一致同意的谎言，其本身无疑是不道德的，而且触犯律法，但关于被起诉者的实体公正，这一谎言既没有、也并不意图产生一丁点偏离；众所周知，被告是无辜的，或至少不构成谋杀；但很不幸的是，法律如此严格，以至于对地方官而言，若使无罪判决建立在真实陈述案件的基础上，就多少会让自己受牵连并惹祸上身；因此，官员们面对棘手的情况，力求做那些本身是正义的事情，尽管他们所诉诸的方法确实远超出了合理范围。(53)

---

(51) Patrick Tuck, "Law and Disorder in the China Coast: The Sailors of the *Neptune* and an Affray at Canton, 1807," in *British Ships in China Seas, 1700 to the Present Day*, ed. Richard Harding et al. (Liverpool: Society for Nautical Research/National Museum Liverpool, 2004), pp. 83-97, p. 89. Tuck 提供了双方让步之前如何协商的绝佳概括。

(52) Glenn Timmermans, "Sir George Thomas Staunton and the Translation of the Qing Legal Code", *Chinese Cross Currents*, 2.1 (January-March, 2005), pp. 26-57, p. 40.

(53) George Staunton (translator), *Ta Tsing Leu Lee Being the Fundamental Laws, and a Selection from the Supplementary Statutes, of the Penal Code of China*, Chengwen Publishers, 1966, p. 517.

传闻说,要为“海王星号”案负责任的商行商人 Mowqua,用了“差不多五万英镑”贿赂当地官员,以免除刑罚。由于没有中国方面的文献——除了那份伪造的案件报告之外——所以我们没有办法判定 Mowqua 为何单方面支付了如此巨额的贿赂,也无法晓得为何广东的司法官员在这起案件中甘愿冒着丢乌纱帽的危险。一名学者提供了一种可能的剧情版本,即如果贸易中断的时间太长,“各路中国官员和商人都会蒙受巨大损失”。(54) 但有一件事很清楚:中国司法官员在本案中的行为,从中国法律的原则或实践的角度讲,是完全不合理的。串通向皇帝呈递一份显然是伪造的刑事诉讼过程报告,无疑是对法律的扭曲。地方官僚和省级官僚在一个关涉国家主权问题的案件中,一起串通来误导皇帝,这对清朝皇帝而言是最可怕的噩梦。乾隆皇帝在精心装饰的墓地中肯定翻了个身——在“海王星号”案发生时,在位统治的是乾隆的儿子嘉庆皇帝(1796—1820)。贿赂无疑让欺骗变得容易,但其结果仍然与官僚政治和地方利益不矛盾。

六、从“中国人”的角度看洋人犯罪

诚然,西方人对中国人的谴责过于严苛,但是当我们从 18 世纪“常规”命案的裁决这一角度去看待这些案件时,一定会对洋人的顽固不化和中国司法官员的随机应变感到印象深刻。在“休斯女士号”事件中,虽然此前乾隆有过严厉的言辞,但地方官员在给东印度公司施压时,还是有所克制。相似的,37 年后——正是道光皇帝统治时期(1821—1850)——当“埃米利号”船长拒绝交出德兰诺瓦时,中国官员和善地同意在船上审判罪犯。“埃米利号”上载有鸦片,所以当船长和船员抵制中国的司法管辖权时,格外容易受责难的他们,却居然还表现得非常放肆。但是,中国官员的调查只限于船上这名妇人之死,没有超出这个范围。我们只能猜测为何中国官员除了指出走私与案件本身无关之外,并没有调查这批货物。从 1795 年起,帝国诏令就已禁止鸦片,但几十年来,走私鸦片早已是公开的秘密,且更重要的是,从法律的角度看,竟无一人指控“埃米利号”从事走私贸易。另一方面,清律要求官员在死刑案件中采取行动,而死者家属目击了犯罪,并也提起了控诉。在正常情况下,一旦受害者家属提起控诉,没有一个中国地方官敢冒险无视命案,因为和

---

(54) Glenn Timmermans, “Sir George Thomas Staunton and the Translation of the Qing Legal Code”, *Chinese Cross Currents*, 2.1(January-March, 2005),pp.26-57, p.46.

大多数提交给地方官的行政事务不同的是,如果地方官不调查死刑犯罪,普通人可以越级上诉。西方人可能会为德兰诺瓦的遭遇而抱怨,但很清楚的是,考虑到围绕"埃米利号"事件的情形,中国官员已经格外通融了。

至于在船上对德兰诺瓦进行的审判,熟悉常规命案报告的读者也会很快发觉,地方官的作为并不陌生。这是中国式侦查的典型例子:许可被告编造一份关于犯罪的叙述,然后以此与实物证据之间的不一致之处,进行对证。(55)地方官允许德兰诺瓦及其同侪证人编造了一个不太可信的叙述。接下来,地方官用件作报告中能导致定罪的实物证据与德兰诺瓦对证,实物证据表明,该妇女头部的伤口与被橄榄瓦坛攻击的情形一致。那些西方人的证言,无一能提供任何其他可信的叙述,来反驳这一显示被告有罪的实物证据。甚至检验过尸体的美国领事,也同意了这一点。法官基于法医证据和中国证人的证词,确信就是这个水手造成了该妇女的死亡。如果此案是仅仅涉及中国人的"常规"案件,要想对被告宽大处理的话,做法很清楚:强调凶手和受害者之间没有敌意,而且凶手缺少犯罪意图。同时,认罪并表达忏悔之心,也是宽大处理的前提要求。尽管不能肯定地说,一定会给予德兰诺瓦以宽大处理,但基于笔者所阅读过的在相似情形下的过失杀人报告,实施犯罪之人如果认罪并忏悔,他很有可能获得宽大处理。相反,"埃米利号"的船长拒绝交出德兰诺瓦,就这样双方僵持了3个星期。最终,英方知道"埃米利号"肯定是无法离开了,才将德兰诺瓦交给中国当局。广东司法官员进行了第二次审理,德兰诺瓦承认在与该妇人因水果价格争执后,用瓦坛攻击了她。不幸的是,德兰诺瓦认罪太迟,已经无法挽救其性命。4天后,德拉诺瓦被处以绞刑。

不同于"休斯女士号"案和德兰诺瓦案,"海王星号"案无法归入中国人歧视西方人的固定套式。有趣的是,在用西方语言所写的近代中国史研究中,该案较少受到关注。近来的学术研究已经指出,该案是以贿赂解决的,且英国人无法理解"中国法律潜在的合理之处"。(56) 按 Glenn Timmermans 所述,考虑到中国官员的那些有利于英国人利益的诡计,"海王星号"事件"使得迄今为止对中国法律程序严苛的形象,不再那么会激怒人"。(57) 相似的,Patrick

(55) Thomas Buoye, "Filial Felons: Leniency and Legal Reasoning in Qing China", in *Writing and Law in Late Imperial China: Crime, Conflict, and Judgment*, edited by Robert C. Hegel and Katherine Carlitz, University of Washington Press, 2007, pp. 115-116.

(56) Glenn Timmermans, "Sir George Thomas Staunton and the Translation of the Qing Legal Code", *Chinese Cross Currents*, 2.1 (January-March, 2005), pp. 26-57, p. 42.

(57) Glenn Timmermans, "Sir George Thomas Staunton and the Translation of the Qing Legal Code", *Chinese Cross Currents*, 2.1 (January-March, 2005), pp. 26-57, p. 42.

Tuck 详细解说了英国人的恐惧和误解,并指出,这个案件驱散了英国人对中国法律的恐惧认知。(58) 讽刺的是,在一个涉及西方人的刑事案件中,最腐败的刑事司法运作,竟然最合乎当时的西方观察家的心意。“海王星号”的诉讼程序,是对正常法律原则的公然违背。

最后,我们必须意识到,那些以审理死刑案件为其日常事务的中国官员是如何看待这些问题的。在 18 世纪,广东的省级官员可能每年要复核成百上千个案件,毫无疑问,他们对形形色色为避免被定罪而作出的努力相当熟悉。正如陈利和 Askew 的研究所表明的,西方人阻挠司法的企图十分明显,且属业余水准。西方人的行为也极目中无人,而且很傲慢。在“休斯女士号”案中,英国人起初拒绝合作,证人逃跑,那个涉嫌犯罪的炮手被窝藏,东印度公司不允许中国当局搜查公司的仓库和船只。此外,两个中国受害者中的一个,在被炮射中后还活了几天。如果这名伤者在法律预先确定的一段时间之后还活着,此犯罪就不会被认定为杀人。但英国人中没有一个人为这名受害者提供医疗护理。相似的,“埃米利号”的船长起初坚持那名妇人的死是一起意外事故,并声称这件事是为了讹诈金钱。面对实物证据,美国人提出了德兰诺瓦和其他西方见证人的证言,这些人都重复着相同但令人难以相信的案情叙述。在“埃米利号”船长最终同意中国官员逮捕德兰诺瓦时,船长发表了一份毫无悔意的声明:

> 我们认为本案极不公平。在贵国水域,我们定会服从贵国法律,但贵国法律却如此不公。贵国依凭自己的正义观念,宣告一个未被给予申述机会之人有罪。但我国国旗从不会被玷污。它如今依然朝着贵国飘扬。服从贵国权力并非不光彩,因贵国以一个庞大帝国所支持的强大武力包围我们。贵国自有权力强迫我们。(59)

一份可疑版本的事实陈述,加上在法庭中和在一份无礼地承认中国司法管辖权的声明中如此挑衅的举止,只意味着更为严厉的惩罚。船长为“确保”德兰诺瓦受到严厉惩罚,已经没有什么可以多做的了。

虽然司法官员愿意在司法程序上妥协,但中国的地方官在“休斯女士号”案、“海王星号”案和德兰诺瓦案中所面对的,是西方人的诡计、抵制和阻

---

(58) Patrick Tuck, “Law and Disorder in the China Coast: The Sailors of the *Neptune* and an Affray at Canton, 1807,” in *British Ships in China Seas, 1700 to the Present Day*, ed. Richard Harding et al (Liverpool: Society for Nautical Research/National Museum Liverpool, 2004), pp. 83-97, p. 93.

(59) William J. Donahue, “The Francis Terranova Case”, *The Historian*, 43.2, pp. 211-24, p. 220.

挠。实际上,官员们从不会听说中国人如果犯了误杀或无预谋杀人,会有这类行为。“休斯女士号”案和德兰诺瓦案中这些明显要混淆事实和抵制起诉的尝试,无疑会冒犯并激怒一个经验丰富的司法官。在上述所有案件中,有利可图的广州贸易的重要性,最终都压过了西方人的道德愤怒。在“休斯女士号”事件和德兰诺瓦案中,虽然美国和英国对不正义的对待有过抗议,但短暂中断贸易已经足够令其交出嫌犯。此外,再仔细地考察这两个案件,我们发现,英国人和美国人都有意阻挠中方的调查,而关于两个事件的那些靠不住的叙述,在当时编造出来,是为了逃避责任,却直到今日还对西方人认知中国司法产生持久影响。(60) 面对命案审理,西方人的行为和典型中国人的行为之间的反差,没有比这更大的了。

考察鸦片战争前在中国发生的清廷与洋人团体间的司法管辖权纠纷时,我们常常忽略了中国对外贸易在法律上不确定的性质,以及 18 世纪鸦片战争发生前双方在道德上的假冒伪善。中国商人与政府以及外国商人与政府,都从日渐繁荣的贸易中获利,在贸易中,鸦片是重要的组成部分。到 19 世纪的前十年,贸易迅速扩展,对英国政府与东印度公司都大有好处。“1793 年至 1810 年间,东印度公司每年对华贸易的净收入是一百万英镑,而英国财政部单单从中国茶叶这一项中征税,就每年获利三百万至四百万英镑。”(61)鸦片走私对于此收入的增长以及最终英国对华贸易转向顺差都至关重要,而鸦片则在东印度公司控制下的印度种植和销售。反之,中国贸易对英国的全球贸易亦至关重要。“毫不夸张地说,英国的全球贸易依赖于鸦片走私贸易,而鸦片贸易不在东印度公司商人的掌控之下,原因很简单,即它为清朝所禁止。”(62)同样,鸦片贸易对中国商人、政府国库和帝国财力也大有好处,更不用说本地的走私贩了。中国的收入即便最好的时候,也是时多时少,但从 1727 年开始,广州海关对每艘驶入广州的船只征税 1 950 两白银(等于 650 英

(60) 正如 Askew 指出的,没有一个人像费正清那样,重新咀嚼德兰诺瓦事件那些靠不住的描述,并引用该事件作为治外法权的正当理由。参见 Joseph Benjamin Askew, “Returning to New Territory: The Terranova Incident Re-examined”, *Asian Studies Review*(December 2004), 28, pp. 351-371, p. 351。

(61) Patrick Tuck, “Introduction: Sir George Thomas Staunton and the Failure of the Amherst Embassy of 1816,” *Britain and the China Trade 1635—1842*, , Vol. 10, Routledge, 2000: x.

(62) S. P. Ong, “Jurisdictional Politics in Canton and the First English Translation of the Qing Penal Code (1810)”, *Journal of the Royal Asiatic Society of Great Britain and Ireland*, 20. 2 (April 2010), pp. 141-165, p. 144.

镑)。(63) 关税直接进了内务府这一皇帝的私人钱袋里,而这关税还不包括单单皇帝个人所获得的对货物征收的从价税*,此从价税每年的总额高达805 000两白银。(64) 这些是皇帝直接所得金钱的真实总数。

英国东印度公司拥有在华合法贸易的垄断地位,也是鸦片走私的主要提供商,但它仍发现自己在中国的地位很不明朗。它拥有英国王室赋予的贸易垄断地位,但没有管辖英国人的司法权威,然而,东印度公司却卷入了所出现的每一起法律纠纷中,无论这个纠纷是刑事的还是民事的。没有一个人会像斯当东这位学者、法律专家、商人和政客那样,更深刻地理解中英贸易的潜在矛盾以及鸦片走私的污名了。斯当东曾十分严厉地批评过中国司法,但随着时间的推移,特别是在"海王星号"案和斯当东自己随后翻译清律之后,他的看法有所缓和。斯当东这位实用主义者,熟稔地代表英帝国主义的利益(概括而言)和东印度公司的利益(具体而言);他在1840年就鸦片贸易进行的争论中曾有一次对议会发表讲演,其中他指出,鸦片在英国贸易中所发挥的"显著和重要的作用"以及鸦片贸易的"不道德"。(65) 斯当东说,中国人会继续质疑英国人的诚意,"只要我们继续一方面将我们卓越纯正的基督信仰的福音引入中国,另一方面又将起破坏作用且使人堕落的鸦片同时引入!"按S. P. Ong所言,斯当东评注中国法是一项策略,为要将东印度公司置于英国贸易能够成功的关键位置,并借此保存东印度公司的贸易垄断地位。(66) 不论斯当东所代表的各种各样利益有哪些,我们清楚的是,斯当东在一定程度上明白,司法管辖权纠纷中涉及的政治、经济和道德议题都至关重要。

以包括非法毒品在内的日渐繁荣的贸易为背景,可以看到英国和中国都因此而使得各自的法律原则失去效力,双方在道德上都对自己的法律原则有所让步。尽管清朝官员在若干个立场明确的案件中,发生过司法管辖权冲

---

(63) Sir David Brewster and Richard R. Yeo, *The Edinburgh Encyclopaedia*, Vol. 9, Routledge, 1999, p. 302.

* 从价税,是指"按照对应税财产所估定或核定价值的一定比例征收的税,例如从价征收的不动产税和关税。与从量税(specific tax)相对"。(参见《元照英美法词典》)——译者注

(64) Frederic Wakeman, "The Canton Trade and the Opium War", in John K. Fairbank ed. *Cambridge History of China Vol. 10*, Cambridge University Press, 1978, pp. 163-212, p. 163.

(65) George Thomas Staunton, *Miscellaneous Notices Relating to China and Our Commercial Intercourse with That Country, Including a Few Translations from the Chinese Language*, 2nd. Ed., enlarged, John Murray, 1850, p. 30.

(66) S. P. Ong, "Jurisdictional Politics in Canton and the First English Translation of the Qing Penal Code (1810)", *Journal of the Royal Asiatic Society of Great Britain and Ireland*, 20. 2 (April 2010), pp. 141-165.

突,但是他们当场发现走私鸦片的洋人时,却表现出了不可思议的容忍。[67]省级官员和中央官员甘愿容忍洋人从事走私,表明中国官僚自我欺骗的程度之深。难怪洋人也没将不许鸦片进口的帝国禁令当一回事。虽然对于鸦片走私,地方和北京的中国当局都愿意无视之,但是对于违法的传教活动,却并非如此。中国皇帝既禁止了鸦片,也禁止了基督教,但是不像鸦片那样承负着合法且有利可图的国际贸易,基督教对于中国皇帝而言没有任何可取之处。乾隆皇帝和嘉庆皇帝都开始对基督教进行残酷镇压,导致8个西班牙和法国的传教士受到处决。乾隆皇帝在位期间,传教士受到镇压的同时,因宗教而得到灵感所发起的平民起义也爆发了,这种平民起义在历史上曾直接威胁到帝国统治。有趣的是,许多天主教传教士都受到极为残酷的对待,但在鸦片战争前西方人评论中国司法之严酷的言词中,这些天主教传教士的命运从没有获得一席之地。

悲哀的事实是,尽管西方人和中国人曾因法律价值、政治价值和文化价值的冲突而对彼此满腔怒火,但双方都在自己的法律制度和原则上妥协,以求维持极赚钱的商贸往来,这些商贸往来正愈发倚赖非法的鸦片贸易。任何一方无论有什么更高的原则介入到冲突之中,我们都必须假定,商贸本身是如此有利可图,以至于双方为了贸易得以持续,都能够忍受认知上的失调(cognitive dissonance)*。正如"休斯女士号"事件和德拉诺瓦案的解决方法所揭示的,中国官员有效地利用经济制裁来威胁洋人。事实上,直到1839年,这一政策都在顺利运作。但清廷没预备替代性策略,却是个极大的失策,也是一种可悲的自我欺骗。

---

 [67] 参见 William J. Donahue,"The Francis Terranova Case", *The Historian*, 43.2, pp.211-224, p.214. 例如,在1818年的"华巴士号"(Wabash)案中,中国官员逮捕并处决了抢劫载有银器的"华巴士号"及其中之鸦片的中国强盗。美国人很感激中国刑事司法在该案中的效率,而且无疑也很感激中国官员虽然很清楚这批货物是违禁品,却没有因美国人走私毒品而惩罚他们。不可思议的是,"华巴士号"的船长极为荒谬地解释道,这是他第一次到东方来,不知道进口毒品是被禁止的,而清朝官员竟然接受了这个解释。此外,"华巴士号"的船长指出,他无意要将鸦片带上岸,且他在其他地方卖鸦片是不成问题的。省级官员呈递到京城的报告中称,该船不在中国水域内,因此携带鸦片不违反中国法律。

 * "认知失调"是指"当信念或设想与新的信息发生矛盾时所产生的心理冲突。此种概念是由心理学家 L. 费斯廷格(1919—1989)在20世纪50年代首次提出的。他和后来的研究者发现,人们在遭遇到新的信息挑战时,大部分会采取一些防御手段来保持现状。这些防御手段包括拒绝、躲避新的信息或为旧的信息辩解;或说服自己相信实际上并不存在冲突。"(参见《大英袖珍百科全书》)——译者注

北京政府时期的覆判制度*

〔日〕田边章秀** 著 黄琴唐*** 译

前　言

　　清末光绪新政以后，清廷尝试进行各种改革，在司法制度方面，为实现撤废领事裁判权的目的，也展开了谋求司法独立的革新。于是，在审判制度方面，采用了四级三审制，规定裁判机关分为四个等级，以北京大理院立其顶端，其下依次为高等审判厅、地方审判厅及初级审判厅，上诉则限于控诉（对于第一审判决不服而上诉至第二审审判厅——译者注）和上告（对于第二审不服而上诉至终审审判厅——译者注）等两个阶段。① 且先在各省省城设置高等审判厅，在各省城及商埠设置地方审判厅。② 中华民国临时政府成立后，上述作业进一步加速进行，县内也设置了处理诉讼的初级审判厅。在使全国各县皆设有审判厅的目标下，审判厅的数量于短期间内急速增加起来。③ 当然，并不是说全国各地在一夕之间都设置了审判厅，在未设审判厅的县中，系与清代一样，继续由县知事掌理裁判。不过，整体方针上，确实是以扩充审判厅作为目标。

---

* 本文原题为《北京政府时期の覆判制度》，载〔日〕夫马进编：《中国訴訟社会史の研究》，京都大学学术出版会 2011 年版，第 481—516 页。
** 田边章秀，日本京都大学文学研究科图书馆员。
*** 黄琴唐，日本京都大学大学院法学研究科博士生。
① 关于清末的司法制度改革与法典编纂全貌，日文研究文献有〔日〕岛田正郎：《清末における近代的法典の編纂》，创文社 1980 年版。
② 参见李启成：《晚清各级审判厅研究》，北京大学出版社 2004 年版；欧阳湘：《近代中国法院普设研究——以广东为个案的历史考察》，知识产权出版社 2007 年版。
③ 参见欧阳湘前揭书。

但是，这项方针在 1914 年间严重动摇。由于审判厅的数量过度急遽扩张，产生了人才欠缺、经费不足的问题，因而导致各方的反对声浪席卷而来。④ 于是，该年间审判厅遭到大规模裁撤，此前设立的初级审判厅一律废除，地方审判厅亦削减其数，各省至多只留下一至三所审判厅。⑤ 因此，几乎所有的县都没有审判厅，甚至连眼前预定的设厅计划都完全取消了。结果，自行政中独立，性质属司法机关的审判厅竟然不满百所之数。然而，在历代皆呈现出可称之为"诉讼社会"的中国社会中，仅以不足百所且地域上极其受限的司法机关处理所有的诉讼，理当是完全不在当局考虑之内的做法。从而，面对其不足之处，北京政府乃自然地利用起传统的体制，于未设置审判厅的县中，采取了和清代相同的做法，继续施行由县知事此等行政官员兼办司法业务的县知事兼理司法制度。

为此，有必要在制度上明确备置一个供县知事进行裁判的体制，于是，北京政府公布施行了《县知事审理诉讼暂行章程》及《县知事兼理司法事务暂行条例》⑥，确立了县知事审理裁判的相关立法规范与实务规定。这套由县知事兼理司法的制度，历经北京政府时期，在大部分的县中获得实施，而北京政府所支配地区的审判厅数量，即使在北京政府末期的 1926 年间，也不过只有 150 所左右。⑦

基于上述理由，欲了解此一时期的司法制度，则不能不厘清县知事兼理司法的制度，而其中，司法权如何监督县知事的司法业务，乃是一个重大的问题。当时的法曹界认为，由性质上本属行政官员的县知事兼办司法业务的做法，既会破坏司法独立，在实际诉讼中也将损及裁判的公正性⑧，县知事所作

---

④ 参见丁文江、赵丰田编：《梁启超年谱长编》，〔日〕岛田虔次编译，岩波书店 2004 年版，第 376—386 页；Xu Xiaoqun, *Trial of Modernity*：*Judicial Reform in Early Twentieth-century China*，*1901—1937*, Stanford University Press, 2008, pp. 133-135；李贵连、俞江：《清末民初的县衙审判——以江苏省句容县为例》，载《华东政法学院学报》2007 年第 2 期，第 80—81 页。另有论者认为，上海地方检察厅对于 1913 年宋教仁暗杀事件的重要参与人国务总理赵秉钧发出传唤命令，此事引起大总统袁世凯的不悦，进一步升高了行政机关对于司法的反感。参见吴永明：《民国前期新式法院建设述略》，载《民国档案》2004 年第 2 期，第 67—68 页。

⑤ 据欧阳湘研究，此期间遭废止的审判厅达 230 所，免遭废止的审判厅，包含大理院在内，有 77 所。

⑥ 1914 年 4 月 5 日大总统令公布，载《政府公报》1914 年 4 月 6 日。

⑦ 参见日本外务省编：《支那国治外法权ニ関スル委员会ノ报告书》，日本外务省 1927 年版，第 235 页，附录一"新式支那国裁判所一览表（一九二六年现在）"。此外，包括南方国民政府所辖区域在内之审判厅数量，参见欧阳湘前揭书。

⑧ 参见吴嘉猷：《论县知事兼理司法之弊害》，载《法律周刊》1923 年 12 月第 24 期。

的裁判因慎重不足,很可能造成冤罪。⑨ 另在新闻界,也有人担心这种欠缺司法独立的情况对于领事裁判权的撤废会产生妨害。⑩ 此外,以法官为首的法曹界人士与县知事的学历背景各自不同,法官多有在外国尤其日本学习的经验,具备法律素养⑪,相对于此,北京政府时期的县知事多为修习传统学问的旧科举士大夫与旧官吏出身,新式学堂出身者或具备留学经验者仅有少数。⑫ 由于两者之间有如此的差异,故而在法官们看来,县知事所作的判决显得不足信赖,有进行矫正的必要。

矫正县所作判决的时机,首先想到的是利用审判厅审理上诉案件的场合。当然,即使是县的裁判,诉讼当事人的上诉权利也受到法律的保障。不过,在对被告加重其刑的重大刑事案件中,由于期待裁判的公正性,故要求更慎重的审理,若仅在当事人声明上诉的案件中对于县的裁判进行审理,对于县的监督并不充分。因此,由省的最高司法机关高等审判厅审核县所作判决的覆判制度,乃因应而生。

本来,对于科处一定以上刑罚的案件,即使在清代以前,县的判决也必须经过府及该省按察使和督抚的审理,死刑案件更须经刑部等中央机关审理后,最终由皇帝批准。⑬ 处在这样的历史脉络之下,由上级机关自动审核县级审判的做法,虽然与审判厅各自独立审理,裁判独立的原则形成鲜明的对比,但在当时似乎被视为理所当然。清代此种由上级机关自动审核州县等行政末端机关所为判决的制度,滋贺秀三称之为"必要的覆审",而本文就清代以前的裁判审核制度,亦将使用这个术语。附带一提,本文探讨的覆判制度,可说是援用了清代"必要的覆审"的一套制度,不过,民国时期也存在与覆判制度有别的"覆审"一词。在民国时期,所谓的覆判,指的是高等审判厅针对县的第一审裁判进行审核的整体过程;至于覆审,乃是覆判的一部分,指高等审判厅审核县的判决后,将该判决发还于县,命之重审,而县据此所为之重新审理。两者易于混淆,需特别留意。关于这一点,拟在第二部分中详述。

如前所叙,从地域上来看,当时中国的大部分地区都实施县知事裁判,因此,司法上的覆判所具有的重要性,即使就数量上而言亦有不能忽视之处。

---

⑨ 参见周承觐:《覆判审之覆审决定是否即为撤销原判之问题》,载《法律评论》第33、34期,1924年2月17日。

⑩ 载《申报》1920年"杂评二 今后之县司法"。

⑪ 参见日本外务省编前揭书,第281页。

⑫ 参见魏光奇:《北洋政府时期的县知事任用制度》,载《河北学刊》2004年第3期,第183—184页。

⑬ 参见〔日〕滋贺秀三:《清代中国の法と裁判》,创文社1984年版,第23—31页。

然而，关于民国时期的覆判制度，以往连专论亦不可见，仅在县知事兼理司法制度的研究中有所触及[14]，至于其具体运作过程为何，此一基本问题点尚不明朗。不过，就重大案件的判决进行审核的制度，不仅是前述清代制度的继承，同时也是中华人民共和国成立以后可以见到的现象，其特征则因时代各异。此外，民国时期，尤其北京政府时期，系司法制度的过渡期，而覆判制度将明显呈现该过渡时期的特征，故在思考民国时期司法制度的特征时，覆判制度也是一个重要的要素。又关于清代的"必要的覆审制"的现象[15]，日后从历史的观点来思考这些问题时，覆判制度的研究或许亦将提供重要的切入视角。因此，本文在厘清覆判制度是根据哪些法律运作暨如何运作的同时，亦希望探讨其在民国时期的司法制度中具有何种意义。

一、裁判的管辖区分及上诉过程

即使在属于行政机关的县公署中为刑事裁判[16]时，原则上，裁判亦于公署内设置的法庭（参见图1）中公开举行。[17] 在此过程中，县知事得承审员[18]之辅助而进行裁判，判决则由两者一起署名，共同负责。[19]

审理完毕下达判决后，裁判即告初步终了，但被告若不满判决，得向上级审判厅提起控诉。不过，与至清代为止的情况不同，民国时期设有上诉期限，

---

[14] 参见韩秀桃：《司法独立与近代中国》，清华大学出版社2003年版，第261—262页；Xu Xiaoqun 前揭书，第80—81页。

[15] 关于中华人民共和国成立后的司法与裁判独立，参见〔日〕小口彦太：《現代中国の裁判と法》，成文堂2003年版，第17—20、27—37页；季卫东：《中国的裁判的構図——公論と履歴管理の狭間で進む司法改革》，神户大学研究双书刊行会2004年版，第92—110页。

[16] 在刑事裁判中，由当事人的自诉而启动的情形亦不少见，但就杀人及强盗案件，即使当事人未出面告诉，县知事仍被课予解决事件的义务，甚至在事件发生后5日内，必须向高等审判厅及高等检察厅进行通报（参见1915年5月6日公布之《县知事办理命盗案限期及惩奖暂行规则》，载《政府公报》1916年5月9日）。在这一点上，相当于清代的通详（关于清代的通详，参见〔日〕滋贺秀三前揭书，第29页）。

[17] 参见《政府公报》1912年6月6日之《实行审判公会主义禁止强暴陵虐令》以及《县知事审理诉讼暂行章程》第26条。

[18] 为辅助县知事进行司法业务，多数的县设有承审员。承审员经县知事保举后，由各省的高等审判厅任命。不过，判决作成时由县知事与承审员联合署名，以及承审员通常处在县知事的强大影响力下等现象，遭到了指摘。参见韩秀桃前揭书，第248—249页；魏光奇：《走出传统——北洋政府时期的县公署制度》，载《史学月刊》2004年第5期。

[19] 不过，对于初级管辖案件，承审员得单独审理。参见1915年9月13日公布之《变通承审员权限通饬令》，收入《增订司法例规》，第414页。

北京政府时期的覆判制度 | 297

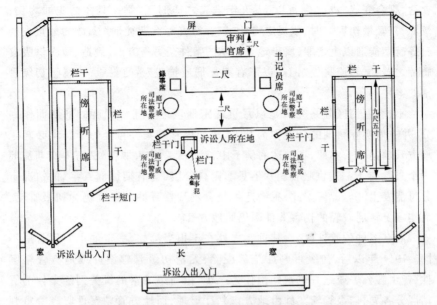

图 1　县知事公署法庭设置图

＊本图参照 1916 年 6 月 27 日发布之《设置县知事公署法庭通饬》，收入《增定司法例规》，第 416 页。

在刑事案件中，被告必须于判决宣示后 14 日内表明控诉的意思。[20] 控诉的案件通常由县公署移转至审判厅审理，惟依法律预设的犯罪轻重，这些案件被设定了管辖区分，因此担当第二审的审判厅也有所不同。

无论案件属民事或刑事，根据其重大程度，区分为初级管辖与地方管辖两种。这两种管辖类型的命名，原是为了表明担当第一审的审判厅为初级审判厅或地方审判厅，不过，1914 年初级审判厅全遭废除后，为表达案件的管辖区分，两个名称仍继续获得沿用。

在刑事案件中，管辖区分以刑的轻重划分，初级管辖乃最重主刑四等有期徒刑以下案件，地方管辖则为最重主刑三等有期徒刑以上，包含死刑、无期徒刑的案件。[21] 若进一步具体说明，四等有期徒刑指徒 1 年以上、3 年未满之刑，三等有期徒刑指徒 3 年以上、5 年未满之刑。[22] 在民国初期的刑法《暂行刑律》中，对于某罪载为"处三等至五等有期徒刑"，若以现在的规定方式来

---

[20] 参见《县知事审理诉讼暂行章程》第 40 条第 2 项。
[21] 参见《政府公报》1912 年 5 月 19 日之"《刑事诉讼律草案》关于管辖各节"。
[22] 参见《暂行刑律》第 37 条。

表达,则会变成"处二个月以上、五年未满之徒刑"。举一具体的犯罪为例,例如,犯轻微伤害罪时,依规定将处"三等至五等有期徒刑"[23],故为最重主刑三等有期徒刑以上之罪,属于地方管辖的案件。另一方面,制造、贩卖供吸食鸦片之器具,乃应科处"四等以下有期徒刑或拘役"[24]的犯罪,故属于初级管辖的案件。

不过,管辖区分终究只是以最重法定刑该当于何种程度的刑期而作划分,并非以实际科刑的轻重作为基准,故初级管辖案件科处的刑罚未必轻于地方管辖案件。亦即,在前述的例子中,对于某项伤害罪科处"五等有期徒刑六个月",对于制造供吸食鸦片器具罪则科处"四等有期徒刑二年"的情况十分可能发生。但即使如此,犯制造供吸食鸦片器具罪的案件仍为初级管辖,而实际上科刑较轻的伤害案件则仍属地方管辖。

刑事案件的管辖区分,其重要之处在于担当第二、三审的审判厅有所不同。1914 年以后,初级审判厅全部废除,无论初级管辖案件或地方管辖案件,皆由县公署或地方审判厅担任第一审,担当第二审的机关则随案件的管辖区分各异,初级管辖案件由地方审判厅审理,而地方管辖案件归高等审判厅审理。至于第三审,初级管辖案件系高等审判厅审理,地方管辖案件则由大理院审理。[25] 这种上诉流程的管辖区分,内容如图 2 所示。

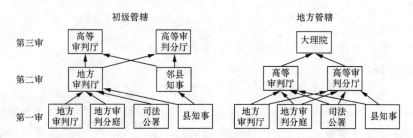

图 2　县知事公署法庭设置图

* 本图之制作,系根据《增订司法例规》"第四类·审判·管辖",《申明初级管辖及地方管辖各支系通饬》,第 317 页;《政府公报》1912 年 5 月 19 日之"《刑事诉讼律草案》关于管辖各节""《民事诉讼律草案》关于管辖各节"。

以下,举一具体案例对前述的上诉流程进行说明。在浙江省安吉县所发

㉓ 参见《暂行刑律》第 313 条。
㉔ 《暂行刑律》第 267 条。
㉕ 参见《申明初级管辖及地方管辖各支系通饬》,收入《增订司法例规》"第四类　审判·管辖",第 317 页。

生的"郑中贵控项昌鉴杀人案"㉖中,因系杀人事件,故属于地方管辖的刑事案件。本案被害人郑中富于 1918 年阴历 3 月 9 日夜间遭到杀害,其弟郑中贵认为项昌鉴是犯人,向县提出告诉状,刑事裁判于焉开始。犯案的动机,是被害人与项昌鉴之间向有讼争,因而导致项昌鉴的报复。在此可知,即使是杀人事件,也有因被害人家属提出刑事告诉而展开裁判的情形。安吉县公署受理告诉状后进行裁判,认定项昌鉴于郑中富逗留徐阿毛处时,带领四名同伙捆绑郑中富的手脚,并以柴刀砍杀,乃判处项昌鉴十年有期徒刑。

对此判决结果,被告项昌鉴向浙江高等审判厅提出控诉状,主张自己无辜,且 3 月 9 日至 11 日间,姚义坤家举行婚宴,自己在该处饮酒,有不在场证明。依规定,控诉期限为判决宣告后的 14 日内,而提起控诉须于控诉期限内向高等审判厅提出控诉状,或者向原审的县提出控诉声明状。㉗ 倘使控诉人在上诉期限内表明控诉意思,县会将案件移送至该省的高等审判厅或其分厅,被告也会被向上移送。此外,在未设置审判厅的县中,律师的诉讼活动遭到禁止㉘,但自控诉审阶段开始,由于审理移转至高等审判厅,被告因此得委任律师进行辩护,律师亦可以撰写控诉状。本案的控诉过程中,控诉状系由被告自己准备,惟其后律师来福成参与辩护,又向高等审判厅提出了律师的辩护意旨状。该辩护意旨状的内容涉及许多方面,但最重要的一点,系指出证人徐阿毛的证词不能采信。来福成根据县的审理记录,指摘徐阿毛最初证称不认识被告项昌鉴,亦未目击杀害郑中富的事发现场,后来却又翻异证词,改称认识项昌鉴,且杀害之时亦曾目击。据此,来福成主张徐阿毛的证词不足采为证据,被告项昌鉴应该无罪。在书面辩护之后,开始法庭的审理。高等审判厅开庭审理时,被告与证人当然都出庭了,而与县的审理情况不同的是,被告的律师为了替被告辩护,也出庭进行法庭辩论。此外,检察官亦出庭履行其职务。审理终结后,高等审判厅作出判决,基本上采用律师的主张,撤销了原判决,认定被告项昌鉴无罪。判决的根据,乃此案的唯一证据系证人徐阿毛的证言,但该证言途中翻异,若采为证据将发生问题,由于无法证明被告的犯行,故认定其无罪。不过,关于犯行当夜的不在场证明,被告供称当时看见姚义坤家中有人赌博,但姚阿宝等证人对此予以否认,故被告的不在场

㉖ 凌善清编:《全国律师民刑诉状汇编》(辛编"郑中贵控项昌鉴杀人案"),大东书局 1923 年版,第 181—195 页。

㉗ 参见《县知事审理诉讼暂行章程》第 36、39 条。

㉘ 参见 1913 年 2 月 14 日发布之司法部训令四十一号《凡未设立审判厅地方诉讼事件暂不用律师制度》,载《政府公报》1913 年 2 月 16 日。

证明本身遭到推翻。

对于第二审的判决,原告、被告双方若有不服,皆得上告至大理院。本案中,浙江高等检察厅认为被告的不在场证明已遭证人否认,浙江高等审判厅在未有反证否定犯行的情况下作无罪判决,实属不当,故上告至大理院。针对检察官的上告,律师来福成为项昌鉴提出辩诉状,继续主张项昌鉴无罪。其指出,徐阿毛的证言不能采作证据,故郑中富遭到杀害一事,尚未证明是项昌鉴所为,而姚阿宝等证人之所以否定项昌鉴的不在场证明,系因担心赌博属违法行为,一旦承认确有其事,他们的犯罪行为将被追究。

在原被告双方以书面展开各自的主张后,诉讼进入了大理院的审理。大理院为法律审,仅进行书面审理,又因诉讼制度采三审制之故,一旦审理终了下达判决,裁判即告确定。不过,由于大理院不是事实审,若认定高等审判厅的审理有不充分之处,会将案件发回高等审判厅使之重新审理。在本案中,大理院认为浙江高等审判厅未究明徐阿毛翻异证词的理由,仅因其证词矛盾即判决项昌鉴无罪,系属轻率,故将案件发回浙江高等审判厅。

其后,律师来福成以一贯的主张提出辩诉状,案件在浙江高等审判厅重新审理。不过,尽管推事诘问徐阿毛为何翻异证词,徐阿毛每次供述的理由亦前后不一,故浙江高等审判厅仍以徐阿毛的证词无法采为证据等理由,再次判决被告项昌鉴无罪,判决乃就此确定。

以上是重大刑事案件的上诉过程。接着,就民事案件进行观察。此处所举案例,乃浙江省嘉兴县的"邵颖庄与姚锡卿欠款纠葛案"。㉙ 本案中,诉讼当事人邵颖庄的同茂泰木行与姚锡卿的姚义昌板坊长年有交易来往,1918年,姚义昌板坊倒闭,对同茂泰木行产生了1539元的未支付债务。原告邵颖庄向嘉兴县公署提起告诉,请求被告支付1539元及迟延利息。被告方面则主张,姚义昌板坊系6人共同出资成立,实际上由出资人之一的管宝珊负责营运;且该债额过巨,难以偿还。对此,嘉兴县公署认可了原告的主张,判决店主姚锡卿负返还责任,应支付债务全额1539元暨其利息。

对于这项判决,被告姚锡卿不服,向浙江高等审判厅提出控诉声明状。此处需说明的是,本案因诉讼标的金额庞大,故成为地方管辖案件,第二审由高等审判厅审理,但若是金额较少的初级管辖案件,则第二审将于地方审判厅进行审理。

控诉人姚锡卿声明控诉后,复提出上诉状于浙江高等审判厅,其主要上

㉙ 《全国律师民刑诉状汇编》(乙编 "邵颖庄与姚锡卿欠款纠葛案"),第22—28页。

诉意旨为：偿还金额过巨，且命姚锡卿一人负返还责任，实属不当。针对姚锡卿的上诉，浙江高等审判厅劝谕两造和解。结果，原被告双方皆派遣律师为代理人进行协调，和解终于成立，将债权的金额减为1450元。被告姚锡卿自姚义昌板坊商品中提出等价之物交付同茂泰木行后，双方向浙江高等审判厅提交了和解状。如同本案般，在民事案件中，案件并非仅因审判厅作成判决而终结，若当事人间能成立和解，案件亦能因此获得解决。另外，在审判厅审理的案件中，律师的诉讼活动受到法律认可，事实上，上述两则案例内即可发现律师的深入参与。

二、《覆判章程》与覆判案件

（一）民国甫成立后的覆判制度

如序言所述，即使到了民国时期，多数的县仍是以县知事兼办司法业务，因此，从司法的立场来看，有必要以某些形式对于县的审理进行审核。于是，清代所施行的"必要的覆审"获得利用，具体落实为民国时期的覆判制度。另外，序言中已经提过，在民国时期，所谓的"覆判"，指的是对于县的第一审进行审核的整体过程，而"覆审"指的是覆判后县依高等审判厅命令所作的重新审理。

民国以后，各个审判厅的裁判各自独立，判决下达后，若当事人未上诉，该判决即属确定。相对于此，在县知事担当的裁判中，就重大刑事案件，系仿效传统时期的处理方式，由上级机关针对县的判决与审理内容进行审核。

不过，所谓的上级机关，在清代时，是由府、按察使、各省督抚等县的上级机关审核案件，惟在民国时期，由性质属行政机关的县来办理司法业务，本非应有的做法，因此理所当然地，系由属于司法机关的审判厅来扮演审核机关的角色。具体而言，即是由各省的最高司法机关高等审判厅担当覆判的任务。

1911年10月，北京政府公布施行了规范覆判的法令《覆判暂行简章》。[30] 该简章首先明示，在尚未设置审判厅的县进行审理的刑事裁判，必须实行覆判，至于覆判的对象范围，则是由县判决死刑、无期徒刑及一等、二等有期徒刑的案件。对于这些案件，县于审结后10日内，须将包含判决书在内的所有案件相关卷宗送交高等审判厅。高等审判厅通常仅作书面审理，但必要时仍

---

[30] 参见《法令全书》（1912年）"第十二类　司法"，第33页。

会传唤被告在内的关系人进行讯问。若担当第一审的县与高等审判厅所在地距离遥远,高等审判厅得派遣该厅或其他审判厅的推事进行审理,根据具体情况,也可以派遣其他行政官厅的人员为审理工作,这些受派人员审理完毕后,则以高等审判厅的名义下达判决,发给第一审的县。县收到高等审判厅的覆判判决后,须于3日内对被告为判决之宣告,若诉讼当事人对于判决内容不服,则可以提起上诉。该上诉视为对高等审判厅的第二审判决所为,系上告至大理院。如果上诉期间经过而未有声明异议,则判决就此确定,于各县中做刑之执行,但死刑须向司法部报告,待其裁可而后执行。

1913年3月,《覆判暂行简章》经过修正,北京政府公布施行了《修正覆判暂行简章》。[31] 在这部修正简章中,覆判的对象范围未作变更,但明确揭示,必须覆判的案件,乃县的第一审审理终结后当事人未声明上诉者。同时规定,县的判决应于上诉期间经过后5日之内送交覆判,但送交的方式非直接送至高等审判厅,而是由县先将判决等卷宗送至高等检察厅,再经高等检察厅送交高等审判厅。

此外,这个时期的覆判,亦针对原本按清末施行的刑法《大清现行刑律》作成判决的案件,重新依据民国成立后开始施行的《暂行刑律》更定其刑。[32] 由于旧律与新律相较,具有重刑的倾向,故对被告而言,此项作业的影响巨大。以下举山西省的"山西省高等审判厅判决程新发等窃盗一案"[33],进行说明。本案中,程新发于宣统元年(1909年)八月募集同伙,一行七人闯入被害人赵会元家中强盗,事后程新发、谢竹元、吕凤亭等三人被捕受审。七名实行犯中,仅吕凤亭未入屋内,在庭院担任接运赃物的工作。盗得赃物中,部分变卖为现金,与其他实物一同为七人所朋分。山西高等审判厅认定本案的事发经过为:"经事主报明前署县知事王勋会勘缉报,先获吕凤亭、谢竹元,搜获赃物并讯出当赃处所,传主分别认明赎回给领。嗣准前潞城县知事邓车昂查获程新发一名,解经该县讯供,拟议通详。经前署泽州府恩联提犯讯供,与县审无异,即按前清现行刑律将该犯程新发、谢竹元(即解竹云)均如该县原拟,依强盗已行但得财者不分首从皆绞律,拟绞立决。吕凤亭听从行劫,临时在院接递赃物,并未随同入室,事后分得赃物,亦如该县所拟,依寻常盗劫之案其只听嘱在外接递财物并未入室搜赃例,免死减等,发遣新疆当差。"之后,案

㉛ 参见《法令全书》(1913年)"第十二类 司法",第53页。

㉜ 参见《大清现行刑律》于宣统二年(1910年)5月15日施行,《暂行刑律》则于民国元年(1912年)3月10日开始施行。

㉝ 《最新司法判词》"第二卷 高等审判厅"之"第二类 刑事判词",第389页。

件送至山西高等检察厅,检察厅认为"情罪相符",复移送至山西高等审判厅。山西高等审判厅表示县的事实认定与量刑皆属允当,复云:

> 暂行新刑律第二十九条内载"二人以上共同实施犯罪之行为者,皆为正犯,各科其刑。于实施犯罪行为之际帮助正犯者,准正犯论"各等语。此案程新发起意纠劫事主赵会元家得赃,彼时谢竹元与吕凤亭等均各听纠同行,结伙至七人之多,并有拒伤事主情事,其手段之横暴,纯属强盗行为,已无疑义。吕凤亭虽未入室搜劫,而在院接赃,究属帮助正犯防备外援行为,亦甚重要,核与共同实施强盗之行为者并无区别,自应与正犯一体科罪。原判系按前清现刑律问拟,以致首从有轻重之别,第该犯等虽事犯在赦令以前,核其所犯情节,系在不准免除条款之列,若依部颁新刑律施行细则第四条第一款之规定,程新发、谢竹元二人均应拟处绞刑。但暂行新刑律内既有专条,似无舍轻就重之理,自当适用第三百七十三条及第二十九条之规定,比较新旧,科以相当之刑,藉昭平允。

于是对被告三人一致科处一等有期徒刑 12 年。本案事发于宣统元年（1909 年）,因程新发等三人较早遭到逮捕,故县审理时依《大清现行刑律》作出判决,然后将判决呈送至府,这是基于清代制度所进行的运作。府将判决送至提法司㉞后,该判决又送至检察厅,进而再送至审判厅,这部分则是按照民国时期的覆判程序。科刑方面,旧律中判处死刑者,依照施行条例得处绞首刑,但此处山西高等审判厅适用新律的强盗罪规定,改处被告 12 年有期徒刑。

（二）1914 年以后的覆判

以上是民国甫成立阶段覆判的相关规定,由于当时政府正陆续设置审判厅,一心以扩充审判厅的数量为目标,因此这些法令只是打算作为"暂行"之用,一旦全国所有的县都设置了审判厅,或许覆判制度也将失其必要性。然实际上,1914 年时,裁撤审判厅的工程大规模展开,遂使完整规范县知事兼理司法制度的法令变得必要,于是,北京政府也针对覆判制度重新制定了更加完备的法令,在 1914 年 7 月 3 日公布施行了《覆判章程》。㉟ 该部章程的规定,较前述《覆判暂行简章》更为详细。《覆判章程》的内容屡经修正,尤其在

㉞ 提法司乃宣统年间由按察使改称的机关,掌管一省的司法行政。
㉟ 参见《政府公报》1914 年 7 月 5 日。

1918年与1922年间分别制定了改定版本,重新公布。㊱ 关于这些修正之处,以下在论述必要时,将作适当的说明。

依《覆判章程》的规定,覆判案件的对象乃最重主刑三等有期徒刑以上或罚金500元以上的案件,这与前述的地方管辖案件范围一致。相较于《覆判暂行简章》规定应覆判案件为科处二等以上有期徒刑的案件,《覆判章程》所定覆判对象的范围较为广泛;同时,相对于《覆判暂行简章》以科刑轻重作为覆判与否的基准,《覆判章程》则将基准置于适用的条文上,亦即着眼于行为人所犯之罪为何。在应为覆判的刑事案件中,若当事人对于县的判决不服,得于判决宣告后14日内的控诉期间,控诉至高等审判厅,若经过14日仍未上诉,该刑事案件即转至覆判。县知事对于经过上诉期间的案件,在上诉期间经过后5日内,须将判决文、供述书及案件的证据汇整后,先送至高等检察厅。㊲ 不过,与清代不同的是,被告仍继续留置于县,无须移送。高等检察厅审理从县送达的资料,针对其认事用法有无问题进行审核,若有问题,则在指摘该判决的同时,并就覆判时如何判决为妥当附具意见书,然后送交高等审判厅。㊳ 高等审判厅参考高等检察厅的意见,详细调查供述书及证据,在审核县的拟罪与事实认定是否妥当的同时,若有必要,亦可命令原审的县重新进行调查。覆判的审理终了后,高等审判厅应为核准、覆审或更正之其中一种判断,而此三种判断的内容如下:

首先,所谓核准,乃认为县所作原判决为妥当的判决。在事实认定与法律适用皆无错误的情况下,高等审判厅会作出此核准判决。

其次,所谓更正,如字面意思般,即高等审判厅依其判断对县的原判决内容进行更正的判决。在原审适用法律有错误时,高等审判厅会作出此种判决。不过,其范围限于认定县的原判决科刑过重,或科刑轻重没有变更的情形。就更正判决,高等审判厅会重新作出正式的判决文。

核准与更正的判决皆先送至高等检察厅,经高等检察厅转知原审的县,最终由县对被告作刑的宣告。如果经过上诉期间而当事人仍未对判决声明不服,提起上告,则核准及更正的判决因此确定,在通知被告之后即执行其刑。刑的执行在县进行,其中死刑案件须报告司法部,待司法总长许可后,由

㊱ 参见1918年4月26日公布之《覆判章程》及1922年6月28日公布之《修正覆判章程》,分别载《政府公报》1918年4月27日、1922年6月29日。
㊲ 参见《覆判章程》(1918年公布)第1条。
㊳ 同上。

原审的县知事执行绞首刑。㊴

在核准与更正程序之外,高等审判厅覆判的结果,若认定县的科刑太轻,或判决的证据不够充分,或事实认定有错误,则会作出意味着重新进行裁判的覆审裁定。㊵

也就是说,此种围绕着犯罪事实,认为有重新审理必要性的案件,当然包括了重新审理后的科刑较原判决为重,对被告变得不利的情形。㊶ 而对于作出覆审裁定的案件,其重新审理的方式,由高等审判厅在以下四种做法中择一为之。

(一)发还原审知事覆审。
(二)发交邻近地方审判厅或邻邑知事覆审。
(三)提审。
(四)指定推事莅审。

第(二)项的规定,适用于不希望由原审衙门进行重新审理的情况。第(四)项的规定,则是因应原审的县位处边境,召集被告及证人等至高等审判厅或其分厅有困难的情形。

覆审乃裁判之重审,故须重新传集证人等在法庭进行审理后,下达判决。覆审中作出的判决,应于判决下达后5日内再度送交高等检察厅。㊷

对于高等审判厅于覆判中作出的判决,当事人亦得进行上诉。不过,由于当事人原先在县的原判决下达后可能并未上诉,因此,对于覆判及覆审的判决上诉时,受有种种的限制。

首先,被告对于覆判的核准判决不能提起上诉㊸,而就更正判决的内容与覆审后的判决结果,仅限于科刑重于原判决的情况始能上诉,若科刑与原判决相同或较轻,则被告之上诉将无法获准。㊹ 另一方面,就原告而言,若被告的处刑在更正或覆审中变轻,则可对此结果表示不服,分别提起上告或控诉。㊺ 在这些情况下,上诉期间定为10日。

其次,关于检察官的上诉,就第一审的判决结果而言,因该裁判系由县所

㊴ 参见《覆判章程》(1914年公布)第7条第1款。
㊵ 参见《覆判章程》(1914年公布)第3条第2款。
㊶ 不过,1918年的修正条文中,此规定有所变更。相关内容,将于第三部分中说明。
㊷ 参见《覆判章程》(1914年公布)第4条。
㊸ 参见《覆判章程》(1918年公布)第7条。
㊹ 同上。
㊺ 参见大理院统字第八百八十号解释例(1918年11月13日),载《政府公报》1918年11月28日。

审理,故不可能发生检察官上诉的情况。而对于覆判的判决,根据1914年施行的《覆判章程》规定,检察官对于高等审判厅在覆判中所为的更正判决,以及县等在覆审中所作的判决,得上告至大理院。不过,其后相关规定改变,对于县知事的覆审结果,检察官非向大理院提起上告,而是向高等审判厅提起控诉。又在1918年修正后的《覆判章程》中,对于高等审判厅所为之核准判决,亦允许检察官向大理院提起上告。⑯

（三）覆判案件

以上是关于覆判过程的讨论,下面,则拟观察高等审判厅与高等检察厅在实际案件中,对于县的判决所作出的判断内容。

首先,"浙江高等检察厅对于嵊县呈送覆判裘凤金伙同仇杀裘全茂等九人毙命一案意见书"⑰,系县对于被告裘凤金邀集同伙闯入裘全茂家,杀害一家九人的事件作出判决后,高等检察厅就该判决作出的意见书。此案中,被告未否认罪状,而高等检察厅对于县所作的死刑判决,亦请求高等审判厅下达"属情罪相当"的核准判决。在此种事实认定与量刑判断上皆无可犹疑的案件中,高等审判厅没有必要对于县的判决提出异议,因此给予核准的判决。

其次,就更正判决进行说明。前文曾经提到,作出更正判决的前提,是适用法律有误及量刑不妥的情况,但实际上,更正的内容未必仅止于量刑,而可能涵盖整个刑事处分。在"浙江高等检察厅对于海宁县呈送覆判李阿大发掘坟墓盗取殓物罪一案意见书"⑱中,可见其适例。该案中,被告李阿大因盗掘坟墓,在县的裁判阶段,受10年有期徒刑的判决宣告。该主刑宣告本身并未发生问题,惟关于县自被告处没收盗掘赃物的做法,检察官认为:"(原判)依同律第四十七条、第二十三条第七款,又起获铜镜等赃物,无主给领,依大理院统字第七百九十八号解释,应不在没收之列。初判竟依刑律第四十八条第三款没收之,亦属错误,应请予以更正之判决。"亦即,更正的对象如本案所示般,也包括了盗取赃物的处置方式。而且,由检察官举大理院的解释例作为论理依据可知,因大理院的解释例具有法源的功能,县知事当然必须遵守。

再者,就高等审判厅作出覆审裁定的案例进行观察。下达覆审裁定的原因,包括了科刑失出及事实认定有疑义的情况。

关于单纯科刑失出的例子,可见于"浙江高等检察厅检察官对于南田县

---

⑯ 在1914年的《覆判章程》中,仅能就覆判所为之更正判决上告至大理院。
⑰ 《书状判牍精华录》（上）"第一编　各级检察厅书类",第92页。
⑱ 同上书,第49页。

判决应万秋等伤害侮辱罪一案核送覆判意见书"⁴⁹一案。该案的经过为：

> 本案被告人叶阿奶于本年七月六日停船鸭嘴埠头,因引盐分所稽查罗达夫于彼父子上岸后,带同巡丁王甲到船检查,乃诈称遗失银钱,诬为该稽查等窃去,报告乡警王邦贤同往索赔,以致互相扭结,撕破罗达夫衣襟。应万秋在旁袒叶攻罗,并用所执潮烟管击伤罗达夫左胳肘,皮硬色红,诉经该县讯验明确。

对此犯罪事实,原县以伤害罪判处应万秋"五等有期徒刑二个月又五日",以伤害从犯及诬告罪判处叶阿奶"拘留四十日、罚金二十元"。然而,针对叶阿奶的科刑,检察官主张,"该被告人叶阿奶既诬罗达夫、王甲两人为窃盗,即系侵害两个法益,自应治以两个刑律第三百六十条之罪。初判仅照一罪科刑,殊为失出",请求高等审判厅发回原县复审。亦即,关于犯罪罪数之计算,县认定罪数仅有一个,而高等检察厅认为罪数应认定为两个,故此案属于科刑失出的案件。

此外,在县的事实认定及伴随而来的法律适用产生疑义时,高等审判厅也会作出覆审的裁定。在"湖北刘长友等为诈欺取财案覆判决定书"⁵⁰所涉事案中,县的第一审所认定事实及科刑为：

> 被告人等因向朱登贵之妻朱谭氏借贷不遂挟嫌,于本年阴历二月二十四日夜间,乘朱登贵佃东方永久来登贵家索讨庄钱,经登贵留宿在家,遂邀约在逃之刘道吉等多人前往朱登贵家,将方永久、朱谭氏二人捆缚,诬以有奸,借以讹诈。经方永久之兄方永长到场,许给钱文,出一期票,始行了事。朱登贵恐刘长友复来滋闹,因令其妻谭氏将家中字据携往娘家暂避。刘长友等闻知,复于中途拦阻恐吓,并将谭氏手中包袱打开,取去祁善斋借字,取钱分用。因判定刘长友等捆缚方永久、朱谭氏为强暴胁迫,实犯刑律第一百六十五条第一、第二两款之罪。其诬称方永久与朱谭氏有奸,任意侮辱,系犯刑律第三百六十条之罪。其赶至中途讹诈朱谭氏身带字据,诈欺取财,系犯刑律第三百八十二条之罪。各依本条处刑,并各依律褫夺公权全部,予以合并执行。

对此,湖北高等审判厅的意见谓:捆绑、诬奸不过是为了遂行犯罪目的所使用的手段,"依刑律第二十六条前半之规定,应依刑律第三百八十五条(三

---

⁴⁹ 同注⁴⁸。
⁵⁰ 《书状判牍精华录》(下)"第七编 刑事判词·诈欺取财罪",第224页。

人以上诈欺取财罪)处断,初判乃依刑律第一百六十五条第一、第二两款(骚扰罪)及刑律第三百六十条(侮辱罪)处以罪刑,实属错误"。也就是说,县认定被告们犯骚扰、侮辱及诈欺取财等三罪,相对于此,高等审判厅认定被告们触犯的是三人以上诈欺取财罪。又关于方永长发出的票据,高等审判厅指出,刘长友既供述已将该票据烧毁,则应先究明票据的性质为何,然后作出处置。若票据乃具流通性之物,被告的行为即该当既遂,若票据不具流通性,则被告的行为属于未遂。而且,第一审对于被告等向朱谭氏夺取借据的行为,系以诈欺取财罪判决,但高等审判厅认为:"本案被告人等于途中将朱谭氏拦阻恐吓,其用强迫手段固不待言,究竟取去祁善斋借据,是否果系被告人等强取而去,抑系朱谭氏当时因被告人等恐吓,自行交出,此点甚关紧要。该借据如果系被告人等强取而去,被告人等在刑律上当然构成强盗罪。如系由朱谭氏自行交出,则被告人等应依刑律第三百八十五条三人以上诈欺取财罪处断。初判对于此点,未行审究。"在此,高等审判厅的推事就犯罪的构成要件持有明确的想法,以之为基准,遂认为县的审理尚未充分探究事实,因而判断其法律适用亦有错误。高等审判厅进一步又说到,"查原县记录,六月初五方永久供词内称'把民与谭氏捆住,把民身边庄钱搜去',又同日朱谭氏供词内称'刘长友们要小妇人出钱一百串方肯放走,小妇人说身边只有字据,没有现钱,就把包袱打开给他们看,刘长友们把祁善斋的二百五十串借字拿去'各等语,此等供词关系重要,原判并未置议,殊为疏漏,原县于覆审时亦应并予审究",对于原县审理不充分及事实认定暧昧之处,提出了指摘。

看了上述这些覆判过程中检察厅所出具的意见书和审判厅下达的判决,可以知道,在覆判中,高等审判厅仔细地反复阅读来自于县的第一审供述与判决,审核县是否作了充分的审理,并对于县的事实认定、法律适用与量刑妥当性进行了检讨。尤其,若供述中曾经提到有关犯罪构成要件的证词,但却不见县有调查检讨的迹象时,高等审判厅将认定县的审理并不充分。高等审判厅的此种态度,对于担当第一审的县而言,理应会形成某种程度的压力。

县受到了上述指摘后,应该会进行覆审,但是覆审之后,高等审判厅指摘的事实认定不备及法律适用错误处,未必会得到改善。为了克服此种局限,覆审后的判决必须再度送交高等检察厅,若高等检察厅对于覆审的审理内容或判决有所不满,则会如先前说明般地上诉至高等审判厅。其实例之一,可见诸"江西高等检察分厅检察官对于大庾县知事公署覆审判决吕易保杀伤俱发罪一案控诉意旨书”(51)这份高等检察厅的意见书。在本案中，高等检察厅认为县的覆审于事实认定及法律适用上皆有重大错误，因此提起控诉。其指摘：

> 被告人吕易保于民国六年八月十八日夜间，因同居之郑雷氏、李某氏、何朱氏、阙李氏在厅下打纸牌，前往观看，致与郑雷氏口角，吕易保即在厅下持刀砍伤郑雷氏，并伤及救解之何黄氏，业据何朱氏、阙李氏、何黄氏等一致供明。原判以该被告意图行窃，杀伤郑雷氏、何黄氏，其认定事实已属极端错误。郑雷氏所受伤害是否于精神或身体有至三十日以上之病，抑系轻微伤害，原审并未详加鉴定，仅凭被害人郑雷氏供称伤痕业经平复，不过间犹作痒等语，即认为合乎刑律第八十八条第二项第五款之废疾，奚足以成信谳？

由此可知，县虽然进行了覆审，但不一定会按照高等检察厅和高等审判厅所期望般地尽力审理。

此外，前文业已指出，高等检察厅对于高等审判厅的判决，得以上诉的方式表达异议。以下举“浙江高等检察厅检察官对于同级审判厅核准翁甲诬告缓刑声明上告意见书”(52)为例，作进一步说明。该案中，县认定被告人翁甲犯诬告罪，宣判缓刑3年，高等审判厅就县的判决，于覆判中作出核准判决。对于县的判决，高等检察厅论谓：

> 本年七月二十九日定海县第三次笔录，告诉人翁甲供称“拿史阿喜时，共有翁乙、翁丙、翁丁、翁戊及民五人。捉至山脚，有水缸，民与他相扭遂同浸水中是有的，浸入粪缸，实无其事”等语，据其所供，是该民于诬告史阿喜砍毙耕牛之外，尚触犯私擅逮捕罪名，应照刑律第一八二条一项及第三四四条暨二十三条处断。初判仅认为诬告，并宣告缓刑，殊有未协。但翁乙、翁丁、翁戊等均系共同私擅逮捕人犯，既经到案，并无确实反证，竟悉予搁置，不为有罪无罪之判决，尤为疏漏。

而对于高等审判厅作出的核准判决，高等检察厅亦主张“既未提讯明确，又不发回复审，遽予核准，实于职务上之能事有所未尽，拟请撤销原判，发回更审”，据此向大理院提起上告。

如上所述，在县内进行裁判的刑事诉讼中，属于地方管辖案件者，不仅是

---

(51) 《书状判牍精华录》(上)“第一编　各级检察厅书类”，第52页。

(52) 同上书，第38页。

由高等审判厅,实质上也由高等检察厅进行审核,但两者的意见也可能出现分歧。从 1918 年公布的《覆判章程》来看,可以说,法律明示了检察官对于覆判的参与,而在此意义上,案件获得了更加慎重的处理。不过,更慎重的处理并非仅止于调查有无冤罪的程度,倒不如说,更重要的一点,乃在于高等审判厅与高等检察厅针对设想的裁判程序进行检讨。亦即,审核裁判过程中是否彻底究明重要的证言,是否于认定犯罪事实后无误地适用法律,是否导出了妥当的量刑,又是否将这些认事用法的论据充分地呈现在判决之中。

三、《覆判章程》的修正中所见的覆判制度问题

以上,是覆判的具体过程。接着,为找出覆判的特征,亦须先指出覆判中作出的各种判决所占的比重。如表 1 所示,作出核准判决的案件,占全体案件的 1/3,故有六成的案件被迫作了某些修正。县所作出的判决及其审理内容中,有六成以上存在某些问题,这可以说是相当高的数值。但反过来说,也正是因为如此,覆判制度才有其意义。从另一方面来看,县知事作出的判决带有问题,在某种程度上是可以预测的。因为当时的县知事们就连按照法定形式作出判决都引以为苦,为此,对于不送覆判的初级管辖案件,无论属刑事、民事,政府乃通融县知事于作出判决时得不拘法定形式。[53] 从这一点来思考的话,包括判决的内容及判决的表现形式在内,判决中存在许多问题的情况是不难想象的。事实上,也有一些案件是高等审判厅在审理县的判决内容以前,因认为判决的形式本身有问题而下达覆审的裁定。[54] 此种形式面及实质面的不完备,即使有承判员的协助,也未充分克服。然而,在覆判的裁定中,发还原县重审的情形占了大部分的比例,选择提审而由高等审判厅自身重新审理的情形甚少。亦即,身为法官,即使对于案件抱持疑问,也未选择亲自积极介入,彻底审理,虽然保留了决定权,却又将实际的审理委诸于县。不过,一般认为,这种态度即使在清代亦属同然。[55]

---

[53] 参见 1914 年 11 月 21 日公布之《司法部呈县知事审理简易案件拟请准以堂谕代判决文并批令》,载《政府公报》1914 年 11 月 24 日。

[54] 参见《书状判牍精华录》(上)"第一编 各级检察厅书类","江西高等检察分厅检察官对于赣县详请覆判徐得胜等略诱罪一案意见书",第 22 页。

[55] 参见〔日〕滋贺秀三前揭书,第 218 页。

表 1　覆判受理件数及已结未决全国统计

年度	受理件数			终结						未终结
	旧受	新受	计	核准	覆审		更正	消灭	计	
					发还原审	知事覆审				
1914 年	983	4 519	5 502	1 586	797	734	2 315	104	4 802	700
1915 年	749	8 769	9 518	3 304	2 331	2 076	3 574	141	9 350	168

＊本表根据《中华民国三年第一次刑事统计年报》第三三表"覆判审判衙门别覆判受理件数及已结未决"及《中华民国四年第一次刑事统计年报》第三三表"覆判审判衙门别覆判受理件数及已结未决"作成。

此外,北京政府时期,《覆判章程》屡屡修正,这是为了要逐一因应运用时所产生的问题。而借由分析这些修正之处,覆判制度存在的问题应该也会变得清晰。

首先,关于对覆审的上诉,1914 年公布的《覆判章程》规定,无论是高等审判厅的提审、派遣法官进行的莅审、地方审判厅或邻邑知县的覆审,或原审县知事所行覆审,就此所为之上诉,皆上告至大理院。⑤⑥ 但是,大理院的审理原则上是法律审,并不从事犯罪事实之究明,从而,若对于裁判的事实认定产生疑义,会将该裁判发还下级审,命其重新裁判。在此会成为问题的是,覆审裁定中采用最多的方式,即裁定由原审的县知事进行覆审的情况。原本,若是单纯因原判决适用法律有误而进行的覆审,大概不会产生太大的问题,惟在证据不充分等因素导致原判事实认定本身出现问题,因而进行的覆审裁判中,能否确实期待裁判的内容获得改善,则有疑虑。具体而言,只要覆判进行期间不发生县知事转任等情事,发回第一审的案件仍将由相同的县知事审理,而如同前一部分所述,在覆审中,审理的内容未必会按照审判厅和检察厅的要求获得改善。因此,在一些上告至大理院的案件中,可能招致以下的问题,亦即"若犹有证据未足情形,不能不发交覆判审衙门提审,重为控诉审程序,殊于诉讼进行稍觉迟顿"。⑤⑦ 于是,1915 年 6 月,关于当事人对覆审判决之上诉,由原本向大理院提起上告,修正为向高等审判厅提起控诉。⑤⑧ 又同年 10 月,为减轻诉讼当事人与法官的负担,政府采取了若干对策,例如:针对覆审中犯罪事实明确,仅法律适用有问题的控诉案件,允许高等审判厅仅作书面审理。甚至在担当覆审的县与高等审判厅距离遥远的情形,允许高等审

⑤⑥ 参见《覆判章程》第 8 条。
⑤⑦ 《政府公报》1915 年 6 月 25 日。
⑤⑧ 同上。

判厅派推事莅县进行控诉审。⑤⑨

其次,成为问题的是,在覆判中应下达更正判决的案件,其对象范围有所变迁。1914年《覆判章程》施行之初,得下达更正判决的案件,仅限于判刑轻重不变或变轻时⑥⑩,而在1918年的修正中,又增加了适用法条无误但处刑轻重不当的情形。⑥⑪ 亦即,纵使被告的科刑将变重,高等审判厅也可以作出更正判决。其后1922年公布的《修正覆判章程》,亦因循此项内容。⑥⑫ 诚然,若仅因单纯的量刑变更而再度传集证人或重新进行裁判,乃过度耗费无谓的时间与劳力。此外,在覆判中遭加重刑罚的被告,法律仍赋予其上诉的机会,因此,对于被告而言,显然也不能说是不利的修正。

以上所述上诉相关规定及更正判决范围的变更,也带有对于诉讼当事人权益的考量,其目的在于使裁判能够更加圆满地进行。

另一方面,覆判的对象范围亦屡次变更。1914年《覆判章程》刚施行的时候,覆判的对象范围等同于地方管辖案件,但仅仅两个月后,其对象范围即遭修正,将窃盗罪排除在外。修正的理由是:"县知事审理第一审案件属于此种刑事甚多,案情既大抵轻微,审理亦不难精确。"⑥⑬的确,由于窃盗的范围可能也包括了扒窃等情状轻微的窃盗行为,这样的变更,应该可以说是切合现状的应变。

覆判的对象范围与地方管辖案件的范围相等,其以法定刑的最重主刑作为基准,但法定刑与实际上科处的刑罚轻重未必成正比,关于此点,已在前述。惟依规定,部分案件会因实际宣告刑的轻重,而被排除在覆判对象范围外。1914年12月的通饬规定,最重主刑为三等有期徒刑的案件,若宣告四等有期徒刑以下之刑,则不必送交覆判。⑥⑭ 不过,这项决定后来被认为流弊甚多,1918年时,司法部乃发布命令谓"(此通饬)本系暂时通融办法,试行以后,不无流弊。现在新定覆判章程业奉大总统教令公布施行,依照该章程第一条第一、第二各款规定,凡属法定最重主刑为三等有期徒刑以上之刑者,无论判处何项刑名,均应呈送覆判。嗣后各兼理司法事务之县知事审判刑事案

---

⑤⑨ 参见《政府公报》1915年10月14日。
⑥⑩ 参见《覆判章程》(1914年公布)第3条第3款。
⑥⑪ 参见《覆判章程》(1918年公布)第4条第1项第3款。但不能以更正判决变徒刑为死刑。
⑥⑫ 参见1922年7月1日起施行之《修正覆判章程》,载《政府公报》1922年6月29日。
⑥⑬ 《覆判章程》1914年9月14日修正内容。
⑥⑭ 参见《县知事审理法定三等有期徒刑案件办得以堂谕代判决通饬》(1914年12月25日),载《增订司法例规》,第391页。

件,自应一律遵照新章办理,所有本部三年第一一一八号通饬不得再行援用"⑥,将其废止,重新规定最重本刑为三等有期徒刑以上的案件,无论宣告刑的程度如何,全部必须送交覆判。亦即,覆判的对象范围曾经一度缩小,但随后再度恢复。

由此可知,覆判的对象范围屡屡发生波动。如果只是考虑到司法权限的确保,其实没有必要缩小覆判对象的范围。但另一方面,如果覆判案件的数量过多,则会超出法官和检察官的处理能力,如此一来,不仅仅是覆判的案件,审判厅应审理的全部诉讼都可能发生迟滞。可以说,覆判对象范围的调整,必须同时解决确保司法权限与抑制案件数量这两个矛盾的课题,寻求两者之间的折中点。

在此成为问题的,乃是当时审判厅在案件数量方面的负担。首先参见表2、表3,这是京师、直隶的高等审判厅、地方审判厅于1915年审结案件数(民事、刑事的第一、第二审)、推事数,与日本东京控诉院、地方裁判所、区裁判所于1915年审结案件数(民事、刑事的第一、第二审)、判事数之比较。其中,天津地方分庭与东京区裁判所的推事平均终结案件数,出现了相当极端的数值,不过,由于两者处理的几乎都是轻微的案件,因此至案件终结为止,所费时间应该不多。若以同层级的裁判所进行比较,应该可以说,中国的法官较同时期的日本法官处理了更多的案件。当然,表2、表3仅呈现了法官处理的案件数量,而因每个案件耗费的劳力有所差异,故不能即认为中国的法官较日本法官承受了更沉重的负担。惟相较于日本,中国方面更强烈地要求法官不得堆积诉讼,其明显表现在对于诉讼审理期限的约束。当时中国的法令规定,刑事诉讼应于公判开始后25日内审理终结。⑥而实际上,当时几乎所有的审判厅中,一年内审理终结的案件占当年受理案件总数的比例,都超过了九成⑥,由此可知,审判厅的确在适当的期间内处理了诉讼。这样看来,则高等审判厅下达的覆审裁定几乎都是发回原审的县进行覆审,而罕见采取提审做法的现象,亦可窥知其理由之一端。亦即,由于经常因大量案件而处于应接不暇的状态下,高等审判厅乃未能展现积极介入的作为,于覆审中亲自进行公判。

---

⑥ 《法定最重主刑为三等有期徒刑以上之刑者无论判处何项刑名均应呈送覆判令》(1918年5月11日),载《司法例规补编(第二次)》,第79页。

⑥ 1918年6月5日公布之《刑事诉讼审限规则》(《政府公报》1918年6月6日)第1条规定,刑事诉讼应于公判开始后25日内审理终结。关于覆判,亦同。又同法第11条规定,因覆判而发还原审之覆审案件,应于30日内审理终结。

⑥ 《各审判厅三年至六年收结案件比较表》,载《政府公报》1918年9月19日至25日。

表 2　1915 年终结案件数及推事数

审判衙门	终结案件总数	推事数	案件数/推事数
京师高等审判厅	962	14	68.7
京师地方审判厅	9 135	30	304.5
直隶高等审判厅	1 485	13	114.2
天津地方审判厅	3 051	12	254.2
保定地方审判厅	9 19	5	183.8
天津地方分庭	3 109	3	1036.3

＊本表之案件数系根据《中华民国四年第二次刑事统计年报》第七表、第一一表、第二〇表，以及《中华民国四年第二次民事统计年报》第一表、第一〇表、第二〇表。推事数系根据日本外务省编《支那国治外法権ニ関スル委員会の報告書》所载"新式支那国裁判所一覧表（一九二六年现在）"。

表 3　1915 年终结案件数及推事数

裁判所	终结案件总数	判事数	案件数/判事数
东京控诉院	1 474	23	64.1
东京地方裁判所	4 416	45	98.1
东京区裁判所	21 944	35	627

＊本表之案件数系根据《日本帝国司法省民事統計年報》第四一回（1915 年）第三部地方裁判所・第三部第一款第二〇表、第四部区裁判所・第四部第二款第四三表，《日本帝国司法省刑事統計年報》第四一回（1915 年）第一〇表，《日本帝国司法省民事統計年報》第四一回（1915 年）第二部控诉院・第二部第一款第八表、第三部地方裁判所・第三部第二款第二五表。判事数系根据《職員録》1915 年甲（印刷局），第 590—598 页。

此外，如第二部分所见，高等审判厅在覆判过程中不仅审核县的判决书，同时也会审核供述书，以检验县的审理是否充分且妥当，但是县的第一审审理内容似乎并未因此措施而获得改善。事实上，即使到了 1933 年，在送交覆判的案件中，获核准判决的比例仍仅占全部覆判案件的 1/3[68]，其比率与 1915 年相较几无变化。当然，欲提升县的裁判质量，需要有其他许多要素的配合，不过，包含这些配合要素在内，北京政府时期，改善县层级裁判的工作并未获得良好的进展。可以说，正是因为如此，覆判被认为有其必要。

[68]　参见《中华民国十二年第十次刑事统计年报》，第三三表"覆判审判衙门别覆判受理件数及已结未决"。

结　语

　　以上讨论了北京政府时期的覆判制度。这个时期的司法,处于财政困难与人才不足的严峻状况下。由于无法在各县都设置审判厅,因此难以达成司法独立的目标。在司法不能充分扮演其角色的期间,政府乃将清代的传统处理方式调整为新式的制度,利用覆判制度以求克服多数地区仍由行政官的县知事进行裁判的现状。在运用这套制度时,经常反复进行改订,既填补了县知事判决的不足之处,同时更进一步维系了整个诉讼制度。不过,清代的"必要的覆审"全然不具备自足完成的性质,乃是一种小事托付下级处理、大事保留给上级核断的权限分配方式,其裁判呈现了极度的行政色彩。与此相对,民国时期的覆判则带有浓厚的司法监督性质。由此可知,若将民国时期的覆判与这些前后时代的情况进行比较,虽然同样是对于裁判的审核,但其间的方向与力度显然不同。这是因为当时正处在一个司法独立的声浪高涨、理念上不可能否定司法独立的时代。另一方面,在民国时期,虽然司法独立受到期待,但政府当局以财源匮乏、人才不足作为理由,终究未充分地普设司法机关。此外,如前一部分所述,可以说,覆判制度本身的功能极度受限,只能发挥治标的作用,而无法成为大力改善整体司法的原动力。说起来,覆判制度乃是这个追求司法独立却未达成目的的时代中所特有的制度,同时,它也可以说是当时的人们在追求的理念与实际状态不一致时,为填补其间落差而巧妙援用传统制度的智慧结晶。到了国民政府时期,与《覆判章程》内容几乎相同的规定仍被采用[69],《覆判章程》的有用性继续获得认同。不过,国民政府时期并未针对覆判制度进行改良,而是实行了本来应有的司法改良之道,不断地扩充裁判机构。

---

[69] 参见 1928 年 9 月 19 日施行之《覆判暂行条例》。

中国民法形成过程中的权利、
自由与习惯(1900—1936)*

〔法〕巩涛(Jérôme Bourgon)** 著　白阳*** 译

  在经历军事失败、帝制崩溃、军阀混战之后,中国进入了现代社会。然而,法律改革在这期间却顺利进行,从而奠定了中国法律体系的基础。这一法律体系后来在台湾地区发展成为一套成熟的法制,同时,这期间的法律改革也是中华人民共和国尚待完善的法律体系的基础。这个关键的时期见证了中国古代法律体系和政府运作方式(ways)的剧变。诚然,西方的法律原则没有被立即采纳;反而(rather)是一种新的制度(authoritarianism)取代了传统的独裁统治。不过,新政权仍宣称权利和自由是民族国家的基础。

  民法典的制定是一个重大突破,它是自晚清至民国近四十年来法律改革所一直追寻的目标。鉴于中国从未产生过独立的民法,其法典化进程意味着法律体系的一项重大变革。故而,其依据的模式需要从西方引进,并且需要法律制定者熟悉它们的基本理念。由于民法具有自身的框架结构,一部"私法"的引入必然导致对社会关系进行全面而彻底的重新界定。民法所主张的是,社会是由在私人关系中享有平等民事权利的个人之集合,而财产权利在其中居于核心位置。个人通过契约缔结私人关系,而这是他们自由处分其财产的法律表达。这种私人关系中的契约、财产权和自由之间的联系复制了政

---

* 本文原题为"Rights, Freedoms and Customs in the Making of Chinese Civil Law, 1900—1936",载 William C. Kirby eds. *Realms of Freedom in Modern China*, Stanford University Press, 2004, pp. 84-112.本文在翻译过程中得到导师邓建鹏教授的修改建议,谨此致谢,当然,翻译中所有可能的失误,均由笔者承担。

** 巩涛,法国国家科研中心东亚学院(Institut d'Asie Orientale)研究员。

*** 白阳,中央民族大学法学院2011级法律史专业研究生。

治观的一般原则,即国家与社会通过契约联系在一起。个人自由以及与之相伴的权利是公众自由与政治权利的基础。

这一由欧洲启蒙思想家所阐发的复杂概念在中国的传统中却付之阙如(详见第二部分)。尽管如此,在中国社会里却一直存在各种形式的契约与地契,而且在清律中对其也有所提及。近代中国的立法者决定重新使用部分清律的内容,并选取一系列民间习惯作为"习惯法",以组成和补充中国的民事立法。这正是所谓的中体西用。

尽管这个总体方案看起来很恰当,但它还是产生了诸多问题,主要体现在三个方面:

首先,在20世纪之前的中国法律或社会实践中,是否存在近代民法形成的有利因素?这是一个复杂的问题。通过强调刑罚中的法律规范和赋予普通民众的法律意识,中国的法律体系无疑为自由提供了前提条件。即便如此,在民间习惯的运作和法律概念中,是否存在一些与欧洲习惯法中明确表达的"权利与自由"等同的实践性或学说性的观念呢?20世纪初,中国法律改革者选择保留了清律中的相关部分使其继续发生效力,从而在民事立法起草的前二十年里代替民法。那么,这是否意味着在引入西方法制之前,清律中已经包含了"民法"?又或者是否正如近来某些学者所主张的那样,清朝的地方官员采用一种明确的"民事程序"来裁决地方的"细事"?换言之,在清代的法律文本或司法实践中是否存在一些因素为近代民事立法开辟了道路?

其次,我们是否必须接受中国立法者所主张的观点,即民法已经被"习惯法"所中国化了?这个问题看上去也许很奇怪,因为已有一代中国法学家致力于大规模的习惯汇纂,从而赋予此种言论以历史的正当性。然而,鉴于许多殖民地国家都曾出现过习惯法,我们有理由质疑这是一种为了符合中国现实而创制的方法。此外,准备融入民法范畴的中国习惯汇编在嵌入真正的私法与个人权利时仍存在一定的问题。我们甚至可以提出这样的疑问:立法者所追求的掩盖在习惯法下的真正目标究竟是什么?

再次,由此,我们应如何看待20世纪30年代颁布的《中华民国民法典》呢?我们如何解释该部民法既是中国台湾地区现行立法的依据,又是中国大陆尚待完善的民法的立法参考呢?答案可能存在于中国法律史中通常被低估的几个因素:法学理论、法律知识与法学专家的技巧。本文建立在一种推定基础之上,即中国过去不仅仅有法,而且还有法学,一门具有其自身范畴和编纂技术的高深的学科。假定在西方法与完善的社会习惯之间存在直接联系,那么过于专一地关注"习惯法"的编纂可能会掩盖、淡化中国法律传统对法律近代化道路的深刻影响。相反,对清代大理院法学理论的细致研究揭示了近代法律与传统法律残余的交织下清代法学家所扮演的角色。

最后,中国的立法者必须决定如何保证新旧法律之间的连贯性。这个目标主要是通过推行清律中已经存在的所谓"民法"条文来实现的吗？或是将社会习惯转变为私法,还是通过法学将新旧法律观念相互混合来实现？对于协调这三种方式的理解将能洞悉在中国民法制定过程中个人权利与自由的命运。

一、帝国法律体系中自由的前提

在当代西方国家的自由观念中,自由乃法律所创制,而法律的缺失则会被视为专制。① 自启蒙运动以来,此种观念推动了西方法律体系与制度体系的建立,并导致了其与中国法律传统的差异。作为西方法治的对立与陪衬,帝制时期的中国已经成为东方专制主义与集权统治的典型代表,在这样的国家里,法律纯粹是独裁统治者意志的体现。② 这种观点仍旧十分广泛地流传于西方,以至于我们有必要介绍一些可以认为是为自由提供了基本需求的中国法律传统。

根据研究正义理论的杰出理论学家约翰·罗尔斯的观点,要实现"作为规则的正义"所需满足的最基本条件乃是拥有这样的一个法律体系,即"法律正是对理性的人所发出的公共规则的强制命令,目的在于调节人们的行为,提供社会合作的结构。它们构成了人们相互信赖以及当他们的期望没有实现时就可直接提出反对的基础。如果这些要求的基础不可靠,那么人的自由的领域就同样不可靠"。③

帝制法律体系满足了这些条件中的绝大部分。而有争议的是,帝制中国的公平和公正的标准与西方国家不同,罗尔斯对于"正义规则"的要求在套用于帝制中国时,问题就出现了。尽管如此,小斯当东(George T. Staunton,一位18世纪末期见多识广的欧洲人,其于1801年最先将《大清律例》译成英

---

① 有关法律与自由的关系,See Friedrich Hayek, *Law, Legislation, and Liberty*, 1. *Rules and Order*, London, 1973, p.61;更多地参考了该书第二章第13节。

② 有关中国法律概念的经典论述,see Montesquieu, *L'esprit des lois*;从现代反极权主义的角度对这一概念的解读,See Karl A. Wittfogel, *Oriental Despotism: A Comparative Study of Total Power*, Yale, 1957, particularly chap. 4。

③ See John Rawls, *A Theory of Justice*, Oxford, 1973, p.235.

文)在将中国与同一时期的欧洲国家进行对比时,高度评价了各种"可能仅为中国人所特有的政治优势"。在众多"优势"中,小斯当东强调:"也许在所有曾经存在过的法律体系中,中国的刑法体系不是最公平与公正的,但至少是最为全面、连贯统一且最符合中国人特性的法律体系。"④事实上,遵守一套统一的法律,限制法官的武断判决,这些构成了中国正义概念的基础。

此外,中国人一贯赞同罗尔斯所强调的另一个观点:"在任何一个特殊案件中,如果法律条文太过复杂而需要进行解释,那么法官就可能轻易作出任意性的裁判。"在中国,法条的简明扼要是统治者数百年来一直不懈追求的理想。这一规则要求"法无明文不为罪",即法律条文必须明确规定犯罪的构成以及相应的惩罚,使刑事制裁成为自由原则的保障。⑤ 在中国法中,必须清楚地界定犯罪与刑罚。这种法定要求始终贯彻在法律手册的发行和传播中。人们将这些法律手册翻译成通俗语言,编制成表格和图表,编成押韵的诗文,甚至附上图画,以使这些手册不仅能为专业人士所用,更能被广大的民众所理解。在亚洲与西方国家的图书馆中所保存的大量刻板可以证明中国曾经大批量地生产相关的法律手册,而这在近代世界是前所未有的。⑥ 法律知识的普及使得平民百姓形成了强烈的正义观以及对法律面前人人平等的殷切期盼。

诚然,在近代中国法律之中,我们很难找到西方传统文化所界定的权利和自由。并且,自19世纪的内战出现了多种非法刑罚起,中国旧法律体系便进入了黑暗时期。但是,由此推论20世纪前的中国一直处于不法的暴政之下,或者认为其缺失法律意识和正义感,则是完全错误的。

具有讽刺意味的是,中国早熟的法律体系往往会陷入困境。该体系的一个主要缺陷是缺乏一个可以将大众惯行(popular practice)作为民事事件处理的法律范畴。中国法律体系对统一性和全面性的追求是以损害法律的复杂性和条文的清晰化为代价的。为了使法律体系更加统一并使刑罚的合法性更明显,中国法学家将称为"五刑"的常规刑罚演变成所有法典化条文的一般模式和共同特征。因此,许多可能发展成民法用以管理社会的法律观念、法律条文和司法实践都被删除或者简化,从而成为用刑法术语表述的法律。

---

④ George T. Staunton, *Ta Tsing Leu Lee*: *Being The Fundamental Laws and a Selection From the Supplementary Statutes of the Penal Code of China*, London, 1810;台北1966年版,"译者前言"第11页。

⑤ Rawls, *A Theory*, p. 237, p. 241.

⑥ 这些法律手册,See Pierre-Étienne Will eds. Official Handbooks and Anthologies of China: A Descriptive and Critical Bibliography,待出。

由此，在清律中，即便是保障西方法律中视为"权利"的法律条文都表述成禁止性规定并以刑罚的列举结尾。

二、帝制法律体系中大众惯行的状况

中国法律体系的基本特点有助于解释为什么中国的大众惯行（popular practices）和欧洲的习惯（customs）在各自的法律系统的地位不同。在英格兰，习惯是地方社会的权利和自由，被诺曼王朝时期的国王所认可，后逐渐被法官的判决正式化和合法化，成为"帝国一般习惯"的普通法的一部分。在法国，自11世纪起，习惯逐渐被写入法律，之后成为17世纪各特定地区的准民事法典。这一过程与特定社群所获得的"自主与特权"紧密相连，并且可视为中央集权缓慢发展过程中的不同阶段。同时，私人的民法学家（private "Civilist" jurists）和"教会法学派"法学家（Church "Canonic law" scholars），使用教条工具将各式各样的习惯法综合成一部总的民法，《拿破仑法典》正是继承了这部民法。但是，我们不能因为法条相似就认为法国大革命时期以及拿破仑战争时期西欧诸国所宣扬的权利和自由与人们所知悉的古老的习惯法中的权利和自由是一样的。法律面前人人平等已经成为普遍规则，然而古老的习惯法实际上是特权法，即体现为实质上的不平等，这是为新的民法规范所禁止的。因此，"习惯法"成为欧洲国家发展过程中的一个特殊阶段。尽管法律与习惯相分离这一过程可能为人们所熟知，但我们必须牢记这是对欧洲法律传统发展过程中特有问题的解决方式。

中国法律有其自身的变化发展路径，与欧洲式的法律进程相距甚远。

第一个差别就是对于大众惯行的官僚式管理。在清朝统治时期，地方管理机关将司法案件惯行大致分为三类以便于监督：第一种是"应当受到鼓励的善举"；第二种是"应当被制止的恶行"；第三种是"让百姓自行解决的事务"；然后，官员们会根据案件的不同种类采取不同的措施。当地事务一旦被归入上述官僚式的分类，就成为名曰"正风俗"活动的一部分。尽管这些案件的起源偶尔会被提及，但是我们不能认为这些类型化了的事务是当地群体的权利与自由的体现，而只能将其视为整个帝国统治范围内基本一致的行政事务中的特殊案件。它们是官僚制度的习惯，而不是民众的习惯。

第二个与欧洲的差别是，由中央集权式制的案例体系（centralized jurisprudence）所引导的"官僚式筛选"（bureaucratic sieving）。各省的按察使司将法律事务中涉及帝国利益的那些措施上报刑部。在刑部,那些措施会由专门的法律编纂部门(律例馆)进行审核。然后,那些被认定为可以在全国范围内适用的措施会作为例(sub-statute)编入法典之中,且一般情况下都被置于该法条的刑罚部分之后。通用的习惯和社会行为只有经过删减或者修改成与刑罚有关的例之后才能被纳入到法典中来。⑦ 这一过程也就解释了为什么中国不像欧洲国家那样采用判例的方式执行习惯或者将习惯写入契约中。所以,当晚清和民国时期的立法者决定收集民事习惯时,他们不得不从零开始。

这种中央集权制的案例体系由一群极少数的中央法律人员运作,并与当时的司法活动和民众的现实生活大为脱离。但是,只有通过这种狭隘的方式才能使成文法律和社会生活以及行政活动保持一致。与欧洲的习惯不同,中国的地方官员所运用的惯例或规则在没有经过中央层面被律例馆修订之前是不具有法律效力的。律例馆的法学专家都特别擅长于将行政材料改编成刑事法条,从而使其与整部法律保持统一。在清朝末年,这些专家都具备了无可匹敌的高超技艺,那就是对数量惊人的各种类型的规范性文本进行处理、交叉核对和校勘。这一法律训练形成了一部著作,即刑部尚书薛允升(1820—1901)编纂的《读例存疑》。⑧ 1905年,该书在作者死后得以出版。此前数年,这部汇集了成文法中存在的所有互相矛盾的法条的著作,成为新一代法律专家的学习指南。他们将其作为法律改革的基本议题来使用,这样可以保证刑事和民事法律在从古代法律体系向现代法律体系转变过程中的延续性。1930年,《中华民国民法典》将社会实际情况纳入其中,便是受到了这种方法的直接启发。

三、帝制法律体系中民法的萌芽

自20世纪70年代起,中国学研究的进程增加了我们对清代地方审判的认识。研究者发现,大量司法案件都与"细事",诸如婚姻纠纷、继承人之间

---

⑦ See Jérôme Bourgon, "La coutume et le droit en Chine à la fin de l'empire", *Annales. Histoires, Sciences sociales*(1999.5), pp. 1073-1107.

⑧ 参见薛允升:《读例存疑》(卷五)。

的分家纠纷或者土地买卖等有关。⑨ 清朝的地方官员享有处理"轻微案件"时的自由裁量权,其可以实施笞杖刑且不必像"重案"那样提交上一级官员复核。明智的地方官员不愿对土地财产和家庭事务纠纷的当事人处以肉刑。但是,与刑事案件审理过程相同,民事案件的审理也存在处以笞杖刑的情形。无论如何,只要通过简单的类推,我们就可将这些"细事"认定为"民事案件",但这种类推不能任意滥用。⑩

那么,在司法实践中,民法的界限是否更加清晰可辨? 黄宗智认为,地方官员的手册"尽管证实了清朝法律理论上缺乏对民事和刑事案件的明确区分,但是也表明在实践中民事案件和刑事案件之间有清晰的界限"。⑪ 地方官员的手册中确实囊括了一些有趣的判决,这些判决往往背离法律条文的字面含义而依据不同的法律渊源而作出。例如,自18世纪开始,使家族利益和礼教义务对立起来的继承纠纷在数量上急剧增加。在审理这类案件时,一位经验丰富的官员常常会指出法典中的漏洞,并用儒家经典中的内容来弥补这一漏洞。

这就是民法源于大众惯习的证据么? 答案是否定的。刑事案件中也会运用相同的方法,例如对不同形式的"犯奸"的处理。⑫ 而且,这些判决和个别社群或特定地区的生活方式无关。黄宗智对此的评价是,每个案件都会被当作个案来处理。⑬ 这些判决与其他民众此后享有的权利和自由没有丝毫关系。

黄宗智的主要观点是,清律中包含了所谓"家庭、婚姻、田土、钱债"的部

---

⑨ See David C. Buxbaum, "Some Aspects of Civil Procedure and Practice at the Trial Level in Tanshui and Hsinchu from 1789 to 1895", *Journal of Asian Studies* 30.2, 1971, pp. 255-279; Madeleine Zelin, "The Rights of Tenants in Mid-Qing Sichuan: A Study of Land-Related Lawsuits in the Baxian Archives", *Journal of Asian Studies* 45.3, 1986, pp. 499-526; Philip C. C Huang, *Civil Justice in China: Representation and Practice in the Qing*, Stanford University Press, 1996.

⑩ 这里,笔者只是总结了艾马克(Mark A. Allee)的观点。See MarkA. Allee: *Law and Local Society in Late Imperial China. Northern Taiwan in the Nineteenth Century*, Stanford University Press, 1994, pp. 226-228。同样可参见该书"导论"第4页:"在清代法院看来,我在书中提到的所有民事案件都只是'细事'。这些案件的审理过程和刑事案件的审理过程相差不大。一个单一的(single)法律系统处理所有案件(除却那些涉及官员的渎职罪案件)。然而,即便所谓的'民事'审判程序通常和所谓的'刑事'审判程序之间没有显著的区别,但这些案例偶尔会服务于我们以划分民事案件和刑事案件为目的的讨论。"

⑪ Huang, *Civil Justice*, p.218.

⑫ 参见汪辉祖:《佐治药言·读书》。汪辉祖记述了一起"犯奸"罪的审判过程,汪辉祖以此作为以儒家经典公正断案的例子。

⑬ Huang, *Civil Justice*, p.209. 此类案件会依据"情理"——对人们所感受到的自身处境的同情(人情)或对法官常识的高度归责(道理)——这一推论性概念来解决。

分,这些内容构成了他所指的清朝民事法律的主要组成部分。⑭ 但是,这些"民法"的内容与上文所定义的"细事"并不相符。这些"民法"内容不仅仅局限于"轻罪",其中一些条文规定的是例如"诱拐妇人子女"那样的重罪。该类法条中规定的刑罚尺度远远大于笞杖刑,例如,儿子私自典卖父亲的土地应被处以"充军"刑(military banishment)。⑮ 因此,认为"民事部分"结合"民事程序"能产生出一部完整连贯的"民事法律"的观点是具有误导性的。

清代的法律条文从来没有对"权利"作过任何定义。我们以经君健先生在关于禁止"偷窃""非法买卖"或"暴力夺取"他人土地的法令中所提到的"财产权利"为例。⑯ 首先,清律中纯刑事部分的法条对类似的禁止性条款已经进行了详细的规定,因而,我们对这些条款本身的"民事"特征表示质疑。⑰ 更重要的是,清律实际上所保护的是家庭财产权利而非个人财产权利。纳税个体通常以家庭(人户)为单位进行登记,而土地使用权是分配到每一个家庭的。⑱ 家庭才是土地的真正主人,而其个体成员并不能随意处置这些财产:子女只有在父母允许的情况下才能分家,而父母必须及时、平均地分配财产。⑲ 最后,正式的登记并不能保证绝对的、不可改变的财产权利。比如,对于荒废土地一段时间再回来耕种的家庭成员,其只被允许对部分土地进行耕作,其余部分可能被分配给其他家庭。⑳ 同样,正式的登记也不足以明确区分一片土地上田主和田面权人的权利。同一片土地的买卖和抵押既可以由田主行使也可以由田面权人行使。尽管只有田主签订的买卖合同才是合法有效的,但当时司法实践的混乱导致了危害财政税收的一田多主的现象。

清律始终没有为财产权利在乡村社会的推行提供一个坚实的法律基础。这个巨大的漏洞转而剥夺了中国民事法律本可以根植于司法实践的立法基

---

⑭ Huang, *Civil Justice*, p. 6.

⑮ 凡子孙盗卖祖遗祀产至五十亩者,照投献捏卖祖坟山地例,发边远充军。参见《大清律例》,第 93—94 页,载薛允升:《读例存疑》,第 227 页。

⑯ See Jing Junjian, "Legislation Related to the Civil economy in the Qing Dynasty", in Kathryn Bernhardt and Philip C. C. Huang, eds., *Civil Law in Qing and Republican China*, Stanford University Press, 1994, pp. 42-84;另参见《大清律例》第 93 条"盗卖田宅"、第 95 条"典买田宅"、第 96 条"盗耕种官民田"。

⑰ 同上,p.50. 其中一些刑事条款列举如下:"抢劫""光天化日之下抢劫""勒索财产""诈骗公私财产""盗窃罪""夜间擅闯民宅"。

⑱ 参见《大清律例》第 76 条"人户以籍为定"。

⑲ 参见《大清律例》第 87 条"别籍异财";第 88 条"卑幼私擅用财"。

⑳ 参见《大清律例》第 90 条"其还乡复业人民,丁力少而旧田多者,听从尽力耕种,报官入籍,计田纳粮当差。若多余占田而荒芜者,三亩至十亩,笞三十,每十亩加一等,罪止杖八十,其田入官。若丁力多,而旧田少者,告官于附近荒田内,验力拨付耕种"。

础,这种坚实的基础我们可以从复杂的习惯法中略见一斑。

事实上,民法对清律中相关内容的整体吸收是有所考量的。这起源于晚清时期改革者们想用"家庭、婚姻、田土、钱债"的部分来暂时代替民法,直到新法公布。这种近代化进程中对陈旧的帝制法律技术的重新使用,是由其紧迫性决定的,并不代表清律是自发地向现代民法发展演进,或者前者可以轻易地转变为后者。因此,民国初期的20年里所实施的民事法律不能被视为清律中那部分法律的延续。第一,改革者们已经通过将刑法条文中的刑罚改为罚款或损害赔偿的方式,对这些法条进行了"去刑罚化"或者说"民事化"的处理。第二,清朝时期的法律只是一个形式框架,其主要优点在于便于官吏熟悉它。实际上,在对西方法律原则的长期对照之后,大理院将民法的基本内容从帝制立法中提取了出来。清律中有关民法的部分需要以二十多年的法学理论来表述;同时,清律中所包含民事问题的内容含糊不清,以至于我们现在只能从习惯法中去寻找私法的内容。

四、中国习惯法:迎合殖民主义语境的民法

1908年,中国立法者发起了一场搜集和编写地方性习惯的活动,这些习惯作为私法的本土因素用以完善从西方移植的法律。这一举措源自西方殖民统治的通行做法。在非洲和亚洲的许多地区,殖民地统治者整理编写了习惯法以加强其与当地社会的联系。[21] 在中国,这一做法只是直接影响了英国殖民地区。[22] 而全国范围内的习惯调查活动则是受到了日本明治维新的影响(日本通过明治维新早于中国实现了法律的近代化)。这两个国家之间在文化和法律传统方面有着悠久而密切的联系,因而,相较于一般的殖民统治,日本对中国习惯法的发展做出了更深远的贡献。这些贡献主要体现在民法的一般概念中,包括民事立法类型的选择、法律术语的设计、提供有关法律和习惯最新原则的知识以及最后对习惯的汇编。

---

[21] 有关非洲的情况,see Terence Ranger, "The Invention of Tradition in Colonial Africa", in Eric Hobsbawm and Terence Ranger, *The Invention of Tradition*, Cambridge, 1983; reed. Canto Paperback, 1993(此后的页码参照后一版本), pp. 212-256;有关亚洲的情况,see the lingering debates about the Adatrecht (customary law) of Indonesia, related in Clifford Gertz, *Local Knowledge: Further Essays in Interpretive Anthropology*, New York, 1983, chap. 8。

[22] 有关新加坡的情况,See Maurice Freedman, *The Study of Chinese Society*, Stanford University Press, 1979, p. 95;有关中国香港的情况,See "The New Territories Land Ordinance No. 3" (1905), "The New Territories Ordinance" (1910), in *Chinese Law and Customs in Hong Kong*, 1948。

日本采用了德国模式的民法典的同时,也意味着他们作出了一个重要的选择。在日本之后,所有的中国法律条文的草稿都效仿日本法,将法条划分为与其法律种类相对应的五个典型部分,分别是:总则、债权(侵权法和合同法)、物权(财产法)、婚姻家庭和继承。这种一般的分类方式不只被运用到立法中,也同样被运用到民间习惯法的汇编中。

日本法学学术中的另一重要财富是法律术语,其构成了中国法律语言的雏形。㉓ 通过寻找西方法律概念的对应物的方式,日本学者用两到三个汉字构成一个复合术语,以表示日文中的抽象概念。中国学者仅仅是重新引入现成的术语,其中唯一的差别在于发音不同。㉔ 因而,其创造出了"权利"一词,日语中是"kenri",汉语中是"权利",这两个汉字的意思分别是"权力"和"利益";又如"法律"一词,日语中为"horitsu",中文中为"法律",这两个汉字的涵义为"法规"或"方法"。这些术语普遍为民众所接受,并写入了"成文法典"。至于"习惯",则是一个古老的词配上全新的意思而重新被使用。日文中的"Shukan"即中文中的"习惯"一词自古代起就被用来表明一些个人的习惯,特别是指经熟悉经典的学者归纳后总结的良风益俗。㉕ 这个术语从来没有被解释成日本学者为了使其成为 custom 的等价词而赋予的涵义:一个特定的社会群体视为必须遵守的规则的社会实践。与其他术语一样,这些术语通过保持彼此的一致性以法学方法对西方法律条文进行了解释,而不仅仅是字面翻译。他们同样描述了一种新的涉及社会和个人的法律格局,即清楚地表述成"法律""权利"和"习惯"。例如,对组成"法律"一词和"习惯"一词的古时含义之间进行对比是完全没有意义的。然而他们全新的含义则将西方新的法律理论引入了远东地区。

在海外留学的日本学者开始熟悉欧洲法律讨论的最新趋势。日本杰出的法典编纂专家穗积陈重(1856—1926)从英国和德国留学归来时带回了德国历史学派提出的关于习惯的新概念。㉖ 这一理念是挑战自然法中普适的、抽象的权利概念的结果,而自然法的观念是法国民法典中所主张的,也是拿

㉓ See Van der Valk, "Previous Chinese Legal Language and Communist Legal Language", paper for the Conference on Chinese Communist Law: Tools for Research, Bermuda, 1967.

㉔ Douglas R. Reynolds, "China, 1898—1912. The Xinzheng Revolution and Japan", Cambridge, MA, 1993, chap. 6.

㉕ 习惯一词的定义参见《汉书·贾谊传》"少成若天性,习惯如自然"。这不同于《论语》中"性相近也,习相远也"的表述。

㉖ 参见〔日〕穗积陈重:《慣習と法律》,岩波书店 1878 年版。这部著作主要收集了当时用英文写作的相关研究。

破仑征服西德后强加于德国的。历史法学派杰出的法律理论学家萨维尼认为,成文立法只是表述了早已存在于"民众精神"中的法律而已。这种精神包含在民间习惯中,因而这些习惯构成了法律的主要来源。一个法律体系应当是对国家甚或对种族特性的表述,而不是普适的自然法原则。萨维尼的支持者利用机会想建立一种基于大量民间习惯的新的民法典编纂方式。㉗

因"百日维新"中贡献卓著而闻名于世的两位人物,黄遵宪(1848—1905)和梁启超(1873—1929)将这一全新的理念引入中国;他们都是在熟悉日本法学的过程中了解到这一理念。作为驻东京中国使馆官员的黄遵宪可能是第一个将习惯定义为在当地社会群体中具有统一性的地方性规则的中国人。㉘ 而梁启超则是20世纪上半叶著名的多产作家和最具影响力的知识分子,他将习惯引入了中国法制史的研究之中。在两篇鞭辟入里的文章中,他表明儒家学者和封建帝国的地方官员一直都尊重民间习惯并用它们来补充成文法。㉙ 因此,中国习惯法契合了梁启超在穗积陈重的书中读到的对西方习惯法的描述。

黄遵宪和梁启超使得中国的精英群体知悉了大众惯行(popular practices)是法律的主要来源这一观点。事实上,习惯性规则(customary rule)可以理解为一个社群的文化认同和社会认同。在德国和日本的法律模式中,习惯法被嵌入集体权利而非个人权利中。他们所主张的自由是对民族特性的肯定,进而消除西方国家的影响。梁启超和许多其他的法制近代化推动者认为,法律、权利和自由是一个具有民族凝聚力的强大国家的工具。正如梁启超描述的那样,他们都强调"集体的自由,而不是个人的自由"。㉚ 现代化推动者们主张个人自由从属于国家自由,他们对中国习惯法的论述将所谓的自然社群和民族国家更加紧密地联系在一起。这种习惯和法律的概念效仿了殖民地的经验,将制定民法理解为使当地习俗"文明化"的前沿阵地。

日本改革者同样也向中国人民展示了如何将习惯法原则应用到司法实

㉗ 在比较视野中对德国历史法学派的深入考察,See Robert Jacob, "La coutume, les moeurs et le rite. Regards croisés sur les catégories occidentales de la norme non écrite", in Jérôme Bourgon ed., La coutume et la norme en Chine et au Japon, Extrême-Orient, Extrême-Occident 23 (oct. 2001), pp. 143-164。

㉘ 黄遵宪:《日本国志》,上海书局1901年版,第32章。

㉙ 参见梁启超:《中国法理学发达史论》,载《饮冰室文集》(第5卷),第42页;《论中国成文法变质之沿革得失》,载《饮冰室文集》(第6卷),第4—45页。

㉚ See Andrew J. Nathan, "Redefinitions of Freedom in China", "The Idea of Freedom in Asia and Africa"(未刊稿), pp. 9-10。

践之中。在日本国内,他们于19世纪80年代出版了两本关于"民事习惯"的合集,但日本民法典的完成和正式公布使这两部合集很快被人们遗忘。但是,之后日本意欲殖民台湾地区时,这个想法又重新出现了。㉛ 日本殖民统治者在1895年占领台湾地区后立即对中国习惯法进行了总体的调查。㉜ 1908年出版的一部名为"台湾私法"的法律汇编成为今后中国学生学习习惯法的经典参考书籍。㉝ 台湾地区自1923年起被迫适用日本民法㉞,但同时,这部汇编成为中国立法者参考的模板。

五、官僚机构运行下的习惯法法典化

搜集和草拟中国习惯法这一浩大工程,从1908年搜集民间习惯的指令发布时起直到1930年习惯汇编伴随着民法典的出版,共历时约22年。值得注意的是,有关机构在战乱期间对习惯编纂活动的执行一直保持着执著与顽强。当时的情况也许能够解释那些文件残缺不全的原因。而中央机构发布的启动习惯调查的法规以及最终的习惯汇编却能很容易地找到且常常被学者所引用,这些文件的存在证明了此项活动的真实性。然而,在中间阶段实施的地方性调研却展现了不同的观点。㉟ 项目的设计和具体实施之间的冲突不仅导致对最终成果的质疑,甚至导致对实际追求目标的质疑。对财产权利问题的特别关注反映了项目的最初计划与实际实施之间的矛盾。

1908年,民间习惯的收集是由《调查民事习惯章程十条》(以下简称《章程》)发布的。㊱ 它是由负责编纂新法典的机构(修订法律馆)发布的。该机

㉛ 有关明治时期习惯法草案、其在日本殖民地的传播以及其对中国的影响,See Jérôme Bourgon, "Le droit coutumier comme phénomène d'acculturation bureaucratique au Japon et en Chine", in Bourgon ed., La coutume et la norme, pp.125-142.

㉜ 参见《臺灣私法附錄參考書》(卷十三),日本1910年版。

㉝ 如,See Chen Fu-mei (Chang) and Ramon Myers, "Customary Law and Economic Growth of China During the Ch'ing Period", *Ch'ing-shih wen-t'i*, pt. 1, 3-5 (Nov. 1976), 1-32; pt. 2, 3. 10 (Dec. 1978), pp.4-27; David C. Buxbaum, "Contracts in China During the Qing Dynasty: Key to Civil Law", *Journal of Oriental Studies* 31.2, 1993, pp. 195-236; and Allee, *Law and Local Society*, pp. 252-53.

㉞ See Wang Tay-Sheng, *Legal Reform in Taiwan under the Japanese Colonial Rule* (1895—1945): *the Reception of Western Law*, Ph. D. University of Washington (Ann Arbor, 1992-I know that Ann Arbor is in Mich; this, and the page numbers, refer to my UMI ed., I do not have the book published after this thesis), pp. 330-331.

㉟ 笔者找到了其中的两个,时间分别是1911年和1915年。这些是四卷本武清地区民间习惯调查的手稿,完整的引文出处参见《陶甓公牍》,注释㊺和㊾。

㊱ 参见修订法律馆编:《调查民事习惯章程十条》。

构的领导人物都曾在之前的律例馆进行过训练,而其负责人沈家本(1840—1913)是刚刚出版《读例存疑》的薛允升的指定继任者。由于这些帝国的法学家对民法知之甚少,因而他们广泛征询日本法学教授和从日本归来的年轻中国律师的建议。㊲ 尽管在民国时期,经过现代法学培养的法学家逐渐压倒旧式官员,但是对习惯法的编纂依然沿着之前帝国法典编纂时所走的道路,即从大量的行政法规中挑选相关的条文。㊳

《章程》的前五条内容展示了一系列具有清朝时期官僚机构运行特点的方法。在省级层面,按察使司受命监督调查工作并将最后的成果汇报给中央。省级行政官员指派调查员,要求其获取当地乡绅的支持,就像清朝地方官员过去评估自然灾害中受难百姓所需的救援物资或者推行新的农业生产方法那样。但是,新的趋势促使官方调查员们通过晋升地方乡绅中的积极分子并将他们组成相关团体来获取民间习惯。值得注意的是,当时新成立的法院在这个过程中没有起到任何作用。即便当民国时期新型法院代替了按察使司成为调查的监督者时,其调查中依然没有涉及司法裁判。这些习惯始终产生于官僚机构而不是司法机构。

《章程》的后五条阐述了这个过程中的法律方面的内容。第6条记载了德日法典提供的民间习惯的分类方式,以便做好将其纳入民法典草稿的准备。同时,调查者必须严格地尊重当地方言术语的独特性,避免综合或者翻译成现代法律概念(第7条)。尽管地方语言表达多种多样,民间习惯的范围却是大大受到限制的:只有"不超出民事法律领域之界限"的习惯才会被收集(第10条)。对回复进行分析之后,我们可以清楚地发现,除了官僚机构的法律专家在思想层面对其进行过描绘之外,中国当时并不存在对民法领域的描述。

《章程》后面附着一篇调查问卷㊴,它像德国民法典那样分成五个部分,而没有参考中国地方司法实践或者之前的正式法律。㊵ 而对于"财产权利"的误解是很明显的。第二部分"物权"(财产法)对财产进行了原教旨主义

㊲ See Reynolds, *China 1898—1912*, pp.184-185.

㊳ 黄宗智在他的书中强调了这种在清代法律工作人员与民国法典编纂机构的连续性。See Philip C. C. Huang, *Code, Custom, and Legal Practice in China: The Qing and the Republic Compared*, Stanford University Press, 2001, p.50.

㊴ 参见修订法律馆编:《调查民事习惯章程十条》。

㊵ 诚然,一些条款反映了对中国传统的关注:比如,"祖先祀权的继承"("succession to the ancestors worship")包含了13个问题,而在西方民法中更为根本的"财产权",只包含有12个问题。

(fundamentalist)的定义。㊶ 文后所附的20个问题看起来像是为学习民法的学生设计的案例教材,其中明确区分了土地的"所有者"和"使用者"(第3b—4b页)。"义务"部分中也贯穿着同样的正统观念:合同是基于个人的自由意志所订立,所涉财产的出卖人或出租人对财产享有排他性的权利。

在审视地方习惯调查情况前,我们应当注意的是,中央官僚机构所定义的"民法领域"直接排除了调查范围内涉及的广泛的司法实践。虽然清律严禁奴役制度,但通过卖契和地契等"财产权利"的方式确保了这种奴役关系。在广东的珠江三角洲地区或者安徽的徽州地区,家族的土地都是由通过契约的方式暂时被奴役的农民进行耕作的。穆素洁(Sucheta Mazumdar)提出,许多清朝时期的依习惯制定的契约不能被视为自由经济或个人权利的萌芽,只能看成是调整统治集团和被统治集团的特殊关系的契约。㊷ 这样的契约被民间习惯的搜集者隐瞒了,尽管这些习惯比汇编中的许多司法实践更能构成一部完整的"民法"。

尽管调查对象的范围被人为地限制了,但在实际调查的过程中,调查员搜集的民间习惯的范围极广,且将许多效力不明的内容也囊括入民法中。1915 年在武清地区(位于天津附近)政府撰写的文稿中,有一个对"财产权利"的十分准确的回复。㊸ 以"地面权"为标题的两段意思矛盾的内容构成了一个长篇的回复(小标题为作者所加):

> 调查者的意见:根据当地的"风俗",一件财产完全属于其主要所有人。一片土地或者一幢住宅是一个且唯一的所有人的合法财产。不存在所谓的"地面权"。尽管佃户耕作土地且支付佃租,他也不能认为自己享有可以留给继承人的世袭权。

其后附有帝国法典中的一条法律,显示了武清的"风俗"与整个国家的法律是一致的。

> 存在相反习惯的证据:但是这在习惯中是完全不同的。必须区分两

㊶ "Any person who has a right, such that all the power to use, to reap the fruit, and to dispose of [a thing] falls to this one and only person, this is what is called 'right of property'"(笔者的译文), Diaocha minshi xiguan wenti, 3a.

㊷ See Sucheta Mazumdar, "Rights in People, Rights in Land: Concepts of Customary Property in Late imperial China", in Bourgon ed., La coutume et la norme, pp. 89-107.

㊸ 参见武清县法制科:《民事风俗、地方绅士、民事商事、诉讼习惯调查报告》;MS,日期不详,四卷本。

种习惯。㊹

批复的后文对这两种习惯进行了详细地描述。第一种是所有人和佃户之间的传统关系,其没有发生重大变化。㊺ 第二种则体现了一种真正的双重财产权,它区分了田面权和田骨权。㊻ 调查者在结论中强调了他们想要注明这种习惯和法律之间的差别的意愿,而不是综合两者或者用民法的标准来混淆它们。

武清的调查者严格遵循《条例》中的规定,即对背离民法标准的习惯进行特殊说明。在许多这样的项目中以及其他习惯汇编中,只明确列明了调查者的意见,肯定了遵循法律的当地习惯,或者义愤填膺地将一些违背法律的风俗指责为"恶俗"。两种态度都表明调查员们极力避免麻烦,却没有指出官员的论述与事实之间的矛盾。但是上述事例更突出了一个基本问题:即便最谨慎的调查者也只能指出法律和习俗之间的差距,且可能更加强调后者为一种恶俗。尽管"习惯法"这一术语代表了法律和习惯的妥协和融合,但调查者无权将两者融合在一起。确实,中国既没有像英国的普通法那样由地方法院的司法判决来提供任何有关这类问题的解决方式,也没有像法国那样由民法学者来起草地方性的规章。自18世纪起,中国的省级官员就在努力地说明所有者权利,但他们那种颁布法令的方法在当时社会并未发挥明显的效果。㊼ 习惯法的编制工作并没有提供任何解决方式,一田多主和民法之间的巨大差距在随后的民法法典化进程中也没有得到弥补。㊽

地方习惯调查对1930年出版的习惯总汇编有什么贡献呢? 这是一份内容繁多、约有2000页的文件。文件中记载的习惯按照德日模式被分为五个大类,根据各自的来源省份和地区排列其中。㊾ 因此,其中大量类似的条目单调重复,记载者随意的抄录抹杀了地方的特色。1908年问卷调查上细致

㊹ 参见《民事风俗、地方绅士、民事商事、诉讼习惯调查报告》"第二卷 物权法第二款"(手稿无页码)。

㊺ 最重要的特点便是,农民能够转租他耕种土地的权利,但是不允许在地上盖房或是修坟,除非是在耕地的边缘。

㊻ 农民拥有土地的产权,与产权相对应的是土地的市场价值和每年以一定方式获得的租金。如果土地的主要所有者出售了土地,他欠了农民1/3的地价,农民因此就会被认为是一个次要的土地所有者。后者可以在土地上盖房或是修坟。

㊼ 参见《福建省例》(台北1964年版),第3页、第442—446页;另见 Melissa Macauley, *Social Power & Legal Culture. Litigation Masters in Late Imperial China*, Stanford University Press, 1999, pp. 228-241。

㊽ See Huang, *Code, Custom and Legal practice*, pp.102-118.

㊾ 参见《民商事习惯调查报告录》,北京1930年版。

的说明早已被调查者忽略了,而调查者大多数为当时的地方官员。当存在有趣的细节时,他们很少会足够认真地去深入探究那些可能成为习惯法的事物。但是这份文件最大的问题是缺乏统一性:人们设想特定乡村或省份的习惯中应当会出现一些共同特征,该特征与其他地区的特征则大相径庭,因而初步的习惯汇编中将会出现具有可辨识的地方特征的规约。但是,我们在文件中找不出成套完整的文件,地方上报的文件大都已损毁了,许多似乎已经丢失。例如,武清县的原稿中找不到关于田面权和田骨权的细致说明。但是,文件中提到了相邻的天津地区于1908年组织过地方性会议,会上讨论了佃农和地主的权利,最终参照日本的“永久佃农权”(eikosaku ken)进行了规定。(50) 这个港口城市里的本地精英,可能接受了日本法律顾问的协助,倾向于援引日本法学家制定的“民事习惯”而不愿考虑周围村庄中的风俗。无论从大量地方习惯的调查还是从对习惯的综合考量来看,这次习惯汇编活动并未实现原本设定的目标。对于中国习惯法最忠实的拥护者、中华民国的法律顾问、法国法学家让·埃斯卡拉(Jean Escarra)来说,这一材料“几乎无法”作为法律渊源予以“使用”。(51)

那我们是否必须将其总结为20年不懈努力后的彻底失败呢?当然,如果我们按字面理解此次活动,并将习惯汇编看做是其重要成果,那么这的确是失败的。而如果立法者在习惯法的掩盖下还有未曾言明的目的,那我们不能单纯地认为其是明显的失败。

的确,地方习惯汇编所包含材料的范围比中央法规所定义的“民法领域”更加宽泛。其中有关于农田规模、经济活动、社会阶层财富分布、饮食状况、人口卫生状况、当地方言、宗教信仰等数据和资料。(52) 尽管清朝行政机关知道这些情况,这些信息却从未被系统性地调查和起草并附上相关数据和资料清单。其实,旧的官僚机构的议程和近代立法活动在很多方面是重叠的。例如,1911年安徽徽州的知府刘汝骥出版了以典型公牍为内容的《陶甓公牍》。这种公牍使得地方官员通过对执政期间发布的行政文件进行汇编以展示他们一系列的执政手段。(53) 但是,其最后一部分“法制科”是由6个辖区对习惯调查的回复构成。问题和答案可以分为三类:民情习惯、风俗习惯、绅士

(50) 参见《民商事习惯调查报告录》,北京1930年版,第735页。

(51) Jean Escarra, *Loi et coutume en Chine*, Paris, 1931, p. 20. 最近的研究中,黄宗智再次确认了这些材料的低质量,See Huang, *Code, Custom and Legal practice*, p.9.

(52) 笔者主要引用了武清民间习惯调查的第1卷。

(53) 参见刘汝骥:《陶甓公牍·法制科》,安徽印刷局1911年版。

办事习惯。这些标题预示了其中的内容不同于修订法律馆所预期的民事习惯。比如,"风俗习惯"是一个很令人费解的标题,直到我们想起了清朝行政管理活动中,其出现在"正风俗"这一类型。㊴ 尽管许多民情习惯比清律所规定的内容更加规范,且与生活息息相关,但其还是使人联想到地方官员对当地道德习惯的监督活动。㊵ 同样,绅士办事习惯与清朝官员寻求当地精英力量来完成教育和赈济活动的目的相符。

在这个传统框架内,存在士绅和当局之间一种新关系的迹象。调查民众的生活方式及出版他们的回答本身就是官方态度的重要转变。尽管如此,地方精英表达的观点并不十分符合当时民法的发展趋势。他们指责那些没有任何处理事务经验的年轻后辈所引入的新概念——"权利",但是对于那些想提高税收的人来说,引入这个名词对权利和义务的区分并不造成任何影响。㊶ 地方士绅不愿上报他们所真正遵循的规则:"在鸡西地区的习惯中,当商讨事务时,有时他们根据谚语作出决定,有时在没有任何明确规定的情况下就能达成全体一致意见。"㊷ 不止是"权利",甚至"习惯"都被视为不和谐的源头而受到指责。

但是,当地士绅有更为实际的见解。例如,他们希望他们管理学校以及为公共福利事业做出的贡献可以被正式承认为"责任",而不是"自承义务",且可以因此获得酬劳。他们要求当局能够给予他们的慈善或教育团体更多的支持。他们也对孩子受教育率低、出生率数据不足等现实状况表示不满。㊸ 因此,习惯法掩盖下的当地社会产生了新的沟通渠道,促成中央的精英与更多传统士绅之间的协商活动令人感到困惑。这些远远超出了法律改革的范畴,其结果是要在地方一级设计新的社会与权力结构。

这种类型的调查仍然过于罕见以至于其无法进一步按照计划实施。Be-

㊴ See Pierre-Étienne Will, "The 1744 Annual Audits of Magistrate Activity and their Fate", *Late Imperial China*, 18.2 (Dec. 1997), pp.1-50; and William T. Rowe, "Ancestors Rites and Political Authority in late Imperial China. Chen Hongmou in Jiangxi", in *Modern China*, 24.4 (Oct. 1998), pp.378-407.

㊵ 例如,条目有:"甲:从生活上观察民情"之"子:住居之流动固定""丙:从成绩上观察民情"之"子:职业趋重之点""乙:从行为上观察民情"之"丑:诉讼之诬实"及"卯:溺女之有无""己:从道德上观察民情"之"丑:自杀之多寡"。此类皆见于省例,尽管其记载方式较为无序。

㊶ 参见刘汝骥:《陶甓公牍·法制科》,安徽印刷局1911年版,第47页。另一个回复抗议道,"权利义务属新名词,老师宿儒尚难解释。近年选举之重叠学堂之增多,公益之举似有进步,但风气初开尚须提倡试观选举人名",等等。同书,第31页。

㊷ 同上书,第94页。

㊸ 同上,在Wuyuan地区学龄儿童占当地总人口的比例,男孩为7%,女孩为1%。

atrice David 近来对居住在广西地区的少数民族的"纠恶习"的研究,强调了地方精英为国家建设而承担新义务的含义。被称为蔗园人的族群是生活在当地社会群体中的汉族,他们遵循当地社会群体的婚姻风俗,比如 natolocality。这意味着在婚礼结束后,新娘回到她的父母家中,在那里她可以和一个或数个情人发生性行为,而这些情人是新娘在仪式上遇见的。她只有在生第一个孩子时才会去丈夫的家中,尽管这个孩子的父亲是新娘的情人,但他/她依然被视为其孩子并融入其家族。[59] 从人种学的角度看,这个风俗非常有趣,它并没有威胁到严格构建起来的民法,因为婚姻的效力只是推迟了而已。无论如何,第一个孩子和之后的其他孩子一样可以享受继承权,这种推迟并没有排除其权利。

但是,法律改革者将婚后与情人发生性关系视为对新法中所主张的一夫一妻制原则的违背。在一百多年前的清朝统治时期,一位地方法官就曾试图禁止这种类似"私通"的风俗。尽管帝制时期官员和民国时期官员的态度相仿,但当地士绅的态度却大不相同。清朝地方官员被彻底孤立了,并被要求"履行自己的正式责任"。在民国时期,广西的法律规范明确规定了相关禁止性条文,这激发了当地的积极分子组成团体开展改革恶习的运动,从而密切配合民间习惯调查者的工作。David 强调,这种"运动"从民国时期一直延续到共产党执政时期,并在"文化大革命"时达到了顶峰。

从这个角度来看,有关民间习惯的调查不再是一种从传统社会抽象出权利和自由并将其纳入民事法律框架的简单尝试。如果把通过习惯汇编而形成的全部文献资料考虑在内,并将它们与由此开展的"正风俗运动"联系起来,我们就能领悟到在经历国家近代化的社会里,对习惯的辨别和压制这一复杂的过程。民国时期地方精英适应新的道德和法律标准的情况和 Norbert Elias 所描述的近代欧洲文明化过程中国家的社会发展进程有诸多相似,一份更完整的文献资料就可以让我们评价两者之间的相似度。[60] 从同样的角度看,这种调查可以传递一种新的知识,用 Foucault 的话说,就是允许国家力量更准确地区分那些风俗是应当被抵制还是被"规训"(disciplined)。[61] 这些

---

[59] See Béatrice David, "L'action de l'État chinois contre les 'mauvaises coutumes' matrimoniales. La natolocalité chez lez Zheyuanren du Guangxi", in Bourgon ed., *La coutume et la norme*, pp. 63-85.

[60] Norbert Elias, *The Civilizing Process: Sociogenetic and Psychogenetic Investigations*, rep. Oxford, 2000.

[61] Michel Foucault, *Discipline and Punish: Birth of the Prison*, New York, 1995. 或许需要提醒的是,福柯并没有把规训仅限于监狱之中,而是将其理解为渗入整个社会生活的多种过程。

法律渊源至少预示着新的权利带来了新的道德规则和带有内在约束的个人自由。这样来看，相比其对于民法的贡献，习惯汇编更重要的是成为近代法律调查和法律规范的蓝本，这就使得国家权力可以渗透到地方社会之中。

六、民国法典中的习惯和法理

仅仅因为所搜集材料的质量低劣而忽略中国习惯法的编纂活动是不可取的，因为习惯本就不应该以其原初的形式进入民事立法。汇编只集合了习惯法的原始材料，最后的产物按计划需要经过司法活动的筛选之后才能产生。因此，对民法理论的研究让我们清楚地了解习惯最终在《中华民国民法典》中的地位。

这种理论研究向来是大理院的特权。晚清时期的法律改革建立了四级刑事和民事法院，但是下级法院司法权的作用非常次要。当发生了一个法律没有具体规定的案件时，法院只能征询大理院，而大理院会以抽象而通用的术语所构成的"解释性的决定"进行回复，以便约束所有同类案件。㉖ 只有这种决定能被视为判例，并最后被归入民事立法的范畴。

这一过程惊人地延续了曾主导帝制法律体系的中央集权式案例体系。同样延续下来的还有法院的领导人事安排。在1912年到1923年期间，法院领导人的人选倾向于那些由清朝培养出来的"老式"法学家。1912年法院的改组者许世英（1872—1964），是继薛允升和沈家本之后从晚清律例馆内设立的法学学校的毕业生。他的回忆录于其死后的1966年在台湾地区出版，在书中，这位杰出的民国法官自豪地声称，自己从来没有学习过任何外国的法学课程，而将其伟大的事业和公认的能力归功于在刑部时受过的训练。在此期间主管法院的董康（1867—1947）在中国传统法律方面也受过同样的训练，而对日本法的了解情况充其量只是表面肤浅的认识。㉗ 受西方法学训练的法学家在20世纪20年代中期之前并不占优势。在那影响深远的年代，近代中国法的基础是由这样一部分人奠定的，他们同时以官僚式法律汇编和中央集权式案例体系的理念和方法以及国外引进的法律原则作为法制建设的

㉖　参见 M. H Van der Valk 一书的导论，详见 M. H Van der Valk, *Interpretations of the Supreme Court at Peking：Years 1915 and 1916*, rep. 台北1968年版；1st ed. 上海1948年版, pp. 1-52。

㉗　1900年，当董康还是刑部的一个年轻官员时，沈家本就注意到了他。董康被派往日本考察监狱制度，他由此成为晚晴立法起草委员会中的杰出人物，此后在袁世凯时期他再次成为这一委员会的成员。他分别于1914年至1918年、1921年至1922年执掌大理院。

指导。

这样,大理院保持传统法律体系和近代法律体系之间延续性的行为也就不足为奇了。但是,这是像原本设想的那样通过对习惯的汇编而实现的吗? 1912 年到 1919 年的一系列判决展示了习惯的基本适用原则。㉔ 在将近 2 000 份民事判决中,只有不到 5% 的案件参考了习惯。这个低得惊人的比例背后是否隐藏了对习惯本质内容的高度关注?事实远非如此。在不到 100 个涉及习惯的案件中,10% 的案件(9 个判决)只是陈述了法律原则,即教条地重申了民法典草案中的第 1 条:民事,本律所未规定者,依习惯法。㉕ 而所占比例较大的 25% 的判决详细说明了对习惯的限制或拒绝:官员要忽视那些只是拙劣地重复法律上相关规定的习惯,也要禁止那些妨害商业交易和经济发展的习惯。㉖ 习惯被特意从本以为是习惯法核心的领域中驱逐出去。比如,分家和继承由"调处社会秩序的法律"调整而"排除了所有与之矛盾的习惯"。㉗ 各种性质的契约也都是这样:法律、公共秩序以及"规制经济发展的规则"加强了对合同双方自由意志的保护:只考虑双方的意愿,而对具有干扰性的习惯则予以禁止。

在涉及习惯的判决中,有不到一半(44%)的判决将习惯视为特定条件下所适用的内容或者对法律的例外,且大多情况下通过例如"除非存在相矛盾的习惯"的话语进行消极的表述。其特别体现于商事案件中,例如,用于支付契约之债的钱款也适用这样的场合,"除非有习惯对此有特殊的规定"。同样,经营者的地方性称谓、因提供服务应得的报酬数或者关于商业活动所规定的各个时间段,所有这些法律问题法院都要借助当地惯例来处理。但是,其适用需要具备严格的条件,最重要的一个条件是合同双方愿意遵循特定习惯。

最后,只有 17% 的判决提及习惯是严格区别于法律的当地规范,这种规范具有相当的约束力。然而,其并不认为这些习惯对民法作出过有价值的贡

㉔ 参见《大理院判例要旨汇览》(北京 1919 年)。英译 Tcheng, F. T., *The Chinese Supreme Court Decisions*, (Peking, 1923);法译 Jean Escarra, *Recueil des sommaires de la jurisprudence de la Cour Suprême de la République de Chine en matière civile et commerciale*, (Beijing, 1924);在 1936 年版的《中华民国民法典》中,那些年间的判例构成了民事案例体系的基础,那以后的判决完善了民法典但是编纂民法典的方法没有明显的改变。

㉕ See decisions pp. 64-1913、pp. 901-1914、pp. 122-1915、pp. 1103-1915、pp. 2354-1915。

㉖ Dec. pp. 1276-1915、pp. 1422-1917、pp. 1438-1918。

㉗ See dec. pp. 1156-1917 对此原则有所陈述;且亦在其他相关判例中,包括 pp. 70-1914、pp. 154-1916、pp. 869-1916。

献。这些习惯是传统政体下的特权,比如北京的商人必须要加入当地的行会,又如吉林省的农民应当承认满族贵族对土地享有的宗主权。⑱ 毫无疑问,这些内容都与个人权利或个人自由的萌芽相去甚远。

总的来说,习惯只占了大理院法学理论研究中的很小一部分。除了那些传统的特权外,习惯并没有法律约束力,而且那些特权也被之后的判决所废止。它们被法定排除在例如分家、继承和契约等民法所涉及的最基本的问题之外。它们更频繁地被看做是有关商业名目、款项或者薪酬数量的地方性变通规定,但这只是一种语言惯例而不是真正的习惯法。即使习惯只是口头上说说,它也从属于那些真正关键的原则或概念。同样值得注意的是,像"公共秩序"或"经济发展规则"等概念被广泛地使用,从而体现了法院判案的任意性。这种隐晦的法律术语事实上掩盖了对前清学者的保守原则和新政权的政治需求之间的调和。因此,大理院判决中详细规定的权利并不是从民间习惯中概括出来的,甚至没有受到它们的影响。大理院以传统法律体系以及西方法律的一般原则等一系列因素作为民法框架,而没有采用将习惯法法典化这一方式。这些调和的产物在法条的修正和确定之后都被保留在民法当中。

1929 年至 1931 年发布的《中华民国民法典》由 1 200 个条文组成,分布在按德、日模式划分的五个部分中。本文参考的是 1936 年的版本,其中包括了最高法院的法理研究。⑲ 它的表达方式极具特点:非常简短、笼统和抽象的法条后面紧接着一长串涉及应用中具体问题的"判例"和"解释"。这种表达方式不禁使人想起了清律,其也是在法典中先列举一般原则和指示性刑罚,再在之后的法条中附上选自行政和司法实践的具体规则。在修订版的民法典中,"判例"和"解释"依然是活的法律,而法条只是作为文本性的参照。

正如西方法律原则中所体现的那样,法条列举了个人的权利和自由。在中国,这是人们第一次对权利进行正面定义,且保证每个自然人从出生到死亡都始终享有权利,也规定了人人生而平等,不因性别、年龄或民族而有所区别的原则。遵循所公布的这些一般性原则,个人都具备享有财产、订立合同或参与集体活动的权利。这些原则对法典的最后两编——"家庭"和"继承"有特殊的影响。婚姻被定义为新郎和新娘自由意志下的结合,父母包办婚姻被禁止。丈夫和妻子拥有同等的权利和义务,他们共同占有和处分家庭财产,都有启动离婚程序的权利,丈夫单方面休妻已经不再适用(第 1049 条)。

---

⑱ See dec. pp. 845-1914;no. 1257. 1915;792. 1916.

⑲ 吴经熊编:《中华民国六法理由判解汇编·民法》(第 1 册),会文堂新记书局 1936 年版。

另一个主要的改革创新就是所有子女享有平等的继承权,而中国之前的继承权只有男性继承人才得以享有(第1138条)。

这里所要指出的重点是,最高法院的法理是如何连接法律设想和中国社会现实情况之间的鸿沟的。这种连接必然不是通过习惯法的方式实现的,甚至与1930年的习惯汇编也无关,而1936年的民法典中再次规定了对习惯的禁止和限制,那些曾在最高法院临时保留的传统政权下的特权也已不复存在。相反,民法典中的判决重新引入一部分清律的内容,这些内容可能被混淆为习惯,因为传统法律制度已经被正式废除了。但是,这些差别是中国的法学家造成的:比如,他们通过援引"公共秩序"将背离继承法的风俗习惯直接排除在外。而当碰到清律和民法典有关婚姻和继承方面的冲突时,他们却乐于作出让步,以下面两个例子为证。

民法中规定了"一夫一妻制"原则,完全不参考清律中的有关娶妾的规定,即当正妻没有生育出儿子时,丈夫可以娶妾。最高法院一开始非常严格地适用这一法律:妾及其所生育的子女都被视为"不合法",因而其家庭地位和继承权均被剥夺。而清律中反而给予妾及其子女平等的继承权。[70] 当出现可矜的案件时,下级法院向大理院征询意见,大理院又反过来承认妾是"家庭的一员",享有与一般成员相同的权利,承担相应的责任。[71] 因此,妾的子女可以与正妻所生子女享有同样的继承权。《中华民国民法典》第985条规定了"一夫一妻制"是唯一有效的规定,而附在同一法条后面的由最高法院任意作出的判决却保留了清律中保障妾及其子女的相关权利的相关规定。

白凯(Kathryn Bernhardt)提供了一个关于新继承法与旧继承法相互妥协的有趣事例。[72] 在清朝法律中,只有男性继承人才享有继承权,而女儿只能在出嫁到夫家时获得一些嫁妆。而《中华民国民法典》却将男性和女性继承人享有同等继承权作为一条绝对有效的法律规定。同时期引入的还有古罗马的法律原则,即遗嘱人死后继承得以开始(第1147条)。在中国,继承活动主要是指兄弟之间平均分配还活着的父母的财产,这在成文法与民间习惯中都有相关的规定。大理院一开始尝试推行罗马法,从而禁止在父母死前分配

---

[70] See Kathryn Bernhardt, *Women and Property in China 960—1949*, Stanford University Press, 1999, p.177.

[71] See Kathryn Bernhardt, "Women and the Law: Divorce in the Republican Period", in Bernhardt and Huang, Civil law, p.211.

[72] See Bernhardt, *Women and Property*, pp.152-160.

财产㉝,但最后其还是允许财产分割以"死前赠与"的方式进行。㉞ 尽管根据民法典中的条文规定,这种赠与是一种预付,应当作为已由继承人继承的一部分财产计入将来的继承分配中。但另一个判决则允许财产所有人根据自己的意愿宣布该赠与不计入该继承人的继承分配的法定比例中。这个判决允许父母任意分配财产,而不必遵循男女平等继承的原则,从而"为父亲和儿子提供了剥夺女儿继承权的一种简单且完全合法的途径"㉟。在这个案例中,清朝时期的继承规则否定了民法典名义上保障的男女平等继承财产的权利。

这两个例子表明,《中华民国民法典》不是一个传统习惯和近代法律的综合体。帝制法律的残余被保留下来,不是作为普遍的习惯,而是作为一部分由先例构成的清朝法制,并最后被纳入民法典中。不同于习惯规则,它们是和近代法条同时存在的具有效力的法律。这就导致成为一种自助法律体系的结果。近代民法典中的法律条文为生活在城市中的近代社会阶层开创了新的机会。例如,大城市里的女性广泛采用法律所规定的双方协议离婚,这一离婚规定比同时期大多数西方国家要自由得多。㊱ 同样,在上海或北京的司法档案中也能找到具有近代化特点的判决。

同时,旧法的留存为维持传统社会关系提供了许多方法,尤其是在传统家庭中。在农村,家庭财产依然根据旧法进行分配,甚至那些城市里宣称男女平等的年轻男性依然在娶妾。此外,对权利的推进仅仅停留在国民党统治时期的设想,远非通过法律的司法适用来实现。尽管最高法院的中央集权式案例体系观念显得保守,但由于接受近代法学教育的年轻人才超越了旧式帝制法学家,其越来越显现出国民政府对近代化的渴望。新一代学者更多地显现出顺应政治趋势的特点,因而从改革论者逐渐转变为保守分子。民法的制定发生在新旧政治体制交替的时候,其可以被视为政策的产物而并不是形成私人关系中个人权利的真正的私法。

结　　语

对于《中华民国民法典》中对权利和自由的追求需要给予对比性的评

㉝　Dec. pp. 297-1921.
㉞　Dec. pp. 411-1921、pp. 697-1922.
㉟　Bernhardt, *Women and Property*, p. 154.
㊱　See Beernhardt, "Women and the Law", p. 188.

价。权利和自由这两个概念在中国法律传统中本来是没有的,在20世纪初对其的引入是一个重大的革新。确实,这算得上是法律体系范式的变革。黄宗智对此是这样解释的:"立宪政府和权利等西方词汇普遍流行于当时的政治和法律话语系统中。它们趋近于普遍准则的地位,几乎像工业化或经济发展一样不受质疑。正是这一语意环境促使民法典的所有三部草案都从权利概念出发。"⑦

自那时起,政府对个人权利的承诺只能成为一张空头支票。同样,最近新权威主义关于亚洲价值的言论自称是一种被西方人所忽视的特殊的"人权宣言",它更明显地表现为,制定民法典的过程已经在所难免。

法典化法律体系的悠久历史使民国法学家们做好了准备以应对法律体系范式的改变所造成的结果。一方面,他们用权利代替先前清律中的法律原则;另一方面,他们将传统法律体系中的官方法律素养和法律技巧转化为为近代法制法典化服务的工具。因此,大理院的法学家实现了新旧法律体系之间的调和,这种集中式法学确实将西方民法典的框架中国化了,这足以保证法律的延续性。毕竟,这才是当时人们所要实现的主要目标,且在当时中国的混乱时局之下,他们依然实现了这一目标,取得了惊人的成就。

尽管如此,中国的民事立法并没有符合私法的几个主要条件。其中有遗留下来的缺陷,也有新产生的缺陷。从帝制法律体系中遗留下来的漏洞没有得到修复。自18世纪起,清律就已无法对私人关系的日渐复杂化作出有效的应对,统一的法律体系中所规定的特权导致对一些重要事项的观念上的疏忽和实际操作上的实效,例如对土地所有权和继承权这些事项的规定。西方立法的引入仅仅提供了一般抽象的法律原则。习惯汇编本应该为这些原则提供实质性内容,但事实证明并没有起到任何效果,而造成这个结果的一部分原因是采取官僚化的方式修订该汇编,一部分原因是这些民间习惯本身并不是人们所认为的"前民事"习惯。只有耐心细致地筛选司法判决才能将民法从民间习惯中分离出来,就像将麦粒从谷壳中分离出来那样。但是在这方面,帝制法律体系没有给后人留下任何经验,法律发展的新趋势也没有在这个方向上进行改革创新。新式地方民事法庭无权对民间习惯和民法之间存在的冲突提出折中的解决方法。因此,老练的法官裁判时不再与当事人保持密切的联系,也没有耐心在深思熟虑后逐一作出判决,更多的是进行粗略的而强制的裁判。

---

⑦ Huang, *Code, Custom, and Legal Practice*, p.56.

最高法院的中央集权式案例体系设定了一系列对清律和近代民法原则之间的矛盾进行折中解决的方法。这催生了内部相互矛盾的法律体系，在这个体系中，近代意义的权利只是最具法律意识和最有主见的人的选择，而许多旧的法律规则大都维持不变。在这种情境中，近代意义的权利能通过政治运动和文化运动得到有效的宣传。近代改革者团体发起的"改革恶习"运动既没有为解决新旧法之间的矛盾提供明确的思路，也没有为民间习惯的发展演进作出贡献。他们宣称要扫除那些"不值得留存于文明法律体系内"的行为，从而迫使目标人群只能暗中坚持他们的习俗。该运动的结果是，他们所宣扬的权利失去了习惯法本应提供的历史性和社会性支持。权利和自由是新统治精英采用强制的手段自上而下强行实施的。在中华民国时期，法律基本上仍然是统治阶级手中的一件用来"正风俗"的工具，而不是尝试重塑权利的含义以有利于社会经济生活的蓬勃发展。权利的产生旨在增强国力和促进国民团结，而不是在社会内部创设出自由的新领域。

图书在版编目(CIP)数据

法律史译评/周东平,朱腾主编. —北京:北京大学出版社,2013.9
ISBN 978 - 7 - 301 - 22767 - 1

Ⅰ.①法… Ⅱ.①周…②朱… Ⅲ.①法制史 - 研究 - 中国
Ⅳ.①D929

中国版本图书馆 CIP 数据核字(2013)第 148194 号

书　　　名:	法律史译评
著作责任者:	周东平　朱　腾　主编
责 任 编 辑:	陈　康
标 准 书 号:	ISBN 978 - 7 - 301 - 22767 - 1/D · 3369
出 版 发 行:	北京大学出版社
地　　　址:	北京市海淀区成府路 205 号　100871
网　　　址:	http://www.yandayuanzhao.com
新 浪 微 博:	@北大出版社燕大元照法律图书
电 子 信 箱:	yandayuanzhao@163.com
电　　　话:	邮购部 62752015　发行部 62750672　编辑部 62117788
	出版部 62754962
印 刷 者:	三河市北燕印装有限公司
经 销 者:	新华书店
	965 毫米×1300 毫米　16 开本　22.25 印张　380 千字
	2013 年 9 月第 1 版　2013 年 9 月第 1 次印刷
定　　　价:	45.00 元

未经许可,不得以任何方式复制或抄袭本书之部分或全部内容。
版权所有,侵权必究
举报电话:010 - 62752024　电子信箱:fd@ pup.pku.edu.cn